시원스쿨
OPIc
IM-AL

송지원
시원스쿨어학연구소

시원스쿨 LAB

시원스쿨 오픽
IM-AL

초판 1쇄 발행 2019년 10월 17일
초판 8쇄 발행 2024년 6월 3일

지은이 송지원 · 시원스쿨어학연구소
펴낸곳 (주)에스제이더블유인터내셔널
펴낸이 양홍걸 이시원

홈페이지 www.siwonschool.com
주소 서울시 영등포구 영신로166 시원스쿨
교재 구입 문의 02)2014-8151
고객센터 02)6409-0878

ISBN 979-11-6150-267-0 13740
Number 1-110806-02020400-02

Preface

안녕하세요, 영어 스피킹 전문 트레이너 송지원입니다.

이렇게 시원스쿨을 통해 여러분을 만나뵙고, 여러분에게 저만의 오픽 시험 노하우와 고득점을 위한 지름길을 공유해 드릴 수 있어 정말 행복하고 감사합니다.

저는 다년간 온/오프라인을 통해 수많은 학습자들과 함께 해왔습니다. 그렇기에, 아주 많은 학습자분이 영어 말하기로 인해 고통받고 어려움을 겪고 계시다는 점을 그 누구보다도 잘 알고 있습니다. 또한 저는 오랜 분석과 끊임없는 연구를 통해 많은 학습자분들이 왜 원하는 점수를 받지 못하는 건지, 영어 말하기는 왜 여전히 정복할 수 없는 어려움의 대상이어야만 하는건지에 대한 정확한 답 또한 알고 있습니다.

결론부터 말씀 드리자면, 생각을 하셔야 합니다.

오랫동안 수많은 학습자들과 함께해오며, 제가 가장 안타까워하는 점은 바로 그들은 '생각하는 것'에 너무나도 인색하다는 사실입니다. 어려서부터 주입식 형태로 교육을 받아온 탓에 영어를 시험 과목으로만 인식하고 그저 '1+1=2'와 같은 학습법으로 영어를 습득했기에, 그 오랜시간 영어를 공부해왔어도 말 한마디 못하고 말문이 막히는 것입니다.

오픽에서 단기간에 원하는 레벨을 받기 위해서 우리가 먼저 선행해야 하는 것은, '많은 양의 단어나 표현을 기계적으로 암기하는 것'이 아닌, '이 문제가 나오면 이렇게 대답해라'는 로보트식 학습방법도 아닙니다. '주어진 문제에 대한 나의 생각'을 하고 그 생각을 영어라는 언어로 바꾸기 위해서 '영어식 사고'를 해야 한다는 것입니다.

영어는 단순한 시험 과목이 아닌 언어입니다. 그 언어를 사용하는 나라의 문화와 사람들의 사고방식대로 생각한다면, 영어는 더 이상 두려움의 대상이 아닌, 여러분의 입에서 너무나도 간단하고 쉽게 나올 수 있는 언어라는 것이죠. 지금 여러분의 실력이 어떠하든지 간에, 영어를 언어로 받아들이려는 작은 '생각의 전환'이 여러분의 영어 스피킹에 아주 큰 변화를 가져 올 것이며, 그 변화는 오픽에서 여러분을 원하는 레벨로 이끌 것입니다. 쉽지만 중요한 그 '생각의 전환'을 제가 앞으로 도와드리겠습니다.

끝으로, 제게는 감사할 분들이 많이 있습니다. 우선, 시원스쿨을 통해 여러분을 만날 기회를 주시고, 여러모로 도와주시는 신승호 소장님, 그리고 「시원스쿨 오픽 IM-AL」 도서와 질 높은 강의를 위해 밤낮으로 애써주시고, 힘든 일정 속에서도 처음부터 끝까지 함께 힘써주신 홍지영 팀장님과 문나라 파트장님께 진심으로 감사드립니다. 마지막으로, 항상 제 곁에서 조건 없는 사랑과 격려를 보내주는 우리 가족과, 제 영원한 버팀목 하나님께 진심으로 감사의 말씀을 올립니다.

송지원 드림

이 책의 특장점

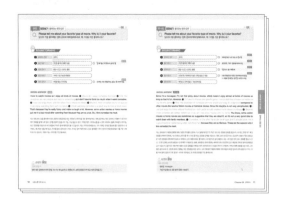

목표 레벨 맞춤형 교재

IM3와 IH-AL 답변을 제공하여 원하는 점수에 맞춰 답안을 골라 공부함으로써, 최단기간에 가장 효율적으로 공부하여 원하는 레벨을 획득할 수 있습니다.

송쌤의 꿀팁

다년간의 현장강의와 분석으로 스피킹 영역에서의 숙련된 노하우를 가진 영어 스피킹 전문 트레이너로서, 오픽에서 고득점을 받기 위해, 유의해야 할 점이나 꿀팁들을 제공합니다.

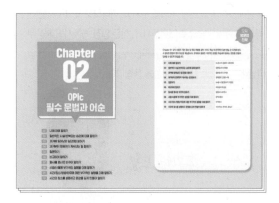

말하기의 기본, 필수 어법&필수 패턴

오픽은 시험이기에 앞서 말하기를 평가하는 도구입니다. 따라서, 말을 하는데 반드시 알아야 하는 필수 어법&패턴을 제공함으로써, 내 이야기로 말을 할 수 있게 도와주어, 오픽에서 목표 레벨을 누구보다 쉽고 빠르게 달성할 수 있습니다.

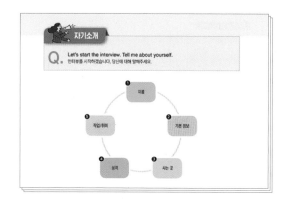

오픽의 꽃, 5개의 차별화된 브레인스토밍

많은 수험자분들이 어려움을 겪고 계신 답변 아이디어를
제공하여, 답변 전략을 세웁니다.

주제별 필수 어휘 & 표현

오픽은 문제 유형을 공략하여 학습하기 보다는 빈출 주제
를 익혀야 고득점을 받을 수 있습니다. 특정 주제에 자주
쓰일 수 있는 표현과 어휘를 반드시 학습하여 단 기간에
목표 점수를 달성하세요. 시원스쿨 오픽은 필수 어휘와
표현을 제공하여 보다 체계적인 순서로 답변을 준비하도
록 도와줍니다.

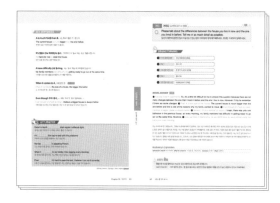

한 권으로 끝내는 오픽

일상 회화에 필요한 기초 문법부터 오픽의 기본 이론과
실전문제를 수록하였습니다. 목표 레벨별 답안까지 한 권
에 모두 제시하여 한 권으로 목표 점수를 달성 할 수 있습
니다.

학습 플로우 한 눈에 보기

1 Key Expressions

빈출 주제에 따른 예상 질문을 숙지한 뒤 어떠한 문제에도 활용할 수 있는 필수 어휘를 학습합니다.

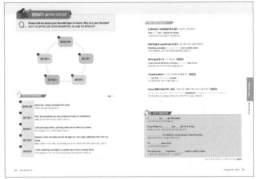

2 Brainstorming & Key Sentences

필수 어휘를 바탕으로 답변 전략을 학습합니다. 5개의 아이디어 스토리라인을 통해 아이디어를 문장으로 만드는 연습을 합니다.

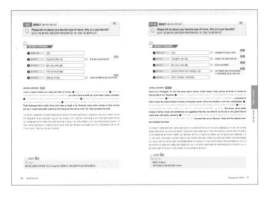

3 Model Answer (IM3, IH-AL)

IM3와 IH-AL 답변을 제공하여 원하는 점수에 맞춰 답안을 골라 공부함으로써, 최단기간에 가장 효율적으로 공부하여 원하는 레벨을 획득할 수 있습니다.

4 나만의 스크립트 만들기

필수 어휘, 아이디어 스토리라인, 모범 답변을 학습한 뒤 앞서 배운 내용을 바탕으로 나만의 답변 스크립트를 만들어 소리 내어 말하는 연습을 합니다.

목표 레벨별 공부 방법

IM3 목표

🎙 말하기, 발화

‣ Keep it short and simple.
‣ 단순하고, 복잡하지 않은, 간단한 문장단위로 말하는 연습을 할 것

📑 어휘, 표현

‣ 한 권으로 끝내는 오픽 주제별 어휘 및 표현을 반드시 숙지할 것

📝 영작

‣ 스크립트 미리 준비하기
‣ 선택 주제와 빈출 돌발 주제에서 나올 법한 문제들에 대한 스크립트를 미리 작성, 내 입에서 익숙하게 나올 때까지 연습
‣ 한 권으로 끝내는 오픽 key Sentences에 나오는 패턴과 표현을 참고하여 쉽게 자기 문장으로 만들 수 있도록 연습

🔊 듣기

‣ 각 주제별 빈출 유형 익히기
‣ 각 주제별 자주 출제되는 빈출 3단 콤보 문제 유형을 많이 들어보고, 빈출 질문 유형을 숙지할 것

IH-AL 목표

🎙 말하기, 발화

‣ 문장을 길게 말하고, 한 문장을 빠르게 말할 것
‣ 1~3형식의 문장보다는 4~5형식의 문장을 많이 활용할 것
‣ 간단한 문장을 and, but 으로 잇기 보다는 관계대명사 등을 이용하여 긴 문장으로 바꿔 연습할 것
‣ 문장을 많이 말할 필요는 없지만, 한 문장을 빠르고 부드럽게 말하도록 연습할 것

📑 어휘, 표현

‣ 조금 더 심화된 표현과 주제에 특화된 어휘를 반드시 활용할 것
‣ IH-AL 답변에 나오는 표현, 어휘 참고

📝 영작

‣ 돌발 주제와 사회적 이슈 등 평소에 생각해보지 못했던 문제들에 대한 답변 스크립트 만들어보기
‣ IH이상의 레벨을 받기 위해서는 기본/선택주제의 빈출 문제 외에 돌발 주제 및 사회적 이슈에 관한 문제들을 잘 해결해야 하므로 이 문제들에 대한 스크립트를 미리 작성, 내 입에서 자연스럽게 나올 때까지 연습

🎭 연기 연습

‣ 각 주제별 잊지 못할 경험과 롤플레이에 감정 넣어 연기하기
‣ 오픽에서 높은 레벨을 받기 위해서는, 각 주제별 콤보 3번째로 출제되는 잊지못할 경험 문제에 대하여 잘 대답할 수 있어야 하며 답변할 때 실제로 있었던 일이었던 것과 같이 감정을 넣어 연습하기
‣ 롤플레이에서 상대방에게 질문을 하고, 대안을 제시하는 문제에서 실질적으로 상대방에게 질문/대안을 하는 것처럼 감정을 넣어 연습하기
‣ 롤플레이에서 고득점을 받는 길은 연기라는 점 잊지 말기

학습 플랜

IM3 목표

⊘ 1주 완성

Day 1	Day 2	Day 3	Day 4	Day 5	Day 6	Day 7
필수어법 기본정보 필수전략	기본주제 자기소개 거주지	선택주제 여가활동 취미/관심사	선택주제 운동 휴가	돌발주제 집안일 인터넷 재활용 추가	롤플레이 질문하기 대안제시하기 추가	실전 모의고사 1회

⊘ 2주 완성

Day 1	Day 2	Day 3	Day 4	Day 5	Day 6	Day 7
필수어법 기본정보 필수전략	기본주제 자기소개 + 거주지 관련 필수표현암기	기본주제 거주지	기본주제 거주지 + 선택주제 여가활동 필수표현 암기	선택주제 여가활동 + 선택주제 취미/관심사 필수표현 암기	선택주제 취미/관심사 + 운동 / 휴가 필수표현 암기	선택주제 운동 휴가

Day 8	Day 9	Day 10	Day 11	Day 12	Day 13	Day 14
돌발주제 집안일 외식/음식/식당 명절/모임/기념일	돌발주제 교통수단 인터넷 서핑 건강/병원	돌발주제 은행 재활용 지형 산업 및 기술	롤플레이 면접관에게 질문하기 직접/전화로 질문하기	롤플레이 대안제시하기 부탁하기	롤플레이 예매/약속하기 관련 경험 이야기하기	실전 모의고사 1회

⊘ 학습플랜 활용법

- IM3 레벨을 목표로 하는 대부분의 학습자분들은 영어 말하기/회화가 익숙하지 않고, 처음이신 분들이 대부분이실 겁니다. 하지만, 오픽은 시험이기 이전에 어디까지나 말하기 능력을 기본으로 가지고 있어야만 하는 시험이기 때문에, Chapter 02 오픽 필수 문법과 어순을 통해 오픽에서 많이 사용되고 알아야 하는 **말하기 어법으로 문장을 만들고, 입 밖으로 소리내어 말하는 연습**을 먼저 하도록 하세요.

- 각 **주제별 필수 어휘/표현을 반드시 암기**해 주세요.

- 각 주제별 **빈출 3단 콤보를 숙지**하여, 그에 따른 스크립트를 반드시 연습해주세요.

- 각 주제별 **많이 활용할 수 있는 문장들을 반드시 암기**하고, 자연스럽게 말할 수 있을 때까지 연습합니다.

- IM3 레벨까지는 유창하고 **어려운 표현을 사용하지 않아도 좋습니다.** 도서에 수록된 짧고 단순한 문장을 참고하여 자꾸 입 밖으로 **소리내어 말하는 연습을 하세요.**

IH-AL 목표

⊘ 1주 완성

Day 1	Day 2	Day 3	Day 4	Day 5	Day 6	Day 7
기본주제 자기소개 거주지	선택주제 여가활동 취미/관심사	선택주제 운동 휴가	돌발주제 집안일 인터넷 재활용 추천	돌발주제 은행 지형 산업 추천	롤플레이 질문하기 대안 제시하기 관련경험 이야기하기 추천	실전 모의고사 1회

⊘ 2주 완성

Day 1	Day 2	Day 3	Day 4	Day 5	Day 6	Day 7
기본주제 자기소개 거주지	선택주제 여가활동 취미/관심사	선택주제 운동 휴가	돌발주제 집안일 외식/음식/식당	돌발주제 명절/모임/기념일 교통수단	돌발주제 인터넷 서핑 건강/병원	돌발주제 은행 재활용

Day 8	Day 9	Day 10	Day 11	Day 12	Day 13	Day 14
돌발주제 지형 산업 및 기술	롤플레이 면접관에게 질문하기 직접/전화로 질문하기	롤플레이 대안제시하기 부탁하기	롤플레이 예매/약속하기 관련 경험 이야기하기	제일 어려웠던 주제의 문제 한번 더 답변/연습	실전 모의고사 1회	실전 모의고사 2회

⊘ 학습플랜 활용법

- IH-AL 레벨을 목표로 하는 대부분의 학습자분들은 영어 말하기/회화에 두려움이 없고, 영어 말하기에 어느정도 자신 있으신 분들입니다. 하지만, IH-AL 레벨을 받기 위해서는, 감점 요소를 최소화 하여 유창성을 보여줘야 합니다. 그렇기 때문에, 단순히 스크립트를 외우는 방법을 지양하고, **자연스럽고 유창하게 오류 없이 말하도록 연습해야 합니다.**

- IH-AL 레벨을 받을 확률을 높이려면, **자가 평가에서 5이상을 선택해야** 하고, 그럴 경우 선택주제 보다는 돌발주제에서 문제가 더 많이 나올 가능성이 높습니다. 따라서, 선택주제 보다는 **사회적 이슈/돌발 주제에 비중을 두어** 연습해주세요.

- 시험 시간 40분동안 몇개의 문장을 말하는지 보다, 하나의 문장을 좀 더 **심화된 표현과 어법**으로, **어떤 속도로** 말하는 지가 점수에 반영됩니다. 이 부분에 중점을 두어 연습하세요.

- 유창하게 말하기 위해서는, 발음이 중요한데, 하나하나 또박 또박 말하기 보다는, 한 문장 안에 연음으로 읽어줘야 하는 부분들을 **덩어리로 인식하여 부드럽게 이어서 한번에 연습해주세요.**

Contents

Chapter 01

OPIc 기본 정보 및 공략 가이드

OPIc(Oral Proficiency Interview – computer)이란?

OPIc은 1:1로 사람과 사람이 인터뷰하는 듯한 말하기 시험으로서, 최대한 실제와 가깝게 만든 인터넷 기반 (iBT)의 수험자 친화형 외국어 말하기 평가입니다. 단순히 문법이나 단어 등을 얼마나 많이 알고 있는가를 측정하는 것이 아니라, 실제 생활에서 얼마나 효과적이고 또 적절하게 해당 언어를 사용할 수 있는가를 측정하는 객관적인 언어 평가도구입니다.

우리나라에서는 2007년에 최초 시행되어 현재 약 1,700여 개 기업과 기관에서 채용 및 인사고과 등에 활발하게 활용하고 있습니다. 영어에서부터 중국어, 러시아어, 스페인어, 한국어, 일본어, 베트남어에 이르기까지 총 7개 언어에 대한 평가를 제공합니다. 다양한 언어를 체계적이고 통일된 기준으로 평가할 수 있는 유일한 외국어 말하기 평가로 자리매김하였습니다.

시험 어종	7개 언어 (영어, 중국어, 일본어, 스페인어, 러시아어, 한국어, 베트남어)
시험 시간	60분(Orientation 20분 + 본 시험 40분) - 문항 청취 시간 제외 약 30~35분 간 답변 녹음
문항 수	12~15문항
시험 특징	• 개인 맞춤형 평가 • 실제 인터뷰와 흡사하여 수험자의 긴장 완화 • 문항별 성취도 측정이 아닌 종합적 평가 • 회화 능숙도 평가 • 신속한 성적 처리
문항 유형	• Background Survey를 통한 개인 맞춤형 문제 출제 • 직업, 여가 생활, 취미, 관심사, 스포츠, 여행 등에 대한 주제
평가 등급	Novice Low 등급부터 Advanced Low 등급까지 있으며, 특히 Intermediate Mid 등급을 세분화하여 제공 (IM1<IM2<IM3)
평가 영역	• 과제 수행 / 기능 (Global Tasks / Functions) • 문맥 / 내용 (Context / Content) • 정확도 / 의사전달 능력 (Accuracy / Comprehensibility) • 문장 구성 능력 (Text Type)

01 OPIc 시험 소개

OPIc(Oral Proficiency Interview – computer)이란?

OPIc은 1:1로 사람과 사람이 인터뷰하는 듯한 말하기 시험으로서, 최대한 실제와 가깝게 만든 인터넷 기반(iBT)의 수험자 친화형 외국어 말하기 평가입니다. 단순히 문법이나 단어 등을 얼마나 많이 알고 있는가를 측정하는 것이 아니라, 실제 생활에서 얼마나 효과적이고 또 적절하게 해당 언어를 사용할 수 있는가를 측정하는 객관적인 언어 평가 도구입니다.

우리나라에서는 2007년에 최초 시행되어 현재 약 1,700여 개 기업과 기관에서 채용 및 인사고과 등에 활발하게 활용하고 있습니다. 영어에서부터 중국어, 일본어, 스페인어, 러시아서, 한국어, 베트남어에 이르기까지 총 7개 언어에 대한 평가를 제공합니다.

평가 언어	7개 언어 (영어, 중국어, 일본어, 스페인어, 러시아어, 한국어, 베트남어)
시험 시간	60분(Orientation 20분 + 본 시험 40분) – 문항 청취 시간 제외 약 30~35분 간 답변 녹음
문항 수	12~15문항
시험 특징	· 개인 맞춤형 평가 · 실제 인터뷰와 흡사하여 수험자의 긴장 완화 · 문항별 성취도 측정이 아닌 종합적 평가 · 회화 능숙도 평가 · 신속한 성적 처리
문항 유형	· Background Survey를 통한 개인 맞춤형 문제 출제 · 직업, 여가 생활, 취미, 관심사, 스포츠, 여행 등에 대한 주제
평가 등급	Novice Low 등급부터 Advanced Low 등급까지 있으며, 특히 Intermediate Mid 등급을 세분화하여 제공 (IM1 < IM2 < IM3)
평가 영역	· 과제 수행 / 기능 (Global Tasks / Functions) · 문맥/ 내용 (Context / Content) · 정확도 / 의사전달 능력 (Accuracy / Comprehensibility) · 문장 구성 능력 (Text Type)

평가 영역

❶ OPIc의 평가 목적은 아래와 같습니다.

- 수험자가 외국어를 활용해 어떤 일을 할 수 있는지 측정하는 것
- 실생활의 목적들과 연관하여 언어 기술을 사용할 수 있을지 측정하는 것

수험자가 얼마나 오랫동안 외국어를 학습했는지, 언제, 어디에서, 어떤 이유로 어떻게 습득하였는지보다는 수험자의 본질적인 언어 활용 능력을 측정하는 데에 초점이 맞춰져 있다는 것을 알 수 있습니다.

❷ 상세한 평가 영역은 총 4가지이며 아래와 같습니다.

- 과제 수행 / 기능 (Global Tasks / Functions)
  특정 과제를 수행하기 위한 언어 능력 측정
- 문맥 / 내용 (Context / Content)
  과제 수행을 하기 위해 사용하는 언어 문맥 및 내용의 범위
- 정확도 / 의사전달 능력 (Accuracy / Comprehensibility)
  답변의 보편적 이해도, 정확성, 수용성 측정
  - Grammar/Vocabulary, Fluency/Pronunciation, Pragmatic Competency, Sociolinguistic Competency
- 문장 구성 능력 (Text Type)
  답변의 길이와 구성 능력(단위: 단어, 구, 문장, 접합된 문장들, 문단)

우리가 흔히 알고 있는 문법(Grammar), 어휘(Vocabulary), 발음(Pronunciation) 등의 요소는 위 평가영역 중 하나의 영역에 포함된 요소에 불과한데, OPIc은 총체적이고 다면적인 언어 수행 능력을 평가하는 시험이라는 것을 보여줍니다.

평가 방식

OPIc은 절대평가 방식으로 진행됩니다. 수험자가 녹음한 답변은 시험 주관인 ACTFL 공인 평가자(OPIc Rater)에게 전달되며, 평가자는 *ACTFL의 말하기 기준(Proficiency Guidelines Speaking: Revised 2012)에 따라 수험자에게 등급을 부여합니다.

* ACTFL의 말하기 기준(Proficiency Guidelines Speaking: Revised 2012)이란?

말하기 능숙도(Oral Proficiency)에 대한 ACTFL의 공식 언어능력 기준으로, 일상생활에서 해당 언어를 얼마나 효과적이고 적절하게 구사할 수 있는가를 측정하는 ACTFL의 40년 이상의 노하우가 집약된 공신력 있는 가이드라인입니다.

02 시험 진행 순서

오리엔테이션 (20분)

오리엔테이션은 본격적인 시험 시작 전 진행됩니다. 이 때, 시험에 있어 가장 중요한 사전 설문 조사(Background Survey)와 문제 난이도 맞춤을 위한 자가평가(Self-Assessment)가 진행됩니다.

❶ 사전 설문조사 (Background Survey)

먼저, 평가 문항을 위한 사전 설문을 진행합니다.

❷ 자가 평가 (Self-Assessment)

시험의 난이도 결정을 위한 자가 평가가 진행됩니다.

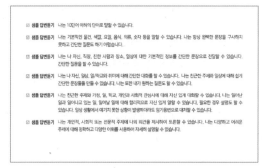

❸ 사전 점검 (Pre-Test Setup)

질문 청취 및 답변 녹음 기능을 사전 점검합니다.

❹ 샘플 문제 답변 (Sample Question)

화면구성, 청취 및 답변 방법 등 전반적인 시험 진행 방법이 안내됩니다.

본 시험 (40분)

❶ 1st Session

사전 설문조사 결과와 자가 평가에서 선택한
난이도를 바탕으로 약 7개의 문제가 진행됩니다.

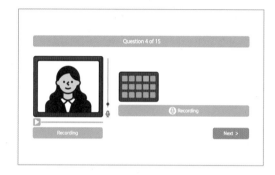

❷ 난이도 재조정

시험의 난이도를 다시 설정할 수 있는 2차 난이도
설정입니다.
쉬운 질문, 비슷한 질문, 어려운 질문 중 선택하면
됩니다.

난이도 재조정

다음 단계의 시험에서는

쉬운 질문 을 원하십니까?　▶ 쉬운 질문
비슷한 질문 을 원하십니까?　▶ 비슷한 질문
아니면 어려운 질문 을 원하십니까?　▶ 어려운 질문

❸ 2nd Session

난이도 재조정 결과를 적용한 나머지 인터뷰 질문들
(약 7개)이 출제됩니다.

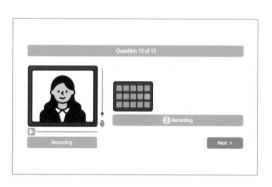

03 사전 설문 조사와 자가 평가

사전 설문 조사 항목 미리보기

시험을 보기 전 수험자에 대한 설문 조사가 실시되며, 설문 조사는 1~7번에 걸쳐 직업, 거주지, 여가활동, 취미, 관심사, 스포츠, 여행에 대한 것을 묻게 됩니다. 특히 4~7번에 걸쳐 12개 이상을 택해야 하며 여기서 택한 주제들을 중심으로 본 시험 문제가 출제됩니다.

1. 현재 귀하는 어느 분야에 종사하고 계십니까?

☐ 사업/회사 ☐ 재택근무/재택사업 ☐ 교사/교육자 ☐ 군 복무 ☐ 일 경험 없음

1.1. 현재 귀하는 직업이 있으십니까?

☐ 네 ☐ 아니오

1.1.1. 귀하의 근무 기간은 얼마나 되십니까?

☐ 첫 직장-2개월 미만 ☐ 첫 직장 – 2개월 이상 ☐ 첫 직장 아님-경험 많음

1.1.1.1. 당신은 부하 직원을 관리하는 관리직을 맡고 있습니까?

☐ 네 ☐ 아니오

문항 1에서 교사/교육자로 답변했을 경우

1.1. 당신은 어디에서 학생을 가르치십니까?

☐ 대학 이상 ☐ 초등/중/고등학교 ☐ 평생교육

1.1.1. 귀하의 근무 기간은 얼마나 되십니까?

☐ 2개월 미만 – 첫 직장
☐ 2개월 미만 – 교직은 처음이지만 이전에 다른 직업을 가진 적이 있음
☐ 2개월 이상

2. 현재 귀하는 학생이십니까?

☐ 네 ☐ 아니오

2.1. 현재 어떤 강의를 듣고 있습니까?

☐ 학위 과정 수업 ☐ 전문 기술 향상을 위한 평생 학습 ☐ 어학 수업

2.2. 최근 어떤 강의를 수강했습니까?

☐ 학위 과정 수업
☐ 전문 기술 향상을 위한 평생 학습
☐ 어학 수업
☐ 수업 등록 후 5년 이상 지남

3. 현재 귀하는 어디에 살고 계십니까?
- ☐ 개인 주택이나 아파트에 홀로 거주
- ☐ 친구나 룸메이트와 함께 주택이나 아파트에 거주
- ☐ 가족(배우자/자녀/기타 가족 일원)과 함께 주택이나 아파트에 거주
- ☐ 학교 기숙사
- ☐ 군대 막사

아래의 4~7번 문항에서 12개 이상을 선택해 주시기 바랍니다.

4. 귀하는 여가 활동으로 주로 무엇을 하십니까? (두개 이상 선택)

☐ 영화 보기	☐ 클럽/나이트 클럽 가기	☐ 술집/바에 가기
☐ 박물관 가기	☐ 공원 가기	☐ 당구 치기
☐ 스포츠 관람	☐ 주거 개선	☐ 시험대비 과정 수강하기
☐ 게임하기	☐ 친구들에게 문자 대화하기	☐ 뉴스 보거나 듣기
☐ SNS에 글 올리기	☐ 리얼리티쇼 시청하기	☐ 쇼핑하기
☐ TV보기	☐ 스파/마사지샵 가기	☐ 구직활동 하기
☐ 요리 관련 프로그램 시청하기	☐ 공연 보기	☐ 콘서트 보기
☐ 차로 드라이브하기	☐ 캠핑하기	☐ 해변 가기
☐ 카페/커피 전문점 가기	☐ 체스하기	☐ 자원 봉사하기

5. 귀하의 취미나 관심사는 무엇입니까? (한 개 이상 선택)

☐ 아이에게 책 읽어주기	☐ 음악 감상하기	☐ 악기 연주하기
☐ 글쓰기(편지, 단문, 시 등)	☐ 그림 그리기	☐ 요리하기
☐ 독서	☐ 주식 투자하기	☐ 신문 읽기
☐ 사진 촬영하기	☐ 혼자 노래 부르거나 합창하기	☐ 춤추기
☐ 애완 동물 기르기	☐ 여행 관련 잡지나 블로그 읽기	

6. 귀하는 주로 어떤 운동을 즐기십니까? (한 개 이상 선택)

☐ 농구	☐ 야구/소프트볼	☐ 축구
☐ 미식 축구	☐ 하키	☐ 크리켓
☐ 골프	☐ 배구	☐ 테니스
☐ 배드민턴	☐ 탁구	☐ 수영
☐ 자전거	☐ 스키/스노보드	☐ 아이스 스케이트
☐ 조깅	☐ 걷기	☐ 요가
☐ 하이킹/트레킹	☐ 낚시	☐ 헬스
☐ 태권도	☐ 운동 수업 수강하기	☐ 운동을 전혀 하지 않음

7. 당신은 어떤 휴가나 출장을 다녀온 경험이 있습니까? (한 개 이상 선택)

☐ 국내 출장	☐ 해외 출장	☐ 집에서 보내는 휴가
☐ 국내 여행	☐ 해외 여행	

자가 평가 항목(Self-Assessment) 미리보기

OPIc에선 응시자가 스스로 시험의 난이도를 결정할 수 있습니다. 설문조사가 끝나면 하단과 같이 1단계(가장 낮은)부터 6단계(가장 높은)에 걸쳐 난이도가 제시되며, 응시자는 각각의 난이도에 해당하는 샘플 답변을 들어본 뒤 본인이 원하는 난이도를 택할 수 있습니다.

☑ **샘플답변듣기**   나는 10단어 이하의 단어로 말할 수 있습니다.

☑ **샘플답변듣기**   나는 기본적인 물건, 색깔, 요일, 음식, 의류, 숫자 등을 말할 수 있습니다. 나는 항상 완벽한 문장을 구사하지 못하고 간단한 질문도 하기 어렵습니다.

☑ **샘플답변듣기**   나는 나 자신, 직장, 친한 사람과 장소, 일상에 대한 기본적인 정보를 간단한 문장으로 전달할 수 있습니다. 간단한 질문을 할 수 있습니다.

☑ **샘플답변듣기**   나는 나 자신, 일상, 일/학교와 취미에 대해 간단한 대화를 할 수 있습니다. 나는 친근한 주제와 일상에 대해 쉽게 간단한 문장들을 만들 수 있습니다. 나는 또한 내가 원하는 질문도 할 수 있습니다.

☑ **샘플답변듣기**   나는 친근한 주제와 가정, 일, 학교, 개인과 사회적 관심사에 대해 자신 있게 대화할 수 있습니다. 나는 일어난 일과 일어나고 있는 일, 일어날 일에 대해 합리적으로 자신 있게 말할 수 있습니다. 필요한 경우 설명도 할 수 있습니다. 일상 생활에서 예기치 못한 상황이 발생하더라도 임기응변으로 대처할 수 있습니다.

☑ **샘플답변듣기**   나는 개인적, 사회적 또는 전문적 주제에 나의 의견을 제시하여 토론할 수 있습니다. 나는 다양하고 어려운 주제에 대해 정확하고 다양한 어휘를 사용하여 자세히 설명할 수 있습니다.

사전 설문 조사와 자가 평가 항목

자가 평가(Self-Assessment)

IM 목표: 3단계 - 3단계   IH/AL목표: 4단계 - 4단계

1. 현재 귀하는 어느 분야에 종사하고 계십니까?

☐ 사업/회사   ☐ 재택근무/재택사업   ☐ 교사/교육자   ☐ 군 복무   ☑ 일 경험 없음

1.1. 현재 귀하는 직업이 있으십니까?

☐ 네   ☑ 아니오

1.1.1. 귀하의 근무 기간은 얼마나 되십니까?

☐ 첫 직장-2개월 미만   ☐ 첫 직장 - 2개월 이상   ☐ 첫 직장 아님-경험 많음

1.1.1.1. 당신은 부하 직원을 관리하는 관리직을 맡고 있습니까?

☐ 네   ☐ 아니오

> 1번 문항에서 '일 경험 없음'을 선택하고 직업 유무에 관해서도 '아니오'를 선택하면 근무 기간이나 관리직 관련 질문이 나올 가능성이 현저히 줄어듭니다.

문항 1에서 교사/교육자로 답변했을 경우

1.1. 당신은 어디에서 학생을 가르치십니까?

☐ 대학 이상   ☐ 초등/중/고등학교   ☐ 평생교육

1.1.1. 귀하의 근무 기간은 얼마나 되십니까?

☐ 2개월 미만 – 첫 직장
☐ 2개월 미만 – 교직은 처음이지만 이전에 다른 직업을 가진 적이 있음
☐ 2개월 이상

2. 현재 귀하는 학생이십니까?

☐ 네   ☑ 아니오

2.1. 현재 어떤 강의를 듣고 있습니까?

☐ 학위 과정 수업   ☐ 전문 기술 향상을 위한 평생 학습   ☑ 어학 수업

2.2. 최근 어떤 강의를 수강했습니까?

☐ 학위 과정 수업
☐ 전문 기술 향상을 위한 평생 학습
☐ 어학 수업
☑ 수업 등록 후 5년 이상 지남

3. 현재 귀하는 어디에 살고 계십니까?

- ☑ 개인 주택이나 아파트에 홀로 거주
- ☐ 친구나 룸메이트와 함께 주택이나 아파트에 거주
- ☐ 가족(배우자/자녀/기타 가족 일원)과 함께 주택이나 아파트에 거주
- ☐ 학교 기숙사
- ☐ 군대 막사

아래의 4~7번 문항에서 12개 이상을 선택해 주시기 바랍니다.

4. 귀하는 여가 활동으로 주로 무엇을 하십니까? (두개 이상 선택)

- ☑ 영화 보기
- ☐ 클럽/나이트 클럽 가기
- ☐ 술집/바에 가기
- ☐ 박물관 가기
- ☑ 공원 가기
- ☐ 당구 치기
- ☐ 스포츠 관람
- ☐ 주거 개선
- ☐ 시험대비 과정 수강하기
- ☐ 게임하기
- ☐ 친구들에게 문자 대화하기
- ☐ 뉴스 보거나 듣기
- ☐ SNS에 글 올리기
- ☑ 리얼리티쇼 시청하기
- ☐ 쇼핑하기
- ☑ TV보기
- ☐ 스파/마사지샵 가기
- ☐ 구직활동 하기
- ☐ 요리 관련 프로그램 시청하기
- ☑ 공연 보기
- ☑ 콘서트 보기
- ☐ 차로 드라이브하기
- ☐ 캠핑하기
- ☐ 해변 가기
- ☐ 카페/커피 전문점 가기
- ☐ 체스하기
- ☐ 자원 봉사하기

5. 귀하의 취미나 관심사는 무엇입니까? (한 개 이상 선택)

- ☐ 아이에게 책 읽어주기
- ☑ 음악 감상하기
- ☐ 악기 연주하기
- ☐ 글쓰기(편지, 단문, 시 등)
- ☐ 그림 그리기
- ☐ 요리하기
- ☑ 독서
- ☐ 주식 투자하기
- ☐ 신문 읽기
- ☐ 사진 촬영하기
- ☐ 혼자 노래 부르거나 합창하기
- ☐ 춤추기
- ☐ 애완 동물 기르기
- ☐ 여행 관련 잡지나 블로그 읽기

6. 귀하는 주로 어떤 운동을 즐기십니까? (한 개 이상 선택)

- ☐ 농구
- ☐ 야구/소프트볼
- ☐ 축구
- ☐ 미식 축구
- ☐ 하키
- ☐ 크리켓
- ☐ 골프
- ☐ 배구
- ☐ 테니스
- ☐ 배드민턴
- ☐ 탁구
- ☐ 수영
- ☐ 자전거
- ☐ 스키/스노보드
- ☐ 아이스 스케이트
- ☑ 조깅
- ☑ 걷기
- ☐ 요가
- ☑ 하이킹/트레킹
- ☐ 낚시
- ☐ 헬스
- ☐ 태권도
- ☐ 운동 수업 수강하기
- ☑ 운동을 전혀 하지 않음

7. 당신은 어떤 휴가나 출장을 다녀온 경험이 있습니까? (한 개 이상 선택)

- ☐ 국내 출장
- ☐ 해외 출장
- ☐ 집에서 보내는 휴가
- ☑ 국내 여행
- ☑ 해외 여행

05 등급 체계

OPIc 등급은 크게 3개로 구분되고, 그 안에서 더 세분화 됩니다.

NL	NM	NH	IL	IM	IH	AL
Novice Low	Novice Mid	Novice High	Intermediate Low	Intermediate Mid	Intermediate High	Advanced Low

취업/승진 시 일반적으로
가장 많이 요구되는 등급

등급	요약설명
AL (Advanced Low)	나는 사건을 서술/묘사할 때 다양한 형용사를 사용하며, 상황에 따른 동사 시제를 일관적으로 관리할 수 있습니다. 또한, 적절한 위치에서 접속사를 사용하여, 문장간 정리된 느낌으로 말을 할 수 있으며, 어떤 대화나 익숙하지 않은 복잡한 상황에서도 문제를 설명하고 자연스럽게 이야기하며, 해결할 수 있는 수준입니다.
IH (Intermediate High)	나는 친숙한 대화주제나 사회적인 이슈에 대해서 어느 정도 문제없이 말할 수 있습니다. 또한, 익숙하지 않거나 예측하지 못한 복잡한 상황을 만날 때에도, 대부분의 상황에서 사건을 설명하고 문제를 효과적으로 해결할 수 있습니다. 나는 다양한 어휘를 사용하며, 주어진 상황에 따른 상황 설명 또한 할 수 있습니다.
IM (Intermediate Mid)	나는 일상적인 소재 뿐 아니라 개인적으로 익숙한 상황에서는 문장을 나열하며 자연스럽게 말할 수 있습니다. 다양한 문장 형식이나 어휘를 실험적으로 사용하려고 하며, 상대방이 조금만 배려해주면 오랜 시간 대화도 가능합니다. 또한, 상대방에게 내가 원하는 질문도 할 수 있습니다.
IL (Intermediate Low)	나는 일상적인 소재에 대해서는 문장으로 말할 수 있습니다. 대화에 참여하고 선호하는 소재에서는 간단하지만 자신감을 가지고 문장을 말할 수 있으며, 간단하게 질문도 가능합니다.
NH (Novice High)	나는 내가 친숙한 주제나 개인 정보라면 그에 따른 질문을 하고 짧은 문장으로 응답을 할 수 있습니다.
NM (Novice Mid)	나는 이미 암기한 단어나 문장으로만 말하기를 할 수 있습니다. 간단한 질문도 하기 어렵습니다.
NL (Novice Low)	나는 제한적인 수준으로 외국어 단어만 나열하며 말할 수 있습니다.

06 목표 등급 달성을 위한 전략

전략1 사전 설문조사를 활용해 시험 범위 줄이기

시험 시작 전 사전 설문조사(Background Survey)를 통해 선택한 직업 및 주거 상태, 취미나 여가 활동을 바탕으로 시험 문제 범위가 결정됩니다. 시험 범위를 최소화하기 위해서는 유사한 특징을 가진 활동들을 선택하는 것이 중요합니다.

오픽 문제 유형은 기본주제, 선택주제, 돌발주제, 롤플레이 총 4가지로 나눌 수 있는데 직업과 거주지를 물어보는 기본주제에 대한 질문에는 '일 경험 없음', '학생/직장인 아님'을 선택하면 신분이나 직업 관련 질문 출제 가능성을 줄일 수 있습니다. 선택주제는 여가활동, 취미/관심사, 운동, 휴가/출장 순으로 12개 이상을 선택해야 합니다. 이 때, **비슷한 활동을 묶어서 선택**하면 쉽고 효율적으로 답변을 준비할 수 있습니다. 예를 들어 여가활동의 경우 아래와 같이 영화 보기, 리얼리티쇼 시청하기, 공연 보기, 콘서트 보기와 같이 관람과 관련된 유사 활동을 선택하면 됩니다.

☑ 영화 보기	☐ 클럽/나이트 클럽 가기	☐ 술집/바에 가기
☐ 박물관 가기	☐ 공원 가기	☐ 당구 치기
☐ 스포츠 관람	☐ 주거 개선	☐ 시험대비 과정 수강하기
☐ 게임하기	☐ 친구들에게 문자 대화하기	☐ 뉴스 보거나 듣기
☐ SNS에 글 올리기	☑ 리얼리티쇼 시청하기	☐ 쇼핑하기
☐ TV보기	☐ 스파/마사지샵 가기	☐ 구직활동 하기
☐ 요리 관련 프로그램 시청하기	☑ 공연 보기	☑ 콘서트 보기
☐ 차로 드라이브하기	☐ 캠핑하기	☐ 해변 가기
☐ 카페/커피 전문점 가기	☐ 체스하기	☐ 자원 봉사하기

전략2 자가평가를 활용해 나에게 맞는 난이도 선택하기

자가평가는 총 6개의 단계로 이루어져 있고 각 단계의 샘플 음성을 들어보고 본인의 영어 실력과 가깝다고 생각하는 단계를 선택합니다. 자가 평가 선택 시에는 **본인의 목표 레벨과 말하기 실력을 고려하여 적절한 단계를 선택하는 것이 매우 중요**합니다. 가장 낮은 1단계를 선택할 경우 문제의 난이도는 쉬워지지만 높은 레벨을 받기는 어렵습니다. 1, 2단계를 선택하면 난이도 뿐만 아니라 전체 문항 수도 12문제로 줄어들기 때문에 **IM 레벨 이상을 목표로 한다면 최소 3단계 이상을 선택**하고 시험 중간 난이도 조정 시 유지하는 것을 추천합니다.

아래 사다리 타기를 통해 각 단계별 특징을 살펴보고 본인의 말하기 수준과 비슷한 단계를 확인해보세요.

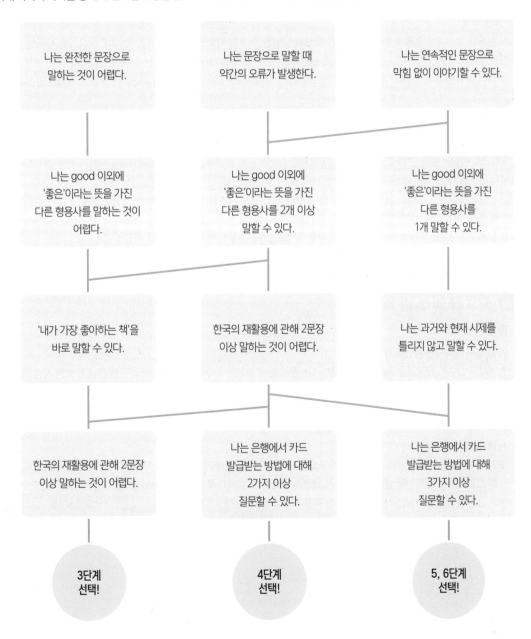

전략 3 목표 레벨 별 채점 기준 파악하기

오픽 시험을 준비할 때 본인이 목표하는 레벨의 채점 기준에 대한 이해는 필수입니다. OPIc(Oral Proficiency Interview-computer) 은 유창성과 발화량을 측정하는 시험이기 때문에 무작정 말을 많이 하기 보다는 본인의 목표 레벨에 맞게 전략적으로 접근해야 단기간 목표 달성이 가능합니다.

❶ IM에서 IH가 나오지 않는 경우

답변 시 사용하는 표현이나 문장이 한정적이고 반복적입니다. 또한 문법적인 실수가 잦고 완성된 문장을 말할 수 있지만 길이가 짧고 문장과 문장 사이 공백이 자주 발생합니다. 특히 과거와 현재 시제 구분에 잦은 실수가 발생하고 시제 사용이 제한적입니다.

이런 분들은 초시계를 활용해 일정 시간 동안 되도록 다양한 어휘를 사용하는 연습이 필요합니다. 녹음기를 사용해 본인의 답변을 들어보고 어떤 부분이 부족한지 스스로 판단하고 반복적으로 말하는 연습을 하는 것이 중요합니다. 또한 스토리라인 문장 사이 공백을 줄이기 위해서는 대략적인 스토리라인을 머릿속으로 정리하고 답변을 차근차근 만들어 나가는 연습이 매우 중요합니다.

❷ IH에서 AL이 나오지 않는 경우

연속적으로 완성된 문장 단위로 말할 수 있고 문법적인 실수가 간혹 발생하긴 하지만 다양한 시제 사용이 가능합니다. 하지만 예상치 못한 돌발 문제가 나왔을 때 문장 사이 공백이 길어진다거나 반복적인 어휘 사용이 발생합니다.

이런 분들은 실질적인 말하기 실력을 향상시키는 것이 중요합니다. 기본적인 문장 구성 능력은 물론 풍부한 어휘력, 살아있는 연기력, 발음, 억양, 등과 같이 문법 실수를 줄이고 말하기 유창성과 속도를 높여야 합니다. 원어민이 자주 쓰는 표현이나 문장 등을 사용하여 문장을 말해보거나 돌발 문제로 자주 출제되는 주제들을 함께 준비하는 것을 추천합니다.

전략 4 시험장 실전 팁 알아보기

❶ 시험 전 준비하기

- **시험 접수 유의사항 확인하기**

  정기시험 접수는 온라인을 통해 지정된 접수기간 동안 등록 가능하고 추가 접수는 진행되지 않습니다. 보통 시험일로부터 2일 전 마감되므로 공식 사이트를 통해 정확한 날짜를 확인하고 접수하여야 합니다. 또한 시험 성적은 응시일로부터 3~5일 후 발표되므로 본인이 지원할 기업이나 기관의 접수 일정을 함께 고려하여 미리 확인하는 것이 중요합니다.

- **시험 준비물 챙기기**

  수험표와 규정 신분증을 미리 챙기는 것이 중요합니다. 수험표는 필수가 아닌 참고용이므로 지참하지 않아도 무방하지만 규정 신분증은 신분 확인에 반드시 필요하기 때문에 미지참 시 응시가 불가합니다. 주민등록증, 운전면허증, 기간 만료 전의 여권 등 본인의 신분에 맞는 신분증을 반드시 확인하고 챙겨야 합니다.

❷ 시험 중 전략 세우기

· 문제 한번 더 듣기
문제 듣기가 끝난 후 REPLAY 버튼을 누르면 내용을 한번 더 들을 수 있습니다. 문제 내용을 다시 한 번 정리하고 어떤 이야기를 할 지 머릿속으로 정리하고 요약할 시간을 가질 수 있기 때문에 다시 듣기를 적극 활용하는 것을 추천합니다. 또한 다시 듣기는 채점 시 감점 요인에 해당하지 않으므로 안심하고 활용해도 좋습니다.

· 답변 시간 신경 쓰지 않기
오리엔테이션을 제외한 본 시험 시간 40분이 주어지는데 발화 시간의 길고 짧음보다는 유창성과 발화량이 중요한 채점 기준이기 때문에 전체 혹은 각 문제 별 녹음 시간에 크게 신경 쓰지 않아도 됩니다.

· 어떤 문제가 나와도 당황하지 않기
돌발 문제와 같이 본인이 선택하지 않았지만 출제되는 문제가 주어지면 당황스럽고 할말이 생각나지 않기 때문에 시험 전 철저한 준비가 필요합니다. 어떤 문제가 나와도 사용할 수 있는 만능 표현, 통 문장을 미리 준비하고 반복적으로 말해보는 연습이 필요합니다.

· 외운 티가 나는 답변 피하기
답변 시 이야기의 줄거리나 문장이 자주 반복되거나 스크립트 자체를 외운 듯한 느낌이 나면 NH 레벨을 받게 될 가능성이 높습니다. 학습 시 답변 내용을 처음부터 끝까지 전체 내용을 외우기 보다는 대략적인 아이디어 흐름과 표현을 익히는 학습 방법을 추천합니다. 또한 답변 시 추임새나 필러 등을 적극 활용해 감정을 살려가며 이야기하는 것도 자연스러운 답변을 완성하는데 도움이 됩니다.

❸ 시험 후 성적 활용하기

· 시험 성적 확인하기
working day기준으로 응시일로부터 3-5일 이내에 성적이 발표됩니다. 성적 인증서는 온라인으로 확인 및 출력 가능하며 우편발송은 제공되지 않습니다.

· 다음 시험 일정 계획하기
오픽 시험 규정 상 응시일로부터 25일 경과 후 시험 응시가 가능합니다. 하지만 waiver 제도를 사용하면 25일 이내에 시험을 재응시할 수 있는 기회가 주어집니다. 2013년 3월부터 평생 횟수 제한 없이 waiver를 사용할 수 있고 최근 waiver를 사용한 응시일로부터 150일 경과 후 시험부터 다시 waiver 활용이 가능합니다. 오픽 공식 홈페이지 '25일 규정 계산기'를 사용하면 보다 빠르고 편리하게 본인의 시험 응시 가능 날짜를 확인할 수 있습니다.

Chapter

02

—

OPIc
필수 문법과 어순

Chapter 01 오픽 시험의 기본 정보 및 목표 레벨별 공략 가이드 학습 후 본격적인 답변 연습 전 오픽에 반드시 필요한 문법과 영어 어순을 학습합니다. 오픽에서 필요한 기본적인 문법을 학습하여 원하는 문장을 만들어 답변할 수 있도록 연습합니다.

01 나에 대해 말하기

오픽(OPIc)은 인터뷰 형식의 시험으로 수험자의 의견과 상태에 대한 질문이 대부분입니다. 특히, 1번 자기소개 문제와 같이 본인의 상태와 감정을 이야기할 때 be 동사를 사용합니다. 또한 선택 문제 답변의 마무리 문장으로 나의 느낌을 표현할 때에도 자주 사용되는 동사인 만큼 쓰임과 의미에 유의해야 합니다.

be동사(am/is/are)는 우리말로 '~(어떠)하다', '~이다' 혹은 '~있다'로 해석되며, 주어의 상태를 나타내는 동사입니다. 나의 직업, 성격 혹은 시간 등과 같이 명사나 형용사와 함께 쓰여 주어의 상태를 말할 때 자주 사용됩니다.

be 동사의 종류

주어	be동사
I	am
he, she, it	is
we, you, they	are

be 동사의 현재형과 과거형

	be동사 (현재형) am, is, are	be동사 (과거형) was, were
긍정문	I am outgoing.	I was outgoing.
부정문	she is not busy.	she was not busy.

🎙️ OPIc 문장으로 말해보기

1 She is outgoing.
그녀는 활발합니다.

2 I'm very busy studying.
저는 공부하느라 매우 바쁩니다.

3 My office is located in Seoul.
제 사무실은 서울에 위치해 있습니다.

4 I'm satisfied with my job.
저는 제 직업에 만족합니다.

5 I was so excited.
저는 매우 신났습니다.

02 일반적인 사실/반복되는 습관에 대해 말하기

일반동사는 주어의 행동이나 동작을 설명해 주는 동사입니다. 오픽 문제 유형 중 일반적인 루틴을 설명하거나 습관적인 활동에 대해 이야기할 때 일반동사의 현재형을 주로 사용합니다.

일반동사의 현재형은 주어가 3인칭 단수(나와 너를 제외한 한 명/하나)일 때에는 동사 뒤에 -s/-es/-ies를 반드시 붙여 주어야 합니다. 대부분의 동사는 동사원형에 -s를 붙이고, -s, -ss, -x, -sh, -ch로 끝나는 동사 뒤에는 -es를 붙입니다. 또한 자음+y 로 끝날 경우에는 y를 i로 바꾸고 -es를 붙이는 불규칙 변화에도 유의하여 발음해야 합니다.

일반동사의 종류

주어	일반동사
I, we, you, they	listen
he, she, it	listens

현재 시제일 때, 일반동사의 부정문은 주어(인칭/수)에 따라 동사 앞에 do not(don't) 혹은 doesn't(does not) 을 붙여 부정문을 만들 수 있습니다.

일반동사(현재형)의 긍정문과 부정문

주어	일반동사 (긍정문)	일반동사 (부정문)
I, we, you, they	I listen to music every day.	I don't listen to music every day.
he, she, it	She teaches math.	She doesn't teach math.

🎤 OPIc 문장으로 말해보기

1 It takes about 30 minutes.
대략 30분정도 걸립니다.

2 I work for Siwon Company as a manager.
저는 시원 회사에서 매니저로 일합니다.

3 He doesn't know how to explain the storyline.
그는 줄거리를 어떻게 설명할 지 몰랐습니다.

4 I wake up early in order to jog before work.
저는 출근하기 전에 조깅하기 위해 일찍 일어납니다.

5 I don't forget to drink water to hydrate my body.
저는 몸에 수분을 공급하기 위해 물을 마시는 것을 잊지 않습니다.

03 일반동사의 과거형
과거에 일어났던 일(경험) 말하기

오픽 3단 콤보(묘사/변화/경험)문제 중 한 문제는 과거 사건을 설명하는 경험 문제가 반드시 출제됩니다. 오픽 고득점을 획득하기 위해서는 발생 시점에 따른 알맞은 시제 사용이 필수이므로 be동사와 일반동사의 과거형 쓰임에 유의하여 답변을 연습하는 것이 중요합니다.

일반동사의 과거형은 대부분 동사 뒤에 -ed/-d를 붙인 형태이지만 이 외에도 자음 추가+ed, y를 i로 바꾸고 ed를 추가하는 등 다양한 형태에 따른 발음 변화에 유의하여야 합니다. 특히 불규칙적으로 변화하는 동사(come-came, do-did, buy-bought)는 자주 소리내 말해보는 연습을 통해 입으로 익히는 것이 중요합니다.

과거 시제일 때, 일반동사의 부정문은 주어(인칭/수)에 상관없이 동사 앞에 did not(didn't)을 붙여 부정문을 만들 수 있습니다. 이 때, did not(didn't) 뒤에는 동사원형의 형태가 오는 것에 유의합니다.

일반동사(과거형)의 긍정문과 부정문

주어	일반동사 (긍정문)	일반동사 (부정문)
I, we, you, they he, she, it	I watched a movie a week ago.	I didn't watch a movie a week ago.

🎙 OPIc 문장으로 말해보기

1 I became interested in reading books.
저는 책읽기에 관심을 갖게 됐습니다.

2 I didn't take it seriously.
저는 심각하게 받아들이지 않았습니다.

3 She took me to a shopping mall.
그녀는 저를 쇼핑몰로 데리고 갔습니다.

4 I started swimming a week ago.
저는 일주일 전에 수영을 시작했습니다.

5 He didn't want to travel abroad.
그는 해외로 여행하고 싶지 않았습니다.

04 현재완료 (진행)시제
과거부터 현재까지 계속되는 일 말하기

오픽 시험에서는 과거 시점에 시작되어 현재까지 계속 유지되어 오고 있는 상태를 설명하는 문제가 다수 출제됩니다. 즉, 과거부터 지금까지의 연속성, 지속성을 나타내는 현재완료 시제 혹은 현재완료 진행 시제를 사용하면 계속되는 상태나 사건, 경험을 훨씬 간단하게 말할 수 있습니다. 또한 단순 시제 외에 다양한 시제 사용함으로써 고득점 획득에 큰 도움이 됩니다.

지금까지 학습한 현재, 과거 시제가 하나의 점(시점)이라면 현재완료 혹은 현재완료 진행 시제는 선(연장선)의 역할을 한다는 것이 가장 큰 특징입니다. 보통 '(계속) ~해오고 있다', '(계속) ~하고 있는 중이다'로 해석되고 'have/has + p.p.(과거분사)', 'have/has + been + 동사+ing'의 형태를 가집니다. 현재완료 (진행)시제의 부정형은 have/has 뒤에 not을 붙여주면 됩니다.

현재완료 시제의 형태와 부정형

주어	have/has	과거분사(p.p)
I, we, you, they	have have not	listened watched
he, she, it	has has not	lived been

현재완료 진행 시제의 형태와 부정형

주어	have/has	been	동사+ing
I, we, you, they	have have not	been	listening watching
he, she, it	has has not		living being

🎙 OPIc 문장으로 말해보기

1 I've lived in this apartment for about 2 years.
저는 이 아파트에서 2년 정도 살고 있습니다.

2 I've been working for Siwon Company since 2018.
저는 2018년부터 시원 회사에서 일하고 있습니다.

3 Since then, we have been good neighbors.
그때 이후로, 우리는 좋은 이웃으로 지내고 있습니다.

4 Numerous sporting matches have been held there.
수많은 스포츠 경기가 그곳에서 열리고 있습니다.

5 We've celebrated our anniversary since our wedding.
우리는 결혼식 이후로 결혼기념일을 기념하고 있습니다.

05 질문하기

롤플레이 문제 유형 중 '상대방에게 질문하기' 문제는 주어진 상황에 알맞은 질문을 서너 가지 이상 말해야 하는 고난도의 문제로 높은 등급을 획득하기 위해 반드시 준비해야 하는 유형입니다. 동사의 종류와 시제에 따른 의문문의 형태 변화에 유의하여 질문하는 것이 중요합니다.

평서문에서 의문문으로 바꿀 때, be동사/조동사 의문문은 주어와 동사의 자리를 바꿔주면 되고, 일반동사는 주어와 시제에 따라 do/does/did를 사용해 'do/does/did + 주어 + 동사원형'의 형태로 만들어 주면 됩니다.

be동사/조동사 의문문

	긍정문(평서문)	의문문
be동사	I am happy.	Am I happy?
조동사	She can speak Korean.	Can she speak Korean?

일반동사 의문문

	긍정문(평서문)	의문문
현재	She speaks Spanish. They speak Spanish.	Does she speak Spanish? Do they speak Spanish?
과거	He lived in that apartment.	Did he live in that apartment?

보다 구체적인 것에 대해 묻고자 할 때는 의문사와 전치사를 사용하여 의문문을 만들 수 있습니다. 대부분의 의문문에서 의문사(who/what/which/where 등)은 문장 가장 앞에 위치하고 전치사는 가장 끝에 위치합니다.

예문 What do you want to drink?
Which company did you apply for?
How are you today?

🎙 OPIc 문장으로 말해보기

1 Is your house located near a subway station?
당신의 집은 지하철 역 근처에 있나요?

2 Can you please tell me one good thing about living in a suburban area?
교외 지역에 사는 것에 대해 좋은 점 하나를 말해줄래요?

3 What do you think?
어떻게 생각하나요?

4 Are there sofas that are a reasonable price?
합리적인 가격의 소파가 있나요?

5 How many books can I check out?
몇 권의 책을 빌릴 수 있나요?

06 비교급과 최상급
비교하여 말하기

오픽 3단 콤보(묘사/변화/경험) 중 과거와 현재의 변화나 최근 변화를 묻는 문제들은 상당히 자주 출제됩니다. 이 때 비교급과 최상급을 사용하면 쉽고 간단하게 비교 대상의 변화를 이야기할 수 있습니다.

비교급은 다른 대상과의 비교를 위해 사용되고 '더 ~한/하게'으로 해석되며 형태는 끝에 -(e)r을 붙이거나 앞에 more을 씁니다. 최상급은 '가장 ~한' 의미로 형용사나 부사 뒤에 -(e)st를 붙이거나 most + 형용사/부사로 쓰고 보통 앞에 the를 붙입니다. 형용사나 부사에 따라 불규칙적으로 변하는 경우(good/well-better, bad-worse)는 자주 소리내 말해보는 연습을 통해 입으로 익혀야 합니다.

비교급/최상급 형태 변화

원형	비교급	최상급
old	older	the oldest
young	younger	the youngest
serious	more serious	the most serious
good/well	better	the best

🎙 OPIc 문장으로 말해보기

1 A bigger house is always better.
더 큰 집이 항상 더 낫습니다.

2 It was much better than I expected.
제가 기대했던 것보다 훨씬 더 좋았습니다.

3 I can jog more safely and conveniently.
저는 더욱 안전하고 편리하게 조깅할 수 있습니다.

4 To make matters worse, it started raining.
설상가상으로 비가 내리기 시작했습니다.

5 I enjoy comedies the most.
저는 코미디 영화를 가장 좋아합니다.

07 동사를 명사로 바꾸어 말하기

오픽 선택 주제 중 취미/관심사나 즐기는 운동 주제에서는 '~하기', '~하는 것'과 같이 행동에 관한 설명이 답변으로 자주 사용됩니다. 이 때, 동명사와 to부정사(명사 역할)를 사용하면 쉽고 간단하게 동사를 명사화 시킬 수 있습니다. 동명사는 '동사원형 + ing'이고 to부정사는 'to + 동사원형'의 형태를 말합니다.

동명사와 to부정사(명사 역할)는 문장 내에서 명사의 역할을 하기 때문에 주어, 목적어, 보어 자리에 위치할 수 있습니다. 하지만 동사에 따라 동명사(-ing) 혹은 to부정사(to+동사원형)만을 목적어로 취하는 경우가 있으므로 동사에 따른 동명사/to부정사 사용에 유의하여야 합니다.

동명사/to 부정사를 목적어로 가지는 동사

동명사만 목적어로 가지는 동사	to부정사만 목적어로 가지는 동사	동명사, to부정사 모두 목적어로 가지는 동사
enjoy	want	like
finish	hope	love
quit	decide	hate
mind	manage	prefer
consider	arrange	start

예문 He enjoys watching TV shows.

Heather wanted to become a scientist.

I like going/to go shopping.

🎙 OPIc 문장으로 말해보기

1 I can enjoy watching them with my family.
저는 가족들과 함께 보는 것을 즐길 수 있습니다.

2 I first started watching TV shows when I was young.
제가 어릴 때 TV 쇼를 처음 보기 시작했습니다.

3 Watching comedies is a great way to form a family bond.
코미디 영화를 보는 것은 가족간 유대감을 형성하는 좋은 방법 입니다.

4 I finished washing the dishes a few minutes ago.
저는 몇 분 전에 설거지를 끝냈습니다.

5 I hope to see you soon!
곧 보길 바랄게!

08 관계대명사
사람/사물에 부가적인 설명을 더해 말하기

오픽 문제에 대한 답변으로 그냥 이웃 보다는 '나와 가장 가까운 이웃', 카페 보다는 '내가 자주 가는 카페'와 같이 사람 혹은 사물에 관한 추가적인 정보를 말하거나 더욱 자세하게 부연 설명을 해주면 발화량 증가와 다양한 어휘와 문법 사용으로 고득점 획득이 가능합니다. 이 때, 관계대명사를 사용하면 쉽고 간단하게 부가적인 설명을 할 수 있습니다.

관계대명사는 두 문장을 이어주는 접속사의 역할과 앞선 명사를 대신하는 대명사의 역할을 동시에 하고, 선행사가 사람 혹은 사물인지 그리고 문장 내에서 하는 역할(격)에 따라 알맞은 관계대명사를 사용해야 합니다.

아래 표와 같이 문장 속 역할에 따라 다양한 관계대명사가 쓰일 수 있지만 보다 간단하게 추려보면 주격, 목적격에서 who, which, that 이 쓰이는데 선행사가 사람일 때는 who를 쓰고 사물일 때는 which를 쓰는 것에 유의합니다. 만약 둘이 헷갈린다면 사람, 사물 모두에 쓰일 수 있는 that을 쓰는 것을 추천합니다.

선행사와 문장 속 역할(격)에 따른 관계대명사

	선행사가 사람일 때	선행사가 사물일 때
주격	who, that	which, that
목적격	who, that, whom	which, that
소유격	whose	whose, of which

예문 I read the book that you recommended.
Kiana is the person who taught me how to swim.
That is the memorable experience that I had.

🎙 OPIc 문장으로 말해보기

1 I read the reviews written by people who have already been to my destination.
목적지에 가 본 사람들이 쓴 리뷰를 읽습니다.

2 There is always a security guard who greets customers.
고객들을 맞이하는 보안 요원들이 항상 있습니다.

3 The name of the bank that I go to most frequently is Woori Bank.
제가 가장 자주 가는 은행 이름은 우리 은행입니다.

4 We put the fruits that we brought underwater.
우리는 물 속에서 꺼내 온 과일들을 놓습니다.

5 This is by far the most memorable outdoor activity that I have had.
이것이 지금까지 해 본 가장 기억에 남는 야외 활동입니다.

09 시간/장소/방법/이유에 대한 부가적인 설명을 더해 말하기

앞서 학습한 관계대명사와 함께 시간, 장소, 방법, 이유에 대해 부가적인 설명을 더할 때는 관계부사를 사용합니다. 관계부사의 종류에는 when, where, how, why가 있고 서로 다른 문장을 연결해주는 접속사의 역할과 부사의 역할을 합니다.

그리고 선행사로 the time(시간), the place(장소), the way(방법), the reason(이유) 과 같이 일반적인 명사가 올 때는 선행사나 뒤따라오는 관계부사 둘 중 하나를 생략할 수 있습니다.

관계부사의 종류

선행사	관계부사	예문
시간 (the time)	when	I can't forget the date when I first met you.
장소 (the place)	where	This is the library where I often visit.
방법 (the way)	how	I don't know how I can solve this problem.
이유 (the reason)	why	Can you explain why he didn't come to the party?

🎙 OPIc 문장으로 말해보기

1 We found a creek nearby where everyone could enjoy swimming.
우리는 모두가 수영을 즐길 수 있는 개울을 발견했습니다.

2 I remember the first time when I went to an emergency room.
제가 처음으로 응급실에 갔던 때를 기억합니다.

3 There is a master bedroom where I feel the coziest.
제가 가장 편안함을 느끼는 안방이 있습니다.

4 I didn't know how I could get there.
저는 그곳에 가는 방법을 몰랐습니다.

5 Please tell me why she left so early.
그녀가 왜 그렇게 일찍 떠났는지 말해주세요.

10 시간과 장소를 설명하고 문장을 길게 만들어 말하기

오픽 시험에서는 경험이나 사건에 대한 구체적인 시간과 장소를 묻는 질문들이 자주 출제됩니다. 이 때, 시간 전치사(at/on/in)을 사용하는데 at은 정확한 시점이나 시간, on은 특정한 날이나 요일, in은 보다 긴 시간(년/월), 기간을 나타낼 때 주로 사용합니다. 위 전치사가 장소 명사 앞에 붙어 사용될 때는 at은 지점, on은 표면(위), in은 공간이나 범위의 개념으로 생각하면 기본적인 이해가 가능합니다.

시간/장소 전치사

	at	on	in
시간	at 7 o'clock at night	on weekends on Friday	in September in 1991
장소	at the bus stop at work	on the highway on the left/right	in Seoul in the restaurant

그리고 서로 다른 문장, 구, 단어를 이어주는 접속사는 답변을 길게 만들어 주고 스토리라인을 자연스럽게 이어주는 역할을 합니다. 접속사의 종류에는 등위 접속사, 종속 접속사, 명사절 접속사와 같이 다양한 종류가 있지만 오픽 시험에서 자주 사용되는 접속사를 선별해 성격에 따라 분류하였습니다.

이유(~때문에)	시간(~할 때, ~동안에)	조건(~한다면)	양보(~에도 불구하고)
because	while	if	although
since	when	when	though

🎙 OPIc 문장으로 말해보기

1 I'd like to spend time alone since I'm always busy with coworkers.
저는 항상 동료들과 바쁘게 지내기 때문에 혼자 시간을 보내고 싶습니다.

2 I also make sure to go to the bathroom before the movie starts.
또한 영화가 시작하기 전 반드시 화장실에 갑니다.

3 Although it's hard to clean up, a bigger house is always better.
청소하기 힘듦에도 불구하고, 항상 더 큰 집이 낫습니다.

4 I normally take a walk while listening to my music.
저는 보통 음악을 들으면서 걷습니다.

5 When Bob called, I was sleeping.
밥이 전화했을 때, 저는 자고 있었습니다.

Chapter
03

기본주제

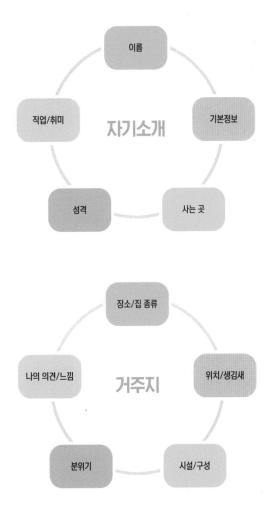

기본주제이니 만큼, 반드시 대비해야 할 시험범위에 속하기 때문에 전략적으로 접근해야 합니다. 자기소개는 장황하게 이야기하며, 시간을 많이 들일 필요 없이, 내가 이야기하고자 하는 나의 특장점 5개만 이야기합니다. 거주지 주제에서는 시설 묘사/거주지 변화/잊지 못할 경험에 모두 다 해당할 수 있는 5가지 아이디어를 기억하여 답변을 준비합니다.

> ▸ 오픽 시험에서 자기소개 문제는 1번으로 반드시 출제되는 문제입니다.
>
> ▸ 자기소개라고 만만하게 생각하다가는 처음 문제부터 꼬여서 시험 전반에 영향을 미칠 수 있으니 철저히 준비해 가는 것이 좋습니다. 단순히 외우는 것이 아닌, 나만의 스토리를 만들어 자연스럽게 말할 수 있도록 연습합니다.
>
> ▸ 자기소개를 잘 준비해두면 시험 전반의 문제에 대해서도 잘 대처할 수 있으며, 기초회화, 비즈니스 영어 회화에서도 유용하게 쓸 수 있습니다.

문제 예시

- **Please tell me about yourself.**
  당신에 대해 말해주세요.

- **Let's start the interview. Tell me a little bit about yourself.**
  인터뷰를 시작하겠습니다. 당신에 대해 좀 말해주세요.

- **Please introduce yourself.**
  자기소개를 해주세요.

- **Could you please tell me something about yourself?**
  당신에 대한 무언가를 이야기해 주시겠어요?

나이 IH+

- □ I'm in my early/mid/late 20s.
  저는 20대 초/중/후반 이에요.

- □ I just turned 20 years old last month.
  저는 지난 달에 20살이 되었어요.

성격

- □ outgoing 외향적인
- □ active 활동적인
- □ talkative 수다스러운
- □ cheerful 발랄한
- □ extroverted 외향적인 IH+
- □ introverted 내향적인 IH+
- □ quiet 조용한
- □ calm 침착한
- □ meticulous 꼼꼼한 IH+
- □ diligent 부지런한
- □ picky 까다로운
- □ hard-working 근면한
- □ easygoing 태평한
- □ conservative 보수적인 IH+
- □ timid 소심한
- □ considerate 배려심이 깊은
- □ understanding 이해심이 깊은

성향 IH+

- □ look on the bright side 밝은 면을 보다
- □ easily get along with other people
  다른 사람들과 쉽게 어울리다
- □ spend most of the time alone / with others
  대부분의 시간을 혼자/다른 사람들과 보내다

신분(직장인) IH+

- □ I'm in charge of A. 저는 A를 담당합니다.
- □ I'm responsible for A. 저는 A에 책임이 있습니다.
- □ I'm my own boss. 저는 자영업을 합니다.

신분(학생) IH+

- □ freshman 1학년
- □ sophomore 2학년
- □ junior 3학년
- □ senior 4학년
- □ I'm in my first/second/third/fourth year.
  저는 1/2/3/4학년 입니다.
- □ I'm graduating this semester.
  저는 이번 학기에 졸업합니다.
- □ I'm taking a semester off. 저는 한 학기 쉬고 있어요.
- □ I'm looking for a job. 저는 직업을 찾고 있는 중입니다.
- □ I major in A. 저는 A를 전공합니다.

신분(기타) IH+

- □ I'm between jobs. 저는 쉬고 있습니다.
- □ I'm currently unemployed.
  저는 현재 일하고 있지 않습니다.

취미/여가 활동

- □ listen to music 음악 듣다
- □ read books 독서하다
- □ watch movies 영화 보다
- □ play mobile games 모바일 게임을 하다
- □ go to the movies 영화 보러 가다
- □ go for a walk 산책하러 가다
- □ go shopping 쇼핑하러 가다
- □ go swimming 수영하러 가다
- □ go fishing 낚시하러 가다
- □ go jogging 조깅하러 가다
- □ go bowling 볼링 치러 가다
- □ go hiking 하이킹하러 가다
- □ go on a trip 여행을 가다
- □ chat with someone 누군가와 수다 떨다
- □ work out 운동하다
- □ do some indoor/outdoor activities
  실내/야외 활동을 하다
- □ surf the internet 인터넷 서핑하다

기본주제 01 자기소개

자기소개

Q. **Let's start the interview. Tell me about yourself.**
인터뷰를 시작하겠습니다. 당신에 대해 말해주세요.

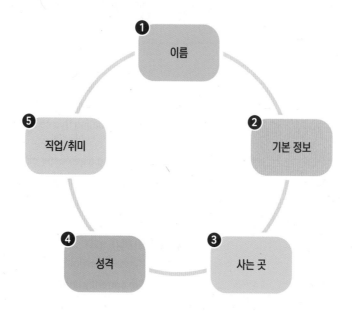

 BRAINSTORMING

 MP3 1_2

❶	이름	My name is Jiwon and my English name is Amy. 제 이름은 지원이고, 영어 이름은 에이미입니다.
❷	기본 정보	I'm 27 years old and I'm a senior at Seoul University majoring in English. 저는 27살이고 서울 대학교에서 영어를 전공하는 4학년 학생입니다.
❸	사는 곳	I live in Seoul with my family and there are 4 members in my family. 저는 서울에서 가족과 함께 살고 있으며, 우리 가족은 4명입니다.
❹	성격	To talk about my personality, I'm outgoing and positive. 제 성격에 대해 말하자면, 저는 활발하고 긍정적입니다.
❺	직업/취미	In my free time, I enjoy going to the movies or listening to music. 자유시간에는 영화를 보러 가거나 음악을 듣는 것을 즐깁니다.

I'm the type of person who ~ . 저는 ~하는 타입의 사람입니다. `IH+ 표현`

I'm the type of person who **tries to look on the bright side.**
저는 밝은 면을 보려고 노력하는 타입의 사람입니다.

The reason why I A is because I B. 제가 A하는 이유는 B이기 때문입니다. `IH+ 표현`

The reason why I **chose English as my major** is because I **want to become an English instructor after graduation.**
제가 영어를 전공으로 선택한 이유는 졸업 후에 영어 강사가 되고 싶기 때문입니다.

I'm good at 동사ing/명사. 저는 ~을/를 잘합니다.

I think I'm pretty good at **teaching people.**
저는 사람들을 가르치는 것을 꽤 잘한다고 생각합니다.

To talk about A, A에 대해 말하자면,

To talk about **my personality, I'm very outgoing and positive.**
제 성격에 대해 말하자면, 저는 외향적이고, 긍정적입니다.

Speaking of A, A에 대해 말하자면/말이 나와서 말인데, `IH+ 표현`

Speaking of my family, **there are 4 members including myself.**
우리 가족 얘기가 나와서 말인데, 우리 가족 구성원은 저를 포함해서 4명입니다.

I have nothing/something/many things to 동사. 나는 '동사'할 것이 있다/무언가 있다/많다. `IH+ 표현`

When I have nothing to do, **I enjoy going to the movies or listening to music to kill time.**
할 것이 없을 때마다 저는 시간을 보내기 위해 영화를 보러 가거나 음악을 듣는 것을 즐깁니다.

기본주제 01 자기소개

LET'S PRACTICE

I'm the _____ of person who likes to have clear goals in life.
저는 삶의 명확한 목표를 추구하는 타입입니다.

The reason why I chose philosophy as my major is _____ I love the Socratic method.
제가 철학을 전공으로 선택한 이유는 소크라테스학파를 좋아하기 때문입니다.

I'm pretty _____ at communicating with others.
저는 다른 사람들과 소통하는 것을 잘합니다.

To talk _____ my vacation plan, I'm going to Portugal.
제 휴가 계획에 대해 말하자면, 저는 포르투갈에 갈 예정입니다.

When I have a lot of _____ to do, I try to focus on one thing at a time.
해야 할 것이 많을 때, 저는 한 번에 하나에 집중하려고 합니다.

ANSWER type / because / good / about / things

IM3 자기소개 학생

Q. Let's start the interview. Tell me about yourself.
인터뷰를 시작하겠습니다. 당신에 대해 말해주세요.

BRAINSTORMING

❶ 이름 — 지원, Amy

❷ 기본 정보 — 27살, 4학년, 서울대학교, 영어 전공

❸ 사는곳 — 서울, 가족 4명

❹ 성격 — 활발함, 긍정적

❺ 직업/취미 — 영화 보기, 음악 듣기

MODEL ANSWER IM3

Alright, I'll tell you about myself. First of all, ❶ my name is Jiwon and my English name is Amy. ❷ I'm 27 years old and I'm a senior at Seoul University majoring in English. ❸ I live in Seoul with my family and there are 4 members in my family including myself. I'm very busy studying during weekdays, so I try to spend most of the time with my family on weekends. ❹ To talk about my personality, I'm very outgoing and positive. ❺ In my free time, I enjoy going to the movies or listening to music to relieve my stress. That's a little bit about myself.

좋아요, 저에 대해 말씀드리죠. 우선 제 이름은 지원이고 영어 이름은 에이미예요. 나이는 27살이고, 서울대학교에서 영어를 전공하는 4학년 학생이에요. 저는 가족과 함께 서울에 살고 있으며, 우리 가족 구성원은 저를 포함해서 4명이에요. 저는 보통 평일에는 공부하느라 매우 바쁘기 때문에, 주말에는 가족들과 대부분의 시간을 보내려고 노력합니다. 제 성격에 대해 말하자면, 저는 매우 외향적이고 긍정적이에요. 저는 자유시간에 스트레스를 풀기 위해 영화를 보러 가거나 음악을 듣는 것을 즐겨요. 이상, 간단한 제 소개였습니다.

Vocabulary & Expressions

major in ~을 전공하다 **personality** 성격 **outgoing** 외향적인 **relieve one's stress** ~의 스트레스를 풀다

 송쌤의 꿀팁

most of the time 대부분의 시간
일상 생활에서 주로 하는 일을 말할 때 유용한 표현이니 꼭 익혀두세요!

Q. Let's start the interview. Tell me about yourself.
인터뷰를 시작하겠습니다. 당신에 대해 말해주세요.

BRAINSTORMING

❶ 이름   지원, Amy

❷ 기본 정보   27살, 4학년, 서울대학교, 영어 전공

❸ 사는 곳   서울, 가족 4명

❹ 성격   밝은 면을 보려 함, 사람들과 잘 어울림

❺ 직업/취미   영화 보기, 음악 듣기

MODEL ANSWER ◁ IH-AL

Alright, I'll tell you about myself. First of all, ❶ my name is Jiwon and I also go by Amy. ❷ I'm in my late 20s and I'm in my 4th year at Seoul University majoring in English. **The reason why I chose English as my major is because I've always wanted to become an English instructor since I was young.** ❸ Currently, I live in Seoul with my family. Speaking of my family, there are 4 members including myself. ❹ To talk about my personality, I'm the type of person who tries to look on the bright side and easily gets along well with other people. ❺ When I have nothing to do, I enjoy going to the movies or listening to music **to kill time. That's pretty much everything about me.**

좋아요, 저에 대해 말씀드리죠. 우선 제 이름은 지원이고, 에이미라고 불리기도 해요. 저는 20대 후반이고, 서울대에서 영어를 전공하는 4학년 학생입니다. 제가 영어를 전공으로 선택한 이유는 어렸을 때부터 영어강사가 되고 싶었기 때문이에요. 현재, 저는 가족과 함께 서울에서 살고 있어요. 우리 가족 얘기가 나와서 말인데, 우리 가족 구성원은 저를 포함해서 4명입니다. 제 성격에 대해 이야기하자면, 저는 밝은 면을 보려 하고 다른 사람들과 쉽게 잘 어울리려고 하는 타입의 사람이에요. 할 일이 없을 때마다 저는 시간을 보내기 위해 영화를 보러 가거나 음악을 듣는 것을 즐깁니다. 이상, 간단한 제 소개였습니다.

Vocabulary & Expressions

English instructor 영어 강사   **get along well with** ~와 잘 어울리다, ~와 잘 지내다   **kill time** 시간을 죽이다, 무료한 시간을 보내다

송쌤의 꿀팁

When I have nothing to do 내가 할 것이 없을 때
in my free time의 고급 표현으로 목표 점수가 IH레벨 이상이라면 암기해 두세요.

기본주제 01 자기소개   학생

> **Q.** Let's start the interview. Tell me a little bit about yourself.
> 인터뷰를 시작하겠습니다. 당신에 대해 좀 말해주세요.

BRAINSTORMING

❶ 이름	지원, Amy	
❷ 기본 정보	32살, 회사, 직책(직급)	➕ 서울 위치, 30분 걸림 IM3+
❸ 사는 곳	서울, 가족 4명	
❹ 성격	활발함, 긍정적	
❺ 직업/취미	영화 보기, 음악 듣기	➕ 스트레스 해소하기 위해 IM3+

MODEL ANSWER IM3

Alright, I'll tell you about myself. First of all, ❶ my name is Jiwon and my English name is Amy. ❷ I'm 32 years old and I work for Siwon Company as a manager. My office is located in Seoul and it takes about 30 minutes by car from my house. Since I'm very busy working during weekdays, I try to spend most of the time with my family on weekends. ❸ I live in Seoul with my family and there are 4 members in my family including myself. ❹ To talk about my personality, I'm very outgoing and positive. ❺ In my free time, I enjoy going to the movies or listening to music to relieve my stress. That's a little bit about myself.

좋아요, 저에 대해 말씀드리죠. 우선 제 이름은 지원이고 영어 이름은 에이미에요. 저는 32살이고 시원 회사에서 매니저로 일합니다. 제 사무실은 서울에 있고, 집에서 차로 30분 정도 걸립니다. 저는 보통 평일에는 일하느라 매우 바쁘기 때문에, 주말에는 가족들과 대부분의 시간을 보내려고 노력합니다. 저는 가족과 함께 서울에 살고 있으며, 우리 가족 구성원은 저를 포함해서 4명이에요. 제 성격에 대해 말하자면, 저는 매우 외향적이고 긍정적이에요. 저는 자유시간에 스트레스를 풀기 위해 영화를 보러 가거나 음악을 듣는 것을 즐겨요. 이상, 간단한 제 소개였습니다.

Vocabulary & Expressions

work for ~에서 일하다   be located in ~에 (위치해)있다   weekday 평일

🚀 송쌤의 꿀팁
- work for, work at ~에서 일한다
- 시간에 관련된 말을 할 때는 It 으로 문장을 시작합니다.
  It takes about 걸리는 시간

Q. Let's start the interview. Tell me a little bit about yourself.
인터뷰를 시작하겠습니다. 당신에 대해 좀 말해주세요.

 BRAINSTORMING

❶ 이름 — 지원, Amy

❷ 기본 정보 — 30대 초반, 회사, 직책(직급) ➕ *10년 동안, 직장에 대한 내 생각* [IH+]

❸ 사는 곳 — 서울, 가족 4명

❹ 성격 — 밝은 면을 보려 함, 사람들과 잘 어울림

❺ 직업/취미 — 영화 보기, 음악 듣기

MODEL ANSWER IH-AL

Alright, I'll tell you about myself. First of all, ❶ my name is Jiwon and I also go by Amy. ❷ I'm in my early 30s and I've been working for Siwon Company as a manager for 10 years. I'm in charge of managing people and I'm satisfied with my job because I love the people I work with. My office is located in Seoul and it takes only about 30 minutes by car from my house. Since I'm very tied up with work during weekdays, I try to spend as much time as possible with my family on weekends. ❸ Currently, I live in a city called Seoul with my family, and speaking of my family, there are 4 members including myself. ❹ To talk about my personality, I'm the type of person who tries to look on the bright side and easily gets along with other people. ❺ When I have nothing to do, I enjoy going to the movies or listening to music to kill time. That's pretty much everything about me.

좋아요, 저에 대해 말씀드리죠. 우선 제 이름은 지원이고, 에이미라고 불리기도 해요. 저는 30대 초반이고 10년 째 시원 회사에서 매니저로 일하고 있습니다. 저는 사람을 관리하는 일을 맡고 있는데, 좀 힘들긴 하지만 함께 일하는 사람들을 사랑하기 때문에 제 일에 만족합니다. 저의 사무실은 서울에 있고 집에서 차로 30분 정도밖에 걸리지 않아요. 평일에는 일 때문에 매우 바쁘기 때문에 주말엔 가족들과 가능한 한 많은 시간을 보내려고 노력합니다. 현재, 저는 가족과 함께 서울이라는 도시에서 살고 있으며, 우리 가족 얘기가 나와서 말인데, 우리 가족 구성원은 저를 포함해서 4명입니다. 제 성격에 대해 이야기하자면, 저는 밝은 면을 보려 하고 다른 사람들과 쉽게 잘 어울리려고 하는 타입의 사람이에요. 할 일이 없을 때마다 저는 시간을 보내기 위해 영화를 보러 가거나 음악을 듣는 것을 즐깁니다. 이상, 간단한 제 소개였습니다.

Vocabulary & Expressions

be in charge of ~을 맡다, ~을 담당하다   be satisfied with ~에 만족하다   tied up with ~로 바쁜

 송쌤의 **꿀팁**

I'm tied up with ~

I'm busy with ~와 비슷한 표현으로 ~하느라 바쁘다 라는 뜻이지만 정신없이 바쁜 상황을 말할 때 쓰입니다.

기본주제 01 자기소개   직장인

Q. Let's start the interview. Tell me a little bit about yourself.
인터뷰를 시작하겠습니다. 당신에 대해 좀 말해주세요.

BRAINSTORMING

❶ 이름	지원, Amy
❷ 기본 정보	27살, 구직 중
❸ 사는곳	서울, 가족 4명
❹ 성격	활발함, 긍정적
❺ 직업/취미	영화 보기, 음악 듣기

MODEL ANSWER IM3

Alright, I'll tell you about myself. First of all, ❶ my name is Jiwon and my English name is Amy. ❷ I'm 27 years old and I'm currently between jobs. I want to work as an English instructor because I think I'm pretty good at teaching people. ❸ I live in Seoul with my family and there are 4 members in my family including myself. Since I'm very busy seeking a job during weekdays, I try to spend most of the time with my family on weekends. ❹ To talk about my personality, I'm very outgoing and positive. ❺ In my free time, I enjoy going to the movies or listening to music to relieve my stress. That's a little bit about myself.

좋아요, 저에 대해 말씀드리죠. 우선 제 이름은 지원이고 영어 이름은 에이미에요. 나이는 27살이고, 전 지금 쉬면서 직장을 구하고 있어요. 저는 영어 강사로 일하고 싶어요. 왜냐하면 전 사람들을 꽤 잘 가르친다고 생각하기 때문이지요. 저는 가족과 함께 서울에 살고 있으며, 우리 가족 구성원은 저를 포함해서 4명이에요. 저는 보통 평일에는 일자리를 찾느라 매우 바쁘기 때문에, 주말에는 가족들과 대부분의 시간을 보내려고 노력합니다. 제 성격에 대해 말하자면, 저는 매우 외향적이고 긍정적이에요. 저는 자유시간에 스트레스를 풀기 위해 영화를 보러 가거나 음악을 듣는 것을 즐겨요. 이상, 간단한 제 소개였습니다.

Vocabulary & Expressions

between jobs 취업 준비중인

 송쌤의 꿀팁

▹ ~하느라 바쁘다는 I'm busy with~라고 합니다. 전치사 with를 사용해 주세요.
▹ I'm good at(나는 ~을 잘한다)을 말할 때, pretty(꽤)를 넣어서 I'm pretty good at~(나는 ~을 꽤 잘한다) 이라고 말하면 조금 더 부드러운 표현이 됩니다.

IH-AL 자기소개 기타/무직   ◁)) **MP3** 1_8

Q. Let's start the interview. Tell me a little bit about yourself.
인터뷰를 시작하겠습니다. 당신에 대해 좀 말해주세요.

BRAINSTORMING

❶ 이름	지원, Amy
❷ 기본 정보	20대 후반, 구직 중
❸ 사는 곳	서울, 가족 4명
❹ 성격	밝은 면을 보려 함, 사람들과 잘 어울림
❺ 직업/취미	영화 보기, 음악 듣기

MODEL ANSWER IH-AL

Alright, I'll tell you about myself. First of all, ❶ my name is Jiwon and I also go by Amy. ❷ I'm in my late 20s and I'm currently between jobs. I've always wanted to work as an English instructor because I believe I'm pretty talented in teaching people. ❸ Currently, I live in Seoul with my family. Speaking of my family, there are 4 members including myself. ❹ To talk about my personality, I'm the type of person who tries to look on the bright side and easily gets along well with other people. ❺ Whenever I have nothing to do, I enjoy going to the movies or listening to music to kill time. That's pretty much everything about me.

좋아요, 저에 대해 말씀드리죠. 우선 제 이름은 지원이고, 에이미라고 불리기도 해요. 저는 20대 후반이고, 현재 쉬면서 직장을 구하고 있어요. 저는 제가 사람들을 가르치는 데 꽤 재능이 있다고 믿기 때문에 항상 영어 강사로 일하고 싶었습니다. 현재, 저는 가족과 함께 서울에서 살고 있어요. 우리 가족 얘기가 나와서 말인데, 우리 가족 구성원은 저를 포함해서 4명입니다. 제 성격에 대해 이야기하자면, 저는 밝은 면을 보려 하고 다른 사람들과 쉽게 잘 어울리려고 하는 타입의 사람이에요. 할 일이 없을 때마다 저는 시간을 보내기 위해 영화를 보러 가거나 음악을 듣는 것을 즐깁니다. 이상, 간단한 제 소개였습니다.

Vocabulary & Expressions

be talented in ~에 재능이 있다

 송쌤의 꿀팁

kill time 시간을 죽이다

to kill time 이라고 하면 시간을 죽이기 위해서~ 즉, 할 것이 없을 때 혹은 자유시간이 생겼을 때 시간을 때우기 위해 정도의 뜻으로 쓰입니다.

기본주제 01 자기소개

기타/무직

나만의 답변을 만들어 봅시다.

이름	Hi, my name is

기본 정보	I'm in my

사는 곳	I live in
	There are members in my family.

성격	To talk about my personality,

직업/취미	When I have nothing to do, I enjoy

잘못 알고 있는 영어 표현

🔟 take a rest?!

많은 학생들이 쉬다 라는 표현을 take a rest로 알고 있습니다. 사실 현지에서는 잘 안 쓰는 표현이에요. 충분한 휴식을 취하다 라는 표현을 쓸 때는 get some rest/get enough rest를 써주세요.

2️⃣ make me hard?!

NO! 안돼요! 나를 힘들게 합니다 라는 표현은 아래와 같이 표현합니다. 상황에 따라 고생하다, 애먹다의 의미로도 쓸 수 있으니 활용해 보세요.

I am having a hard time. 나는 힘든 시간을 보내고 있어.
I had a hard time. 나는 힘든 시간을 보냈어.

3️⃣ I'm hard to get up early?!

NO! 안돼요! 어떤 행동을 하는 것이 힘들다 라고 표현할 때는 It is hard for 목적어 to 동사의 형태로 써야 합니다.

예 **It's hard for me to speak English very well.** 영어를 잘하는 것은 제게 힘들어요.

4️⃣ 에어컨?!

대표적인 콩글리쉬(broken English)를 제대로 익혀주세요!

노트북	laptop
에어컨	air conditioner
핸드폰	cell phone
헬스장	gym
모닝콜	wake-up call

5️⃣ I'm going to home?!

많은 학습자들이 to를 남용하는 경우가 많습니다. 아래 예문은 to가 들어가지 않는 대표적인 문장들로, 반드시 기억해주세요!

잘못된 표현	올바른 표현
go to home	go home
go to abroad	go abroad
go the there	go there
come to here	come here

> ▷ 내가 사는 곳에 관한 문제는 자기소개 문제와 마찬가지로 기본으로 출제되는 문제이니 만큼, 반드시 거주지에 관한 답변은 준비해 가도록 합니다.
>
> ▷ 거주지 문제에서는 혼자살기 혹은 같이살기 정도로 분류되며, 나의 상황에 맞추어 답변을 준비하세요.
>
> ▷ 거주지 문제에서는 우리 집이 어떻게 생겼는지, 우리 집 주변에 무엇이 있는지 천천히 정리해보며 생각해보면 많은 아이디어를 가지고 말 할 수 있어요.
>
> ▷ OPIc은 진실성을 평가하는 시험이 아니므로 사실만을 말할 필요는 없습니다.

 출제 포인트

- **묘사하기**
  집 내부/외부 묘사 [빈출★]
  좋아하는 방 묘사 [빈출★]

- **변화 이야기하기**
  과거와 현재의 집·집안 변화 [빈출★]
  최근 발생한 변화(집 내부의 최근 변화)

- **경험 이야기하기**
  집 안/밖에서 일어나는 잊지 못할 경험
  이웃과 친해지게 된 경험 [빈출★]

- Please describe the place you live in. Tell me what it looks like in as much detail as possible.
  당신이 사는 곳을 묘사해주세요. 생김새를 최대한 자세하게 말해주세요.

- Please tell me about your favorite room. What makes that room your favorite? Describe what the room looks like.
  당신이 가장 좋아하는 방에 대해 말해주세요. 무엇이 그 방을 가장 좋아하게 만들었나요? 방이 어떻게 생겼는지 묘사해주세요.

- Please talk about the differences between the house you live in now and the one you lived in before. Tell me in as much detail as possible.
  당신이 예전에 살았던 집과 지금 살고 있는 집의 차이점에 대해 얘기해주세요. 최대한 자세하게 말해주세요.

- Please tell me about a problem you have had with your house. What was the problem? How did you resolve the problem?
  당신의 집에서 겪었던 문제에 대해 말해주세요. 문제가 무엇이었나요? 문제를 어떻게 해결했나요?

- Please tell me about your neighbors in general, and who your closest neighbor is. How often do you meet your neighbor and what are some things that you do with him or her?
  당신의 일반적인 이웃들에 대해, 당신과 가장 친한 이웃에 대해 말해주세요. 이웃과 얼마나 자주 만나고, 그 혹은 그녀와 무엇을 하나요?

기본주제 02 거주지

집 종류 표현
□ house 주택
□ detached house 단독주택
□ apartment 아파트

집 외부 표현
□ high-rise building 고층 건물
□ apartment complex 아파트단지

집 내부 표현
□ master bedroom 안방
□ bedroom 방/침실
□ bathroom 화장실
□ living room 거실
□ kitchen 부엌
□ study 서재
□ balcony 베란다

가구/물건 표현
□ sofa 소파
□ comfy sofa 편안한 소파 IH+
□ bed 침대
□ king-size bed 킹 사이즈 침대 IH+
□ desk 책상
□ computer 컴퓨터
□ closet 붙박이장
□ wardrobe 장롱, 옷장 IH+
□ dining table 식탁
□ coffee table 커피 탁자
□ couch (긴) 소파
□ armchair 팔걸이 의자 IH+
□ dressing table (a vanity table) 화장대 IH+

전자기기
□ TV 텔레비전
□ computer 컴퓨터
□ laptop 노트북
□ printer 프린터
□ microwave 전자레인지 IH+
□ refrigerator 냉장고
□ dishwasher 그릇 세척기
□ washing machine 세탁기
□ monitor 모니터

집 분위기
□ quiet 조용한
□ noisy 시끄러운
□ large 큰
□ small 작은
□ spacious 넓은 IH+
□ cozy 안락한 IH+
□ well-maintained 잘 정비되어 있는 IH+
□ newly built 최근에 새로 지은 IH+
□ well-organized 잘 정리되어 있는 IH+

구도잡기
□ in the back 뒤쪽에
□ on the left (side) 왼쪽에
□ in the middle 중간에
□ on the right (side) 오른쪽에
□ in front of A A앞에는
□ next to A A옆에는
□ between A and B A와B 사이에는
□ behind A A뒤에는
□ to the right(left) of A A의 오른쪽[왼쪽]에는

거주지 집(내부/외부) 묘사

Q. Please describe the place you live in. Tell me what it looks like in as much detail as possible.
당신이 사는 곳을 묘사해주세요. 생김새를 최대한 자세하게 말해주세요.

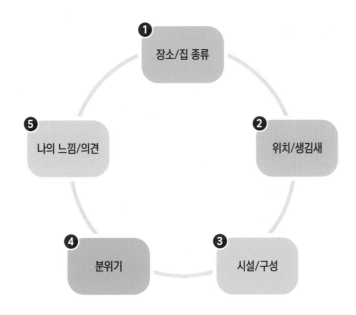

① 장소/집 종류
② 위치/생김새
③ 시설/구성
④ 분위기
⑤ 나의 느낌/의견

BRAINSTORMING

 MP3 1_10

① 장소/집 종류	I've been living in Dongtan with my family for 2 years in an apartment. 저는 동탄에서 가족들과 함께 2년째 아파트에서 살고 있습니다.
② 위치/생김새	I live on the 9th floor and there are 3 bedrooms in my house. 저는 9층에 살고 있고, 저희 집에는 침실이 3개 있습니다.
③ 시설/구성	As soon as I enter my house, I see a large living room in the middle and a kitchen on the right. 집에 들어서자 마자 가운데에는 널찍한 거실이 있고 오른쪽에 부엌이 있습니다.
④ 분위기	Our apartment building is newly built, so it's very clean and quiet. 저희 아파트는 새로 지어졌기 때문에 매우 깨끗하고 조용합니다.
⑤ 나의 느낌/의견	I'm very satisfied with it. 저는 매우 만족합니다.

💡 KEY SENTENCES

As soon as I enter A, I see _____ + 구도. A에 들어서자마자, 저는 ~가 보입니다.

As soon as I enter my apartment, I see a living room in the middle.
집에 들어서자마자 가운데 거실이 보입니다.

There is/are _____ + 구도. ~가 ~에 있습니다.

There is a living room in the middle.
가운데에는 거실이 있습니다.

I'm very satisfied with _____ . ~에 굉장히 만족합니다.

I'm satisfied with where I live.
전 제가 사는 곳에 정말 만족합니다.

It looks just like A. 그것은 A와 똑같이 생겼습니다. IH+ 표현

It looks just like other apartment buildings.
다른 아파트들과 똑같이 생겼습니다.

A where I feel _____ 제가 ~라 느끼는 A(장소) IH+ 표현

There is a master bedroom where I feel the coziest.
제가 가장 안락하게 느끼는 공간인 안방이 있죠.

✏️ LET'S PRACTICE

As soon _____ I enter, I see a master bedroom on the right.
들어서자마자, 오른쪽에 안방이 보입니다.

There _____ a balcony in the middle.
가운데에 베란다가 있습니다.

I'm very _____ with the service.
저는 서비스에 매우 만족합니다.

It looks just _____ other villas.
그것은 다른 빌라들과 똑같이 생겼습니다.

There is a café _____ I feel the most relaxed.
제가 가장 편안함을 느끼는 공간인 카페가 있습니다.

Q. Please describe the place you live in. Tell me what it looks like in as much detail as possible.
당신이 사는 곳을 묘사해주세요. 생김새를 최대한 자세하게 말해주세요.

BRAINSTORMING

❶ 장소/집 종류	동탄, 아파트
❷ 위치/생김새	9층, 침실 3개
❸ 시설/구성	거실, 부엌 등
❹ 분위기	깨끗하고 잘 정비됨
❺ 나의 느낌/의견	만족함

MODEL ANSWER IM3

❶ I've been living in Dongtan with my family for 2 years in an apartment. ❷ I live on the 9th floor of a 20-story apartment building and there are 3 bedrooms in my house. ❸ As soon as I enter my house, I see a large living room in the middle and a kitchen on the right. **On the left, there are 2 other rooms and in the back, there is a master bedroom. There's also a balcony with many windows, so a lot of sunlight comes in.** ❹ Our apartment building is newly built, so it's very clean and quiet. ❺ I'm very satisfied with it.

저는 동탄의 한 아파트에서 가족들과 함께 2년째 살고 있습니다. 저는 20층짜리 아파트 9층에 살고 있고, 저희 집에는 침실이 3개 있어요. 집에 들어서자마자 가운데 널찍한 거실과 오른쪽에 부엌이 보입니다. 왼쪽에는 2개의 다른 방이 있고, 뒤쪽에는 안방이 있어요. 또한, 큰 창문이 많은 큰 발코니도 있어서 햇빛을 많이 받을 수 있습니다. 저희 아파트는 새로 지어졌기 때문에 매우 깨끗하고 조용합니다. 저는 제가 살고 있는 곳에 매우 만족합니다.

Vocabulary & Expressions

story 층   master bedroom 안방   be satisfied with ~에 만족하다

송쌤의 꿀팁

건물 층 수 표현
내가 사는 집의 층을 이야기 할 때에는 서수 표현을 사용하여 th[θ] 발음을 정확히 해주세요.

기본주제 02 거주지   집(내부/외부) 묘사

Q. Please describe the place you live in. Tell me what it looks like in as much detail as possible.
당신이 사는 곳을 묘사해주세요. 생김새를 최대한 자세하게 말해주세요.

BRAINSTORMING

❶ 장소/집 종류	동탄, 아파트
❷ 위치/생김새	9층, 침실 3개
❸ 시설/구성	거실, 부엌 등
❹ 분위기	깨끗하고 잘 정비됨
❺ 나의 느낌/의견	만족함

MODEL ANSWER · IH-AL

❶ I've been living in a city called Dongtan with my family for 2 years **and there are many high-rise apartment complexes.** I also live in an apartment **and it looks just like other apartment buildings.** ❷ I live on the 9th floor of a 20-story apartment building and there are 3 bedrooms in my house. ❸ As soon as I enter my house, I see a spacious living room in the middle and a kitchen on the right. **On the left, there are 2 other rooms and in the back, there is a master bedroom where I feel the coziest. There's also a large balcony with many big windows that let a lot of sunlight come in.** ❹ Since our apartment building has been newly built, it's very clean and well-maintained, ❺ so I'm very satisfied with where I live.

저는 동탄이라는 도시에서 가족들과 함께 2년째 살고 있는데, 이곳에는 고층 아파트 단지가 많아요. 저 또한 아파트에 살고 있는데 저희 아파트도 다른 아파트 건물들과 똑같이 생겼습니다. 저는 20층짜리 아파트 9층에 살고 있고, 저희 집에는 침실이 3개 있어요. 집에 들어서자마자 가운데 널찍한 거실과 오른쪽에 부엌이 보입니다. 왼쪽에는 2개의 다른 방이 있고, 뒤쪽에는 내가 가장 안락하게 느끼는 공간인 안방이 있죠. 큰 창문이 많은 큰 발코니도 있어 햇빛을 많이 받을 수 있습니다. 저희 아파트는 새로 지어졌기 때문에 매우 깨끗하고 시설이 잘 정비되어 있어서 저는 제가 살고 있는 곳에 매우 만족합니다.

Vocabulary & Expressions

high-rise 고층의 spacious (방·건물이) 널찍한 cozy 안락한, 편안한 well-maintained (시설이) 잘 정비된

 송쌤의 꿀팁

주의해야 하는 발음
▹ coziest (cozy의 최상급 표현)
[코우지스트] X
[코우지-어-스트] O

나만의 답변을 만들어 봅시다.

장소/집 종류	I've been living in 도시 alone / with OO for 기간 in 집 종류.
위치/생김새	I live on the 층수 of a 몇 층짜리 건물. There are 방의 개수 in my house.
시설/구성	As soon as I enter my house, I see In the middle, there is/are On the right/left, I see
분위기	It's very clean and quiet.
나의 느낌/의견	I'm satisfied with it.

거주지 집 변화 (과거 vs 현재)

Q. Please talk about the differences between the house you live in now and the one you lived in before. Tell me in as much detail as possible.

당신이 예전에 살았던 집과 지금 살고 있는 집의 차이점에 대해 얘기해주세요. 최대한 자세하게 말해주세요.

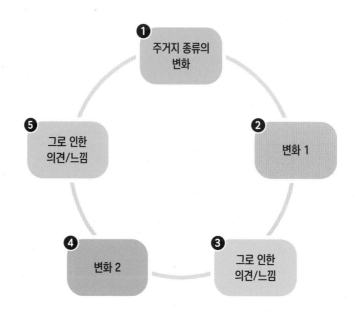

 BRAINSTORMING

 MP3 1_13

❶ 주거지 종류의 변화	I've only lived in apartments. 저는 아파트에서만 (계속) 살았습니다.
❷ 변화 1	First, it is the size of the house. 첫째, 집의 크기입니다.
❸ 그로 인한 의견/느낌	Even though it's hard to clean, I believe a bigger house is always better. 비록 집을 청소하는 것은 힘들지만, 저는 더 큰 집이 항상 더 낫다고 생각합니다.
❹ 변화 2	Second, it's the number of rooms. 둘째로, 방의 개수입니다.
❺ 그로 인한 의견/느낌	Now we have 2 bathrooms, so we don't have to worry about using the bathroom every morning. 지금은 화장실이 2개 있어서 매일 아침 화장실 사용을 걱정하지 않아도 됩니다.

A is much 비교급 than B. A는 B보다 훨씬 더 ~합니다.

The current house is much bigger than the one before.
현재의 집은 이전의 집보다 훨씬 더 큽니다.

It's 형용사 (for 목적어) to 동사. ('목적어'가) '동사' 하는 것은 '형용사'합니다.

It's hard (for me) to clean the house.
내가 집을 청소하는 것은 어렵습니다.

A have difficulty (in) 동사ing. A는 '동사' 하는 데 어려움이 있습니다.

My family members had difficulty (in) getting ready to go out at the same time.
가족들이 동시에 외출할 준비를 하느라 애를 먹었어요.

When it comes to A, A에 관한 한~ `IH+ 표현`

When it comes to the size of a house, the bigger the better.
집 크기에 관한 한, 클수록 좋습니다.

Even though 주어+동사, ~ 비록 '주어'가 '동사' 할지라도, ~

Even though it's hard to clean, I believe a bigger house is always better.
비록 집을 청소하는 것이 힘들지만, 저는 더 큰 집이 항상 더 낫다고 믿습니다.

✏️ **LET'S PRACTICE**

Decaf is much _____ than regular coffee at night.
밤에는 일반 커피보다 디카페인 커피가 훨씬 더 낫습니다.

It's _____ (for me) to deal with the problems.
(저에게 있어) 문제를 해결하는 것은 쉽습니다.

He has _____ in speaking French.
그는 프랑스어로 말하는 것에 어려움이 있습니다.

When it _____ to my hobby, I like jogging every morning.
제 취미에 대해 말하자면, 저는 매일 아침 조깅하는 것을 좋아합니다.

Even _____ it's hard to pass the test, I believe I can do it someday.
비록 그 시험에 합격하는 것은 힘들지만, 저는 언젠가는 해낼 수 있을 거라 믿습니다.

ANSWER better / easy / difficulty / comes / though

Q. Please talk about the differences between the house you live in now and the one you lived in before. Tell me in as much detail as possible.
당신이 예전에 살았던 집과 지금 살고 있는 집의 차이점에 대해 얘기해주세요. 최대한 자세하게 말해주세요.

BRAINSTORMING

❶ 주거지 종류의 변화	계속 아파트에서 살았음
❷ 변화 1	집의 크기
❸ 그로 인한 의견/느낌	큰 집이 더 낫다고 생각함
❹ 변화 2	방의 개수
❺ 그로 인한 의견/느낌	아침에 준비하기 편해짐

MODEL ANSWER · IM3

❶ I've only lived in apartments. So, it's a little bit difficult for me to answer this question because there are not many changes between the one that I lived in before and the one I live in now. However, I'll try to remember if there are some changes. ❷ First, it is the size of the house. The current house is much bigger than the one before and this is one of the reasons why my family wanted to move. ❸ Even though it's hard to clean, I believe a bigger house is always better. ❹ Second, it's the number of rooms. I mean, there was only one bathroom in the previous house, so every morning, my family members had difficulty in getting ready to go out at the same time. However, ❺ now we have 2 bathrooms, so we don't have to worry about using the bathroom every morning.

저는 아파트에서만 살았습니다. 그래서 이 문제에 대해서 답변하는 것은 조금 어려워요. 왜냐하면 제가 이전에 살았던 집과 지금 살고 있는 집 사이에는 많은 변화가 없기 때문이죠. 하지만, 저는 어떤 변화가 있었는지 기억해볼게요. 첫째, 집의 크기에요. 현재 집은 이전 집보다 훨씬 더 크고 이것이 우리 가족이 이사하고 싶어했던 이유 중 하나에요. 비록 집을 청소하는 것이 힘들지만, 저는 더 큰 집이 항상 더 낫다고 믿습니다. 둘째는 바로 방의 개수입니다. 그러니까, 이전 집에는 화장실이 하나밖에 없어서 매일 아침마다 가족들이 동시에 외출할 준비를 하느라 애를 먹었어요. 하지만 지금은 화장실이 2개 있어서 매일 아침 화장실 사용 걱정은 없습니다.

Vocabulary & Expressions

between A and B A와 B 사이에   **when it comes to** ~에 관한 한, ~에 있어서는   **increase** 증가하다   **share** 공유하다

 송쌤의 꿀팁

▸ 형용사의 비교급 앞에 있는 much는 강조 표현이므로 조금 세게 읽어줍니다.
▸ I don't have to ~ ~하지 않아도 된다, ~할 필요 없다 라는 표현으로 일상 생활에서 활용 빈도가 높은 표현이니 반드시 익혀주세요.

Q. Please talk about the differences between the house you live in now and the one you lived in before. Tell me in as much detail as possible.
당신이 예전에 살았던 집과 지금 살고 있는 집의 차이점에 대해 얘기해주세요. 최대한 자세하게 말해주세요.

BRAINSTORMING

① 주거지 종류의 변화 　계속 아파트에서 살았음

② 변화 1 　집의 크기 　➕ 전에 살던 집보다 큼　IH+

③ 그로 인한 의견/느낌 　큰 집이 더 낫다고 생각함

④ 변화 2 　방의 개수 　➕ 예전 집은 화장실 하나여서 불편　IH+

⑤ 그로 인한 의견/느낌 　아침에 준비하기 편해짐

MODEL ANSWER · IH-AL

I've always wanted to live in a detached house with a large backyard but I haven't gotten around to it. **①** I've only lived in one kind of house all my life, which is an apartment. So, it's a bit tough for me to answer this question because there are not many dramatic changes between the one that I lived in before and the one I live in now. However, I'll list some of them I can remember. **②** First, it is the size of the house. I mean, the current one is much bigger than the one before, which is also one of the reasons why my family wanted to move. **③** When it comes to the size of a house, the bigger the better, even if it's a little bit hard to clean. **④** Second, the number of rooms has increased. There was only one bathroom in the previous house, which made all of my family members have difficulty getting ready to go out at the same time. However, **⑤** now we have 2 bathrooms so that we don't have to worry about sharing the bathroom every morning.

저는 항상 넓은 뒷마당이 있는 단독주택에서 살고 싶었지만, 아직 그러지 못하고 있어요. 저는 평생 같은 종류의 집에서 살아왔는데, 그것은 바로 아파트에요. 그래서 제가 이전에 살았던 집과 지금 살고 있는 집 사이에는 극적인 변화가 별로 없기 때문에 이 질문에 대해 답변하기가 좀 어렵네요. 하지만, 제가 기억할 수 있는 몇 가지를 열거하겠습니다. 첫째로, 집의 크기입니다. 제 말은, 현재의 집이 이전 집보다 훨씬 더 크다는 거에요. 이것이 우리 가족이 이사하기를 원했던 이유 중 하나이기도 하구요. 크기에 있어서는, 청소하는 것은 좀 어렵지만, 클수록 더 좋은 것 같습니다. 둘째로, 방의 개수가 늘었다는 거에요. 이전 집에는 화장실이 하나밖에 없어서 식구들 모두가 동시에 외출 준비를 하기가 어려웠지만, 지금은 화장실이 2개 있어서 매일 아침 화장실을 사용할 걱정을 하지 않아도 됩니다.

송쌤의 꿀팁

I haven't gotten around to A(명사나 동사ing)
어떤 일을 하고 싶었으나 기회 혹은 여건이 마땅치 않아 아직 하지 못하고 있는 상태를 표현할 때 쓸 수 있는 표현입니다.

나만의 답변을 만들어 봅시다.

| 주거지 종류의 변화 | There are not many changes between the house I lived in before and the one that I live in now. |
| | However, I'll try to remember if there are some changes. |

| 변화 1 | First, it is |

| 그로 인한 의견/느낌 | Even though ~ |
| | I still |

| 변화 2 | Second, it is |
| | I mean, |

| 그로 인한 의견/느낌 | So, |

거주지 집 내부 최근 변화

Q. **What has changed in your house in recent years? Describe in detail.**
최근 집 내부에 어떤 변화가 있었나요? 자세히 이야기해주세요.

❶ 대표적인 변화

❷ 변화 1

❸ 바꾼 이유 1

❹ 변화 2

❺ 바꾼 이유 2

 BRAINSTORMING

MP3 1_16

❶ 대표적 변화	We recently changed some of our old furniture. 우리는 최근에 낡은 가구를 바꿨습니다.
❷ 변화 1	First was my bed. 첫 번째로 바꾼 것은 제 침대입니다.
❸ 바꾼 이유 1	I changed it to a harder one because I've been suffering from a backache. 허리가 아파서 더 딱딱한 침대로 바꿨습니다.
❹ 변화 2	Second was the refrigerator. 두 번째는 냉장고입니다.
❺ 바꾼 이유 2	It was so old that it didn't work properly. 너무 오래 되어서 제대로 작동하지 않았습니다.

송쌤의 **꿀팁**

집 내부 변화에 관한 답변은 좋아하는 가구 문제의 답변으로도 활용할 수 있습니다.

I found out that 주어 + 동사. 저는 '주어'가 '동사'하다는 것을 알게 됐습니다.

However, I recently found out that soft beds are not good for my back.
저는 최근에 부드러운 침대가 제 허리에 좋지 않다는 것을 알게 되었습니다.

I decided to 동사. 저는 '동사'하기로 결정/결심 했습니다.

I decided to change it to a new one for my mother.
저는 어머니를 위해 냉장고를 새것으로 바꾸기로 결정했습니다.

I was glad to see A get 형용사. A가 '형용사'하는 것을 보게 돼서 기뻤습니다.

I was glad to see my mother get happy.
어머니가 기뻐하시는 것을 보니 저도 기뻤습니다.

regarding A A 에 관하여　IH+ 표현

I don't have that many things to talk about regarding the recent changes to my house recently.
저는 최근에 우리 집의 변화에 대해 말할 것이 그렇게 많지는 않습니다.

One thing that comes to my mind is A. 한 가지 생각나는 것은 A 입니다.　IH+ 표현

One thing that has come to my mind is the changes of furniture.
한 가지 생각나는 것은 가구의 변화입니다.

LET'S PRACTICE

I _____ out that we had missed the bus.
우리가 버스를 놓쳤다는 것을 알게 됐습니다.

I decide ____ change our plan for this weekend.
저는 이번 주말 계획을 바꾸기로 결정했습니다.

I was glad to see my mother _____ satisfied.
어머니가 만족하는 걸 보니 저도 기뻤습니다.

_____ the project, she can draw a conclusion.
그 프로젝트에 관해 그녀는 결론을 도출할 수 있었습니다.

One thing that has _____ to my mind is the historical change.
한 가지 생각나는 것은 역사적인 변화입니다.

ANSWER found / to / get / Regarding / come

Q. What has changed in your house in recent years? Describe in detail.
최근 집 내부에 어떤 변화가 있었나요? 자세히 이야기해주세요.

BRAINSTORMING

① 대표적 변화   낡은 가구를 새 가구로 바꿈

② 변화 1   침대

③ 바꾼 이유 1   허리가 아파서 딱딱한 침대로 바꿈

④ 변화 2   냉장고

⑤ 바꾼 이유 2   너무 오래 되어서

MODEL ANSWER IM3

Honestly, I don't enjoy decorating my house. So, it's a little difficult for me to answer this question. However, I'll try to remember the recent changes in my house. One thing is that ① we recently changed some of our old furniture. ② First was my bed. To talk about my old bed, my parents bought it for me when I was young and I really liked it because it was really comfortable and soft. However, I recently found out that soft beds are not good for my back. So, ③ I changed it to a harder one because I've been suffering from a backache. I really hope this works for my backache. ④ Second was the refrigerator. Actually, my mother wanted to change the old refrigerator when we first moved in. ⑤ It had been so old that it didn't work properly. However, we couldn't because of financial issues. So, I decided to change it to a new one for my mother. It was a little bit over my budget, but I was glad to see my mother get happy.

솔직히, 저는 집을 꾸미는 것을 좋아하지 않아요. 그래서 이 문제에 대해서 답변하기가 좀 어렵네요. 하지만 우리 집의 최근 변화를 기억해볼게요. 한 가지는, 우리가 최근에 낡은 가구를 새 가구로 바꿨다는 것인데요. 첫째로, 그것은 제 침대에요. 제 예전 침대로 말할 것 같으면, 제가 어렸을 때 부모님께서 사주신 것이고, 정말 편하고 부드러워서 제가 정말 아끼던 것이었어요. 하지만, 저는 최근에 부드러운 침대가 제 허리에 좋지 않다는 것을 알게 되어서, 좀 더 딱딱한 것으로 바꾸기로 했는데 그 이유는 전 긴 세월 요통을 앓아왔기 때문이죠. 저는 이것이 제 요통에 효과가 있기를 정말 바랍니다. 두 번째는 냉장고입니다. 사실, 저희 엄마는 처음 저희가 이 집으로 이사 왔을 때, 낡고 오래된 예전 냉장고를 바꾸고 싶어 하셨습니다. 그것은 너무 오래 되어서 제대로 작동하지 않았거든요. 하지만, 우리는 재정적인 문제 때문에 그럴 수 없었어요. 그래서 전 어머니를 위해 냉장고를 새것으로 바꾸기로 결정했답니다. 예산을 조금 초과하긴 했어도, 어머니가 기뻐하시는 것을 보니 저도 기뻤습니다.

Vocabulary & Expressions

try to ~하려고 노력하다   **find out** ~을 알아내다, 알게 되다   **suffer from** ~을 앓다   **financial issues** 재정 문제

 송쌤의 **꿀팁**

I hope A works for B A가 B에 효과가 있길 바란다
모범 답변에 쓰인 work는 일하다의 뜻으로 쓰인 것이 아니라 **효과가 있다** 라는 뜻으로 쓰였습니다.

Q. What has changed in your house in recent years? Describe in detail.
최근 집 내부에 어떤 변화가 있었나요? 자세히 이야기해주세요.

BRAINSTORMING

❶ 대표적 변화	낡은 가구를 새 가구로 바꿈	
❷ 변화 1	침대	
❸ 바꾼 이유 1	허리가 아파서 딱딱한 침대로 바꿈	
❹ 변화 2	냉장고	
❺ 바꾼 이유 2	자동으로 켜졌다 꺼졌다 하고 음식이 상한 걸 알아차리지 못함	

MODEL ANSWER IH-AL

To be honest with you, I'm not the type of person who enjoys decorating my house. So, I don't have that many things to talk about regarding the recent changes to my house recently. However, I'll try to remember what has changed in my house. One thing that has come to my mind is the changes of furniture. ❶ We recently replaced some of our old pieces of furniture with new ones. ❷ First, it was my bed. I'd used that bed ever since I was young. My parents bought it for me on my birthday and I really liked it because it was really comfortable and soft. However, ❸ I recently found out that soft beds are not good for my back. I've been suffering from a backache for a long time and I thought my bed might be one of the causes. So, I decided to change it to a little harder one hoping that this would work for my backache. ❹ Second was the refrigerator. Actually, my mother wanted to change the refrigerator when we first moved in. However, we couldn't afford to do so because of financial issues. ❺ The refrigerator turned on and off automatically and sometimes food went bad and we didn't even recognize it. So, I decided to change it to a new one for my mother. It was a little bit over my budget, but I was glad to see my mother get happy.

....

솔직히 말해서 저는 집을 꾸미는 것을 즐기는 타입이 아니에요. 그래서, 저는 최근에 우리 집의 변화에 대해 말할 것이 그렇게 많지는 않습니다. 하지만, 우리 집에서 무엇이 바뀌었는지 기억해볼게요. 한 가지 생각난 것은 가구의 변화인데요. 우리는 최근에 낡은 가구 일부를 새 가구로 교체했습니다. 첫째는 제 침대에요. 저는 어렸을 때부터 한 침대를 사용해왔어요. 부모님께서 제 생일날 사주신 것이고, 정말 편하고 부드러워서 제가 정말 아꼈던 침대였어요. 하지만, 저는 최근, 부드러운 침대가 제 허리에 좋지 않다는 것을 알게 되었습니다. 오랫동안 요통에 시달려 왔는데, 제 침대가 원인 중 하나일 것 같단 생각이 들었어요. 그래서 제 요통에 효과가 있길 바라면서 전 조금 더 딱딱한 침대로 바꾸기로 했습니다. 두번째는 냉장고 입니다. 사실, 우리가 처음 이사 왔을 때 저희 엄마는 냉장고를 바꾸길 원했어요. 하지만 재정 문제 때문에 저희는 그럴 여유가 없었어요. 냉장고가 자동으로 켜졌다가 꺼졌다 한 탓에, 가끔은 음식이 상했는데도 우리는 그것을 알아채지도 못했습니다. 그래서 전 어머니를 위해 새것으로 바꾸기로 했습니다. 제 예산을 조금 넘기긴 했지만, 어머니가 기뻐하는 것을 보니 저도 기뻤어요.

 송쌤의 꿀팁

▸ replace A with B A를 B로 대체하다/바꾸다
▸ 나의 의견이나 솔직한 심정을 말할 때는 to be honest with you 혹은 honestly 라고 서두에 말한 후 내용을 이어가면 됩니다.

나만의 답변을 만들어 봅시다.

대표적 변화	We recently changed
변화 1	First was
바꾼 이유 1	To talk about
변화 2	So, Second was
바꾼 이유 2	It was So,

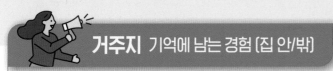

거주지 기억에 남는 경험 (집 안/밖)

Q. Please tell me about a problem you have had with your house. What was the problem? How did you resolve the problem?
당신의 집에서 겪었던 문제에 대해 말해주세요. 문제가 무엇이었나요? 문제를 어떻게 해결했나요?

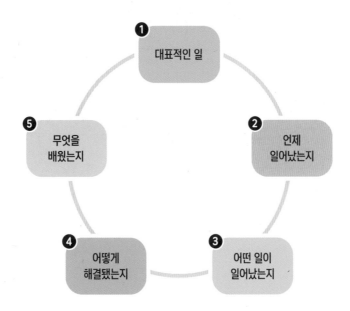

 BRAINSTORMING

 🔊 MP3 1_19

❶ 대표적인 일	I got stuck in the elevator several years ago. 저는 몇 년 전에 엘리베이터에 갇혔습니다.
❷ 언제 일어났는지	That was when I came back from school. 학교에서 돌아왔을 때 일어난 일이었어요.
❸ 어떤 일이 일어났는지	When I was about to get off the elevator, the door didn't open. 엘리베이터에서 내리려고 했을 때, 문이 열리지 않았습니다.
❹ 어떻게 해결됐는지	I called my parents and a repairman came to save me right away. 부모님께 전화 드렸더니 수리공이 바로 저를 구하러 와줬습니다.
❺ 무엇을 배웠는지	I learned my lesson that it is very important to feel thankful for being alive. 저는 살아있다는 것에 감사함을 느끼는 것이 매우 중요하다는 것을 배웠습니다.

It was when 주어 + 동사. 그것은 '주어'가 '동사'했을 때였습니다.

It was when I came back from school.
학교에서 돌아왔을 때 였습니다.

When I was about to 동사, 제가 막 ~ 하려고 했을 때,

When I was about to get off, the door didn't open.
내리려는데 문이 열리지 않았습니다.

I had never p.p. before that happened. 그 일이 일어나기 전에 저는 ~해본 적이 한 번도 없었습니다.

I had never felt grateful for anything before that happened.
저는 그 일이 일어나기 전에는 어떤 것에 대해서도 고마움을 느낀 적이 없었습니다.

I learned my lesson that 주어 + 동사. '주어'가 '동사'한다는 교훈을 얻었습니다.

I learned my lesson that I should call a repairman right away.
저는 바로 수리공에게 전화를 해야 한다는 교훈을 얻었습니다.

I find it 형용사 to 동사 저는 '동사'하는 것이 '형용사' 하다는 것을 깨달았습니다. ◀ IH+ 표현

I found it very important to feel thankful for being alive because we're not promised tomorrow.
저는 살아있음에 감사하는 것이 매우 중요하다는 것을 깨달았습니다.

LET'S PRACTICE

It was _____ I lost my way.
제가 길을 잃었을 때입니다.

When I was _____ to head out, it started raining.
제가 막 나가려고 했을 때, 비가 내리기 시작했습니다.

I had never had Spanish food _____ that happened.
그 일이 일어나기 전에 스페인 음식을 먹어본 적이 한 번도 없었습니다.

I learned my _____ that I should be careful when using machine.
저는 기구를 사용할 때 조심해야 한다는 교훈을 얻었습니다.

I _____ it very hard to deal with the problem.
저는 그 문제를 해결하는 것이 매우 어렵다는 것을 깨달았습니다.

ANSWER when / about / before / lesson / found

IM3 　거주지 기억에 남는 경험 (집 안/밖)　　🔊 MP3 1_20

Q. Please tell me about a problem you have had with your house. What was the problem? How did you resolve the problem?

당신의 집에서 겪었던 문제에 대해 말해주세요. 문제가 무엇이었나요? 문제를 어떻게 해결했나요?

BRAINSTORMING

❶ 대표적인 일	엘리베이터에 갇힘
❷ 언제 일어났는지	학교에서 돌아오던 길에
❸ 어떤 일이 일어났는지	내리려는 데 문이 열리지 않음
❹ 어떻게 해결됐는지	부모님께 전화, 수리공이 열어 줌
❺ 무엇을 배웠는지	살아있음에 감사함

MODEL ANSWER · IM3

There were many problems, but one big problem I had was when ❶ I got stuck in the elevator several years ago. ❷ That was when I came back from school and I took the elevator because I lived on the 17th floor. ❸ When I was about to get off the elevator, the door didn't open. I tried to call security but no one answered. I got scared. So, ❹ I called my parents and a repairman came to save me right away. I felt relieved and thankful at the same time. I had never felt grateful for anything before that happened, and it changed everything about my life. ❺ I learned my lesson that it is very important to feel thankful for being alive because we're not promised tomorrow.

....

여러 가지 문제가 있었지만 한 가지 큰 문제는 몇 년 전에 엘리베이터에 갇혔을 때였습니다. 그때 저는 학교에서 돌아와서, 17층에 살았기 때문에 엘리베이터를 탔죠. 엘리베이터에서 내리려는데 문이 열리지 않았습니다. 경비원에게 전화를 걸어봤지만, 아무도 받지 않았어요. 저는 겁이 났어요. 그래서 부모님께 전화를 드렸더니 수리공이 바로 저를 구하러 와주셨어요. 안도감과 고마움을 동시에 느꼈습니다. 저는 그 일이 일어나기 전에는 어떤 것에 대해서도 고마움을 느낀 적이 없었는데, 그것은 내 삶의 모든 것을 바꾸어 놓았습니다. 저는 살아있음에 감사함을 느끼는 것이 매우 중요하다는 교훈을 배웠습니다. 왜냐하면 우리에게 내일은 약속된 것이 아니기 때문이에요.

Vocabulary & Expressions

get stuck in ~에 갇히다　grateful 고마워하는, 감사하는

송쌤의 꿀팁

▸ thank you for~/feel thankful for~　~에 감사/고마움을 느끼다
　전치사 for 사용에 유의합니다.
▸ 발음 주의: relieved [릴리-v으드] 'ie'를 좀 더 길게 발음

Q. Please tell me about a problem you have had with your house. What was the problem? How did you resolve the problem?

당신의 집에서 겪었던 문제에 대해 말해주세요. 문제가 무엇이었나요? 문제를 어떻게 해결했나요?

BRAINSTORMING

❶ 대표적인 일 — 엘리베이터에 갇힘

❷ 언제 일어났는지 — 학교에서 돌아오던 길에

❸ 어떤 일이 일어났는지 — 내리려는 데 문이 열리지 않음

❹ 어떻게 해결됐는지 — 부모님께 전화, 수리공이 열어 줌

❺ 무엇을 배웠는지 — 살아있음에 감사함

MODEL ANSWER IH-AL

There are several problems I've had before, but one of the most unforgettable problems I've had was when ❶ I got stuck in the elevator for more than an hour several years ago. ❷ That was when I came back from school and I took the elevator as usual. Since I lived on the 17th floor, I couldn't resist taking the elevator to get home. ❸ The problem happened when I was about to get off the elevator. As the elevator approached 17th floor, I was ready to step out but the door didn't open. I thought it was not a big deal at first, but I started panicking as time went on. I tried to calm myself down and reach the security by pushing the emergency button but no one answered. I got horrified. ❹ I called my parents and luckily, a repairman came to save me right away. I felt relieved and thankful at the same time. I had never felt grateful for anything before that happened, and that changed the way I live. ❺ I found it very important to feel thankful for being alive because we're not promised tomorrow.

전에도 몇 가지 문제가 있었지만 제가 겪었던 가장 잊을 수 없는 문제들 중 하나는 몇 년 전에 엘리베이터에 한 시간 이상 갇혔을 때였어요. 그때 저는 학교에서 돌아와 여느 때처럼 엘리베이터를 탔지요. 저는 17층에 살았기 때문에 집에 가기 위해서는 엘리베이터를 탈 수밖에 없었어요. 문제는 엘리베이터에서 막 내리려고 할 때 일어났어요. 엘리베이터가 17층에 가까워져서 저는 내릴 준비를 하고 있었지만, 문은 열리지 않았어요. 처음에는 대수롭지 않은 일이라고 생각했지만, 시간이 흐를수록 저는 당황하기 시작했습니다. 진정하려고 노력하며 비상 버튼을 눌러 경비원에게 연락이 닿게 하려고 했지만 아무도 대답하지 않았습니다. 저는 겁에 질렸어요. 부모님께 전화를 드렸더니 다행히 수리공이 바로 저를 구하러 와주셨어요. 안도감과 고마움을 동시에 느꼈습니다. 저는 그 일이 일어나기 전에는, 그 어떤 것에 대해서도 고마움을 느낀 적이 없었고, 그것이 내 삶의 방식을 바꾸어 놓았어요. 저는 살아있음에 감사하는 것이 매우 중요하다는 것을 깨달았죠. 왜냐하면 우리에게 내일은 약속된 것이 아니기 때문이에요.

송쌤의 꿀팁

can't resist something ~할 수밖에 없었다

▸ 무엇인가를 너무 하고 싶어서 참을 수 없어서 할 수밖에 없었다 라는 의미로 쓰입니다.

나만의 답변을 만들어 봅시다.

대표적인 일	There were many problems, but one big problem was
언제 일어났는지	It was when
어떤 일이 일어났는지	I tried to
어떻게 해결됐는지	So,
무엇을 배웠는지	I felt I learned my lesson that

거주지 이웃

Q. Please tell me about your neighbors in general, and who your closest neighbor is. How often do you meet your neighbor and what are some things that you do with him or her?

당신의 일반적인 이웃들에 대해, 당신과 가장 친한 이웃에 대해 말해주세요. 이웃과 얼마나 자주 만나고, 그 혹은 그녀와 무엇을 하나요?

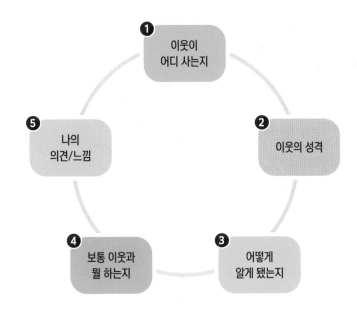

 BRAINSTORMING MP3 1_22

❶ 이웃이 어디 사는지	My close neighbor lives next door to us. 저와 친한 이웃은 옆집에 삽니다.
❷ 이웃의 성격	She is a very kind person. 그녀는 매우 친절합니다.
❸ 어떻게 알게 됐는지	I met her for the first time when we first moved in and shared some food with her to say hello. 우리가 이사 와서 음식을 나누며 인사를 했을 때 그녀를 처음 만났습니다.
❹ 보통 이웃과 뭘 하는지	We always try to stay in touch. 우리는 항상 연락을 유지하려고 노력합니다.
❺ 나의 느낌/의견	I'm very lucky to have a great neighbor like her. 그녀와 같은 좋은 이웃이 있어서 운이 좋다고 생각합니다.

I'm not really close to A. A와 그리 친하지/가깝지 않습니다.

I'm not really close to **my neighbors.**
전 이웃들과 그리 친하지 않습니다.

We first became acquainted with A when ~. 우리는 이사 와서 A를 처음 알게 되었습니다. `IH+ 표현`

We first became acquainted with **her** when **we moved in.**
우리는 이사 와서 그녀를 처음 알게 되었습니다.

Since then, we have been A/동사ing. 그 때 이후로 우리는 A가 되었습니다 / '동사'를 해오고 있습니다.

Since then, we have been **good neighbors.**
그 이후로 우리는 좋은 이웃이 되었습니다.

The way 주어 + 동사 impressed me. '주어'가 '동사'했던 방식/방법이 저에게 큰 감명을 주었습니다. `IH+ 표현`

The way **she greeted us and showed how thankful she was** impressed me.
그녀가 우리를 반갑게 맞이해주었던 것과 고마워하는 모습은 정말 너무 감동이었어요.

✏️ **LET'S PRACTICE**

I'm not really _____ to my relatives.
저는 친척들과 그리 친하지 않습니다.

She first became _____ with Sarah when she started working here.
그녀는 여기서 일하기 시작했을 때, Sarah를 처음 알게 되었습니다.

_____ then, we have been close with each other.
그 때 이후로, 우리는 서로 친하게 지내고 있습니다.

The _____ she acted impressed me a lot.
그녀의 연기에 매우 감동받았습니다.

ANSWER close / acquainted / Since / way

IM3 **거주지** 이웃

Q. Please tell me about your neighbors in general, and who your closest neighbor is. How often do you meet your neighbor and what are some things that you do with him or her?
당신의 일반적인 이웃들에 대해, 당신과 가장 친한 이웃에 대해 말해주세요. 이웃과 얼마나 자주 만나고, 그 혹은 그녀와 무엇을 하나요?

BRAINSTORMING

❶ 이웃이 어디 사는지	옆집
❷ 이웃의 성격	친절함
❸ 어떻게 알게 됐는지	이사 오던 날 음식을 나눔
❹ 보통 이웃과 뭘 하는지	연락을 유지함
❺ 나의 느낌/의견	좋은 이웃이 있어 운이 좋음

MODEL ANSWER IM3

Honestly, I'm not really close to my neighbors because I am busy. I mean, I don't have many chances to meet them. However, I have a close neighbor and ❶ she lives next door to us. My family members are very close to her because ❷ she is a very kind person. ❸ I met her for the first time when we first moved in and shared some food with her to say hello. She greeted us very warmly. Since then, we've been good neighbors. Even though we don't spend much time together, ❹ we always try to stay in touch. ❺ I'm very lucky to have a great neighbor like her.

솔직히, 저는 바쁘기 때문에 이웃들과 별로 친하지 않습니다. 제 말은, 저는 그들을 만날 기회가 많지 않다는 거예요. 하지만, 저는 친한 이웃이 있긴 합니다. 그녀는 우리 옆집에 살죠. 우리 가족은 그녀가 매우 친절한 사람이기 때문에 그녀와 매우 친하답니다. 우리가 처음 이사 왔을 때 저는 그녀를 처음 만났고, 인사하기 위해 그녀와 음식을 나눠 먹었습니다. 그녀는 우리를 매우 따뜻하게 맞아주었어요. 그 이후로, 우리는 좋은 이웃이 되었습니다. 비록 우리가 함께 많은 시간을 보내지 않더라도, 우리는 항상 연락을 유지하려고 노력합니다. 저는 그녀처럼 훌륭한 이웃이 있어서 매우 운이 좋다고 생각해요.

Vocabulary & Expressions
be close to ~와 친하다 **stay in touch** 연락을 유지하다

송쌤의 꿀팁
▸ 부정문에 쓰이는 really는 문장의 어디에 위치하느냐에 따라 뉘앙스나 의미가 달라지니 정확히 익힙니다.
▸ stay in touch는 keep in touch 로 대체 가능합니다.

Q. Please tell me about your neighbors in general, and who your closest neighbor is. How often do you meet your neighbor and what are some things that you do with him or her?

당신의 일반적인 이웃들에 대해, 당신과 가장 친한 이웃에 대해 말해주세요. 이웃과 얼마나 자주 만나고, 그 혹은 그녀와 무엇을 하나요?

BRAINSTORMING

1 이웃이 어디 사는지 · 옆집
2 이웃의 성격 · 친절함
3 어떻게 알게 됐는지 · 이사 오던 날 음식을 나눔
4 보통 이웃과 뭘 하는지 · 항상 연락을 유지하려 함 · 기회가 있을 때 음식을 나눔 IH+
5 나의 느낌/의견 · 좋은 이웃이 있어 운이 좋음

MODEL ANSWER · IH-AL

Frankly speaking, I'm not that close to all of my neighbors because I spend most of my time outside. I mean, I don't have that many chances to run into them. However, ❶ I do have a close neighbor who lives right next door to us. All of my family members are very close to her because ❷ she is such a kind and nice person. To talk about how we first became acquainted with her, ❸ it was when we moved in and shared some food with her. For your information, it's one of Korean cultures to give out rice cake or some food to neighbors to say hello when we move in. Anyway, the way she greeted us and showed how thankful she was impressed me. Since then, we've been good neighbors, and she sometimes feeds me when my parents are out of town. Even though we don't really spend that much time together, ❹ we always try to ask each other how we're doing or share some food whenever we have a chance. ❺ I'm very lucky to have such a great neighbor living right next door to me.

솔직히 말해서, 저는 대부분 밖에 있기 때문에 이웃 모두와 그렇게 친하지 않아요. 그들과 마주칠 기회가 그렇게 많지 않다는 것이죠. 하지만 그래도 제게는 우리 바로 옆집에 사는 친한 이웃이 있습니다. 우리 가족 모두는 그녀가 매우 친절하고 좋은 사람이기 때문에 그녀와 매우 친합니다. 우리가 그녀와 어떻게 처음 알게 되었는지에 대해 이야기를 하자면, 그것은 우리가 처음 이사 와서 그녀와 음식을 나눠 먹었을 때였어요. 참고로 우리가 이사할 때 이웃들에게 떡이나 음식을 나눠주고 인사하는 것이 한국 문화 중의 하나입니다. 어쨌든, 그녀가 우리를 반갑게 맞이해주었던 것과 음식을 나눠준 것에 대해 고마워하는 모습은 정말 너무 감동이었어요. 그 이후로 우리는 좋은 이웃이 되었고, 그녀는 가끔 제 부모님이 집을 비우시면 제게 식사도 제공해주신답니다. 비록 우리가 그렇게 많은 시간을 보내지는 못하더라도, 우리는 항상 서로 어떻게 지내는지 물어보거나 기회가 있을 때마다 음식을 나눠먹으려고 노력한답니다. 이렇게 훌륭한 이웃이 바로 옆집에 살고 있다니 저는 정말 행운이라고 생각해요.

Vocabulary & Expressions

frankly speaking 솔직히 말하자면 become acquainted with ~와 친해지다 for your information 참고로 feed 밥을 먹이다, 식사를 제공하다

나만의 답변을 만들어 봅시다.

이웃이 어디 사는지	Honestly, I'm (not) close to
	He/she lives
이웃의 성격	She is very
어떻게 알게 됐는지	I met him/her for the first time when
보통 이웃과 뭘 하는지	Even though we don't spend much time together, we always try to
나의 느낌/ 의견	I'm very lucky to have a great neighbor like

Chapter 04

선택주제

선택주제 4번~7번 문항까지 최소 12개 이상을 선택해야 합니다. 많이 선택하면 선택할수록 시험 범위만 많아지므로, 우리는 '12개만' 선택하여, 시험 범위를 최소화하는 전략을 세웁니다. '하고 싶은 말' 보다는 '할 수 있는 말'을 선택합니다.

설문 조사 4번 여가 활동

6개 선택

☐ 영화 보기
☐ 공연 보기
☐ 콘서트 보기
☐ TV보기
☐ 리얼리티 쇼 시청하기
☐ 공원가기

6개 항목을 선택하지만 준비해야 할 주제는 3개입니다.

1. 관람하기 [영화보기, 공연보기, 콘서트보기]
2. 시청하기 [TV보기, 리얼리티 쇼 시청하기]
3. 공원가기

위와 같이 3개의 주제로 축약하여 답변을 준비합니다. 주제 별 3단 콤보 출제 유형을 바탕으로 전반적인 답변을 연습합니다. 공원가기는 즐기는 운동 항목의 장소에 관한 답변으로도 활용할 수 있으므로 조깅, 걷기와 함께 답변을 준비합니다.

설문 조사 5번 취미와 관심사

1개 선택

☐ 음악 감상하기
☐ 독서하기

음악 감상하기 혹은 독서하기를 선택을 추천합니다.

두 항목 모두 복잡한 설명없이 비교적 쉽게 아이디어를 생각해 낼 수 있는 취미활동이기 때문입니다. 독서 항목에서는 인상깊은 책이나 장르에 관한 여러 주제에 답변할 수 있습니다.

설문 조사 6번 즐기는 운동

4개 선택

☐ 조깅
☐ 하이킹/트레킹
☐ 걷기
☐ 운동을 전혀 하지 않음

4개를 선택하되 그 중 하나는 운동을 전혀 하지 않음 항목을 선택함으로써 문제 출제 범위를 줄이는 효과가 있고 나머지 선택 항목은 걷기와 연관된 항목을 선택하여 걷기 주제에 관련된 3단 콤보 빈출 유형을 중점적으로 연습하면 됩니다.

설문 조사 7번 휴가와 출장

1개 선택

☐ 국내 여행
☐ 해외 여행

국내 여행을 선택합니다. 여행 항목은 돌발 주제에서 준비한 답변을 활용할 수 있습니다. 예를 들어, 좋아하는 장소는 우리나라의 지형 문제의 답변에 활용했던 아이디어와 같이 사용할 수 있습니다. 국내 여행, 해외 여행 둘 다 선택한다 해도 여행이라는 하나의 주제에 관련된 답변만 준비하면 됩니다. 하지만 설문 조사 4번, 5번, 6번, 7번 항목을 통틀어 12개만 선택하면 되니 국내 여행 선택을 추천합니다.

선택주제
03
여가 활동
관람하기
(영화보기/공연, 콘서트보기)

▷ '영화보기/공연, 콘서트보기'는 우리가 흔히 여가시간에 쉽게 할 수 있는 활동으로, 실제 나의 활동이나 경험을 바탕으로 답변을 만든다면, 어렵지 않게 문제에 적용하여 말할 수 있습니다.

▷ 영화보기/공연, 콘서트보기는 '관람하기'로 묶어 필수표현과 함께 '관람하기'에 사용할 수 있는 답변으로 준비해보세요.

 출제 포인트

- **묘사, 설명하기**

  관람 장소(영화관, 공연장, 콘서트장) 묘사
  좋아하는 배우 및 장르 설명(좋아하는 이유) **빈출★**

- **변화, 활동 이야기하기**

  관람 관련 과거와 현재 변화
  관람 전후 활동 **빈출★**

- **경험, 계기 이야기하기**

  기억에 남는 관람 경험(시작하게 된 계기) **빈출★**
  최근 관람 경험

• Please tell me about a movie theater/concert hall you often go to. Where is it? What does it look like?

자주 가는 영화관/공연장에 대해 말해주세요. 어디에 있나요? 생김새는 어떤가요?

• Please tell me about your favorite type of movie. Why is it your favorite?

당신이 가장 좋아하는 영화 장르에 대해 말해주세요. 왜 그것을 가장 좋아하나요?

• Please tell me about your typical day when you go to the theater. What are some things you do before and after going to the theater? Tell me everything.

영화관에 가는 날의 일상에 대해 말해주세요. 영화관에 가기 전후에 하는 일들은 무엇인가요? 전부 이야기해 주세요.

• Please talk about a memorable movie/concert you have seen. What is the movie/concept about, and who is the main character? Why was it so memorable?

가장 인상깊은 영화/콘서트에 대해 말해주세요. 영화/주제는 무엇에 관한 것이며, 주인공은 누구인가요? (그것이) 왜 그렇게도 인상깊었나요?

• Please tell me how your taste in movies/concerts has changed over the past time.

시간이 흐름에 따라 당신의 영화/콘서트 취향이 어떻게 변했는지 말해주세요.

• Please talk about when you first started going to concerts. What made you interested in going to a concert? Describe your first concert in as much detail as possible.

콘서트에 처음 가기 시작했을 때에 대해 말해주세요. 무엇이 당신으로 (하여금) 콘서트에 관심을 갖게 만들었나요? (당신이 갔던) 첫 콘서트에 대해 최대한 자세하게 묘사해 주세요.

영화관/공연장 시설

- □ box office 매표소
- □ ticket machine 티켓 발매기
- □ movie poster 영화 포스터
- □ screening room 상영관
- □ bathroom 화장실
- □ snack bar (canteen) 스낵바/매점
- □ comfortable seat 편안한 좌석
- □ large screen 큰 화면
- □ a state-of-the-art sound system 최고의 음향 시설 IH+
- □ three-dimensional screening room 3D 상영관 IH+
- □ convenient amenity 편의시설 IH+
- □ staff 직원
- □ escalator 에스컬레이터
- □ high-end equipment 최첨단 장비 IH+
- □ stage 무대

영화관/공연장 분위기

- □ spacious 넓은
- □ small 작은
- □ bright 밝은
- □ dark 어두운
- □ quiet 조용한
- □ crowded 붐비는
- □ noisy 시끄러운
- □ clean 깨끗한
- □ cozy 아늑한
- □ packed with a lot of people 사람들로 꽉 채워진
- □ well-maintained 유지보수가 잘 되어 있는

영화/공연 장르

- □ romance movies 로맨스 영화
- □ action movies 액션 영화
- □ comedies 코미디 영화
- □ horror movies 공포 영화
- □ thrillers 스릴러 영화
- □ historical movies (epics) 역사 영화
- □ science fiction(sci-fi) movies 공상과학 영화
- □ animation (cartoon) movies 만화 영화
- □ documentaries 다큐멘터리 영화
- □ concert 콘서트
- □ play 연극
- □ musical 뮤지컬
- □ show 공연

영화/공연 관련 표현

- □ plot 구성
- □ storyline 줄거리
- □ setting 배경
- □ funny 웃긴
- □ hilarious 우스꽝스러운
- □ dramatic 극적인
- □ twist (reversal) 반전
- □ overwhelming 압도적인 IH+
- □ fascinating 대단히 흥미로운 IH+
- □ sensational 세상을 놀라게 하는 IH+
- □ cruel 잔인한
- □ suggestive 선정적인 IH+
- □ impressive 인상 깊은
- □ star in ~ ~에 주연을 맡다 IH+
- □ supporting role 조연
- □ main actors/actresses 주연 남자 배우/여자 배우

□ have a happy ending
해피 엔딩이다 `IH+`

□ be a huge(big) box office hit
흥행에 성공하다

□ be a box office failure(disappointment)
흥행에 실패하다

□ get 100 million views since the opening night
개봉 첫 날 천만 관객을 돌파하다 `IH+`

□ remind me of ~   나로 하여금 ~가 떠오르게 하다

□ be fascinated (overwhelmed) by the sound effects
음향 효과에 완전히 매료되다 `IH+`

□ crack me up   나를 몹시 웃게 하다

□ rated R   19금 이상의   `IH+`

□ put me in a good/bad mood
나를 기분 좋게/나쁘게 하다 `IH+`

□ meet the expectation set by other people
사람들의 기대에 부응하다 `IH+`

영화/공연보기 전·후 활동

□ purchase tickets online
온라인으로 표를 구매하다

□ read the review of the movie/the show
영화/쇼의 감상평을 읽다

□ check out which movies are currently showing
현재 어떤 영화들이 상영되고 있는지 확인하다

□ print out the tickets from the ticket machine
티켓 발매기에서 티켓을 발매하다

□ order some snacks and drinks
스낵과 음료를 주문하다

□ try to get something to eat
먹을 것을 사려고 하다

□ find my seats   나의 좌석을 확인하다

□ turn on/off my cell phone
나의 휴대전화를 켜고/끄다

□ go to the bathroom   화장실을 가다

□ clean up after myself   자리를 치우다

□ talk about the movie/concert
영화/콘서트에 대해 이야기하다

영화보기 좋아하는 영화 장르

Q. Please tell me about your favorite type of movie. Why is it your favorite?
당신이 가장 좋아하는 영화 장르에 대해 말해주세요. 왜 그것을 가장 좋아하나요?

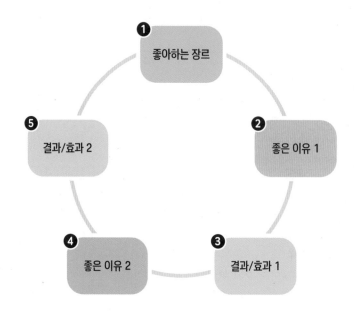

 BRAINSTORMING

 MP3 2_1

❶ 좋아하는 장르	Above all, I enjoy comedies the most. 무엇보다 코미디를 가장 좋아합니다.
❷ 좋은 이유 1	First, the storylines are very simple and easy to understand. 첫째로, 줄거리가 매우 간단하고 이해하기 쉽습니다.
❸ 결과/효과 1	I can just enjoy them, and they allow me to relieve my stress. 저는 그냥 즐길 수 있고, 스트레스를 풀 수 있습니다.
❹ 좋은 이유 2	Second, most comedies are for all ages so I can enjoy watching them with my family. 둘째로, 대부분의 코미디 영화는 모든 연령대를 대상으로 하기 때문에 가족과 함께 재미있게 볼 수 있습니다.
❺ 결과/효과 2	I think watching comedies is a great way to form a family bond. 코미디 영화를 보는 것은 가족 간의 유대감을 형성하는 좋은 방법이라고 생각합니다.

KEY SENTENCES

A allow(s) / enable(s) B to 동사. A는 B가 ~하게 해준다.

They allow me to relieve my stress.
그것들은 제가 스트레스를 풀 수 있게 해줍니다.

A(동사+ing) is a great way to 동사. A는 '동사' 하는 데 좋은 방법이다.

Watching comedies is a great way to form a family bond.
코미디 영화를 보는 것은 가족간 유대감 형성에 좋은 방법입니다.

As long as 주어 + 동사, '주어'가 '동사'하는 한, IH+ 표현

I enjoy almost all kinds of movies as long as they're fun.
재미있기만 하면 거의 모든 종류의 영화를 즐깁니다.

I'm picky about ~. 저는 ~에 대해 까다롭습니다. IH+ 표현

I'm not that picky about movies.
저는 영화에 대해 그렇게 까다롭지 않습니다.

It is so 형용사 that 주어 + 동사. 그것은 너무 '형용사' 해서 '주어'가 '동사'한다. IH+ 표현

Some action movies or horror movies are sometimes so suggestive that they are rated R.
어떤 액션 영화나 공포 영화들은 때때로 너무 선정적이어서 R 등급이 매겨집니다.

LET'S PRACTICE

It _____ me ____ get motivated.
그것은 제가 동기부여 되도록 해줍니다.

Doing Pilates is a _____ way ____ get rid of stress.
필라테스 하는 것은 스트레스를 해소하는 좋은 방법입니다.

____ _____ ____ it's effective, we are going to keep the policy.
효율적이라면 우리는 그 정책을 유지할 것입니다.

I'm _____ about food.
저는 음식에 대해 까다롭습니다.

The movie was ____ impressive _____ I want to watch it again.
그 영화가 매우 인상깊어서 한 번 더 보고싶습니다.

ANSWER allows, to / great, to / As long as / picky / so, that

Q. Please tell me about your favorite type of movie. Why is it your favorite?
당신이 가장 좋아하는 영화 장르에 대해 말해주세요. 왜 그것을 가장 좋아하나요?

BRAINSTORMING

❶ 좋아하는 장르 | 코미디

❷ 좋은 이유 1 | 간단한 줄거리, 이해가 쉬움   ➕ **IM3+** 볼 때 많이 생각하지 않아도 됨

❸ 결과/효과 1 | 즐길 수 있고 스트레스 풀림

❹ 좋은 이유 2 | 가족과 시청 가능(전 연령대)

❺ 결과/효과 2 | 유대감 형성, 웃게 만듦   ➕ **IM3+** 하지만 어떤 영화(액션, 공포)는 기분 나쁘게 만듦

MODEL ANSWER IM3

I love to watch movies so I enjoy all kinds of movies. ❶ Above all, I enjoy comedies the most. ❷ First, the storylines are very simple and easy to understand, so I don't have to think too much when I watch comedies. ❸ I can just enjoy them, and they allow me to relieve my stress. ❹ Second, most comedies are for all ages so I can enjoy watching them with my family. ❺ I think watching comedies is a great way to form a family bond. That's because they're really funny and make us laugh a lot. However, some action movies or horror movies put me in a bad mood after watching them because they are so cruel. So, I like comedies the most.

저는 영화 보는 것을 좋아해서 모든 종류의 영화를 즐깁니다. 무엇보다 코미디를 가장 좋아하는데요. 첫째, 줄거리는 매우 간단하고 이해하기 쉬우므로 제가 영화를 볼 때 너무 많이 생각할 필요가 없습니다. 저는 그냥 즐길 수 있고, 그것은 제가 스트레스를 풀 수 있게 도와주죠. 둘째, 대부분의 코미디는 모든 연령대를 대상으로 하기 때문에 가족과 함께 재미있게 볼 수 있습니다. 저는 코미디 영화를 보는 것이 가족간 유대감 형성에 좋은 방법이라고 생각해요. 왜냐하면 정말 재미있고, 우리를 많이 웃게 만드니까요. 하지만 일부 액션 영화나 공포 영화들은 너무 잔인하기 때문에 때때로 저를 기분 나쁘게 하기도 합니다. 그래서 저는 코미디를 가장 좋아해요.

송쌤의 꿀팁

전체 관람가
영화 혹은 공연에서 전체 관람가는 for all ages라고 표현합니다. all에 강조를 두어 조금 세게 읽어줍니다.

Q. **Please tell me about your favorite type of movie. Why is it your favorite?**
당신이 가장 좋아하는 영화 장르에 대해 말해주세요. 왜 그것을 가장 좋아하나요?

BRAINSTORMING

❶ 좋아하는 장르   코미디   ⊕   IH+   재미있기만 하면 거의 다 좋아함

❷ 좋은 이유 1   간단한 줄거리, 이해가 쉬움   ⊕   IH+   공상과학, 역사 영화에 비해 단순

❸ 결과/효과 1   즐길 수 있고 스트레스 풀림   ⊕   IH+   복잡하지 않기 때문에

❹ 좋은 이유 2   잔인하거나 폭력적이지 않아 가족과 즐길 수 있음   ⊕   IH+   어떤 액션/호러 영화는 선정적이어서 R등급 → 가족과 함께 보는 것은 좋은 생각이 아님

❺ 결과/효과 2   재미있고, 웃게 만들고, 기분 좋게 만듦

MODEL ANSWER ◂ IH-AL

Since I'm a moviegoer, I'm not that picky about movies, which means I enjoy almost all kinds of movies as long as they're fun. However, ❶ if I have to choose one specific genre, I would definitely choose comedies as my favorite genre. ❷ First, the storylines of comedies are very simple and easy to understand compared to other movies like science fiction movies or historical movies. Since the storyline is not very complicated, ❸ I can just enjoy the movie without thinking too much and it actually enables me to relieve my stress. ❹ Second, most comedies are neither violent nor cruel, so I can enjoy movies with my family. You know, some action movies or horror movies are sometimes so suggestive that they are rated R, so it's not a very good idea to watch them with family members. ❺ Comedies, on the other hand, are for all ages and it actually puts me in a good mood or cracks me up after watching them because they are so hilarious. These are the reasons why I like comedies the most.

저는 영화광이기 때문에 영화에 대해 그렇게 까다롭지 않아요, 다시 말해 재미있기만 하면 거의 모든 종류의 영화를 즐깁니다. 하지만, 만약 제가 특정 장르를 선택해야 한다면, 저는 단연코 코미디를 제가 가장 좋아하는 장르로 선택할 것입니다. 첫째, 코미디의 줄거리는 공상과학 영화나 역사 영화 같은 다른 영화들에 비해 매우 단순하고 이해하기 쉽기 때문이에요. 줄거리가 그리 복잡하지 않기 때문에, 저는 너무 많은 생각 없이 영화를 즐길 수 있고, 그것은 실제로 스트레스를 풀 수 있게 해주기 때문이죠. 둘째, 대부분의 코미디 영화는 폭력적이거나 잔인하지 않기 때문에 가족과 함께 영화를 즐길 수 있습니다. 알다시피, 어떤 액션 영화나 공포 영화들은 때때로 너무 선정적이어서 R 등급이 매겨지기 때문에, 가족과 함께 영화를 보는 것은 그리 좋은 생각이 아니죠. 반면에 코미디 영화는 모든 연령층을 위한 것이고, 너무 재미있기 때문에 때때로 제가 배꼽이 빠질 정도로 웃게 만들기도 하고, 저를 기분 좋게 만들어 주기도 합니다. 이러한 이유들로, 전 코미디 영화를 가장 좋아합니다.

송쌤의 꿀팁

영화 관련 표현
▸ 영화광: moviegoer
▸ 19금 이상(청소년 관람 불가) 영화: rated R

선택주제 03 여가활동
좋아하는 영화 장르

나만의 답변을 만들어 봅시다.

좋아하는 장르	I love to watch movies so I enjoy all kinds of movies.
	Above all, I enjoy _____ the most.
좋은 이유 1	First,
결과/효과 1	So, I can
좋은 이유 2	Second,
결과/효과 2	It's a great way to

영화보기 기억에 남는 경험 /최근 관람 영화

Q. Please talk about a memorable movie you have seen. What is the movie about, and who is the main character? Why was it so memorable?
가장 인상깊은 영화에 대해 말해주세요. 영화는 무엇에 관한 것이며, 주인공은 누구인가요? (그것이) 왜 그렇게도 인상깊었나요?

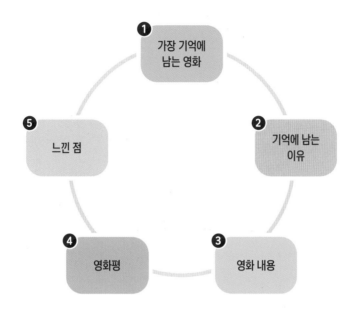

BRAINSTORMING

 MP3 2_4

❶	가장 기억에 남는 영화	One of the most memorable movies I've seen was the movie called Parasite. 제가 본 가장 기억에 남는 영화 중 하나는 기생충이라는 영화입니다.
❷	기억에 남는 이유	The director of the movie won the Golden Palm with this movie at Cannes Film Festival. 이 감독은 칸 영화제에서 이 영화로 황금종려상을 받았습니다.
❸	영화 내용	The movie was about the gap between the rich and the poor and it gives some messages about life. 그 영화는 빈부격차에 관한 것이었고 그것은 삶의 메시지 또한 줍니다.
❹	영화평	The movie was as good as everyone praised it to be, and I felt the same way, too. 그 영화는 모든 사람들이 찬사한 것만큼 좋았고, 저 또한 같은 느낌이었습니다.
❺	느낀 점	I felt so lucky to be able to watch such a great movie in the theater and also felt proud. 저는 극장에서 이렇게 훌륭한 영화를 볼 수 있다는 것이 너무 행운이라고 느꼈고, 또한 자부심을 느꼈습니다.

One of 명사(복수형) that I've 동사(과거분사) is/was A. 내가 '동사'했던 '명사' 중 하나는 A이다. IH+ 표현

One of the most memorable movies that I've seen was the movie called Parasite.
제가 본 가장 기억에 남는 영화 중 하나는 기생충이라는 영화입니다.

A is as 형용사 as B. A는 B만큼 '형용사' 하다.

The movie was as good as everyone praised it to be.
그 영화는 모든 사람들이 칭송할 만큼 좋았습니다.

I was wondering if 주어+동사. '주어'가 '동사' 할까 궁금했다. IH+ 표현

I was wondering if the movie would be that great.
저는 그 영화가 그렇게 재밌을까 궁금했습니다.

It is/was 형용사 for 목적어 to 동사. '목적어'가 '동사'하는 것은 '형용사'했다/한다.

It was not even easy for me to book tickets since the movie was so popular.
영화가 워낙 인기가 많아서 예매하기도 쉽지 않았습니다.

I was lucky enough to 동사. 나는 다행스럽게도 '동사'할 수 있었다.

I was lucky enough to book them.
다행스럽게도 저는 예매할 수 있었습니다.

✏️ **LET'S PRACTICE**

_____ of the best dishes that I've had was Foie gras.
제가 먹어 본 최고의 요리들 중 하나는 푸아그라 입니다.

The red dress is as good _____ the purple one.
그 빨간 드레스는 보라색 드레스 만큼 잘 어울립니다.

I was wondering ____ you had gone to the party.
당신이 파티에 갔는지 궁금했습니다.

It was hard _____ her ____ lead them.
그녀가 그들을 이끌고 나가는 것은 힘들었습니다.

I was _____ enough to see him.
다행스럽게도 저는 그를 볼 수 있었습니다.

Q. Please talk about a memorable movie you have seen. What is the movie about, and who is the main character? Why was it so memorable?
가장 인상깊은 영화에 대해 말해주세요. 영화는 무엇에 관한 것이며, 주인공은 누구인가요? (그것이) 왜 그렇게도 인상깊었나요?

BRAINSTORMING

❶ 가장 기억에 남는 영화　　기생충

❷ 기억에 남는 이유　　칸영화제에서 황금종려상 수상

❸ 영화 내용　　빈부 격차에 관한 내용

❹ 영화평　　모든 사람이 찬사 보낼 만큼 좋음, 나도 그렇게 느낌

❺ 느낀 점　　영화 볼 수 있음에 행운, 자부심 느낌

MODEL ANSWER IM3

❶ One of my most memorable movies is the movie called Parasite. The reason why this was so memorable is because ❷ the director of the movie won the Golden Palm with this movie at Cannes Film Festival. This had never happened before for a Korean director, so it was such surprising and sensational news for everyone in my country. Since the movie was so popular, it was not easy to book, but I successfully booked them. ❸ The movie was about the gap between the rich and the poor and it gives some messages about life. ❹ The movie was as good as everyone praised it to be, and I felt the same way, too. I still remember some of the scenes and lines from the movie. On the way back home, ❺ I felt so lucky to be able to watch such a great movie in the theater and also felt proud.

제가 본 가장 기억에 남는 영화 중 하나는 기생충이라는 영화입니다. 이 영화가 기억에 남는 이유는 감독이 칸 영화제에서 이 영화로 황금종려상을 수상했기 때문이에요. 한국인 감독에게 이런 일은 일찍이 없었던 일이어서 우리나라 모든 사람에게 너무나 놀랍고 혁신적인 소식이었죠. 영화가 너무 인기가 많아서 예매가 쉽지 않았지만 성공적으로 예약했습니다. 그 영화는 빈부격차에 관한 것이었고 그것은 약간의 삶의 메시지 또한 주었습니다. 그 영화는 모든 사람들이 칭찬한 것만큼 좋았고, 저 또한 같은 느낌이었습니다. 저는 아직도 영화의 일부 장면과 대사를 기억하고 있습니다. 집으로 돌아오는 길에 저는 극장에서 이렇게 훌륭한 영화를 볼 수 있다는 것이 너무 행운이라고 느꼈고, 또한 자부심을 느꼈습니다.

Vocabulary & Expressions

memorable 기억에 남는　director 감독　sensational 혁신적인, 세상을 놀라게 하는, 선풍적인　book 예매하다　The movie was about 영화는 ~에 관한 것이었다

송쌤의 꿀팁

경험을 말할 때 쓰는 고득점 표현

▸ A is(was) as good as I expected　그것은 내가 기대했던 것만큼 좋았다 → 경험에 대한 내 느낌을 말할 때

▸ It had never happened before　전에는 일어난 적이 없었던 일이다 → 전보다 더 이전 과거의 경험을 말할 때

영화보기 기억에 남는 경험 / 최근 관람 영화   🔊 **MP3** 2_6

Q. Please talk about a memorable movie you have seen. What is the movie about, and who is the main character? Why was it so memorable?
가장 인상깊은 영화에 대해 말해주세요. 영화는 무엇에 관한 것이며, 주인공은 누구인가요? (그것이) 왜 그렇게도 인상깊었나요?

BRAINSTORMING

❶ 가장 기억에 남는 영화 | 기생충

❷ 기억에 남는 이유 | 좋아하는 감독, 칸영화제에서 황금종려상 수상

❸ 영화 내용 | 빈부 격차에 관한 내용

❹ 영화평 | 모든 사람이 찬사 보낼 만큼 좋음, 아직 몇 장면 기억에 남아있음

❺ 느낀 점 | 훌륭한 영화 볼 수 있어 행운, 감독이 자랑스러움

MODEL ANSWER ◂ IH-AL

❶ One of the most memorable movies that I've seen is the movie called 기생충 which means parasite in English. ❷ The director of the movie, 봉준호, who is one of my favorite directors, won the Golden Palm with this movie at Cannes Film Festival. Since the Cannes Film Festival has been recognized as one of the most authoritative international film festivals, director Bong winning the award was such surprising and sensational news for everyone in my country. Since the media and people around me were talking about the movie, I was wondering if the movie would be that great. It was not even easy for me to book tickets since the movie was so popular, but I was lucky enough to book them. ❸ The movie was about the gap between the rich and the poor and it gives the message of life not always going as we planned. Honestly, the movie has so many secret messages that I can't describe it with just one sentence, but it met the expectations set by other people. ❹ The movie was so good as everyone praised it to be, and some scenes and lines still stay in my memory. On the way back home, ❺ I felt so lucky to be able to watch such a great movie in the theater and I also felt proud of the director, who is from Korea, for making such a great film.

....

제가 본 가장 기억에 남는 영화 중 하나는 기생충이라는, 영어로는 parasite라는 뜻의 영화입니다. 이 영화의 감독은 제가 가장 좋아하는 감독 중 한 명인 봉준호라는 감독인데, 이 분은 칸 영화제에서 이 영화로 황금종려상을 받았습니다. 칸 영화제는 가장 권위 있는 국제 영화제 중 하나로 인식되어 왔기 때문에 봉준호 감독의 수상은 우리나라의 모든 사람들에게 너무나 놀랍고 혁신적인 소식이었죠. 모든 언론과 주변 사람들이 영화 얘기를 하고 있는 걸 보면서 영화도 그렇게 재밌을까 하는 생각이 들었습니다. 영화가 워낙 인기가 많아서 예매도 쉽지 않았지만 운 좋게 예매할 수 있었어요. 그 영화는 빈부격차에 관한 것이었고 인생이 항상 우리가 계획한 대로 흘러가는 것만은 아니라는 메시지를 줍니다. 솔직히 이 영화는 한 문장으로 묘사할 수 없을 정도로 비밀스러운 메시지가 많지만 사람들의 기대에 부응한 것 같아요. 그 영화는 모든 사람들이 찬사를 보낼 만큼 좋았고, 몇몇 장면과 대사는 아직도 제 기억 속에 남아습니다. 집으로 돌아오는 길에 극장에서 이렇게 훌륭한 영화를 볼 수 있다는 것이 너무나 행운이라고 느꼈고, 또한 우리나라 감독이 그렇게 훌륭한 영화를 만들었다는 점에 자부심을 느꼈습니다.

Vocabulary & Expressions

be recognized as ~로 인식되다, ~로 인정받다 **authoritative** 권위 있는 **describe** 묘사하다 **meet expectation** 기대에 부응하다, 기대를 만족시키다

나만의 답변을 만들어 봅시다.

가장 기억에 남는 영화	One of my most memorable movies is the movie called
기억에 남는 이유	The reason why this was so memorable is because
영화 내용	The movie was about
영화평	The movie was as good as everyone praised it to be, and I felt the same way.
느낀 점	I felt so lucky to be able to watch such a great movie. And I felt

선택주제 03 여가활동

기억에 남는 경험 / 최근 관람 영화

영화보기 영화 관람 전후 활동/과거와 현재 변화

Q. Please tell me about your typical day when you go to the theater. What are some things you do before and after going to the theater? Tell me everything.

영화관에 가는 날의 일상에 대해 말해주세요. 영화관에 가기 전후에 하는 일들은 무엇인가요? 전부 이야기해주세요.

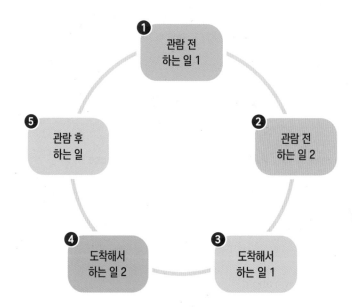

❶ 관람 전 하는 일 1
❷ 관람 전 하는 일 2
❸ 도착해서 하는 일 1
❹ 도착해서 하는 일 2
❺ 관람 후 하는 일

 BRAINSTORMING

◁)) MP3 2_7

❶	관람 전 하는 일 1	The first thing I do is to check what movies are showing and book tickets online. 가장 먼저 하는 일은 상영 중인 영화를 확인하고 온라인으로 티켓을 예매하는 것입니다.
❷	관람 전 하는 일 2	I also read reviews of the movie I want to watch and select seats online. 또한 보고 싶은 영화의 리뷰를 읽고 온라인으로 좌석을 고릅니다.
❸	도착해서 하는 일 1	When I get to the theater, I get the tickets from ticket machines and buy some snacks and drinks. 영화관에 도착하면 티켓 발매기에서 표를 발권하고 과자와 음료를 삽니다.
❹	도착해서 하는 일 2	I also make sure to go to the bathroom before the movie starts. 또한 영화가 시작하기 전 반드시 화장실에 들릅니다.
❺	관람 후 하는 일	After the movie, I clean up after myself. 영화가 끝난 후, 제 자리를 정리합니다.

I had to 동사 나는 '동사'했어야 했다.

When I was young, I had to go to the box office and book tickets in person in order to watch a movie.
제가 어렸을 때는 영화를 보려면 직접 매표소에 가서 표를 예매해야 했습니다.

in order to 동사 '동사'하기 위해

I had to go to the box office and book tickets in person in order to watch a movie.
영화를 보기 위해 직접 매표소에 가서 표를 예매해야 했습니다.

The first thing I do is to 동사. 내가 처음으로 하는 일은 '동사'하는 것이다.

The first thing I do is to check what movies are showing and book tickets online.
제가 가장 먼저 하는 일은 어떤 영화가 상영되는지 확인하고 온라인으로 티켓을 예매하는 것입니다.

I make sure to 동사. 나는 반드시 '동사'한다.

I also make sure to go to the bathroom before the movie starts because most movies are two hours long.
또한 저는 영화가 시작하기 전에 반드시 화장실에 갑니다. 왜냐하면 대부분의 영화가 2시간정도 걸리기 때문입니다.

It's such a hassle to 동사. '동사'하는 것은 정말 귀찮은 일이다. IH+ 표현

It was such a hassle to book tickets online.
온라인으로 표를 예매하는 것은 정말 귀찮은 일입니다.

✏️ **LET'S PRACTICE**

I _____ to wait in line for at least ten minutes to get a ticket.
표를 사기 위해 적어도 10분 동안 줄을 서서 기다려야 했습니다.

I downloaded an app ____ _____ ____ easily purchase movie tickets.
저는 영화표를 쉽게 사기 위해 어플리케이션을 다운받았습니다.

The _____ thing I do is to read a review of the movie.
가장 먼저 하는 일은 영화평을 읽는 것입니다.

I make _____ to turn my phone off before the start of the movie.
저는 영화가 시작하기 전에 반드시 휴대전화 전원을 끕니다.

It's such a _____ to find your seat in a dark movie theater.
어두운 영화관에서 자리를 찾는 것은 번거로울 정도였어요.

ANSWER had / in order to / first / sure / hassle

선택주제 03 여가활동

영화 관람 전후 활동/과거와 현재 변화

Q. Please tell me about your typical day when you go to the theater. What are some things you do before and after going to the theater? Tell me everything.

영화관에 가는 날의 일상에 대해 말해주세요. 영화관에 가기 전후에 하는 일들은 무엇인가요? 전부 이야기해주세요.

BRAINSTORMING

① 관람 전 하는 일 1   상영 영화 확인, 온라인 예매

② 관람 전 하는 일 2   영화평 읽기, 좌석 선정

③ 도착 후 하는 일 1   티켓 발권, 간식과 음료 구입

④ 도착 후 하는 일 2   화장실 다녀옴   ➕ *대부분 영화가 2시간이기 때문*   IM3+

⑤ 관람 후 하는 일   주변 정리

MODEL ANSWER IM3

When I was young, I had to go to the box office and book tickets in person in order to watch a movie. However, people don't do that anymore because they can do it online. So, before I go to the movies, ① the first thing I do is to check what movies are showing and book tickets online. ② I also read reviews of the movie I want to watch and select seats online. ③ When I get to the theater, I get the tickets from ticket machines and buy some snacks and drinks. ④ I also make sure to go to the bathroom before the movie starts because most of movies are 2 hours long. ⑤ After the movie, I clean up after myself. On my way back home, I try to think about impressive scenes from the movie.

제가 어렸을 때는 영화를 보려면 직접 매표소에 가서 표를 예매해야 했어요. 하지만 사람들은 온라인에서 할 수 있기 때문에 더 이상 그렇게 하지 않습니다. 그래서 영화를 보러 가기 전에, 제가 제일 먼저 하는 일은 어떤 영화가 상영되는지 확인하고 온라인으로 티켓을 예매하는 것이에요. 또한 보고 싶은 영화의 리뷰를 읽고 온라인으로 좌석을 고르기도 합니다. 극장에 도착하면 매표기에서 표를 발권한 다음, 간식과 음료수를 사요. 또한 영화가 시작하기 전에 반드시 화장실에 갑니다. 왜냐하면 대부분의 영화가 2시간이기 때문이죠. 영화가 끝난 후 저는 자리를 청소하고, 집으로 돌아오는 길에는 영화의 인상적인 장면들에 대해 생각해봅니다.

Vocabulary & Expressions

in person 직접   **in order to** ~하기 위해, 위하여   **make sure to** 꼭 ~하다   **impressive** 인상적인

 송쌤의 **꿀팁**

관람 시간 관련 표현, 온라인 전치사

▸ 얼마 정도의 시간이 걸리다: OO hours long

→ 관람 시간이 ~정도 걸린다고 말할 때 씁니다. 실제 시간을 말하기 보다는 외우기 쉽게 two hours long 이라고 말해보세요.

▸ 온라인에서 ~을(를) 한다고 말할 때는 동사 online을 씁니다. online 앞에는 어떤 전치사도 쓰지 않으니 주의하세요.

Q. Please tell me about your typical day when you go to the theater. What are some things you do before and after going to the theater? Tell me everything.

영화관에 가는 날의 일상에 대해 말해주세요. 영화관에 가기 전후에 하는 일들은 무엇인가요? 전부 이야기해주세요.

BRAINSTORMING

① **관람 전 하는 일 1**   상영 영화 확인, 온라인 예매

② **관람 전 하는 일 2**   영화평 읽기, 좌석 선정   ➕ *집 가까이 영화관이 있어서 걸어 감*   `IH+`

③ **도착 후 하는 일 1**   티켓 발권, 간식과 음료 구입   ➕ *영화 보면서 먹는 거 좋아함*   `IH+`

④ **도착 후 하는 일 2**   화장실 다녀옴   ➕ *영화가 2시간 길이라 어떤 것도 놓치고 싶지 않음*   `IH+`

⑤ **관람 후 하는 일**   주변 정리   ➕ *집에 오면서 인상 깊은 장면 생각*   `IH+`

MODEL ANSWER ◂IH-AL▸

Up until a few years ago, it was such a hassle to book tickets online. I preferred to go to the box office in person and check which movies were showing. And, I waited in long lines to book tickets hoping that good seats were left for me. However, things have changed over the past few years. There's this movie theater application and people can conveniently check which movies are showing and book tickets within a few minutes with just a few clicks. ① So, before I go to the movies, I book tickets through the application. ② I also read reviews of the movie and select seats. Since the movie theater that I often go to is within walking distance from my house, I normally walk there because it's a great way to exercise. ③ When I get to the theater, the first thing I do is to print the tickets using ticket machines and buy some snacks and drinks. I like eating something while watching a movie. ④ Also, I make sure to go to the bathroom before the movie begins because most movies are 2 hours long and I don't want to miss any of it. ⑤ After the movie, I try to clean up after myself for the next person who will be sitting in that seat. On my way back home, I think about impressive scenes from the movie.

몇 년 전까지만 해도 온라인에서 표를 예매하는 것은 번거로운 일이었어요. 저는 직접 매표소에 가서, 어떤 영화가 상영되는지 확인하고, 좋은 좌석이 남아 있기를 바라면서 표를 예매하기 위해 길게 줄을 서서 기다리는 것을 더 좋아했죠. 하지만 지난 몇 년간 상황은 바뀌었습니다. 영화관 어플리케이션이 생겼고, 사람들은 몇 번의 클릭만으로 몇 분 안에 어떤 영화가 상영되는지 편리하게 확인할 수 있으며, 티켓을 예매할 수 있어요. 그래서 영화를 보러 가기 전에 저는 이 어플리케이션에 접속해서 티켓을 예매합니다. 또한 영화평도 읽고 자리도 고릅니다. 제가 자주 가는 영화관은 집에서 걸어갈 수 있는 거리에 있기 때문에, 보통 걸어가는데, 그것이 좋은 운동이 되기 때문이죠. 극장에 도착하면 가장 먼저 하는 일은 매표기를 이용해 표를 구한 후, 간식과 음료수를 사는 것입니다. 저는 영화를 보면서 무언가를 먹는 것을 좋아해요. 영화가 시작하기 전에는 꼭 화장실에 갑니다. 왜냐하면 대부분의 영화가 2시간인데 저는 그 어떤 것도 놓치고 싶지 않기 때문이죠. 영화가 끝나면 자리에 앉게 될 다음 사람을 위해 뒷정리를 합니다. 집에 돌아오는 길에는 인상깊은 장면들에 대해 생각해봅니다.

나만의 답변을 만들어 봅시다.

관람 전 하는 일 1	Before I go to the movies, the first thing I do is to

관람 전 하는 일 2	I also Next,

도착 후 하는 일 1	When I get to the theater, I

도착 후 하는 일 2	I also make sure to

관람 후 하는 일	On my way back home, I

공연보기, 콘서트보기 자주 가는 공연장 묘사

Q. Please tell me about a concert hall you often go to. Where is it? What does it look like?
자주 가는 공연장에 대해 말해주세요. 어디에 있나요? 생김새는 어떤가요?

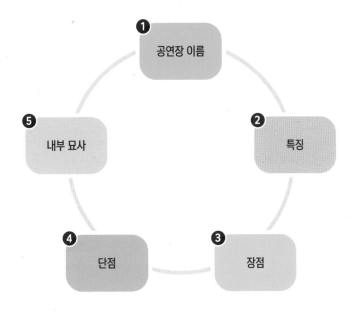

BRAINSTORMING

🔊 MP3 2_10

① 공연장 이름	I often go to Jamsil Olympic Stadium. 저는 종종 잠실 올림픽 경기장에 갑니다.
② 특징	Many kinds of sporting matches or performances are held there because it is the largest stadium in Korea. 한국에서 가장 큰 경기장이기 때문에 많은 종류의 스포츠 경기나 공연이 열립니다.
③ 장점	It's located near the subway station, so people can easily get there. 지하철 역에서 가까워서 사람들이 쉽게 찾아 갈 수 있습니다.
④ 단점	It becomes chaotic whenever there is a baseball game. 야구 경기가 있을 때마다 매우 혼란스러워집니다.
⑤ 내부 묘사	Inside the hall, it looks just like any other sports stadium when there are sporting events. 홀 안은 스포츠 행사가 있을 때 다른 경기장과 똑같아 보입니다.

It's a perfect place for/to ~. 그것은 ~하기에 완벽한 장소이다.

I guess this is the perfect place for shows or sporting events.
저는 이곳이 쇼나 스포츠 행사를 하기에 완벽한 장소라고 생각합니다.

One good/bad thing about A is that ~. A에 좋은/나쁜 점 하나는 ~이다.

One bad thing about this stadium is that there's also Jamsil Baseball Stadium next to it, and it becomes chaotic whenever there is a baseball game.
이 경기장의 한 가지 나쁜 점은 옆에 잠실 야구장이 있다는 것인데, 야구 경기가 있을 때마다 매우 혼란스러워진다는 것입니다.

A look just like B. A는 B와 (꼭) 같이 생기다/보이다.

Inside the hall, it looks just like any other sports stadium when there are sporting events.
홀 안은 스포츠 경기가 있을 때는 다른 스포츠 경기장과 같아 보입니다.

주어+동사 so that 주어+동사. '주어'가 '동사' 해서 '주어'가 '동사' 합니다. IH+ 표현

There's a stage in the middle with large screens and great sound equipment so that everyone in the hall can enjoy the show.
중앙에 대형 스크린과 훌륭한 음향 장비를 갖춘 무대가 있어 홀에 있는 모든 사람들이 공연을 즐길 수 있습니다.

✏️ **LET'S PRACTICE**

It's a _____ place for having a fun time with friends.
친구들과 재미있는 시간을 보내기에 완벽한 장소입니다.

One _____ thing about the baseball stadium is that it gets so hot in the summer.
그 야구장의 한 가지 단점은 여름이면 너무 덥다는 것입니다.

The soccer stadium looks just _____ the one on Jeju Island.
축구 경기장은 제주도에 있는 것과 똑같이 생겼습니다.

There are numerous restaurants _____ that people can easily order food during the game.
수많은 식당들이 있어서 사람들은 경기 중에 쉽게 음식을 주문할 수 있습니다.

ANSWER perfect / bad / like / so

Q. Please tell me about a concert hall you often go to. Where is it? What does it look like?

자주 가는 공연장에 대해 말해주세요. 어디에 있나요? 생김새는 어떤가요?

BRAINSTORMING

❶ 공연장 이름   잠실 올림픽 경기장   ➕   오래 돼서 잘 정비되어 있지 않음   **IM3+**

❷ 특징   한국에서 가장 큰 경기장

❸ 장점   지하철 역에서 가까움   ➕   안 좋은 점, 야구 경기장이 옆에 있음   **IM3+**

❹ 단점   야구 경기가 있을 때마다 혼란스러움

❺ 내부 묘사   다른 경기장과 유사함   ➕   쇼, 공연 있을 때는 변함   **IM3+**

MODEL ANSWER · IM3

❶ I often go to Jamsil Olympic Stadium. Even though it is not very well-maintained because it's pretty old, ❷ many kinds of sporting matches or performances are held there because it is the largest stadium in Korea. Plus, ❸ it's located near the subway station, so people can easily get there. One bad thing is that there's also Jamsil Baseball Stadium next to it, and ❹ it becomes chaotic whenever there is a baseball game. ❺ Inside the hall, it looks just like other sports stadium when there are sporting events. However, it changes when some shows or performances are held. There's a stage in the middle with large screens and high-end sound equipment. I guess this is the perfect place for shows or sporting events.

저는 종종 잠실 올림픽 경기장에 갑니다. 지은지 오래되어 그다지 잘 정비되어 있진 않지만 한국에서 가장 큰 경기장이기 때문에 많은 종류의 스포츠 경기나 공연이 그곳에서 열리죠. 게다가 지하철역 근처에 위치해 있어서 사람들이 쉽게 갈 수 있습니다. 한 가지 나쁜 점은 옆에 잠실 야구장이 있다는 점인데, 야구 경기가 있을 때마다 매우 혼란스러워진다는 것이죠. 홀 안은 스포츠 경기가 있을 때는 다른 스포츠 경기장과 똑같아 보이나, 일부 쇼나 공연이 있을 때는 변하게 됩니다. 가운데에는 대형 스크린과 훌륭한 음향 장비가 있는 무대가 있어요. 저는 이곳이 쇼나 스포츠 행사를 하기에 완벽한 장소라고 생각합니다.

Vocabulary & Expressions

even though ~이긴 하지만, ~에도 불구하고   **well-maintained** (시설이) 잘 정비된   **performance** 공연, 연주회   **chaotic** 혼돈 상태인, 혼란 상태인   **high-end** 고급의, 최첨단의

송쌤의 꿀팁

▸ well-maintained(잘 정비되어 있는)라는 표현은 건물을 묘사할 때 아주 유용하게 쓰일 수 있으므로, 반드시 익혀주세요!

▸ chaotic 발음은 '케이-어-릭' 이렇게 발음해 주셔야 합니다!

▸ high-end는 전자기기와 같은 제품이 고급진 혹은 최첨단의 이라는 뜻을 가진 표현으로
오픽 시험에서 아주 유용하게 쓰일 수 있는 표현입니다.

선택주제 03 여가활동   자주 가는 공연장 묘사

Q. Please tell me about a concert hall you often go to. Where is it? What does it look like?
자주 가는 공연장에 대해 말해주세요. 어디에 있나요? 생김새는 어떤가요?

BRAINSTORMING

❶ 공연장 이름	잠실 올림픽 경기장	➕ 다목적으로 지어 짐 `IH+`
❷ 특징	한국에서 가장 큰 경기장	
❸ 장점	지하철 역에서 가까움	➕ 많은 사람들이 문제없이 방문할 수 있음 `IH+`
❹ 단점	야구 경기가 있을 때마다 혼란스러움	
❺ 내부 묘사	다른 경기장과 유사함	➕ 공연이 있을 때는 다르게 바뀜 `IH+`

MODEL ANSWER **IH-AL**

❶ One of many performing concert halls I often go to is called Jamsil Olympic Stadium, which was built for multiple purposes. Even though it doesn't look very clean or well-maintained, because it's been quite a long time since it was built, ❷ numerous sporting matches and performances have been held there because it has the highest capacity in Korea. ❸ Plus, it's conveniently located right in front of a subway station, so many people can get there without any problem. One bad thing about this stadium is that there's also Jamsil Baseball Stadium located right next to this stadium. ❹ So, whenever there's a baseball game, it becomes chaotic because it is so jam-packed with tons of people. ❺ To talk about inside the hall, it looks just like any other sports stadium when there are sporting events. However, it totally changes when some shows or performances are held there. There's a stage in the middle with large screens and high-end sound equipment so that every single person in the hall can enjoy the show. I guess this is the perfect place for any kinds of shows or sporting events.

제가 자주 가는 공연장 중 하나는 잠실 올림픽 경기장이라고 하는 곳인데, 이곳은 다목적으로 지어졌어요. 지은지 꽤 오래되어 그다지 깨끗해 보이지 않고 잘 정비되어 보이지는 않지만, 한국에서 가장 많은 인구를 수용할 수 있는 곳이기 때문에 수많은 스포츠 경기나 공연이 그곳에서 열리고 있습니다. 게다가 지하철역 바로 앞에 위치해 있어 사람들이 문제없이 오고 갈 수 있어요. 이 경기장의 한 가지 나쁜 점은 바로 옆에 잠실 야구장도 있다는 것이에요. 그래서 야구 경기가 있을 때마다 수많은 사람들로 꽉 차서 굉장히 혼란스럽다는 것입니다. 홀 안에 대해 이야기하자면, 스포츠 경기가 있을 땐, 다른 스포츠 경기장과 똑같아 보여요. 하지만, 일부 쇼나 공연이 있을 때는 완전히 다르게 바뀝니다. 중앙에 대형 스크린과 훌륭한 음향 장비를 갖춘 무대가 있어 홀에 있는 모든 사람들이 공연을 즐길 수 있죠. 저는 이곳이 어떤 종류의 쇼나 스포츠 경기에도 완벽한 장소라고 생각해요.

🚀 **송쌤의 꿀팁**

주의해야 할 발음
▸ purpose (목적) [펄-퍼쓰] 앞에 강세가 있으니 발음에 유의합니다.
▸ performance (공연) [펄f을-먼쓰] 2음절에 강세가 있으니 발음에 유의합니다.

나만의 답변을 만들어 봅시다.

공연장 이름	I often go to
특징	Even though
	Many kinds of performances are held there
장점	One good thing about the hall is that
단점	One bad thing is that
내부 묘사	Inside the hall,
	In the middle/on the left,right there is/are

Q. Please talk about a memorable concert you have seen. What was the concert about, and who was the main character? Why was it so memorable?

가장 인상깊은 콘서트에 대해 말해주세요. 주제는 무엇에 관한 것이었으며, 주인공은 누구였나요? (그것이) 왜 그렇게도 인상깊었나요?

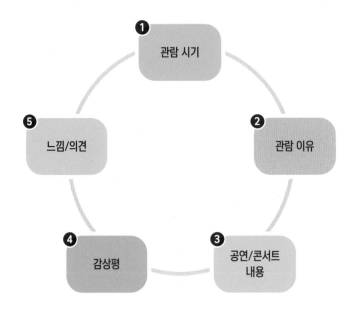

 BRAINSTORMING

🔊 MP3 2_13

❶ 관람 시기	I saw a musical a couple of months ago. 저는 몇 달 전에 뮤지컬을 보았습니다.
❷ 관람 이유	I was so excited because one of my favorite singers starred in it. 제가 가장 좋아하는 가수가 출연했기 때문에 너무 설렜습니다.
❸ 공연/콘서트 내용	The musical was about the life story of Elisabeth, the Empress of Austria. 그 뮤지컬은 오스트리아 황후, 엘리자베스의 일대기를 다루었습니다.
❹ 감상평	It was much better than I expected. 기대했던 것보다 훨씬 더 좋았습니다.
❺ 나의 느낌/의견	I decided to enjoy cultural life at least once a month. 적어도 한 달에 한 번은 문화 생활을 즐기기로 마음먹었습니다.

KEY SENTENCES

I thought it would 동사. 나는 그것이 '동사' 할 것이라 생각했다.

I thought it wouldn't be fun but it was much better than I expected.
재미없을 줄 알았는데 기대했던 것보다 훨씬 더 좋았습니다.

It was my first time 동사ing. 내가 '동사'하는 것은 그 때가 처음이었다.

It was my first time seeing my favorite singer performing on the stage in person.
제가 좋아하는 가수가 무대에서 직접 공연을 하는 것을 보는 것은 그 때가 처음이었습니다.

It is worth 명사/동사ing. ~할 만한 가치가 있다.

Even though tickets were a little bit expensive, it was worth the money.
티켓이 조금 비싸긴 했지만 그만한 가치가 있었습니다.

It turns out that 주어+동사. '주어'가 '동사'하다고 밝혀지다. IH+ 표현

It turned out that I was wrong.
제가 틀렸던 것이었습니다.

A is way 형용사 than B. A는 B보다 훨씬 '형용사'하다. IH+ 표현

It was way better than when I saw him performing on TV.
TV에서 그가 공연하는 것을 봤을 때보다 훨씬 더 좋았습니다.

LET'S PRACTICE

I thought it _____ be very crowded, but I was wrong.
사람들로 붐비지 않을 거라 생각했는데 그렇지 않았습니다.

It was my _____ time attending a jazz music festival.
재즈 음악 축제에 참여한 것은 그 때가 처음이었습니다.

It was _____ paying extra for front row tickets.
돈을 더 내고 앞자리 표를 산 것은 그만한 가치가 있었습니다.

It _____ _____ that the concert had been canceled.
콘서트가 취소되었던 것이었습니다.

The sound quality is way better on the recordings _____ in concert.
음반의 음질이 콘서트보다 훨씬 더 좋았습니다.

ANSWER wouldn't / first / worth / turned out / than

Chapter04 선택주제 109

Q. Please talk about a memorable concert you have seen. What was the concert about, and who was the main character? Why was it so memorable?
가장 인상깊은 콘서트에 대해 말해주세요. 주제는 무엇에 관한 것이었으며, 주인공은 누구였나요?
(그것이) 왜 그렇게도 인상깊었나요?

BRAINSTORMING

❶ 관람 시기	몇 달 전
❷ 관람 이유	가장 좋아하는 가수 출연
❸ 공연/콘서트 내용	오스트리아 황후 엘리자베스 일대기
❹ 감상평	기대 이상으로 좋았음
❺ 나의 느낌/의견	한 달에 한번 문화 생활

MODEL ANSWER IM3

❶ I saw a musical a couple of months ago. ❷ I was so excited because one of my favorite singers starred in it. It was hard to book tickets because it was very popular but my friend made it! ❸ The musical was about the life story of Elisabeth, the Empress of Austria. I thought it would not be fun but I was wrong. ❹ It was much better than I expected. I mean, I was literally overwhelmed throughout the whole musical. In addition, it was my first time seeing my favorite singer performing on the stage in person, so it was so impressive. Maybe that was when I first became into musicals. Even though tickets were a little bit expensive, it was worth the money. On my way back home, I talked with my friend about the show. ❺ I decided to enjoy cultural life at least once a month.

저는 몇 달 전에 뮤지컬을 보았습니다. 제가 가장 좋아하는 가수 중 한 명이 출연했기 때문에 저는 너무 신났어요. 그 뮤지컬이 인기가 많아 예매하기가 힘들었지만 제 친구가 예매에 성공했습니다! 이 뮤지컬은 오스트리아의 황후인 엘리자베스의 일대기를 다룬 것이에요. 재미없을 줄 알았는데 제가 틀렸어요. 기대했던 것보다 훨씬 더 좋았어요. 저는 말 그대로 뮤지컬 내내 압도당했습니다. 게다가 제가 좋아하는 가수가 무대에서 직접 공연을 하는 것을 보는 것은 그 때가 처음이어서 너무 인상적이었어요. 아마 그때가 제가 뮤지컬에 처음 발을 들여놓았을 때인 것 같습니다. 티켓이 조금 비싸긴 했지만 그만한 가치가 있었어요. 집으로 돌아오는 길에 친구와 공연에 대해 이야기를 나누었습니다. 적어도 한 달에 한 번은 문화생활을 즐기기로 했어요.

송쌤의 꿀팁

literally 말 그대로

▷ literally(말 그대로)는 어떠한 상황을 강조할 때 주로 쓰입니다. 발음도 쉽지 않아, 많은 학생들이 어려워합니다.
[르럴-얼리] 라고 정확한 발음으로 정확히 강조하여 제대로 사용한다면 고득점을 받을 수 있습니다.

Q. Please talk about a memorable concert you have seen. What was the concert about, and who was the main character? Why was it so memorable?

가장 인상깊은 콘서트에 대해 말해주세요. 주제는 무엇에 관한 것이었으며, 주인공은 누구였나요? (그것이) 왜 그렇게도 인상깊었나요?

BRAINSTORMING

❶ 관람 시기	몇 달 전
❷ 관람 이유	가장 좋아하는 가수 출연
❸ 공연/콘서트 내용	오스트리아 황후 엘리자베스 일대기
❹ 감상평	기대 이상으로 좋았음
❺ 나의 느낌/의견	한 달에 한번 문화 생활

➕ *훌륭한 음향 효과, 장엄한 무대 장비* IH+

MODEL ANSWER IH-AL

❶ I remember a time when I saw a musical a couple of months ago. ❷ I'd waited for a long time to see the musical because one of my favorite singers starred in it. It was so popular that we almost failed to book tickets but my friend made it! ❸ The musical was about the life story of Elisabeth, the Empress of Austria, from her marriage to her murder. ❹ Since I had not been that interested in her until I saw the musical, I thought it wouldn't be that interesting, but it turned out that I was wrong. With all the great sound effects and the majestic stage management, I was literally overwhelmed throughout the whole musical. In addition, it was the first time I'd ever seen my favorite singer singing on the stage in person and it was way better than when I saw him performing on TV. Maybe that was the time when I first became into musicals. It was so lively and absorbing that it was worth the money. I lost track of time while enjoying the show. On my way back home, I talked with my friend about how good it was. ❺ I decided to enjoy cultural life at least once a month.

두어 달 전에 뮤지컬을 본 기억이 납니다. 그 뮤지컬에는 제가 가장 좋아하는 가수 중 한 명이 출연했기 때문에 오랫동안 기다렸었죠. 너무 인기가 많아서 티켓 예매를 거의 실패할 뻔했지만, 제 친구가 티켓 예매에 성공했습니다. 이 뮤지컬은 오스트리아의 황후 엘리자베스의 결혼에서부터 살인까지에 이르기 까지의 일대기에 관한 것인데요. 뮤지컬을 보기 전까지는 전 그녀에게 그렇게 관심이 없었기 때문에 그다지 재미있지는 않을 거라고 생각했지만, 제가 틀렸던 것이었어요. 모든 훌륭한 음향 효과와 장엄한 무대 장비로, 저는 말 그대로 뮤지컬 내내 압도당했습니다. 게다가, 제가 좋아하는 가수가 무대에서 노래하는 것을 직접 본 것이 처음이었고, 그것은 TV에서 그가 공연하는 것을 본 것보다 훨씬 더 좋았습니다. 아마도 그때가 제가 뮤지컬에 처음 발을 들여놓았던 때인 것 같아요. 그것은 훨씬 더 생동감 넘치고 흡족해서 비싼 티켓의 그만한 가치가 있었습니다. 저는 그 쇼를 즐기다가 시간 가는 줄 몰랐어요. 집으로 돌아오는 길에는 친구와 공연이 얼마나 좋았는지 이야기를 나누었어요. 전 적어도 한 달에 한 번은 문화생활을 즐기기로 했습니다.

 송쌤의 **꿀팁**

lose track of time 시간 가는 줄 모르다
▷ 무언가를 할 때 느꼈던 감정 표현으로 취미 생활, 경험을 이야기할 때 유용하게 쓸 수 있는 표현입니다.

나만의 스크립트 만들기

나만의 답변을 만들어 봅시다.

관람 시기	I saw _____ _____ ago.

관람 이유	I decided to watch/see it because
	I was so excited.

공연/콘서트 내용	It was about

감상평	I thought it would
	But I was right/wrong
	It was my first time

나의 느낌/의견	It was worth the money/time.
	I decided to enjoy cultural life.

선택 주제를 레벨 업 시켜주는 2가지 방법

1 빈출 3단 콤보 유형 파악하기

2 말하기 플로우 익히기(감정이 느껴지는 표현 사용하기)

선택 주제	① 관람하기[영화보기, 공연보기, 콘서트보기] ② 시청하기[TV보기, 리얼리티 쇼 시청하기] ③ 공원가기
빈출 3단 콤보	① 묘사하기(description) ② 비교/과거(comparison/contrast) or 계기(first time) ③ 관련경험(the most memorable experience)
콤보 ① 묘사하기 (description)	말하기 플로우　위치 – 외향 묘사 – 내부 묘사 – 전체적인 느낌 · _____ is located in a busy district. 위치 · It's conveniently located near the subway station. 위치 · ____ looks just like any other ____. 외향 묘사 · ____ is newly built, so it's very clean and well-maintained. 내부 묘사 · It's been a long time since ____ was built, so it's not very clean or well-maintained. 외향/내부 묘사 · I'm (not) satisfied with _____ 전체적인 느낌
콤보 ② 비교/과거 (comparison/contrast)	말하기 플로우　**서론** 차이점 있다/없다 – **본론** 차이점 1, 2 – **결론** · There have been many changes between _____ and _____. 서론 · I don't see that many differences between _____ and _____. 서론 · In the past, there used to be _____. 본론 · However, I see _____ now. 본론 · _____ is much 비교급 than _____. 본론 · These are the main changes. 결론
콤보 ② 계기 (first time)	말하기 플로우　**서론** 언제 – **본론** 무엇을(과정) – **결론** 내 느낌/의견 · It was when '주어' + '동사'. 서론 · That was when I first started _____. 서론 · I found it interesting to _____. 본론 · That's how I became interested in _____. 결론
콤보 ③ 관련경험 (the most memorable experience)	말하기 플로우　**서론** 언제 – **본론** 무엇을(과정) – **결론** 내 느낌/의견 · The most memorable experience I had was when '주어' + '동사'. 서론 · One of my most memorable _____ is _____. 서론 · The most memorable _____ I've ever _____ is _____. 본론 · This is why _____ is still in my memory. 결론

선택주제 04

여가 활동

시청하기(TV, 리얼리티쇼)

> ▸ 좋아하는 프로그램 답변을 준비하면 기억에 남는 프로그램과도 연결 지어 답변할 수 있습니다.
>
> ▸ 프로그램의 변화 답변을 방송/쇼의 장소를 추가해 답변을 구성하면 각 문제에 응용하여 답변할 수 있습니다.

 출제 포인트

- **묘사, 설명하기**

  시청 장소/프로그램 묘사 　빈출★

  좋아하는 인물 및 장르, 프로그램 설명(좋아하는 이유)　빈출★

- **변화, 활동 이야기하기**

  프로그램의 과거와 현재 변화　빈출★

  시청 전후 활동

- **경험, 계기 이야기하기**

  기억에 남는 프로그램 관람 경험(시청하게 된 계기)　빈출★

  최근 프로그램 시청 경험

문제 예시

- Please talk about your favorite TV show you enjoy watching. Describe what kind of program it is. What makes this show special to you? Tell me everything.

  당신이 가장 좋아해서 즐겨보는 TV 쇼에 대해 말해주세요. 어떤 종류의 프로그램인지 설명해주세요. 무엇이 당신에게 그 쇼가 특별하도록 만들었나요? 전부 이야기해 주세요.

- Please tell me about your first time watching TV shows. How have TV shows/reality shows changed since then?

  처음으로 TV 쇼를 보았을 때에 대해 말해주세요. TV 쇼/리얼리티 쇼가 그 때로부터 어떻게 바뀌었나요?

- In the survey, you indicated that you like to watch TV shows. What kinds of TV shows do you like to watch? Why do you enjoy watching them? When and who do you usually watch them with? Tell me everything.

  설문조사에서 당신은 TV 쇼를 시청하는 것을 좋아한다고 했습니다. 어떤 종류의 TV 쇼를 시청하기를 좋아하나요? 왜 시청하기를 즐기나요? 주로 언제 그리고 누구와 함께 시청하나요? 전부 이야기해 주세요.

- Please talk about the most memorable TV program you have ever watched. Please tell me what made it so special.

  가장 인상깊은 TV 프로그램에 대해 말해주세요. 무엇이 그렇게 특별하게 만들었는지 말해주세요.

프로그램 종류

- [ ] news 뉴스
- [ ] documentary 다큐멘터리
- [ ] reality show 리얼리티 쇼
- [ ] variety show 버라이어티 쇼
- [ ] education program 교육방송
- [ ] cooking program 요리 프로그램
- [ ] soap opera 연속극
- [ ] drama 드라마

시청하는 이유

- [ ] make me laugh 날 웃게 만들다
- [ ] energize me 나에게 활력을 주다
- [ ] relieve one's stress/get rid of one's stress
  ~의 스트레스를 해소하다
- [ ] gives me practical/useful information
  나에게 실용적/유용한 정보를 주다
- [ ] educational 교육적인
- [ ] beneficial 유익한
- [ ] fun 재밌는
- [ ] funny 웃긴
- [ ] hilarious 우스꽝스러운

프로그램 특징

- [ ] simple 단순한
- [ ] realistic 현실적인
- [ ] unrealistic 비현실적인
- [ ] black and white screen 흑백 화면
- [ ] up to date 최신식의
- [ ] keep up with the latest information
  최신 정보를 계속하여 접하다
- [ ] setting 설정
- [ ] content 내용
- [ ] appealing 호소력있는

프로그램의 변화

- [ ] have restrictions on ~에 제약이 있다 IH+
- [ ] local channel 지역 방송
- [ ] satellite channel 위성 방송
- [ ] a wide variety of 다양한 종류의
- [ ] broadcasting station 방송국

선택주제 04 여가활동

시청하기(TV, 리얼리티쇼)

TV 시청하기, 리얼리티쇼 시청하기 좋아하는 프로그램

Q. Please talk about your favorite TV show you enjoy watching. Describe what kind of program it is. What makes this show special to you? Tell me everything.

당신이 가장 좋아해서 즐겨보는 TV 쇼에 대해 말해주세요. 어떤 종류의 프로그램인지 설명해주세요. 무엇이 당신에게 그 쇼가 특별하도록 만들었나요? 전부 이야기해주세요.

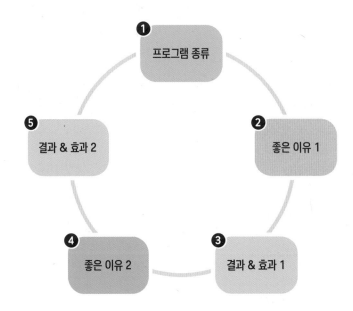

 BRAINSTORMING ◁)) MP3 2_16

❶	프로그램 종류	My favorite TV shows are reality shows. 제가 가장 좋아하는 TV 쇼는 리얼리티쇼 입니다.
❷	좋은 이유 1	First of all, watching reality shows allows me to feel relaxed after a busy day. 우선, 리얼리티쇼를 보는 것은 바쁜 하루를 보낸 저를 편안하게 해줍니다.
❸	결과 & 효과 1	They're so funny that I easily get absorbed in the show. 리얼리티 쇼가 너무 재미있어서 쉽게 빠져듭니다.
❹	좋은 이유 2	Second, most reality shows are for all ages, so that I can enjoy them with my family. 둘째로, 대부분의 리얼리티 쇼는 전 연령대를 대상으로 하기 때문에, 가족과 함께 즐길 수 있습니다.
❺	결과 & 효과 2	I believe watching shows and talking about them is the most enjoyable way to form a family bond. 쇼를 보고 그것에 대해 이야기하는 것은 가족간 유대감을 형성하는 가장 즐거운 방법이라고 생각합니다.

KEY SENTENCES

A is considered (as) B. A는 B라고 여겨진다.

Most reality shows are considered variety shows in my country.
우리나라에서 대부분의 리얼리티 쇼는 버라이어티 쇼로 여겨집니다.

be effective in ~ ~하는 데 효과적이다

It's really effective in relieving my stress.
그것은 스트레스 푸는 데 아주 효과적이죠.

A is the most enjoyable way to 동사. A는 '동사' 하는 가장 즐거운 방법이다.

Watching shows and talking about them is the most enjoyable way to form a family bond.
쇼를 보고 그것에 대해 이야기하는 것은 가족간 유대감을 형성하는 가장 즐거운 방법입니다.

I find myself 형용사/동사ing. 나는 (나 자신도 모르게) 내 자신이 '형용사'/'동사' 하는 것을 발견한다. IH+ 표현

I easily find myself completely absorbed in the show.
저는 그 쇼에 완전히 열중하고 있는 자신을 흔히 발견합니다.

A is the best way for 목적어 to be able to 동사. A는 '목적어'가 '동사' 할 수 있는 가장 좋은 방법이다. IH+ 표현

This is certainly one of the best ways for me to be able to get recharged.
이것은 확실히 제가 재충전될 수 있는 가장 좋은 방법 중 하나입니다.

LET'S PRACTICE

The show is _____ a drama, but it's also really funny.
그 쇼는 드라마이지만 정말 재미있습니다.

It's always _____ in helping me relax after work.
그것은 일과 후 휴식을 취하는 데 항상 도움이 됩니다.

Talking about popular shows is the _____ enjoyable way to get to know your coworkers.
인기있는 쇼에 대해 이야기하는 것은 동료와 친해질 수 있는 가장 재미있는 방법입니다.

I usually _____ myself completely obsessed with new TV shows.
저는 보통 새로운 TV쇼에 완전히 빠진 제 자신을 발견하게 됩니다.

Streaming is the best way for me to ____ _____ ____ watch new TV shows.
스트리밍 서비스는 새로운 TV쇼를 보는 가장 좋은 방법입니다.

ANSWER considered / effective / most / find / be able to

TV 시청하기, 리얼리티쇼 시청하기 좋아하는 프로그램   🔊 MP3 2_17

Q. Please talk about your favorite TV show you enjoy watching. Describe what kind of program it is. What makes this show special to you? Tell me everything.
당신이 가장 좋아해서 즐겨보는 TV 쇼에 대해 말해주세요. 어떤 종류의 프로그램인지 설명해주세요. 무엇이 당신에게 그 쇼가 특별하도록 만들었나요? 전부 이야기해주세요.

BRAINSTORMING

❶ 프로그램 종류	리얼리티 쇼	➕ 버라이어티 쇼로 여겨짐 `IM3+`
❷ 좋은 이유 1	편안함을 느낌	
❸ 결과/효과 1	너무 재밌어서 쉽게 빠져 듦	
❹ 좋은 이유 2	전 연령대 시청, 가족들과 함께 즐김	
❺ 결과/효과 2	가족간의 유대감 형성	

MODEL ANSWER IM3

❶ My favorite TV shows are reality shows. **Most reality shows are considered variety shows in my country. There are a couple of reasons why I like them.** ❷ First of all, watching reality shows allows me to feel relaxed after a busy day. **When I watch reality shows,** ❸ they're so funny that I easily get absorbed in the show **and forget about all of my problems. It's really effective in relieving my stress.** ❹ Second, most reality shows are for all ages, so that I can enjoy them with my family. ❺ I believe watching shows and talking about them is the most enjoyable way to form a family bond **because it makes us laugh and energizes us.**

··

제가 가장 좋아하는 TV 쇼는 리얼리티 쇼입니다. 우리나라에서 대부분의 리얼리티 쇼는 버라이어티 쇼인데요. 제가 좋아하는 데는 몇 가지 이유가 있습니다. 우선 리얼리티 쇼를 보는 것은 바쁜 하루를 보낸 후 저를 편안하게 해줍니다. 리얼리티 쇼를 볼 때 저는 너무 재밌는 나머지 쉽게 쇼에 빠져 들고, 저의 모든 문제를 잊습니다. 스트레스 푸는데 아주 효과적이죠. 둘째, 대부분의 리얼리티 쇼는 모든 연령대를 대상으로 하기 때문에 가족과 함께 즐길 수 있습니다. 저는 쇼를 보고 그것에 대해 이야기하는 것이 가족간 유대감을 형성하는 가장 즐거운 방법이라고 믿는데, 그 이유는 우리를 웃게 만들고, 활력을 주기 때문이죠.

Vocabulary & Expressions
reality shows 리얼리티 쇼 **be considered (as)** ~로 간주하다, ~로 여기다 **variety shows** 버라이어티 쇼 **get absorbed in** ~에 빠져들다 **forget (about)** ~에 대해 잊다 **effective** 효과적인 **for all ages** 전체 관람가 **energize** 활기를 북돋우다

🚀 송쌤의 꿀팁
▸ **form a family bond**는 가족간 유대감을 형성하다 라는 뜻의 표현으로 오픽 질문들에 잘 활용할 수 있는 답변이니 반드시 익혀두세요.
▸ **energize(**활력을 주다, 힘을 주다)는 취미 생활로 인해 일상에 활력을 준다고 부연설명을 할 때 유용하게 쓸 수 있습니다.

TV 시청하기, 리얼리티쇼 시청하기 좋아하는 프로그램

🔊 **MP3** 2_18

Q. Please talk about your favorite TV show you enjoy watching. Describe what kind of program it is. What makes this show special to you? Tell me everything.
당신이 가장 좋아해서 즐겨보는 TV 쇼에 대해 말해주세요. 어떤 종류의 프로그램인지 설명해주세요. 무엇이 당신에게 그 쇼가 특별하도록 만들었나요? 전부 이야기해주세요.

BRAINSTORMING

❶ 프로그램 종류 | 리얼리티 쇼 ➕ 좋아하는 몇 가지 이유 있음 `IH+`

❷ 좋은 이유 1 | 편안함을 느낌

❸ 결과/효과 1 | 너무 재밌어서 쉽게 빠져 듦 ➕ 그 순간을 완전히 즐김 `IH+`

❹ 좋은 이유 2 | 전 연령대 시청, 가족들과 함께 즐김 ➕ 가장 좋은 점 `IH+`

❺ 결과/효과 2 | 가족 간의 유대감 형성

MODEL ANSWER · IH-AL

❶ I enjoy watching almost all kinds of TV shows/programs, but I like reality shows the most because most reality shows are considered variety shows in my country. There are a couple of reasons why I like reality shows the most. ❷ First of all, watching reality shows allows me to unwind after a hectic day. ❸ Not long after I start watching the shows, I easily find myself completely absorbed in the show and I fully enjoy the moment, forgetting all the problems I've faced. This is certainly one of the best ways for me to be able to get recharged. ❹ Second, most reality shows are for all ages so that I can enjoy watching the shows with my family. This should be the best part about watching reality shows because it enables us to have something in common to talk about. ❺ In this regard, watching reality shows and talking about them would have to be one of the most enjoyable ways to form a family bond.

저는 거의 모든 종류의 TV쇼/프로그램을 즐겨 보지만, 우리나라에서 대부분의 리얼리티 쇼는 버라이어티 쇼이기 때문에 리얼리티 쇼를 가장 좋아합니다. 제가 리얼리티 쇼를 가장 좋아하는 데는 몇 가지 이유가 있어요. 무엇보다도 리얼리티 쇼를 보는 것은 저로 하여금 바쁜 하루를 보낸 후 긴장을 푸는 것을 가능하게 합니다. 쇼를 보기 시작한 지 얼마 되지 않아, 저는 쉽게 그 쇼에 완전히 열중하고 있는 자신을 발견하게 되고, 제가 직면했던 모든 문제들을 잊어버리며 그 순간을 완전히 즐깁니다. 이것은 확실히 제가 재충전될 수 있는 가장 좋은 방법 중 하나죠. 둘째로, 대부분의 리얼리티 쇼는 모든 연령대를 대상으로 하기 때문에 가족들과 함께 즐길 수 있다는 점이죠. 이것은 리얼리티 쇼를 보는 데 있어 가장 좋은 부분입니다. 왜냐하면 리얼리티 쇼는 제가 우리 가족들과 이야기 할 수 있는 공통점을 가질 수 있게 해주기 때문이죠. 그런 점에서 리얼리티 쇼를 보고 그것에 대해 이야기하는 것은 가족간의 유대를 형성하는 가장 즐거운 방법 중 하나라고 생각해요.

🚀 송쌤의 꿀팁

취미 생활을 말할 때 유용한 표현
▸ 피곤한 하루를 보낸 후 긴장을 풀다 라고 말할 때는 동사 unwind를 씁니다.

선택주제 04 여가활동

좋아하는 프로그램

나만의 답변을 만들어 봅시다.

프로그램 종류	My favorite TV shows are

좋은 이유 1	There are a couple of reasons why I like them.
	First of all,
	It allows me to

결과/효과 1	It's really effective in

좋은 이유 2	Second,

결과/효과 2	So, I can
	It's a great way to

TV 시청하기, 리얼리티쇼 시청하기 프로그램의 변화

Q. Please tell me about your first time watching TV shows. How have TV shows changed since then?
처음으로 TV 쇼를 보았을 때에 대해 말해주세요. TV 쇼가 그 때로부터 어떻게 바뀌었나요?

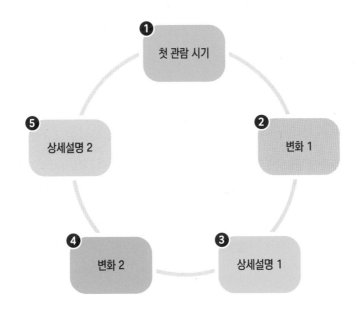

❶ 첫 관람 시기
❷ 변화 1
❸ 상세설명 1
❹ 변화 2
❺ 상세설명 2

BRAINSTORMING

🔊 MP3 2_19

❶ 첫 관람 시기	I first started watching TV shows when I was young. 저는 어렸을 때 처음으로 TV 쇼들을 보기 시작했습니다.
❷ 변화 1	First, it is the number of TV programs. 첫째로, 프로그램의 개수입니다.
❸ 상세 설명 1	Now you can watch numerous TV programs on a number of channels. 지금은 많은 채널에서 수많은 TV 프로그램을 시청할 수 있습니다.
❹ 변화 2	Second, the settings and contents of the shows have become diverse. 둘째로, 쇼의 설정과 내용이 다양해졌습니다.
❺ 상세 설명 2	Nowadays, they are allowed to take place in a wide variety of places. 요즘은 다양한 장소에서 촬영을 할 수 있습니다.

선택주제 04 여가활동

프로그램의 변화

KEY SENTENCES

I first started 동사ing when I was young. 나는 어렸을 때 '동사'하는 것을 시작했다.

I first started watching TV shows when I was young.
저는 어렸을 때 처음으로 TV 쇼들을 보기 시작했습니다.

As far as I remember 내가 기억하는 한

There were not that many shows on TV because there were only 4 to 5 local channels as far as I remember.
TV에서 방영되는 프로그램이 그리 많지 않았는데, 그 이유는 제가 기억하는 한 지상파 채널이 4~5개밖에 없었기 때문입니다.

be allowed to 동사 '동사' 하는 것이 허용되다

They are allowed to take place in a wide variety of places including foreign countries.
그들은 외국을 포함한 다양한 장소에서 촬영하는 것이 허락됩니다.

now that I think of it 지금 생각해보니 IH+ 표현

Now that I think of it, there were not that many programs on TV compared to now.
지금 생각해보니, 오늘날에 비해 TV 프로그램이 그다지 많지 않았습니다.

The number of A has decreased/increased. A의 개수가 감소하다/증가하다. IH+ 표현

Lastly, the number of reality shows has tremendously increased compared to the past.
마지막으로, 리얼리티 쇼의 수가 과거에 비해 엄청나게 증가했습니다.

LET'S PRACTICE

I _____ started watching American dramas when I was in high school.
저는 고등학교 때 처음으로 미국 드라마를 보기 시작했습니다.

As _____ as I remember, there were only animations on channels for kids.
제가 기억하기로는 어린이 채널에는 애니메이션 밖에 없었습니다.

Nowadays, shows are _____ to explore more serious themes.
요즘 쇼에서는 좀 더 진지한 주제에 대해 다루는 것이 허용됩니다.

_____ that I think of it, there weren't many educational programs on television.
지금 생각해보니, 교육적인 TV 프로그램들이 많이 없었습니다.

_____ number of internet streaming services has increased.
인터넷 스트리밍 서비스의 숫자가 증가했습니다.

ANSWER first / far / allowed / Now / The

Q. Please tell me about your first time watching TV shows. How have TV shows changed since then?

처음으로 TV 쇼를 보았을 때에 대해 말해주세요. TV 쇼가 그 때로부터 어떻게 바뀌었나요?

BRAINSTORMING

❶ 첫 관람 시기	어렸을 때	➕	과거와 현재 TV쇼 많은 변화	IM3+
❷ 변화 1	프로그램 개수	➕	어렸을 때 지상파 채널 4~5개	IM3+
❸ 상세 설명 1	개수가 많아 짐			
❹ 변화 2	프로그램의 설정과 내용	➕	예전엔 제한된 장소(방송국)에서만 촬영 가능	IM3+
❺ 상세 설명 2	다양한 장소	➕	리얼리티 쇼 애청자 늘어남	IM3+

MODEL ANSWER · IM3

❶ I first started watching TV shows when I was young. And I see many differences between the shows in the past and the ones now. ❷ First, it is the number of TV programs. When I was young, there were not that many shows/programs on TV because there were only 4~5 local channels as far as I remember. However, ❸ now you can watch numerous TV programs on a number of channels because there are hundreds of satellite channels. ❹ Second, the settings and contents of the shows have become diverse. For example, most of the shows in the past only took place in a restricted place such as a broadcasting station. However, ❺ nowadays, they are allowed to take place in a wide variety of places including foreign countries. Lastly, the number of reality shows has increased because more and more viewers are enjoying them.

저는 어렸을 때 처음으로 TV 쇼들을 보기 시작했습니다. 과거 TV쇼들과 현재 TV쇼들에는 많은 변화가 보이는데요, 첫 번째로, 프로그램의 수입니다. 제가 어릴 적에는 TV에서 방송되는 프로그램이 그리 많지 않았는데, 그 이유는 제가 기억하는 한 지상파 채널이 4~5개밖에 없었기 때문이죠. 하지만 이제 당신은 수백 개의 위성 채널이 있기 때문에 많은 채널에서 수많은 TV 프로그램을 볼 수 있어요. 두 번째로, 프로그램의 설정과 내용이 다양해졌습니다. 예를 들어, 과거 대부분의 쇼는 방송국과 같은 제한된 장소에서만 촬영이 가능했죠. 하지만 요즘은 외국을 포함한 다양한 장소에서 촬영을 할 수 있답니다. 마지막으로 리얼리티 쇼의 수가 늘어나고 있어요. 왜냐하면 리얼리티 쇼에 매력을 느끼는 시청자가 늘고 있기 때문입니다.

Vocabulary & Expressions

I first started -ing when ~ 내가 처음 ~한 것은 ~였다   local channels 지역 채널   as far as I remember 내가 기억하는 한   a number of 다수의   satellite channels 위성 채널   settings 설정   diverse 다양한   take place 일어나다   restricted 제한된   broadcasting station 방송국   nowadays 요즘, 오늘날   a wide variety of 매우 다양한   increase 증가하다

송쌤의 꿀팁

두 가지를 비교하여 말할 때 표현
▸ A 와 B 사이에 같이 두 가지를 비교하여 말할 때는 between A and B 라고 말합니다.

IH-AL **TV 시청하기, 리얼리티쇼 시청하기** 프로그램의 변화   ◁)) **MP3** 2_21

Q. Please tell me about your first time watching TV shows. How have TV shows changed since then?
처음으로 TV 쇼를 보았을 때에 대해 말해주세요. TV 쇼가 그 때로부터 어떻게 바뀌었나요?

BRAINSTORMING

❶ 첫 관람 시기 | 어렸을 때 ➕ 과거엔 프로그램 많이 없었음 `IH+`

❷ 변화 1 | 과거엔 4-5개 채널

❸ 상세 설명 1 | 지금은 위성 채널 포함 다양한 프로그램

❹ 변화 2 | 프로그램의 설정과 내용 다양해짐 ➕ 과거엔 제한적 `IH+`

❺ 상세 설명 2 | 해외 포함한 다양한 장소 ➕ 때때로 관광지로 유명해 짐 `IH+`

MODEL ANSWER ◁IH-AL

❶ I first started watching TV shows when I was young. Now that I think of it, there were not that many programs on TV compared to now. When it comes to the number of channels, ❷ there were only 4~5 local channels in the past as far as I know. ❸ However, you can watch a wide variety of TV programs on a number of channels including satellite channels now. Also, ❹ the settings and contents of the shows have become much more diverse. For example, most of the shows in the past had restrictions on where they were filmed. However, ❺ nowadays, it's perfectly fine for them to take place in various places including foreign countries. So, sometimes those places become famous tourist attractions. Lastly, the number of reality shows has tremendously increased compared to the past. That's because more and more viewers have started showing more of their interest in reality shows because they're more realistic and appealing.

저는 어렸을 때 처음으로 TV쇼를 보기 시작했어요. 지금 생각해보니, 그 때 당시에는 지금에 비해 TV에 프로그램이 많이 없었네요. 채널 수에 관해 말하자면, 과거에는 지상파 채널 4~5개에 불과했습니다. 하지만 당신은 지금 위성 채널을 포함한 많은 채널에서 다양한 TV 프로그램을 볼 수 있게 됐죠. 또한, 쇼의 설정과 내용이 훨씬 다양해졌습니다. 예를 들어, 과거에는 대부분의 쇼들의 촬영 장소가 제한적이었어요. 하지만, 오늘날은 외국을 포함해 어떤 곳에서든 촬영할 수 있습니다. 그래서 때때로 그러한 장소들은 유명한 관광 명소가 되기도 하죠. 마지막으로 리얼리티 쇼의 수가 과거에 비해 엄청나게 증가했어요. 리얼리티 쇼가 더 현실적이고 호소력이 있기 때문에 점점 더 많은 시청자들이 리얼리티 쇼에 관심을 더 보이기 시작했기 때문입니다.

Vocabulary & Expressions

now that I think of it 이제 와서 생각해보니 **compare to** ~와 비교하면, ~와 비교하여 **restriction on** ~에 대한 제한 **tourist attraction** 관광 명소
tremendously 엄청나게 **realistic** 현실적인 **appealing** 매력적인, 호소력 있는

  송쌤의 **꿀팁**

주의해야 할 발음

▸ restriction(제한) [뤼스츄뤽션] 'r'발음에 유의해서 읽습니다.
▸ tremendously(엄청나게) [츄뤠멘더슬리] 'tr'발음에 유의해서 읽습니다.

나만의 답변을 만들어 봅시다.

| 첫 관람 시기 | I first started watching TV shows when I _____ . |
| | And I see many differences between _____ in the past and the ones now. |

| 변화 1 | First, it is |
| | In the past, there was/were |

| 상세 설명 1 | However, now you can |

| 변화 2 | Second, |
| | For example, |

| 상세 설명 2 | However, nowadays, you can |

여가 활동

공원가기

> ▷ 공원가기 항목의 장소 및 하는 활동은 조깅, 걷기 주제와 연결해서 답변을 사용할 수 있으니 반드시 연습합니다.
>
> ▷ 공원가기 주제의 기억에 남는 경험 및 최근 경험은 일상 생활 관련 경험에도 유용하게 활용할 수 있습니다.

 출제 포인트

- **묘사, 설명하기**
  자주 가는 공원 묘사
  공원에서 주로 하는 활동 설명 빈출★

- **변화, 활동 이야기하기**
  공원의 과거와 현재 변화
  공원 가기 전후 활동

- **경험, 계기 이야기하기**
  기억에 남는 공원 관련 경험(계기) 빈출★
  최근 공원에 간 경험 빈출★

문제 예시

- Please tell me about the park you often go to. What are some things that you do at the park? When and who do you usually go there with? Please explain in as much detail as possible.
  당신이 자주 가는 공원에 대해 말해주세요. 공원에서 무엇을 하나요? 주로 언제 그리고 누구와 공원에 가나요?
  최대한 자세하게 설명해주세요.

- Please tell me about your most memorable event that happened at a park. Describe what happened, and why it was so memorable.
  공원에서 있었던 가장 기억에 남는 일에 대해 말해주세요. 어떤 일이 있었는지, 왜 그 일이 그렇게도 인상깊었는지 설명해주세요.

- Please talk about what people do at a park. What do adults usually do at a park? How are they different from what children do? Please tell me in as much detail as possible.
  사람들이 공원에서 무엇을 하는지에 대해 말해주세요. 어른들은 주로 공원에서 무엇을 하나요? 아이들이 하는 것과 어떻게 다른가요?
  최대한 자세하게 말해주세요.

공원 시설

□ tree 나무

□ forest 숲

□ bench 벤치

□ bike path 자전거 도로

□ walking path 산책로

□ exercise equipment 운동기구

□ basketball court 농구장

□ tennis court 테니스장

□ surrounded by ~ ~로 둘러싸여 있다

□ be separate from A A와 분리되어 있다

공원 분위기

□ clean 깨끗한

□ spacious 넓은

□ small 작은

□ lively 활기 넘치는

□ quiet 조용한

□ crowded 붐비는

공원에서 하는 일

□ take a (light) walk (가볍게) 산책을 하다

□ go jogging 조깅하러 가다

□ get some fresh air 신선한 공기를 마시다

□ gather one's thoughts 생각을 정리하다

□ have some private time 개인적인 시간을 갖다

□ go on a picnic 소풍 가다

□ listen to music 음악을 듣다

□ read books 책을 읽다

□ chat with ~ ~와 함께 수다 떨다

□ lie down on the grass 잔디에 눕다 IH+

□ enjoy the sunshine 햇빛을 만끽하다

□ ride a bicycle 자전거를 타다

□ bump(run) into one's neighbor IH+
이웃과 우연히 마주치다

□ have fun 즐거운 시간을 보내다

선택주제 05 여가활동

공원가기

공원가기 공원에서 주로 하는 일

Q. Please tell me about the park you often go to. What are some things that you do at the park? When and who do you usually go there with? Please explain in as much detail as possible.

당신이 자주 가는 공원에 대해 말해주세요. 공원에서 무엇을 하나요? 주로 언제 그리고 누구와 공원에 가나요? 최대한 자세하게 설명해주세요.

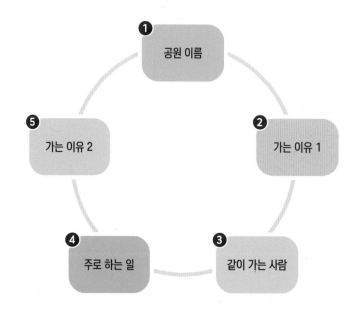

① 공원 이름

② 가는 이유 1

③ 같이 가는 사람

④ 주로 하는 일

⑤ 가는 이유 2

 BRAINSTORMING

🔊 MP3 2_22

① 공원 이름	I often go to a park called Central Park. 저는 센트럴파크라는 공원에 자주 갑니다.	
② 가는 이유 1	The biggest reason why I like to go there is because it is very close to my house. 그곳에 가는 가장 큰 이유는 집에서 가깝기 때문입니다.	
③ 같이 가는 사람	I prefer to go there alone. 저는 혼자 가는 것을 선호합니다.	
④ 주로 하는 일	In the park, I normally take a walk while listening to my music. 공원에서 저는 보통 음악을 들으면서 산책을 합니다.	
⑤ 가는 이유 2	I really enjoy spending time alone in the park. 저는 공원에서 혼자만의 시간을 보내는 것을 정말 즐깁니다.	

💡 KEY SENTENCES

It takes 시간/기간 (to동사). ('동사' 하는 데) 시간/기간이 걸리다.

It takes only about 10 minutes on foot from my house.
집에서 걸어서 10분 정도 걸립니다.

It's the only available time that I can 동사. 내가 유일하게 '동사' 할 수 있는 시간이다.

It's the only available time that I can gather my thoughts and have some private time.
제가 생각을 가다듬고 사적인 시간을 가질 수 있는 유일한 시간입니다.

since 주어+동사, ~ '주어'가 '동사'하기 때문에

Since I can also rent a bicycle for an hour, I sometimes enjoy riding a bicycle along the bicycle path.
한 시간 동안 자전거를 빌릴 수 있기 때문에, 저는 가끔 자전거 길을 따라 자전거를 타는 것을 즐기기도 합니다.

I like/hate the time when 주어+동사 나는 '주어'가 '동사'하는 시간을 좋아한다/싫어한다. ◀IH+ 표현▶

I really like the time when I go to the park alone.
저는 혼자 공원에 가는 시간을 정말 좋아합니다.

It's one of the best ways for A to be able to 동사. A가 '동사'할 수 있는 가장 좋은 방법 중 하나이다. ◀IH+ 표현▶

It is one of the best ways for me to be able to get rid of my stress.
제가 스트레스를 해소할 수 있는 가장 좋은 방법 중 하나입니다.

✏️ LET'S PRACTICE

It _____ about five minutes to drive there.
그곳까지 운전해서 5분 정도 걸립니다.

It's the only _____ time that I can relax and get some fresh air.
제가 휴식을 취하고 기분 전환할 수 있는 유일한 시간입니다.

_____ it isn't a very popular park, I can enjoy the peace.
매우 인기있는 공원은 아니기 때문에, 저는 평화로움을 즐길 수 있습니다.

I like it _____ I go to the park early in the morning.
저는 아침 일찍 공원에 가는 시간을 좋아합니다.

It's one of the _____ ways for me to be able to enjoy nature.
제가 자연을 즐길 수 있는 가장 좋은 방법 중 하나입니다.

ANSWER takes / available / Since / when / best

선택주제 05 여가활동

공원에서 주로 하는 일

IM3 | **공원가기** 공원에서 주로 하는 일 ◀)) MP3 2_23

Q. Please tell me about the park you often go to. What are some things that you do at the park? When and who do you usually go there with? Please explain in as much detail as possible.

당신이 자주 가는 공원에 대해 말해주세요. 공원에서 무엇을 하나요? 주로 언제 그리고 누구와 공원에 가나요? 최대한 자세하게 설명해주세요.

BRAINSTORMING

❶ 공원 이름	센트럴 파크
❷ 가는 이유 1	집에서 가까움
❸ 같이 가는 사람	혼자 감
❹ 주로 하는 일	음악 들으면서 산책
❺ 가는 이유 2	공원에서 혼자 보내는 시간 즐김

❹ ➕ *IM3+* 종종 운동기구 사용, 사람들과 배드민턴

❺ ➕ *IM3+* 스트레스 없애는 가장 좋은 방법

MODEL ANSWER IM3

❶ I often go to a park called Central Park. ❷ The biggest reason why I like to go there is because it is very close to my house. It takes only about 10 minutes on foot from my house. Especially ❸ I prefer to go there alone because it's the only available time that I can gather my thoughts and have some private time. ❹ In the park, I normally take a walk while listening to my music. Sometimes, I also exercise by using some exercise equipment or playing badminton with people. Plus, since I can also rent a bicycle for an hour, I sometimes enjoy riding a bicycle along the bicycle path. Most of the time, I'm always with many people at work, so ❺ I really enjoy spending time alone in the park. It is the best way to get rid of my stress.

저는 센트럴파크라는 공원에 자주 갑니다. 그곳에 가는 가장 큰 이유는 집에서 가깝기 때문입니다. 집에서 걸어서 10분 정도밖에 걸리지 않아요. 생각을 가다듬고 사적인 시간을 가질 수 있는 유일한 시간이기 때문에 저는 혼자 가는 것을 더 좋아합니다. 공원에서 저는 보통 음악을 들으면서 산책을 해요. 때때로, 저는 몇 개의 운동 장비를 사용하거나 사람들과 배드민턴을 치면서 운동을 하기도 합니다. 게다가, 한 시간 동안 자전거를 빌릴 수 있기 때문에, 저는 가끔 자전거 길을 따라 자전거를 타는 것을 즐기기도 합니다. 저는 항상 대부분의 시간을 많은 사람들과 함께 일하면서 보내기 때문에, 공원에서 혼자 시간을 보내는 것을 정말 즐깁니다. 그것이 나의 스트레스를 없애는 가장 좋은 방법이죠.

🚀 송쌤의 꿀팁

on foot 걸어서, 도보로

▸ 교통수단을 사용하여 이동할 때는 by subway(지하철로), by bus(버스로)와 같이 전치사 by를 사용하지만 도보로, 걸어서 라는 표현을 쓸 때는 on foot을 사용합니다.

It takes about 20 minutes on foot. 걸어서 20분 정도 걸립니다.
It takes about 20 minutes by walking. 걸어서 20분 정도 걸립니다.

by walking도 걸어서, 도보로 라는 뜻으로 사용되지만 on foot이 좀 더 자연스러운 표현입니다.

공원가기 공원에서 주로 하는 일 MP3 2_24

Q. Please tell me about the park you often go to. What are some things that you do at the park? When and who do you usually go there with? Please explain in as much detail as possible.

당신이 자주 가는 공원에 대해 말해주세요. 공원에서 무엇을 하나요? 주로 언제 그리고 누구와 공원에 가나요? 최대한 자세하게 설명해주세요.

BRAINSTORMING

❶ 공원 이름	센트럴 파크			
❷ 가는 이유 1	집에서 가까움	➕	걸어서 10분 거리	IH+
❸ 같이 가는 사람	혼자 가길 원함	➕	혼자만의 시간이 허락될 때 최대로 활용하길 원함	IH+
❹ 주로 하는 일	음악 들으면서 걷거나, 생각 정리를 함	➕	때때로, 기구 사용하여 운동도 함	IH+
❺ 가는 이유 2	되도록 혼자 가서 즐기려고 함	➕	돈이 들지 않기 때문에 잘 활용하려 함	IH+

MODEL ANSWER IH-AL

❶❷ One of the parks I often go to is the one near my house called Central Park, which is only a 10-minute walk from my house. ❸ I especially prefer to go there alone rather than with other people **because I don't want to be bothered. I want to make the most of the time when I'm allowed to have my own private time in the park.** ❹ To talk about what I do in the park, I mainly take a walk while gathering my thoughts or listening to my favorite music. From time to time, I exercise too by using some of the exercise equipment there or playing badminton with people I run into there. Plus, there is also a place where I can rent a bicycle on an hourly basis, so I sometimes enjoy riding a bicycle along the bicycle path. I try to take advantages of the park because it's no cost to using it. ❺ Since it's not really easy for me to have my own private time most of the time, I really like it when I go to the park alone. **That's because it is one of the best ways for me to be able to get rid of my stress.**

제가 자주 가는 공원 중 하나는 집 근처에 있는 공원으로, 센트럴 파크라고 불리는데 집에서 걸어서 10분밖에 걸리지 않습니다. 저는 특히 다른 사람들과 함께 가는 것보다 혼자 가는 것을 더 선호해요. 왜냐하면 저는 방해받고 싶지 않기 때문입니다. 저는 공원에서 저만의 사적인 시간을 가질 수 있는 시간을 최대한 활용하고 싶습니다. 공원에서 하는 일에 대해 이야기하자면, 주로 생각을 가다듬거나 좋아하는 음악을 들으면서 산책을 합니다. 가끔 그곳에서 운동기구들을 사용하거나 그곳에서 마주치는 사람들과 배드민턴을 치면서 운동을 하기도 합니다. 게다가 자전거를 한 시간 단위로 빌릴 수 있는 곳도 있어 자전거 길을 따라 자전거를 즐겨 타기도 합니다. 공원을 이용하는 데 비용이 들지 않기 때문에 저는 공원을 최대한 이용하려고 노력합니다. 대부분의 시간 동안 저만의 사적인 시간을 갖는 것이 정말 쉽지 않기 때문에, 저는 혼자 공원에 가는 시간을 정말 좋아합니다. 스트레스를 해소할 수 있는 가장 좋은 방법 중 하나이기 때문이죠.

송쌤의 꿀팁

on an hourly basis 한 시간 단위로, 한 시간마다

▶ on an hourly basis 표현에서 *hourly*를 시간 혹은 기간을 나타내는 부사를 사용하여
daily(날마다), weekly(한 주마다), monthly(한 달 마다)로 바꿔서 쓸 수 있는 유용한 표현입니다.

선택주제 05 여가활동
공원에서 주로 하는 일

나만의 답변을 만들어 봅시다.

공원 이름	I often go to
가는 이유 1	That's because/The reason why I _____ because
같이 가는 사람	I prefer to go there alone/I prefer to go there with _____ because
주로 하는 일	In the past, I normally Plus, In addition,
가는 이유 2	I really enjoy because it is the best way to get rid of my stress.

Q. Please tell me about your most memorable event that happened at a park. Describe what happened, and why it was so memorable.

공원에서 있었던 가장 기억에 남는 일에 대해 말해주세요. 어떤 일이 있었는지, 왜 그 일이 그렇게도 인상깊었는지 설명해주세요.

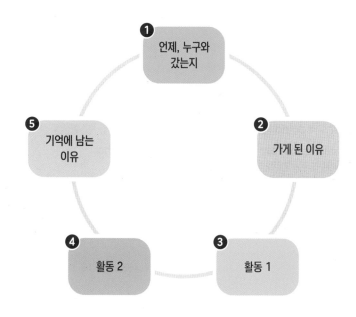

BRAINSTORMING

MP3 2_25

①

언제, 누구와 갔는지

The last time I went to the park was a week ago and I went there with my family.
제가 마지막으로 공원에 갔던 때는 일주일 전이며, 가족과 함께 공원에 갔습니다.

②

가게 된 이유

That's because we heard that the public outdoor swimming pool in the park recently opened.
최근에 공원 내 야외 수영장이 개장했다는 소식을 들었기 때문입니다.

③

활동 1

We made a lunch box and went there.
우리는 도시락을 만들어 그곳에 갔습니다.

④

활동 2

After swimming, we took a light walk and enjoyed the great weather.
수영을 하고 난 후, 가볍게 산책을 하고 좋은 날씨를 즐겼습니다.

⑤

기억에 남는 이유

I learned my lesson that happiness is nearby.
행복은 가까운 곳에 있다는 것을 배웠습니다.

The last time I 과거동사 was ago 내가 마지막으로 '동사' 했던 때는 ~전이다.

The last time I went to the park was a week ago and I went there with my family.
제가 마지막으로 공원에 갔던 때는 일주일 전이었으며, 가족과 함께 갔습니다.

It has been so long (a long time) since 주어 last 과거동사. '주어'가 마지막으로 '동사' 한지 꽤 오랜 시간이 지났다.

Since it had been so long since we last did something together, we wanted to go and have fun together.
우리가 무언가를 함께 한지가 오래됐었기 때문에, 우리는 함께 가서 즐겁게 놀고 싶었습니다.

It would be great if 주어 could 동사. '주어'가 '동사' 할 수 있으면 좋겠다. IH+ 표현

So I thought it would be great if we could do something fun together.
우리가 함께 재밌는 것을 하면 좋을 것 같단 생각이 들었습니다.

주어 end up 동사ing. '주어'가 결국 '동사' 하게 되다. IH+ 표현

We ended up going to the park because we found out that the public outdoor swimming pool opened in the park.
우리는 공원에 있는 공공 야외 수영장이 최근에 개장했다는 것을 알고선, 결국 공원에 갔습니다.

I thought to myself that ~. ~라고 마음속으로 생각하다. IH+ 표현

On my way back home, I thought to myself that it was really nice to be able to spend quality time in the park.
집으로 돌아오는 길에 저는 공원에서 좋은 시간을 보낼 수 있다는 것이 굉장히 좋다고 마음속으로 생각했습니다.

✏️ LET'S PRACTICE

The _____ time I met my family was a week ago.
마지막으로 가족을 만났을 때는 일주일 전입니다.

I had been a long time _____ I last rode a bike, so I rented one at the park.
제가 자전거를 탄지 꽤 오랜 시간이 지났기 때문에 공원에서 자전거를 빌렸습니다.

It would be great ____ I lived closer to the park.
제가 공원 근처에 살았으면 좋을 것 같다는 생각이 들었습니다.

Everyone in the park _____ up leaving because of the rain.
공원에 있던 모든 사람들은 비가 내리자 모두 떠났습니다.

I _____ to myself that I should really spend more time outside.
저는 바깥에서 더 많은 시간을 보내는 게 좋겠다고 생각했습니다.

ANSWER last / since / if / ended / thought

Q. **Please tell me about your most memorable event that happened at a park. Describe what happened, and why it was so memorable.**
공원에서 있었던 가장 기억에 남는 일에 대해 말해주세요. 어떤 일이 있었는지, 왜 그 일이 그렇게도 인상깊었는지 설명해주세요.

BRAINSTORMING

❶ 언제, 누구와 갔는지	일주일 전, 가족	
❷ 가게 된 이유	야외 수영장 개장	➕ 함께 즐겁게 놀고 싶었음 IM3+
❸ 활동 1	도시락을 만들어 감	
❹ 활동 2	수영 후 산책	
❺ 기억에 남는 이유	행복은 가까이에 있음을 배움	➕ 많은 시간, 돈 쓸 필요 없음 IM3+

MODEL ANSWER IM3

❶ The last time I went to the park was a week ago and I went there with my family. ❷ That's because we heard that the public outdoor swimming pool in the park recently opened. Since it had been so long since we last did something together, we wanted to go and have fun together. So, ❸ we made a lunch box and went there. When we arrived, there were already many people. There were even our close neighbors. So, we had a good time by sharing food and chatting. ❹ After swimming, we took a light walk and enjoyed the great weather. On my way back home, ❺ I learned my lesson that happiness is nearby. We don't have to spend a lot of time and money to feel happiness. I also felt lucky to be able to live in such a nice place.

저는 일주일 전에 가족과 함께 공원에 갔습니다. 공원의 야외 수영장이 최근 개장했다는 소식을 들었기 때문이죠. 우리가 무언가를 함께 한지가 오래됐었기 때문에, 우리는 함께 가서 즐겁게 놀고 싶었습니다. 그래서 우리는 도시락을 만들어 그곳에 갔습니다. 우리가 그곳에 도착했을 땐, 이미 많은 사람들이 있었어요. 심지어 우리의 가까운 이웃들도 있었습니다. 그래서 우리는 음식을 나눠먹고 이야기를 나누며 즐거운 시간을 보냈습니다. 수영을 한 후 가볍게 산책을 하고 멋진 날씨를 즐겼어요. 집으로 돌아오는 길에 저는 행복은 가까이에 있다는 교훈을 얻었습니다. 행복을 느끼기 위해 많은 시간과 돈을 소비할 필요는 없다는 것도요. 이렇게 좋은 곳에서 살 수 있어서 다행이라는 생각도 들었습니다.

Vocabulary & Expressions

the last time I went to 내가 마지막으로 ~에 간 것은   **recently** 최근에   **take a light walk** 가볍게 산책하다   **I learned my lesson that** 나는 ~하다는 교훈을 얻었다, 나는 ~하다는 것을 배웠다

송쌤의 **꿀팁**

take a light walk 가벼운 산책을 하다

▸ 가벼운 산책을 하다 라고 표현할 때는 light를 써주세요. light 발음은 right와 구분하여 연습합니다.
   light [라잍]   right [롸잍]

선택주제 05 여가활동

최근에 공원에 간 경험, 잊지 못할 추억

Q. Please tell me about your most memorable event that happened at a park.
Describe what happened, and why it was so memorable.

공원에서 있었던 가장 기억에 남는 일에 대해 말해주세요. 어떤 일이 있었는지, 왜 그 일이 그렇게도 인상깊었는지 설명해주세요.

BRAINSTORMING

❶ 언제, 누구와 갔는지	일주일 전, 가족
❷ 가게 된 이유	야외 수영장 개장
❸ 활동 1	도시락을 만들어 감	➕ 친한 이웃 만남 `IH+`
❹ 활동 2	수영 후 산책
❺ 기억에 남는 이유	행복은 가까이에 있음을 배움	➕ 큰 돈을 쓰지 않아도 됨 `IH+`

MODEL ANSWER `IH-AL`

❶ It was a week ago when I last went to the park with my family. It had been such a long time since we last did something together, so I thought it would be great if we could do something fun together. We ended up going to the park because ❷ we found out that the public outdoor swimming pool in the park has recently opened. ❸ We made a lunch box together and went to the park. When we arrived, it was packed with many people and we even ran into our close neighbors there, so we had a blast together sharing food or talking about how we have been doing. ❹ After enjoying some activities at the swimming pool, we took a light walk along the hiking trail and enjoyed the great weather. On my way back home, ❺ I thought to myself that it was really nice to be able to spend such quality time in the park and happiness is not far away. It doesn't have to cost a lot to feel happiness. Plus, I was also very thankful that I can live in such a great place.

제가 마지막으로 공원에 간 것은 일주일 전, 가족과 함께였어요. 우리가 마지막으로 같이 무언가를 했던 것이 너무 오래돼서 함께 재밌는 것을 하면 좋을 것 같았죠. 우리는 공원에 있는 공공 야외 수영장이 최근에 개장했다는 것을 알고선, 결국 공원에 갔습니다. 우리는 함께 도시락을 만들고 공원으로 갔어요. 우리가 그곳에 도착했을 때는 이미 많은 사람들로 꽉 차 있었고, 우리는 그곳에서 가까운 이웃들과도 마주쳤기 때문에, 음식을 나누고 우리가 어떻게 지내는지 이야기하면서 함께 즐거운 시간을 보냈습니다. 수영장에서 활동들을 즐긴 후, 산책로를 따라 가볍게 산책을 하고 멋진 날씨를 즐겼습니다. 집으로 돌아오는 길에 저는 공원에서 이렇게 좋은 시간을 보낼 수 있어서 정말 좋다고 생각했고, 행복은 멀지 않은 곳에 있으며, 행복을 느끼는 데는 큰 돈을 쓰지 않아도 된다는 것을 깨달았죠. 게다가 이렇게 멋진 곳에서 살 수 있다는 것에 또한 무척 감사한 하루였습니다.

송쌤의 꿀팁

have a blast   좋은 시간을 보내다

▶ have a blast(좋은 시간을 보내다)는 have a great time의 고득점 표현으로 오픽 시험 뿐만 아니라 일상 생활 회화에도 유용하게 쓸 수 있는 표현이니 반드시 알아두세요.

나만의 스크립트 만들기

나만의 답변을 만들어 봅시다.

언제, 누구와 갔는지	The last time I went to the park was _____ ago.
가게 된 이유	That's because
활동 1	We 과거동사 When we arrived there, there was/were
활동 2	After We 과거동사
기억에 남는 이유	I learned my lesson that

선택주제 05 여가활동

최근에 공원에 간 경험, 잊지 못할 추억

취미/관심사

선택주제 **06**

독서하기/음악 감상하기

> ▸ 독서하기 항목에서는 좋아하는 책의 장르나 좋아하는 작가, 그리고 독서에 흥미를 갖게 된 계기나 변화에 관한 문제가 자주 출제 되지만 이를 모두 통틀어 전반적인 독서에 관한 답변을 하나 만들어 놓으면, 유용하게 활용할 수 있습니다.
>
> ▸ 음악 감상하기도 쉽게 할 수 있는 취미 활동 중 하나 이므로, 좋아하는 음악 장르나 가수, 혹은 언제 음악을 듣는 지를 바탕으로 하나의 답변을 만들어 연습하면, 어렵지 않게 취미/관심사 문제에 답할 수 있습니다.

✋ 출제 포인트

- **묘사, 설명하기**

  좋아하는 책/음악 장르 설명 **빈출★**

  좋아하는 작가/음악가 설명(좋아하는 이유) **빈출★**

- **변화, 활동 이야기하기**

  좋아하는 책/음악의 과거와 현재 변화

  독서/음악 감상 전후 활동

- **경험, 계기 이야기하기**

  기억에 남는 독서/음악 관련 경험(계기) **빈출★**

  최근 독서 한/음악 감상 한 경험

🔍 문제 예시

- In the survey, you indicated that you enjoy reading books. What kinds of books do you like to read? Why do you like them? When and where do you usually read? Please tell me in as much detail as possible.

  설문조사에서 당신은 독서하기를 즐긴다고 했습니다. 어떤 종류의 책을 읽기를 좋아하나요? 왜 좋아하나요? 주로 언제 그리고 어디서 책을 읽나요? 최대한 자세하게 말해주세요.

- Please talk about your most memorable book. Please describe what the book is about. What makes it so memorable?

  가장 인상깊은 책에 대해 말해주세요. 무엇에 관한 책인지 설명해주세요. 무엇이 그렇게 인상깊었나요?

- According to the survey, you indicated that you enjoy listening to music. Please talk about the kind of music you like and the device you use to listen to music.

  설문조사에 따르면, 당신은 음악 감상을 즐긴다고 했습니다. 당신이 좋아하는 음악의 장르와 음악을 감상할 때 사용하는 장치에 대해 말해주세요.

KEY EXPRESSIONS

독서 장르

- □ novel 소설
- □ scientific fiction 공상 과학 소설
- □ fantasy novel 판타지 소설
- □ biography 전기
- □ essay 수필
- □ poem 시
- □ cartoon 만화

음악 장르

- □ Korean pop 한국 가요
- □ pop 팝
- □ hip-hop 힙합
- □ ballads 발라드
- □ dance music 댄스 음악
- □ classical music 클래식

독서/음악 좋은 이유

- □ touching lyrics 감동적인 가사
- □ give a lesson 교훈을 주다
- □ energetic 에너지가 넘치는
- □ touching 감동적인
- □ inspiring 고무적인 IH+
- □ educational 교육적인
- □ beneficial 유익한
- □ energize 활력을 불어 넣다
- □ cheers me up 나에게 힘을 북돋아주다
- □ have a fast BPM(beats per minute)
  비트가 빠르다 IH+
- □ dance to the music 그 음악에 춤을 추다
- □ allow me to get rid of my stress
  내 스트레스를 풀게 해주다
- □ be good at singing 노래를 잘한다
- □ soft voice 부드러운 목소리

- □ show a good performance 좋은 공연을 보여주다
- □ a great way to kill time 시간 때우기 좋은 방법

음악듣는/독서하는 장소/시간/기기 관련 표현

- □ .on the move 이동 중에 IH+
- □ at home 집에서
- □ at work 직장에서
- □ on the bus/subway 버스/지하철에서
- □ before I go to bed 자기 전에
- □ when I am stressed out 스트레스를 받을 때
- □ while I work out 운동 중에
- □ while I commute 통근 중에
- □ mp3 player mp3 플레이어
- □ smartphone 스마트폰
- □ portable 휴대하기 편한
- □ light 가벼운
- □ easy to carry 가지고 다니기 쉬운
- □ have good sound quality 음질이 좋다
- □ have a large screen 큰 화면을 가지고 있다

독서하기 관심 가지게 된 계기, 기억에 남는 책

Q. Please talk about the time you first started reading books. What made you become interested in reading books?
당신이 처음 독서를 시작했을 때에 대해 말해주세요. 무엇이 책 읽기에 관심을 갖게 만들었나요?

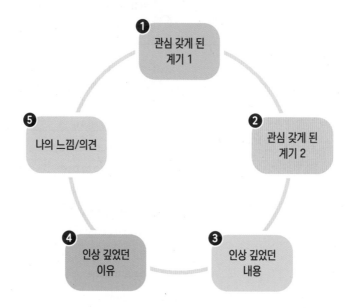

① 관심 갖게 된 계기 1

② 관심 갖게 된 계기 2

③ 인상 깊었던 내용

④ 인상 깊었던 이유

⑤ 나의 느낌/의견

 BRAINSTORMING

 MP3 2_28

① 관심 갖게 된 계기 1	It was when I had a hard time because of my work/study/job hunting. 제가 일/공부/취업 때문에 힘들었던 시기였습니다.
② 관심 갖게 된 계기 2	One of my teachers/friends recommended that I read the book. 제 선생님/친구들 중 한 명이 책 읽기를 권했습니다.
③ 인상 깊었던 내용	The book was about ways to have a better life. 그 책은 더 나은 삶을 사는 방법에 관한 것이었습니다.
④ 인상 깊었던 이유	I was able to overcome my hardship. 저는 어려움을 극복할 수 있었습니다.
⑤ 나의 느낌/의견	The book has changed my life. 그 책은 제 삶을 바꿔 놓았습니다.

I first became interested in A. 나는 처음으로 A에 흥미를 가지게 되었다.

I first became interested in reading books several years ago.
저는 몇 년 전에 처음으로 책 읽기에 흥미를 가지게 되었습니다.

I don't know how to 동사. 나는 어떻게 '동사' 하는지 모른다.

I didn't know how to handle the problems and I was hopeless.
저는 그 문제들을 어떻게 처리해야 할지 몰랐고 절망적이었습니다.

A recommend that B (should) 동사(원형). A가 B에게 '동사' 해야 한다고 추천/제안하다.

One day, one of my friends recommended that I read the book called Your Best Life Now.
어느 날, 나의 친구들 중 한 명이 저에게 긍정의 힘이라는 책을 읽어 보기를 권했습니다.

A encourage/motivate B to 동사. A는 B가 '동사' 하도록 격려하다/동기부여하다.

The book actually encouraged me and motivated me to reach the goal.
그 책은 실제로 제가 목표를 실현할 수 있도록 용기를 주고 동기를 부여해줬습니다.

That is how 주어+동사. 그렇게 해서 '주어'가 '동사'하게 되었습니다.

That was how I started reading self-development books.
그렇게 해서 저는 자기 계발서를 읽기 시작했습니다.

LET'S PRACTICE

I first became interested in his books _____ I was in university.
제가 그의 책에 관심을 갖게 된 건 대학생 때였습니다.

I didn't know _____ to explain the storyline of that book.
저는 그 책의 줄거리를 어떻게 설명할 지 몰랐습니다.

After class, my teacher _____ that I read a book called Cat's Cradle.
수업이 끝난 후, 선생님은 고양이 요람을 읽어 보기를 권했습니다.

The book _____ me to find lessons from the world.
그 책은 제가 세상을 통해 배움을 얻도록 동기 부여해줬습니다.

That was _____ I first got into reading fantasy novels.
그렇게 해서 저는 판타지 소설을 좋아하게 됐습니다.

ANSWER when / how / recommended / encouraged / how

Q. Please talk about the time you first started reading books. What made you become interested in reading books?

당신이 처음 독서를 시작했을 때에 대해 말해주세요. 무엇이 책 읽기에 관심을 갖게 만들었나요?

BRAINSTORMING

❶ 관심 갖게 된 계기 1 ── 일/공부/취업으로 힘들어서

❷ 관심 갖게 된 계기 2 ── 선생님/친구들 중 한 명이 추천

❸ 인상 깊었던 내용 ── 더 나은 삶을 사는 방법

❹ 인상 깊었던 이유 ── 어려움 극복에 도움됨

❺ 나의 느낌/의견 ── 내 인생을 바꿔 놓음

MODEL ANSWER IM3

I first became interested in reading books several years ago. ❶ It was when I had a hard time because of my work/study/job hunting. I didn't know how to handle the problems and I was hopeless. One day, ❷ one of my teachers/friends recommended that I read the book called Your Best Life Now. I refused to read the book at first because it looked boring. However, I ended up starting to read the book and it was much better than I expected. ❸ The book was about ways to have a better life. The book actually encouraged me and motivated me. Thanks to the book, ❹ I was able to overcome my hardship. I felt really thankful for my teacher/friend. That was how I started reading self-development books. ❺ The book has changed my life.

저는 몇 년 전에 처음으로 책 읽기에 흥미를 가지게 되었습니다. 일/공부/취업 때문에 힘들 때였어요. 저는 그 문제들을 어떻게 처리해야 할지 몰랐고 절망적이었습니다. 어느 날, 저의 선생님/친구들 중 한 명이 저에게 긍정의 힘이라는 책을 읽으라고 권했어요. 저는 그 책이 지루해 보였기 때문에 처음에는 읽기를 거부했어요. 하지만, 저는 결국 책을 읽기 시작했고 그것은 내가 기대했던 것보다 훨씬 더 좋았습니다. 그 책은 더 나은 삶을 사는 방법에 관한 것이었어요. 그 책은 실제로 저에게 용기를 주고 저에게 동기를 부여해줬습니다. 그 책 덕분에 저는 고난을 극복할 수 있었어요. 친구에게 정말 고마웠습니다. 그렇게 해서 저는 자기 계발서를 읽기 시작했어요. 그 책은 제 인생을 바꾸어 놓았습니다.

송쌤의 꿀팁

제안할 때 쓰는 표현

▸ recommend, suggest와 같이 제안하는 동사를 사용하여 문장을 만들 때 관계 대명사 that을 사용하여 문장을 길게 말할 수 있습니다. that 뒤에는 주어 + should를 사용하는데 should는 권유하다의 의미로 해석할 수 있습니다. should 뒤에는 동사 원형의 형태로 말해야 한다는 것을 잊지 마세요!

I recommend that my mother exercise regularly.
저는 엄마에게 규칙적인 운동을 권했어요.

My teacher recommend that I eat healthy food.
선생님은 저에게 건강한 음식을 먹으라고 권했어요.

Q. Please talk about the time you first started reading books. What made you become interested in reading books?

당신이 처음 독서를 시작했을 때에 대해 말해주세요. 무엇이 책 읽기에 관심을 갖게 만들었나요?

BRAINSTORMING

❶ 관심 갖게 된 계기 1 | 몇 년전, 일/공부/취업으로 힘들어서

❷ 관심 갖게 된 계기 2 | 선생님/친구들 중 한 명이 추천, 긍정의 힘이라는 책

❸ 인상 깊었던 내용 | 어떻게 마음을 정하는지, 더 나은 삶을 사는 방법

❹ 인상 깊었던 이유 | 용기를 내어 간신히 어려움 극복

❺ 나의 느낌/의견 | 내 인생을 바꿔 놓음

MODEL ANSWER IH-AL

I remember the time when I first became interested in reading books. ❶ It was several years ago when I had gone through many troubles because of my work/study/job hunting. I was having a hard time and I didn't know what to do to deal with the problems that I was facing. One day, ❷ one of my teachers/friends recommended one book to me and that was called Your Best Life Now. Not long after I started reading the book, I found myself so into it. ❸ The book was about how we should set our mind or what to do to have a better life. The book actually inspired me to have a positive mindset and motivated me to get back on my feet. Thanks to the book, ❹ I plucked up the courage and managed to overcome the difficulties. I felt really thankful to my teacher/friend for suggesting that book to me. Since then I've started reading other self-development books and I've realized that reading can be really fun and interesting. ❺ The book changed my life.

저는 제가 처음으로 독서에 흥미를 갖게 된 때를 기억해요. 제가 몇 년 전에 일/공부/취업때문에 많은 어려움을 겪을 때였어요. 저는 힘든 시간을 보내고 있었고, 직면한 문제들을 어떻게 처리해야 할지도 몰랐죠. 어느 날, 저의 선생님/친구들 중 한 명이 저에게 한 권의 책을 추천했는데 그것은 긍정의 힘이라는 책이었어요. 내가 그 책을 읽기 시작한 지 얼마되지 않아, 저는 그 책에 푹 빠져 있었어요. 그 책은 우리가 더 나은 삶을 살기 위해 어떻게 마음을 정해야 하는지 또는 무엇을 해야 하는지에 관한 것이었어요. 그 책은 사실 내가 긍정적인 사고방식을 갖도록 영감을 주었고 다시 일어서도록 동기를 부여했죠. 그 책 덕분에 용기를 내어 간신히 어려움을 극복했어요. 저는 제 친구가 저에게 그 책을 추천해줘서 정말 고마워요. 그 이후로 저는 다른 자기계발 책을 읽기 시작했고 독서가 정말 재미있고 흥미로울 수 있다는 것을 깨달았습니다. 그 책은 제 인생을 바꾸어 놓았어요.

송쌤의 **꿀팁**

▶ get back on my feet은 회복하다 혹은 재기하다 라는 뜻으로 어려운 상황이나 아픈 상황을 이겨내고 회복하다 라는 뜻이랍니다.

나만의 답변을 만들어 봅시다.

관심 갖게 된 계기 1	I first became interested in reading books _____ ago. It was when
관심 갖게 된 계기 2	One day,
인상 깊었던 내용	However,
인상 깊었던 이유	The book was about
나의 느낌/의견	Thanks to the book, I 과거동사 That was how I started reading _____.

음악 감상하기 좋아하는 음악

Q. According to the survey, you indicated that you enjoy listening to music. Please talk about the kind of music you like and the device you use to listen to music.

설문조사에 따르면, 당신은 음악 감상을 즐긴다고 했습니다. 당신이 좋아하는 음악의 장르와 음악을 감상할 때 사용하는 장치에 대해 말해주세요.

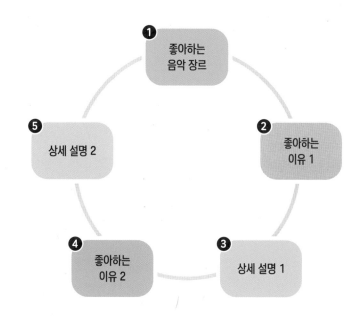

 BRAINSTORMING

 MP3 2_31

❶ 좋아하는 음악 장르	Above all, I like K-pop and pop the most. 무엇보다도 저는 K-pop 과 pop을 가장 좋아합니다.
❷ 좋아하는 이유 1	First of all, most pop songs are educational and beneficial. 첫째로, 대부분의 팝송은 교육적이고 유익합니다.
❸ 상세 설명 1	That's because I can study English by reading lyrics. 왜냐하면 가사를 읽음으로써 영어를 공부할 수 있기 때문입니다.
❹ 좋아하는 이유 2	Second, K-pop music helps me get rid of my stress. 둘째로, K-pop 음악은 스트레스를 푸는 데 도움이 됩니다.
❺ 상세 설명 2	That's because most K-pop songs are so energetic that they cheer me up. 왜냐하면 대부분의 케이팝 노래들은 매우 활기차서 힘이 나기 때문입니다.

KEY SENTENCES

Above all, I like A the most. 그 중에서도, 나는 A를 가장 좋아해요.

Above all, I like **K-pop and pop** the most.
그 중에서도, 저는 K-pop과 pop을 가장 좋아합니다.

A help B (to) 동사 A는 B가 '동사' 하는 것을 도와줍니다.

K-pop music helps me get rid of my stress.
K-pop 음악은 제가 스트레스를 풀 수 있도록 도와줍니다.

I always try to 동사 as possible as I can. 나는 가능한 한 '동사' 하려고 항상 노력한다.

I always try to **listen to** music as possible as I can.
저는 가능한 한 노래를 들으려고 항상 노력합니다.

I used to 동사. 나는 '동사' 하곤 했다.

My mother used to sing some children's songs to me.
어머니는 제게 몇몇 동요를 불러 주시곤 했어요.

주어+동사 so that 주어+동사 '주어'가 '동사'해서 '주어'가 '동사'하다. ◀ IH+ 표현

My mother used to sing some children's songs to me before I went to bed so that I could have a good night's sleep.
어머니는 제가 잘 수 있도록 잠자리에 들기 전에 제게 몇몇 동요를 불러 주시곤 했어요.

no matter what 주어+동사 '주어'가 '동사' 할지라도 ◀ IH+ 표현

Music has become one of my habits no matter what mood I'm in.
제가 무슨 기분이든지 간에 음악을 듣는 제 하나의 습관이 되었습니다.

LET'S PRACTICE

Above all, I like jazz the _____.
그 중에서도, 저는 재즈를 가장 좋아합니다.

Shawn Mendes's music _____ me relieve stress.
Shawn Mendes의 음악은 스트레스를 푸는 데 도움이 됩니다.

I always try to focus on the melody as much as _____ I can while listening to music.
저는 노래를 들을 때 가능한 한 멜로디에 집중하려고 노력합니다.

I didn't _____ ____ listen to hip-hop music.
저는 (예전에는) 힙합 음악을 듣지 않았습니다.

____ _____ what it's about, I enjoy listen to all kinds of music.
어떤 내용이든 상관없이, 저는 모든 종류의 음악을 듣는 것을 즐깁니다.

Q. According to the survey, you indicated that you enjoy listening to music. Please talk about the kind of music you like and the device you use to listen to music.

설문조사에 따르면, 당신은 음악 감상을 즐긴다고 했습니다. 당신이 좋아하는 음악의 장르와 음악을 감상할 때 사용하는 장치에 대해 말해주세요.

BRAINSTORMING

❶ 좋아하는 음악 장르	K-pop, Pop
❷ 좋아하는 이유 1	Pop: 교육적이고 유익함
❸ 상세 설명 1	영어 가사를 통한 공부
❹ 좋아하는 이유 2	K-pop: 스트레스 해소
❺ 상세 설명 2	활기찬 음악에 힘이 남

MODEL ANSWER · IM3

I've been interested in music since I was young. So, music has been a big part of my life and I like all kinds of music. ❶ Above all, I like K-pop and pop the most. ❷ First of all, most pop songs are educational and beneficial. ❸ That's because I can study English by reading lyrics. Especially, my favorite pop singer is John Legend because the lyrics of his songs are very inspiring and touching. ❹ Second, K-pop music helps me get rid of my stress. ❺ That's because most K-pop songs are so energetic that they cheer me up. I sometimes even dance to the music. Since music is helpful for my life, I always try to listen to it as possible as I can on my smartphone.

저는 어릴 때부터 음악에 관심이 있습니다. 그래서 음악은 제 인생의 큰 부분을 차지했고 저는 모든 종류의 음악을 좋아합니다. 그 중에서도, 저는 케이 팝과 팝을 가장 좋아합니다. 첫째로, 대부분의 팝송은 교육적이고 유익합니다. 가사를 읽음으로써 영어를 공부할 수 있기 때문이죠. 특히 제가 가장 좋아하는 팝 가수는 존 레전드입니다. 왜냐하면 그의 노래들의 가사는 매우 감동적이고 고무적이기 때문이죠. 둘째로, 케이 팝 음악은 제가 스트레스를 풀도록 도와줍니다. 대부분의 케이 팝 곡들은 제가 힘이 날 정도로 활기가 넘치기 때문이죠. 저는 가끔 음악에 맞춰 춤을 추기도 합니다. 음악은 제 삶에 도움이 되기 때문에, 저는 항상 가능한 한 스마트폰으로 음악을 들으려고 노력합니다.

Vocabulary & Expressions

educational 교육적인　beneficial 유익한　inspiring 고무적인, 격려하는　touching 감동적인　cheer someone up ~의 기운을 북돋우다, ~에 힘을 주다

송쌤의 꿀팁

주의해야 할 발음

▸ lyrics(가사) [리뤽스]

▸ helpful(도움이 되는) [헬-f울] 'p'와 'f'발음에 유의해주세요.

Q. According to the survey, you indicated that you enjoy listening to music. Please talk about the kind of music you like and the device you use to listen to music.
설문조사에 따르면, 당신은 음악 감상을 즐긴다고 했습니다. 당신이 좋아하는 음악의 장르와 음악을 감상할 때 사용하는 장치에 대해 말해주세요.

BRAINSTORMING

❶ 좋아하는 음악 장르   K-pop, Pop

❷ 좋아하는 이유 1   Pop: 교육적이고 유익함

❸ 상세 설명 1   영어 가사를 통한 공부

❹ 좋아하는 이유 2   K-pop: 스트레스 해소

❺ 상세 설명 2   활기찬 음악에 힘이 남

MODEL ANSWER ⎯ IH-AL

Since when I was young, listening to music has become one of my habits no matter what mood I'm in. So, I'm not fussy about music, but I'd rather like to try all kinds of music because they give me different feelings. However, out of all the genres, ❶ I like K-pop and pop the most. ❷ First of all, listening to pop music can be really educational and beneficial. ❸ That's because I can study English by reading lyrics while listening to pop music. Especially, my favorite pop singer is John Legend because the lyrics of his songs are so touching and impressive that I try to keep them in mind all the time. ❹ Second, listening to K-pop music helps me get rid of my stress. ❺ That's because most K-pop songs have a fast BPM so they energize me and cheer me up. I sometimes even dance to the music. Since music helps me to improve the quality of my life in many ways, I try to listen to it as much as I can on my smartphone, especially while on the move or commuting.

어렸을 때부터 저는 기분이 어떤지와 상관없이 음악을 듣는 것이 하나의 습관이 되었습니다. 그래서 저는 음악에 대해 까다롭지 않고, 오히려 모든 종류의 음악을 들어 보는 것을 좋아해요. 왜냐하면 다른 음악은 각기 다른 느낌을 주기 때문이죠. 하지만, 모든 장르 중에서, 저는 케이 팝과 팝을 가장 좋아합니다. 우선, 팝송을 듣는 것은 정말 교육적이고 유익할 수 있기 때문이에요. 팝송을 들을 때, 가사를 읽으면서 들으면 영어를 공부할 수 있기 때문입니다. 특히 제가 가장 좋아하는 팝 가수는 존 레전드인데요. 왜냐하면 그의 노래들의 가사가 너무 감동적이고 인상적이거든요. 그래서 항상 그것들을 기억하려고 합니다. 둘째, 한국대중음악을 듣는 것은 제가 스트레스를 해소하는 데 도움이 됩니다. 대부분의 한국 가요들은 빠른 BPM을 가지고 있기 때문에 내게 활력을 불어넣어주고 격려해주기 때문이죠. 저는 가끔 음악에 맞춰 춤을 추기도 한답니다. 음악은 여러 가지 면에서 삶의 질을 향상시키는 데 도움이 되기 때문에 이동이나 출퇴근 등 제게 가능한 한 제 스마트폰으로 음악을 들으려고 노력합니다.

송쌤의 꿀팁

주의해야 할 발음
▸ fussy(까다로운) [f ㅓ-씨]
▸ genre(장르) [좌안-러]

나만의
스크립트
만들기

나만의 답변을 만들어 봅시다.

좋아하는 음악 장르	I like _____ the most. There are a couple of reasons why.
좋아하는 이유 1	First of all,
상세 설명 1	That's because
좋아하는 이유 2	Second, It helps me to
상세 설명 2	For these reasons,

즐기는 운동

▸ 운동하기 항목에서는 운동 종목에 대한 규칙이나 하는 방법을 묘사하지 않고 설명할 수 있는 운동을 선택하는 것이 쉬운 답변을 준비할 수 있습니다.

▸ 조깅/걷기는 공원가기 항목과 연결하여 답변을 연습할 수 있으며, 운동에 관한 잊지 못할 경험이나 관심을 갖게 된 계기 또한 하나의 운동을 특정하여 답변을 만드는 것 보다는 운동 전체를 아우를 수 있는 답변을 만들어서 연습하는 것이 좋습니다.

▸ 요가/헬스 항목에서는 루틴에 관한 주제가 많이 나오는 것을 참고하여 답변을 준비합니다.

▸ 운동하기 항목에는 장소-계기-루틴-잊지 못할 경험의 4단 콤보로 답변을 준비하면 운동의 종류에 상관없이 전반적으로 응용하여 답변할 수 있습니다.

출제 포인트

• **묘사, 설명하기**
좋아하는 운동 설명 빈출★
운동하는 장소 묘사

• **변화, 활동 이야기하기**
좋아하는 운동의 과거와 현재 변화
운동 관련 일반적인 루틴(전후 활동) 빈출★

• **경험, 계기 이야기하기**
기억에 남는 운동 관련 경험(시작하게 된 계기) 빈출★
최근 운동한 경험

문제 예시

• You indicated that you enjoy jogging. Tell me about the place you go to jog. Why do you enjoy jogging there?
당신은 조깅하기를 즐긴다고 했습니다. 당신이 조깅하러 가는 장소에 대해 말해주세요. 당신은 왜 그곳에서 조깅하기를 즐기나요?

• Tell me about the first time you started swimming/biking. When was it? Why did you become interested in it?
당신이 수영/자전거 타기를 처음 시작했을 때에 대해 말해주세요. 언제였나요? 왜 관심을 갖게 되었나요?

• Please describe your typical day at the gym. What are some exercises you usually do there? When do you go to the gym? Who do you go to the gym with? Please tell me in as much detail as possible.
당신이 체육관에 가는(운동하러 가는) 날의 일상을 묘사해주세요. 그곳에서 주로 어떤 운동을 하나요? 언제 체육관에 가나요? 체육관에 누구와 함께 가나요? 최대한 자세하게 말해주세요.

운동하는 장소/시설/분위기

- □ sports complex 스포츠 종합단지
- □ park 공원
- □ along the path 길을 따라서
- □ swimming pool 수영장
- □ gym 헬스장
- □ exercise equipment 운동 기구
- □ treadmill 런닝머신
- □ weight-lifting equipment 근력 운동 기구 IH+
- □ bench 벤치
- □ jogging/walking path(track) 산책로
- □ spacious 넓은
- □ small 작은
- □ clean 깨끗한
- □ well-maintained 잘 유지보수된

운동 관련 활동

- □ take some time to warm up
  준비운동을 하기 위해 시간을 갖다
- □ take some time to warm down
  정리운동을 하기 위해 시간을 갖다
- □ take a bottle of water 마실 물을 챙겨가다
- □ wear comfortable clothes/shoes
  편안한 옷/신발을 입다/신다
- □ wear sweats 운동복을 입는다
- □ drink water to hydrate body
  몸에 수분 충전을 하기 위해 물을 마시다 IH+
- □ listen to music 음악을 듣다
- □ stretch my body 스트레칭 하다
- □ do weight training 웨이트 트레이닝을 하다
- □ run on a treadmill 런닝머신에서 뛰다
- □ strengthen muscles 근육 운동을 하다 IH+
- □ do yoga 요가를 하다
- □ meditate 명상하다
- □ take a break 쉬는 시간을 갖다

운동을 하게 된 이유

- □ when I was young 내가 어렸을 때
- □ take A to B A를 B로 데리고 가다
- □ be willing to ~ 기꺼이 ~하다
- □ teach A how to 동사 A에게 '동사'하는 방법을 가르치다
- □ become excited 재밌어지다
- □ decided to 동사 '동사'하기로 결심하다
- □ find A interesting
  A가 재밌다는 것을 알게 되다 IH+
- □ energize A A에게 에너지를 주다
- □ lose weight 살을 빼다
- □ stay(keep) healthy 건강을 유지하다
- □ stay(keep) in shape 몸매를 유지하다
- □ get refreshed and recharged
  리프레쉬되고 재충전되다

운동을 하면서 잊지 못할 경험

- □ get a cramp 쥐가 나다
- □ scared 무서운
- □ feel threatened 생명의 위협을 느끼다
- □ save 구하다
- □ realize how important warming up is
  준비운동이 얼마나 중요한지 깨닫다 IH+

선택주제 07 즐기는 운동

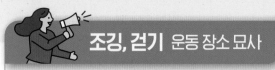
Q. You indicated that you enjoy jogging. Tell me about the place you go to jog. Why do you enjoy jogging there?
당신은 조깅하기를 즐긴다고 했습니다. 당신이 조깅하러 가는 장소에 대해 말해주세요. 당신은 왜 그곳에서 조깅하기를 즐기나요?

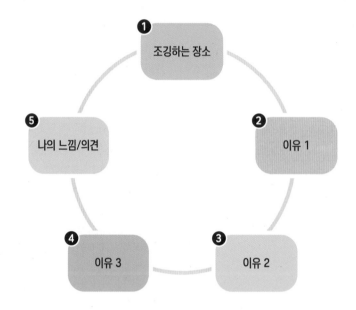

 BRAINSTORMING

 MP3 2_34

❶ 조깅하는 장소	I like to jog in the park called Central Park near my house. 저는 집 근처 센트럴 파크라는 공원에서 조깅하는 것을 좋아합니다.
❷ 이유1	First of all, it is very close to my house. 첫째로, 우리 집에서 매우 가깝습니다.
❸ 이유2	Second, the park is newly repaired, so I can jog more safely and conveniently. 둘째로, 공원이 새로이 고쳐져서 더 안전하고 편리하게 조깅할 수 있습니다.
❹ 이유3	There are a lot of trees and a forest, so I can get some fresh air. 나무와 숲이 많아서 신선한 공기를 마실 수 있습니다.
❺ 나의 느낌/의견	I think jogging/running in the park is the best way for me to get enough fresh air and stay healthy. 저는 공원에서 조깅/러닝을 하는 것이 신선한 공기를 마시고 건강을 유지하는 가장 좋은 방법이라고 생각합니다.

KEY SENTENCES

It is much(a lot/far) 형용사[비교급] than A. A보다 훨씬 더 '형용사'하다.

It's much better than jogging indoors like fitness centers.
피트니스 센터처럼 실내에서 조깅하는 것보다 훨씬 더 좋습니다.

get 형용사[비교급] 점점 더 '형용사'해지다

These days the air pollution is getting more serious.
요즘 대기 오염이 점점 심각해지고 있습니다.

in order to 동사 '동사'하기 위해서   IH+ 표현

There are several places I often go to in order to jog.
조깅을 하기 위해 자주 가는 곳이 몇 군데 있습니다.

If 주어+동사, I would be able to 동사. 만약 '주어+동사'하면, 나는 '동사'할 수 있을 것이다.   IH+ 표현

If it isn't within walking distance from my house, I wouldn't be able to go there so often.
집에서 걸어갈 수 있는 거리가 아니면 그렇게 자주 갈 수 없습니다.

consist of A A로 구성되어 있다   IH+ 표현

The park consists of lots of trees and a forest.
그 공원은 나무와 숲으로 이루어져 있습니다.

It is better for A to 동사. A가 '동사'하는 것이 더 좋다.   IH+ 표현

I think it's better for me to get as much fresh air as possible when I can.
내가 할 수 있을 때 신선한 공기를 최대한 많이 마시는 게 좋을 것 같습니다.

LET'S PRACTICE

Swimming is _____ better for your knees _____ running.
수영이 달리기보다 무릎에 훨씬 더 좋습니다.

Nowadays, exercising with a physical trainer is _____ more popular.
요즘 트레이너와 함께 운동하는 것이 점점 더 인기를 얻고 있습니다.

I wake up early ____ _____ ____ jog before work.
저는 출근하기 전에 조깅을 하기 위해 일찍 일어납니다.

____ the air wasn't so polluted, I _____ be able to jog outside more often.
만약 공기가 그렇게 나쁘지 않았다면, 좀 더 자주 바깥에서 조깅할 수 있을 겁니다.

My gym _____ _____ various exercise machines.
제가 다니는 체육관에는 다양한 운동 기구들이 있습니다.

I think it's _____ for me to exercise at home by myself.
저는 집에서 혼자 운동하는 것이 더 좋을 것 같습니다.

ANSWER much/a lot/far, than / getting / in order to / If, would / consists, of / better

선택주제 07 즐기는 운동

조깅, 걷기

Q. You indicated that you enjoy jogging. Tell me about the place you go to jog. Why do you enjoy jogging there?
당신은 조깅하기를 즐긴다고 했습니다. 당신이 조깅하러 가는 장소에 대해 말해주세요. 당신은 왜 그곳에서 조깅하기를 즐기나요?

 BRAINSTORMING

❶ 조깅하는 장소   센트럴 파크

❷ 이유 1   집에서 가까움   ➕ 그래서 자주 갈 수 있음   **IM3+**

❸ 이유 2   공원이 새로 고쳐져서 더 안전하고 편리   ➕ 헬스장 보다 나음   **IM3+**

❹ 이유 3   나무, 숲의 신선한 공기

❺ 나의 느낌/의견   공원에서 조깅(러닝) 건강 유지에 좋음

MODEL ANSWER IM3

❶ I like to jog in the park called Central Park near my house. **There are a couple of reasons for it.** ❷ First of all, it is very close to my house **so that I can go there more often. It takes only 10 minutes on foot from my house.** ❸ Second, the park is newly repaired, so I can jog more safely and conveniently. **The path was made especially for joggers(runners) and it's separate from the bike path, so it's very safe. Lastly, it's much better than jogging indoors like fitness centers. That's because** ❹ there are a lot of trees and a forest, so I can get some fresh air. **You know, these days the air pollution is getting more serious, so** ❺ I think jogging(running) in the park is the best way for me to get enough fresh air and stay healthy.

저는 집 근처 센트럴파크라는 공원에서 조깅하는 것을 좋아합니다. 거기에는 몇 가지 이유가 있어요. 우선 우리집에서 매우 가까워서 더 자주 갈 수 있습니다. 집에서 걸어서 10분밖에 걸리지 않거든요. 둘째, 공원이 새로 보수되어 더 안전하고 편리하게 조깅할 수 있습니다. 이 길은 특히 조깅하는 사람들(달리기 선수들)을 위해 만들어졌으며 자전거 도로와 분리되어 있어 매우 안전합니다. 마지막으로, 피트니스 센터처럼 실내에서 조깅하는 것보다 훨씬 더 좋습니다. 왜냐하면, 그곳에는 많은 나무와 숲이 있어서, 제가 신선한 공기를 마실 수 있기 때문이죠. 요즘은 대기 오염이 점점 심각해져서, 저는 공원에서 조깅(달리기)을 하는 것이 제가 신선한 공기를 마시고 건강을 유지하는 가장 좋은 방법이라고 생각합니다.

 송쌤의 꿀팁

주의해야 할 발음 및 강세
▸ path(길) [패th의] 'th' θ발음에 유의해서 읽습니다.
▸ 형용사의 비교급 강조 표현 much는 강조해서 읽습니다.

IH-AL 조깅, 걷기 운동 장소 묘사

Q. You indicated that you enjoy jogging. Tell me about the place you go to jog. Why do you enjoy jogging there?

당신은 조깅하기를 즐긴다고 했습니다. 당신이 조깅하러 가는 장소에 대해 말해주세요. 당신은 왜 그곳에서 조깅하기를 즐기나요?

BRAINSTORMING

❶ 조깅하는 장소 — 몇 군데 자주 방문하지만 센트럴 파크 좋아함

❷ 이유 1 — 집에서 가까움, 10분 거리

❸ 이유 2 — 공원이 새로 고쳐져서 더 안전하고 편리   ⊕ *새로운 길을 조깅을 위해 만들어 짐*   IH+

❹ 이유 3 — 헬스장에서 달리는 것보다 훨씬 좋음 → 나무, 숲의 신선한 공기

❺ 나의 느낌/의견 — 신선한 공기를 마시는 것이 건강 유지에 좋음

MODEL ANSWER ◁ IH-AL

❶ There are several places I often go to in order to jog but, one of my favorite places to jog is the park called Central Park near my house. I'll tell you some of the reasons why I like the park the most. ❷ First of all, I'm only allowed to jog early in the morning or late at night, so if it isn't within walking distance from my house, I wouldn't be able to go there so often. In this regard, Central Park is by far the best place because it's only a 10-minute walk from my house. ❸ Second, the park has recently been repaired, so I can jog more safely and conveniently because the path is specially made for joggers/runners. It's separate from the bike path and it got much smoother than before, so I don't have to worry about falling down because of some dust or small rocks on the path. ❹ Lastly, it's much better than jogging indoors like at fitness centers. That's because the park consists of lots of trees and a forest, so I can get some fresh air while I jog. You know, these days the air pollution caused by fine dust has become a major health issue. So, ❺ I think it's better for me to get as much fresh air as possible when I can in order to stay healthy.

조깅을 하기 위해 자주 가는 곳이 몇 군데 있지만 제가 가장 좋아하는 조깅 장소 중 하나는 집 근처에 있는 센트럴 파크라는 공원입니다. 제가 그 공원을 가장 좋아하는 이유 몇 가지를 말할게요. 무엇보다, 전 아침 일찍 혹은 밤 늦게만 조깅을 할 수 있어서 집에서 걸어갈 수 있는 거리가 아니면 그렇게 자주 갈 수 없습니다. 그런 점에서 우리 집에서 걸어서 10분밖에 안 되는 거리에 있는 센트럴 파크는 단연코 가장 좋은 곳이죠. 둘째로, 공원이 최근에 보수되어 조깅하는 사람들(달리기 선수)를 위해 특별히 길이 만들어졌기 때문에 저는 더 안전하고 편리하게 조깅할 수 있습니다. 자전거 도로와는 따로 떨어져 있고 전보다 훨씬 더 매끄러워졌기 때문에 길 위의 먼지나 작은 바위 때문에 넘어질 염려가 없습니다. 마지막으로 헬스장 같은 실내에서 조깅하는 것보다 훨씬 좋아요. 그 공원은 나무와 숲으로 이루어져 있어서 조깅을 하면서 신선한 공기를 마실 수 있기 때문이죠. 요즘 미세먼지로 인한 대기오염이 주요 건강/보건 문제가 되고 있는데, 그래서 제가 할 수 있을 때 신선한 공기를 최대한 많이 마시는 게 좋을 것 같습니다.

송쌤의 꿀팁

as much/many 명사 as possible 가능한 많은 ○○
가능한 많은 ○○이라고 말할 때 쓰는 표현으로 much는 셀 수 없는 명사와 함께, many는 셀 수 있는 명사와 함께 쓰는 것에 주의합니다.

선택주제 07 즐기는 운동 · 조깅, 걷기

나만의 답변을 만들어 봅시다.

조깅하는 장소	I like to go/run in/at
	There are a couple of reasons for it.
이유 1	First of all,
이유 2	Second,
이유 3	Lastly,
나의 느낌/의견	You know,
	So, I think

자전거, 수영 시작하게 된 계기, 운동 관련 경험

Q. Tell me about the first time you started swimming/biking. When was it? Why did you become interested in it?

당신이 수영/자전거 타기를 처음 시작했을 때에 대해 말해주세요. 언제였나요? 왜 관심을 갖게 되었나요?

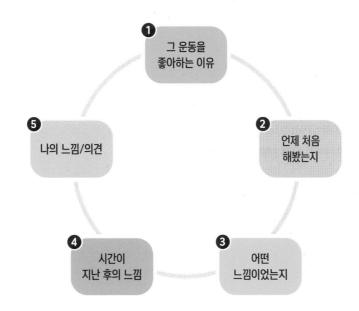

① 그 운동을 좋아하는 이유

② 언제 처음 해봤는지

③ 어떤 느낌이었는지

④ 시간이 지난 후의 느낌

⑤ 나의 느낌/의견

BRAINSTORMING

❶ 그 운동을 좋아하는 이유	I don't know why but (swimming/riding a bicycle) energizes me. 왜 그런지 모르겠지만 저는 (수영/자전거 타기)를 하면 힘이 납니다.
❷ 언제 처음 해봤는지	When I was young, I had a chance to (swim/ride a bicycle) and that was my first time (swimming/riding a bicycle). 제가 어렸을 때, (수영/자전거 타기)할 기회가 있었고 그 때 처음으로 (수영/자전거 타기)를 했습니다.
❸ 어떤 느낌이었는지	At first, I was scared and afraid of (going into the water / riding a bicycle), but I soon became excited. 처음에는 (물에 들어가는 것/자전거를 타는 것)이 무섭고 두려웠지만 곧 재미있어졌습니다.
❹ 시간이 지난 후의 느낌	I found it really interesting to (swim/ride a bicycle). (수영/자전거 타기)가 정말 재미있다는 것을 알게 됐습니다.
❺ 나의 느낌/의견	I told my parents that I wanted to learn how to (swim/ride a bicycle). 저는 부모님께 (수영하는/자전거 타는) 방법을 배우고 싶다고 말씀드렸습니다.

I was '형용사1' at first but I soon became '형용사2'. 나는 처음에는 '형용사1'했지만 곧 '형용사2'하게 됐다.

I was scared and afraid of going into the water at first, but I soon became excited.
처음에는 조금 무서웠는데 곧 즐거워졌습니다.

be willing to '동사' 기꺼이 '동사'하다

My parents were willing to support me in learning it because it's good for my health.
저희 부모님은 제가 자전거 배우는 것을 기꺼이 지원해 주셨습니다.

That is how(when/why/what) 주어+동사. 그것이 바로 '주어'가 어떻게(언제/왜/무엇을) '동사'하는지 이다.

That's how I first started learning how to swim.
그렇게 해서 제가 처음으로 수영을 배우기 시작하게 되었습니다.

whenever(every time) 주어+동사 '주어'가 '동사'할 때마다

Whenever I swim, it feels like all of my stress goes away.
수영할 때마다 스트레스가 다 풀리는 것 같습니다.

주어+동사 if 주어+동사 '주어'가 '동사'인지 아닌지

I asked my parents if they could allow me to learn to swim.
그래서 집에 오는 길에 부모님께 수영을 배울 수 있는지 여쭤봤습니다.

✏️ **LET'S PRACTICE**

I was nervous ____ _____, but I soon became more comfortable.
저는 처음에는 긴장했지만 곧 더욱 편안해 졌습니다.

My parents were _____ to pay for lessons, but I wanted to learn by myself.
저희 부모님께서 수업료를 기꺼이 내주었지만 저는 혼자 배우고 싶었습니다.

That's _____ I first met my childhood best friend.
그렇게 해서 제가 처음으로 어린 시절 가장 친한 친구를 만나게 됐습니다.

_____ I see a skateboard, I remember all the fun I used to have as a kid.
스케이트를 볼 때마다 어렸을 때 재밌었던 추억이 기억납니다.

I asked my friends ____ they would like to take lessons with me.
저는 친구들에게 같이 수업을 들을 수 있는지 물어봤습니다.

ANSWER at first / willing / how / Every time, Whenever / if

Q. Tell me about the first time you started swimming/biking. When was it? Why did you become interested in it?
당신이 수영/자전거 타기를 처음 시작했을 때에 대해 말해주세요. 언제였나요? 왜 관심을 갖게 되었나요?

BRAINSTORMING

① 그 운동을 좋아하는 이유 　힘이 남

② 언제 처음 해봤는지 　어렸을 때

③ 어떤 느낌이었는지 　무섭고 두려웠지만 신났음

④ 시간이 지난 후의 느낌 　정말 재밌음

⑤ 나의 느낌/의견 　부모님께 수영/자전거를 배우고 싶다고 함

MODEL ANSWER IM3

① I don't know why but swimming(riding a bicycle) energizes me. I felt the same way when I was young, too. **②** When I was young, one day, my parents took me to a sports complex near my house. At that time, I had a chance to swim(ride a bicycle) and that was my first time swimming(riding a bicycle). **③** At first, I was scared and afraid of going into the water(riding a bicycle), but I soon became excited. **④** I found it really interesting to swim(ride a bicycle). So, on the way back home, **⑤** I told my parents that I wanted to learn how to swim(ride a bicycle) and my parents were willing to support me in learning it because it's good for my health. That's how I first started learning how to swim(ride a bicycle).

왜 그런지 모르겠지만 저는 수영을 하면(자전거를 타면) 힘이 납니다. 제가 어렸을 때에도 그렇게 느꼈어요. 제가 어렸을 때, 어느 날, 부모님은 저를 집 근처에 있는 스포츠 단지에 데리고 가셨습니다. 그 때, 저는 수영을 할 기회가 있었죠.(자전거를 탈 기회가 있었죠.) 그 때 처음으로 수영을 했습니다.(그 때 처음으로 자전거를 탔습니다.) 처음에는 물에 들어가는 것이(자전거를 타는 것이) 무섭고 두려웠지만 저는 곧 신났습니다. 저는 수영을 하는 것이(자전거를 타는 것이) 정말 재미있다는 것을 알게 되었죠. 그래서 집으로 돌아오는 길에 저는 부모님께 수영(자전거)을 배우고 싶다고 말씀드렸고 부모님께서는 수영(자전거)이 건강에 좋기 때문에 제가 수영(자전거)을 배우는 것을 기꺼이 지원해 주셨습니다. 그렇게 해서 제가 처음으로 수영(자전거)을 배우기 시작했습니다.

Vocabulary & Expressions

sports complex 종합 운동장　**be willing to~** 기꺼이 ~하다

Q. Tell me about the first time you started swimming/biking. When was it? Why did you become interested in it?

당신이 수영/자전거 타기를 처음 시작했을 때에 대해 말해주세요. 언제였나요? 왜 관심을 갖게 되었나요?

BRAINSTORMING

❶ 그 운동을 좋아하는 이유 | 이유는 모르겠지만 수상 스포츠 좋아함

❷ 언제 처음 해봤는지 | 어렸을 때

❸ 어떤 느낌이었는지 | 무섭고 두려웠지만 신났음

❹ 시간이 지난 후의 느낌 | 정말 재밌음

❺ 나의 느낌/의견 | 부모님께 수영, 자전거를 배우고 싶다고 함

IH+ ⊕ 근육 사용하고, 몸매 관리 할 수 있음

MODEL ANSWER IH-AL

❶ I don't know why but I love water activities(riding a bicycle). I think I was born to swim(ride a bicycle). Whenever I swim(ride a bicycle), it feels like all of my stress goes away. I like all kinds of activities as long as I can do them in water(I can do with a bicycle). Now, I'm not allowed to spend much time swimming(riding a bicycle) or enjoying water activities because I'm always tied up with work, but I used to spend most of my time swimming in a swimming pool(riding a bicycle) when I was young. Maybe, that was one of many reasons how and why I started learning how to swim(ride a bicycle). ❷ One day, my parents took me to a sports complex which consisted of various kinds of sports facilities near my house. That was the first time I'd ever swum(ridden a bicycle). ❸ At first, I was kind of scared and afraid of going into the water(riding a bicycle), ❹ but I soon became excited. So, on the way back home, ❺ I asked my parents if they could allow me to learn to swim(ride a bicycle). Since swimming(riding a bicycle) is a great way to exercise, because it uses all the muscles, and to stay in shape, my parents willingly said yes. That's how I first started learning how to swim(ride a bicycle).

....

이유는 잘 모르겠지만, 저는 수상 스포츠를/수영을(자전거 타기를) 좋아합니다. 저는 마치 수영을 하기 위해(자전거를 타기 위해) 태어난 것 같아요. 수영을 할 때마다(자전거를 탈 때마다) 스트레스가 다 풀리는 것 같습니다. 저는 물에서 할 수 있는 한(자전거를 탈 수 있는 한) 모든 종류의 활동을 좋아합니다. 지금은 항상 일에 매여 있어서 수영을 하거나(자전거를 타거나) 물놀이를 즐기는 데 많은 시간을 보낼 수 없지만, 어렸을 때는 수영장에서 수영을 하는 데(자전거를 타는 데) 대부분의 시간을 보내곤 했습니다. 아마도, 그것이 제가 어떻게 그리고 왜 수영을 하기(자전거를 타기) 시작했는지에 대한 많은 이유들 중 하나일 것입니다. 어느 날, 저의 부모님은 저를 집 근처에 있는 다양한 운동시설들로 구성된 스포츠 단지에 데려가셨습니다. 제가 수영을 했던 것은(자전거를 탔던 것은) 그 때가 처음이었죠. 처음에는 물에 들어가는 것이(자전거를 타는 것이) 좀 무섭고 두려웠지만 곧 신났습니다. 그래서 집에 오는 길에 부모님께 수영을(자전거 타는 것을) 배울 수 있는지 여쭤봤죠. 수영은(자전거 타는 것은) 신체 근육을 사용하고 몸매를 관리할 수 있어서 운동하기에 좋은 방법이기 때문에 부모님은 기꺼이 허락해 주셨어요. 그렇게 해서 제가 처음으로 수영을(자전거를) 배우기 시작했습니다.

나만의 스크립트 만들기

나만의 답변을 만들어 봅시다.

그 운동을 좋아하는 이유	_____ energize(s) me.
언제 처음 해봤는지	When I was young,
어떤 느낌이었는지	At first, I was _____ but I soon became
시간이 지난 후의 느낌	I found it 형용사 to 동사. So,
나의 느낌/의견	That's how I first started _____ .

선택주제 07 즐기는 운동

자전거, 수영

헬스, 요가 일상적인 루틴/전후 활동

Q. Please describe your typical day at the gym. What are some exercises you usually do there? When do you go to the gym? Who do you go to the gym with? Please tell me in as much detail as possible.

당신이 체육관에 가는(운동하러 가는) 날의 일상을 묘사해주세요. 그곳에서 주로 어떤 운동을 하나요? 언제 체육관에 가나요? 체육관에 누구와 함께 가나요? 최대한 자세하게 말해주세요.

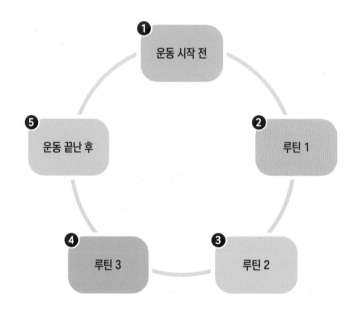

❶ 운동 시작 전
❷ 루틴 1
❸ 루틴 2
❹ 루틴 3
❺ 운동 끝난 후

 BRAINSTORMING

🔊 MP3 2_40

❶ 운동 시작 전	Before I start working out, I stretch my body to warm up. 운동을 시작하기 전에, 스트레칭을 하며 몸을 풉니다.
❷ 루틴 1	I walk and run for 30 minutes on a treadmill. 러닝머신 위에서 30분 동안 걷고 뜁니다.
❸ 루틴 2	After that, I do some weight training. 그 다음에는, 근력 운동을 합니다.
❹ 루틴 3	Between workouts, I also drink water to hydrate my body. 운동 중간에는, 수분 공급을 위해 물을 마십니다.
❺ 운동 끝난 후	After finishing my workout routine, I also take some time to warm down. 운동 루틴을 마친 후, 정리 운동을 하기 위한 시간을 가집니다.

KEY SENTENCES

Otherwise 주어+동사. 그렇지 않으면 '주어'가 '동사'하다.

Before I start working out, I stretch my body to warm up. Otherwise I might get injured.
운동을 시작하기 전에 몸을 스트레칭하여 운동할 준비를 합니다. 그렇지 않으면 저는 부상을 입을 수도 있습니다.

It is an effective way to 동사. 그것은 '동사'하는 효과적인 방법입니다.

It is an effective way to burn fat.
그것은 지방을 태우는 효과적인 방법입니다.

I need to 동사. 나는 '동사'할 필요가 있다.

I watch some video tutorials on YouTube because I need to do it with proper form.
저는 적절한 방법으로 운동을 해야 할 필요가 있기 때문에 유튜브에서 비디오 강의를 봅니다.

take time to 동사 '동사'하기 위해 시간을 가지다

After finishing my workout routine, I also take some time to warm down.
운동 루틴을 마친 후, 저는 또한 시간을 조금 내어 몸을 풀어줍니다.

I learn it the hard way that 주어 should/need to 동사. IH+ 표현
나는 '주어'가 '동사'해야 한다는 것을 어렵게 배운다.

I learned it the hard way that we should/need to take enough time to warm up in order to maximize the effect of exercise.
저는 운동의 효과를 극대화하기 위해서는 충분한 시간을 들여 준비운동을 해야 한다는 것을 어렵게 배웠어요.

I don't forget to 동사. 나는 '동사'하는 것을 잊지 않는다.

I also don't forget to drink water to hydrate my body.
저는 몸에 수분을 공급하기 위해 물을 마시는 것도 잊지 않습니다.

LET'S PRACTICE

I buy a new pair of running shoes every year. _____, they get too worn out.
저는 매년 운동화 한 켤레를 삽니다. 그렇지 않으면, 너무 낡아 버립니다.

Recording your performances is an _____ way to stay motivated.
당신의 성과를 기록하는 것은 의욕을 잃지 않는 효과적인 방법입니다.

I _____ to learn which exercises to do.
저는 어떤 운동을 해야 하는지 배워야 할 필요가 있습니다.

I _____ some time every morning to do some yoga.
저는 매일 아침 요가를 하는 시간을 가집니다.

I learned it the _____ way _____ we need to do squats properly.
저는 스쿼트를 제대로 해야 한다는 것을 어렵게 배웠습니다.

I don't _____ to eat a protein-rich meal after lifting weights.
저는 근력 운동을 하고 난 후 단백질이 풍부한 음식을 먹는 것을 잊지 않습니다.

ANSWER Otherwise / effective / need / take / hard, that / forget

選

IM3 **헬스, 요가** 일상적인 루틴/전후 활동

Q. Please describe your typical day at the gym. What are some exercises you usually do there? When do you go to the gym? Who do you go to the gym with? Please tell me in as much detail as possible.
당신이 체육관에 가는(운동하러 가는) 날의 일상을 묘사해주세요. 그곳에서 주로 어떤 운동을 하나요? 언제 체육관에 가나요? 체육관에 누구와 함께 가나요? 최대한 자세하게 말해주세요.

BRAINSTORMING

① 운동 시작 전	스트레칭
② 루틴 1	러닝머신 위에서 30분 걷거나 뛰기
③ 루틴 2	웨이트 트레이닝
④ 루틴 3	물 마시기
⑤ 운동 끝난 후	몸 풀기

MODEL ANSWER IM3

I work out in a specific routine. ① Before I start working out, I stretch my body to warm up. Otherwise I might get injured. After warm-up, ② I walk and run for 30 minutes on a treadmill. I heard that it's an effective way to burn fat. ③ After that, I do some weight training. When I lift weights, I watch some video tutorials on YouTube because I need to do it with proper form. ④ Between workouts, I also drink water to hydrate my body. ⑤ After finishing my workout routine, I also take some time to warm down.

....

저는 구체적인 순서에 따라 운동을 합니다. 일단, 운동을 시작하기 전에 몸을 스트레칭하여 운동할 준비를 합니다. 그렇지 않으면 다칠 위험성이 많기 때문이죠. 워밍업 후 러닝머신 위에서 30분 동안 걷고 뜁니다. 지방을 태우는 효과적인 방법이라고 들었어요. 그 후에 웨이트 트레이닝을 합니다. 근력 운동을 할 때는 적절한 방법으로 해야 하기 때문에 유튜브에서 비디오 튜토리얼을 봅니다. 운동 사이에, 저는 제 몸에 수분을 공급하기 위해 물을 마시기도 합니다. 운동 루틴을 마친 후, 저는 또한 시간을 조금 내어 몸을 풀어줍니다.

Vocabulary & Expressions

a specific routine 구체적인 순서, 특정한 순서   **get injured** 다치다, 부상을 입다   **treadmill** 러닝머신   **proper** 적절한   **hydrate** 수분을 공급하다

 송쌤의 **꿀팁**

주의해야 할 발음
▸ 러닝머신 treadmill [th으레드밀]

IH-AL **헬스, 요가** 일상적인 루틴/전후 활동 ◁)) **MP3** 2_42

Q. Please describe your typical day at the gym. What are some exercises you
usually do there? When do you go to the gym? Who do you go to the gym with?
Please tell me in as much detail as possible.
당신이 체육관에 가는(운동하러 가는) 날의 일상을 묘사해주세요. 그곳에서 주로 어떤 운동을 하나요?
언제 체육관에 가나요? 체육관에 누구와 함께 가나요? 최대한 자세하게 말해주세요.

BRAINSTORMING

❶ 운동 시작 전	스트레칭

❷ 루틴 1	러닝머신에서 시간 보냄, 30분	⊕ IH+ 처음 15분 천천히 걷고 나머지는 걷기, 뛰기 반복

❸ 루틴 2	웨이트 트레이닝(벤치 프레스, 바벨)

❹ 루틴 3	잊지 않고 물 마시기

❺ 운동 끝난 후	몸 풀기

MODEL ANSWER IH-AL

❶ I first start off my warm-up by stretching my body. I learned it the hard way that we need to take enough time to warm up in order to maximize the effect of exercise. Otherwise, it might lead to injury. After warming up, ❷ I spend about 30 minutes on a treadmill. For the first 15 minutes, I walk slowly and for the last 15 mintues I repeat walking and running. I heard that it's an effective way to burn fat. ❸ After that, I move on to weightlifting equipment such as the bench press or barbells. When I lift weights, I try to get some help from video tutorials on YouTube because I could be injured if I don't do it with proper form. There are tons of good sources to get some practical tips on how to work out properly, so I've been taking advantage of them. ❹ Between workouts, I also don't forget to drink water to hydrate my body. ❺ After finishing my workout routine, I also take some time to warm down.

저는 우선 몸을 스트레칭하는 것으로부터 워밍업을 시작합니다. 저는 운동의 효과를 극대화하기 위해서는 충분한 시간을 들여 준비운동을 해야 한다는 것을 어렵게 배웠어요. 그렇지 않으면 다칠 수도 있기 때문이죠. 워밍업 후 러닝머신에서 30분 정도 시간을 보냅니다. 처음 15분 동안은 천천히 걷고 마지막 15분 동안은 걷기와 달리기를 반복하죠. 지방을 태우는 효과적인 방법이라고 들었습니다. 그 후 벤치 프레스나 바벨 같은 근력 장비로 옮겨 갑니다. 근력운동을 할 때, 적절한 방법으로 하지 않으면 부상을 입을 수 있기 때문에, 유튜브에 있는 비디오 튜토리얼로부터 도움을 얻으려고 노력합니다. 제대로 운동하는 방법에 대한 실용적인 팁을 얻을 수 있는 좋은 정보/자료가 많아서, 저는 그것들을 잘 이용해 왔습니다. 운동 중간중간에는 몸에 수분을 공급하기 위해 물을 마시는 것도 잊지 않습니다. 운동 루틴을 마친 후, 저는 또한 시간을 조금 내어 몸을 풀어줍니다.

🚀 송쌤의 **꿀팁**

▸ I start off by '동사ing' 의 표현은 ~하는 것에서부터 시작한다 라는 뜻으로, 어떤 일의 순서를 설명하거나 절차를 밟아가는 일을 이야기 할 때 유용하게 쓰일 수 있는 스피킹 표현입니다.
▸ 다음 단계로 넘어가다/나아가다 라고 할 때에는 move on 표현을 씁니다.

나만의 답변을 만들어 봅시다.

운동 시작 전	Before I start working out, I
루틴 1	First, I start
루틴 2	After that,
루틴 3	Next, Between workouts,
운동 끝난 후	After finishing my workout routine, I

조깅/걷기/수영/자전거/헬스/요가 기억에 남는 경험

Q. Please describe a memorable experience you had while exercising. Do you remember what happened? What made it so memorable? Tell me in as much detail as possible.

운동하면서 겪은 가장 인상깊은 경험에 대해 묘사해주세요. 무슨 일이 있었는지 기억하나요? 무엇이 그 일로 그렇게도 인상깊게 만들었나요? 최대한 자세하게 말해주세요.

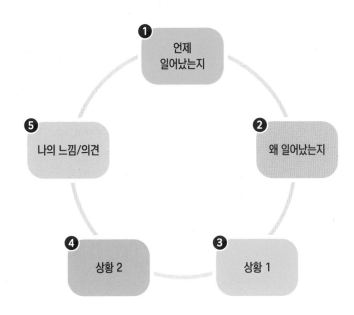

① 언제 일어났는지
② 왜 일어났는지
③ 상황 1
④ 상황 2
⑤ 나의 느낌/의견

 BRAINSTORMING

 MP3 2_43

①	언제 일어났는지	It was not long after I started learning to (swim/jog/ride a bicycle/work out/do yoga). 제가 (수영/조깅/자전거 타기/운동/요가)을 배우기 시작한지 얼마 안됐을 때였습니다.
②	왜 일어났는지	I didn't take it seriously and I used to (jump into the pool/jog/ride a bicycle/work out/do yoga) without a warm-up. 저는 심각하게 받아들이지 않았고, 준비 운동 없이 (수영/조깅/자전거 타기/운동/요가)을 하곤 했습니다.
③	상황 1	I got a leg cramp. 다리에 쥐가 났습니다.
④	상황 2	I was scared and felt threatened. 저는 무서웠고 겁에 질렸습니다.
⑤	나의 느낌/의견	I learned my lesson that warming up is really important. 저는 준비 운동이 매우 중요하다는 것을 배웠습니다.

tell me that 주어+동사 나에게 '주어+동사'라고 말하다

My teacher always told me that warming up is really important.
제 선생님은 항상 저에게 준비 운동이 정말 중요하다고 말하셨어요.

All of a sudden, 주어+동사. 갑자기 '주어'가 '동사'하다.

All of a sudden, I started feeling weird in my leg.
갑자기 다리가 이상해지기 시작했습니다.

put a huge emphasis on A A를 크게 강조하다 ◀ IH+ 표현

My instructor always put a huge emphasis on the importance of warming up.
저의 선생님은 항상 준비 운동의 중요성을 크게 강조하셨습니다.

According to A, A에 따르면,

According to him, our body needs to get ready by warming up before we use it.
그에 따르면, 우리는 몸을 사용하기 전에 준비 운동을 해야 한다고 합니다.

be able to '동사' '동사' 할 수 있다 ◀ IH+ 표현

I started to get a leg cramp, so I wasn't able to move at all.
저는 다리에 쥐가 나기 시작했어요. 그래서, 저는 몸을 전혀 움직일 수 없었습니다.

✏️ **LET'S PRACTICE**

My brother _____ me that I shouldn't exercise on an empty stomach.
제 형은 공복에 운동을 하면 안된다고 말했습니다.

All of a _____, I started to feel very light-headed.
갑자기 약간 어지럽기 시작했습니다.

My coach always put a huge _____ on the importance of your diet.
제 코치는 항상 식습관의 중요성을 크게 강조했습니다.

_____ to her, our muscles need nutrients in order to become stronger.
그녀에 따르면, 근육이 더욱 발달하기 위해서는 영양소가 필요하다고 합니다.

I felt better after eating, so I ____ _____ ____ finish my exercise routine.
저는 먹고 나니 좀 나아졌습니다. 그래서, 운동 루틴을 끝낼 수 있었습니다.

조깅/걷기/수영/자전거/헬스/요가 기억에 남는 경험　　◁》 **MP3** 2_44

Q. Please describe a memorable experience you had while exercising. Do you remember what happened? What made it so memorable? Tell me in as much detail as possible.
운동하면서 겪은 가장 인상깊은 경험에 대해 묘사해주세요. 무슨 일이 있었는지 기억하나요? 무엇이 그 일로 그렇게도 인상깊게 만들었나요? 최대한 자세하게 말해주세요.

BRAINSTORMING

❶ 언제 일어났는지	수영을 배운지 얼마 안됐을 때
❷ 왜 일어났는지	몸풀기의 중요성을 몰랐음
❸ 상황 1	다리에 쥐가 남
❹ 상황 2	무섭고 겁에 질림
❺ 나의 느낌/의견	준비 운동의 중요성을 배움

MODEL ANSWER IM3

❶ It was not long after I started learning to swim/jog/ride a bicycle/work out/do yoga. My teacher always told me that warming up is really important. He said, our body needs to get ready by warming up before we use it. Otherwise, we might get muscle cramps and could be injured. ❷ However, I didn't take it seriously and I used to jump into the pool/jog/ride a bicycle/work out/do yoga without a warm-up. One day, I started swimming/jogging/riding a bicycle/working out/doing yoga without a warm-up like other days and all of a sudden, I started feeling weird in my leg. ❸ I got a leg cramp. I couldn't move at all. ❹ I was scared and felt threatened. Thankfully, someone around me saved me. Since then, I've taken enough time to do a warm up and ❺ I learned my lesson that warming up is really important.

수영/조깅/자전거 타기/운동/요가를 배우기 시작한지 얼마 되지 않았을 때였습니다. 제 선생님은 항상 저에게 준비 운동이 정말 중요하다고 말하셨어요. 그는, 우리가 우리의 몸을 사용하기 전에 준비를 해야 하며, 그렇지 않으면 근육에 경련이 일어나 다칠 수도 있다고 하셨죠. 하지만, 저는 심각하게 받아들이지 않았고 항상 준비 운동을 하지 않고 수영/조깅/자전거 타기/운동/요가를 하곤 했습니다. 그러던 어느 날, 저는 여느 날처럼 준비 운동을 하지 않고 수영/조깅/자전거 타기/운동/요가를 하기 시작했는데 갑자기 다리가 이상해지기 시작했습니다. 다리에 쥐가 났습니다. 저는 전혀 움직일 수가 없었어요. 저는 무서웠고 위협을 느꼈죠. 고맙게도, 제 주위에 있던 누군가가 저를 구해주었어요. 그 이후로, 저는 충분한 시간을 가지고 준비 운동을 합니다. 저는 준비 운동이 정말 중요하다는 교훈을 배웠습니다.

Vocabulary & Expressions

muscle cramps 근육 경련　**take it seriously** ~을 심각하게 받아들이다　**all of a sudden** 갑자기　**weird** 이상한　**feel threatened** 위협을 느끼다

조깅/걷기/수영/자전거/헬스/요가 기억에 남는 경험 ◁)) **MP3** 2_45

Q. Please describe a memorable experience you had while exercising. Do you remember what happened? What made it so memorable? Tell me in as much detail as possible.
운동하면서 겪은 가장 인상깊은 경험에 대해 묘사해주세요. 무슨 일이 있었는지 기억하나요? 무엇이 그 일로 그렇게도 인상깊게 만들었나요? 최대한 자세하게 말해주세요.

BRAINSTORMING

❶ 언제 일어났는지	수영을 배운지 얼마 안됐을 때	
❷ 왜 일어났는지	몸풀기의 중요성을 몰랐음	
❸ 상황 1	다리에 쥐가 남	
❹ 상황 2	당황, 위협 느낌	
❺ 나의 느낌/의견	그 이후 준비 운동함, 모든 일엔 준비 필요하다는 것 배움	

MODEL ANSWER IH-AL

I have several memorable experiences about swimming/jogging/riding a bicycle/working out/doing yoga. Out of those, ❶ the most memorable experience happened not long after I first started learning how to swim/jog/ride a bicycle/work out/do yoga. Every time I went to my swimming class/jog/ride a bicycle/work out/do yoga, my instructor always put a huge emphasis on the importance of warming up. According to him, our body needs to get ready by warming up before we use it so that we don't get muscle cramps and we can maximize the effects of exercise. ❷ However, I didn't take his advice seriously and I used to jump into the pool/jog/ride a bicycle/work out/do yoga without a warm-up. One day, like any other day, I started swimming/jogging/riding a bicycle/working out/doing yoga without a warm-up and all of a sudden, ❸ I started to get a leg cramp. So, I wasn't able to move at all. ❹ I panicked and felt threatened. Thankfully, the lifeguard was around and he saved me. ❺ Since then, I've taken enough time to do a warm-up and I learned my lesson that everything needs its preparation.

저는 수영/조깅/자전거 타기/운동/요가에 대해 몇 가지 기억에 남는 경험을 가지고 있습니다. 그 중에서 가장 기억에 남는 경험은 제가 처음 수영/조깅/자전거 타기/운동/요가를 배우기 시작한지 얼마 되지 않아 일어났죠. 제가 수영 수업에 갈 때마다, 저의 선생님은 항상 준비 운동의 중요성을 크게 강조하셨습니다. 그에 따르면, 우리 몸은 근육에 경련이 일어나지 않고 운동의 효과를 극대화할 수 있도록 몸을 사용하기 전에 준비 운동을 해야 한다는 것이었죠. 하지만 저는 그의 충고를 진지하게 받아들이지 않고 준비 운동 없이 수영장에 뛰어들곤(조깅/자전거 타기/운동/요가를 시작하곤) 했습니다. 어느 날, 여느 날과 마찬가지로 몸을 풀지 않고 수영/조깅/자전거 타기/운동/요가를 하기 시작했는데, 갑자기 다리에 쥐가 나기 시작했어요. 그래서, 저는 몸을 전혀 움직일 수 없었어요. 저는 당황했고 위협을 느꼈죠. 다행히도, 구조대원이 근처에 있었고 그는 나를 구해주었어요. 그 이후로, 저는 충분한 시간을 가지고 준비운동을 했고 모든 것은 준비가 필요하다는 것을 배웠습니다.

 송쌤의 꿀팁

주의해야 할 발음
▸ huge emphasis [휴우-즈 엠f ㅏ 씨즈] '엠'에 강세를 두어 읽어주세요.

나만의 스크립트 만들기

나만의 답변을 만들어 봅시다.

| 언제 일어났는지 | It was when |
| | It was not long after I started |

| 왜 일어났는지 | One day, |

| 상황 1 | All of a sudden, |

| 상황 2 | Thankfully, |

| 나의 느낌/의견 | Since then, |
| | I learned my lesson that |

08 휴가/출장

> ▸ 출장하기 항목을 선택하면 일에 관한 문제가 출제될 수도 있으므로 여행 주제만을 골라 답변을 준비한다면 돌발주제 중 지형, 야외
> 활동과 같이 여러 주제에 응용할 수 있습니다.
>
> ▸ 여행 항목에서는 국내, 해외 여행 모두 활용할 수 있는 답변을 연습합니다.

출제 포인트

* **묘사, 설명하기**
  좋아하는 여행 장소 묘사(좋아하는 이유) 빈출★
  자주 가는 여행 장소 묘사

* **변화, 활동 이야기하기**
  여행/출장의 과거와 현재 변화
  여행/출장 일상적인 루틴(전후 활동) 빈출★

* **경험, 계기 이야기하기**
  기억에 남는 여행/출장 관련 경험(시작하게 된 계기)
  최근 여행/출장 간 경험 빈출★

문제 예시

* You indicated in the survey that you enjoy domestic travel. Please tell me about the place where you like to travel to in your country. Describe the place and tell me the reason why you would like to go there.
  당신은 설문조사에서 국내여행을 즐긴다고 했습니다. 당신의 나라에서 여행하기를 좋아하는 장소에 대해 말해주세요. 장소를 묘사하고 당신이 그곳에 가기를 좋아하는 이유를 말해주세요.

* Please tell me about your pre-travel routine. What do you take with you? Is there any special thing you do? Please describe in as much detail as possible.
  당신의 여행 전 루틴에 대해 말해주세요. 무엇을 챙기나요? 특별하게 하는 일이 있나요? 최대한 자세하게 설명해주세요.

* Please tell me about your most memorable experience while traveling. What made it so memorable?
  여행 중에 겪은 가장 인상깊은 경험에 대해 말해주세요. 무엇이 그렇게도 인상깊게 만들었나요?

좋아하는 여행지

- □ tourist attraction 관광명소
- □ my number one place 내가 제일 좋아하는 장소 `IH+`
- □ located in/at ~에 위치해있다
- □ surrounded by ~로 둘러쌓여있다
- □ packed with ~로 꽉 차 있다
- □ exotic 이국적인 `IH+`
- □ crowded 붐비는
- □ quiet 조용한
- □ peaceful 평화로운
- □ great scenery 멋진 경관
- □ things to see and enjoy 보고 즐길거리
- □ ocean-goer/mountain-goer 바다/산을 자주 가는 사람

여행 전 준비 활동

- □ check/make a packing list
  챙겨갈 짐 체크리스트를 확인하다/만들다
- □ book accommodations 숙박을 예약하다 `IH+`
- □ book a flight 비행기 표를 예약하다
- □ read reviews of my destination
  나의 목적지에 대한 리뷰를 읽다
- □ make specific plans 구체적인 계획을 세우다 `IH+`
- □ compare prices 가격을 비교하다
- □ charge camera and phone
  카메라와 핸드폰을 충전하다
- □ take necessities 필수품을 챙기다 `IH+`
- □ first-aid medicine 비상약, 구급약 `IH+`
- □ go sightseeing 관광하다
- □ take a tour 투어를 하다
- □ buy souvenirs 기념품을 사다 `IH+`
- □ visit historical sites 유적지를 방문하다 `IH+`
- □ take photos 사진을 찍다
- □ upload the pictures on social media
  SNS에 사진을 올리다

기억에 남는 여행

- □ be still fresh in my memory
  아직도 내 기억속에 생생히 남아있다
- □ memorable 기억에 남는
- □ unforgettable 잊을 수 없는
- □ get lost 길을 잃다
- □ local food 지역 음식
- □ much better/worse than I expected
  내가 예상했던 것보다 더 좋은/나쁜
- □ as good/bad as I expected
  내가 예상했던 것만큼 좋은/나쁜

휴가/출장 좋아하는 여행 장소, 추천 장소 묘사

Q. You indicated in the survey that you enjoy domestic travel. Please tell me about the place where you like to travel to in your country. Describe the place and tell me the reason why you would like to go there.

당신은 설문조사에서 국내여행을 즐긴다고 했습니다. 당신의 나라에서 여행하기를 좋아하는 장소에 대해 말해주세요. 장소를 묘사하고 당신이 그곳에 가기를 좋아하는 이유를 말해주세요.

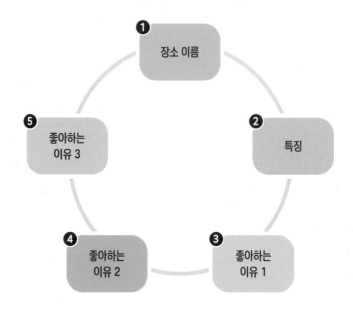

 BRAINSTORMING

🔊 MP3 2_46

❶ 장소 이름	One of my favorite places in my country is Jeju Island. 우리나라에서 가장 좋아하는 곳 중 하나는 제주도입니다.
❷ 특징	It is considered one of the most popular tourist attractions in Korea. 한국에서 가장 인기있는 관광 명소들 중 하나로 여겨집니다.
❸ 좋아하는 이유 1	First of all, it's very exotic. 첫째로, 매우 이국적입니다.
❹ 좋아하는 이유 2	Second, it's a volcanic island. 둘째로, 화산섬입니다.
❺ 좋아하는 이유 3	Lastly, there are many things to see and enjoy doing. 마지막으로, 볼거리와 즐길 거리가 많습니다.

One of my favorite '복수명사' is A. 가장 좋아하는 '복수명사' 중 하나는 A 입니다.

One of my favorite places in my country is Jeju Island.
우리나라에서 제가 가장 좋아하는 장소들 중 하나는 제주도입니다.

There is/are nothing(something/many things) to '동사'. '동사'할 것이 없습니다(무언가 있습니다/많이 있습니다).

Lastly, there are many things to see and enjoy doing.
마지막으로 볼거리와 즐길 거리가 많아요.

Out of all the 명사, 모든 '명사' 중에서 IH+ 표현

Out of all the places I've traveled, one of my favorite places in my country is Jeju Island.
내가 여행한 모든 곳 중에서 우리나라에서 내가 가장 좋아하는 곳 중 하나는 제주도입니다.

If you '동사1', you'll be able to '동사2'. 만약 당신이 '동사1'한다면, 당신은 '동사2'할 수 있을 겁니다. IH+ 표현

If you go to Jeju Island, you'll be able to enjoy relaxing on great beaches.
만약 당신이 제주도에 가면 멋진 해변을 즐길 수 있습니다.

I would definitely recommend 동사+ing. 저는 단연코 ~하는 것을 추천합니다. IH+ 표현

I would definitely recommend going to Jeju Island because it will never let you down.
결코 당신을 실망시키지 않을 것이기 때문에 나는 제주도 가는 것을 단연코 추천합니다.

선택주제 08 휴가/출장

장소 묘사

✏️ LET'S PRACTICE

Ikseon-dong is _____ of my _____ neighborhoods in Seoul.
제가 서울에서 가장 좋아하는 동네들 중 하나는 익선동입니다.

There is _____ to do on the weekends in my hometown.
제 고향에는 주말에 할 게 아무것도 없습니다.

_____ ____ _____ the barbecue restaurants I've been to, this one is the best.
제가 가 본 모든 바비큐 레스토랑들 중에서, 이 곳이 최고입니다.

____ you stay in a hostel, you'll be able to meet other travelers.
만약 당신이 호스텔에 머문다면, 다른 여행객들을 만날 수 있습니다.

I would definitely _____ renting a car to get around easily.
저는 단연코 편하게 둘러보기 위해 차를 빌리는 것을 추천합니다.

ANSWER one, favorite / nothing / Out of all / If / recommend

Q. **You indicated in the survey that you enjoy domestic travel. Please tell me about the place where you like to travel to in your country. Describe the place and tell me the reason why you would like to go there.**
당신은 설문조사에서 국내여행을 즐긴다고 했습니다. 당신의 나라에서 여행하기를 좋아하는 장소에 대해 말해주세요. 장소를 묘사하고 당신이 그곳에 가기를 좋아하는 이유를 말해주세요.

BRAINSTORMING

❶ 장소 이름	제주도	
❷ 특징	한국에서 가장 인기있는 관광 명소	
❸ 좋아하는 이유 1	이국적임	
❹ 좋아하는 이유 2	화산섬	
❺ 좋아하는 이유 3	볼거리와 즐길 거리가 많음	➕ 박물관, 테마 파크, 야외 활동(카약, 말타기) **IM3+**

MODEL ANSWER IM3

❶ One of my favorite places in my country is Jeju Island. ❷ It is considered one of the most popular tourist attractions in Korea and there are several reasons for it. ❸ First of all, it's very exotic. You will feel like you are traveling in a different country. ❹ Second, it's a volcanic island so it's good for both ocean-goers and mountain-goers. ❺ Lastly, there are many things to see and enjoy doing. For example, you could go to museums, theme parks, and enjoy some outdoor activities like kayaking or riding horses. For these reasons, Jeju island is my number one place.

제가 우리나라에서 가장 좋아하는 곳 중 하나는 바로 제주도입니다. 한국에서 가장 인기 있는 관광 명소 중 하나로 여겨지고 있는데, 그러한 데는 이유가 있습니다. 무엇보다, 굉장히 이국적입니다. 마치 다른 나라를 여행하고 있는 것처럼 느낄 거예요. 둘째로, 화산섬이기 때문에 바다를 좋아하는 사람들과 산을 좋아하는 사람들 모두에게 좋습니다. 마지막으로 볼거리와 즐길 거리가 많아요. 예를 들어, 박물관과 테마 파크에 갈 수 있고 카약이나 말 타기와 같은 야외 활동을 즐길 수 있습니다. 이러한 이유로 제주도는 저에게 최고의 장소입니다.

Vocabulary & Expressions

one of the most popular tourist attractions 가장 유명한 관광 명소 중에 하나 **exotic** 이국적인 **(be) surrounded by** ~로 둘러싸인 **ocean-goers** 바다를 좋아하는 사람들 **mountain-goers** 산을 좋아하는 사람들

🚀 송쌤의 꿀팁

▸ 여러가지 이유를 설명할 때는 There are several(a couple of) reasons for it. 이라고 말하면, 좀 더 논리적으로 들립니다.
▸ 바다를 좋아하는 사람: ocean-goer
▸ 산을 좋아하는 사람: mountain-goer
▸ 발음 주의: exotic [이그져릭]

Q. You indicated in the survey that you enjoy domestic travel. Please tell me about the place where you like to travel to in your country. Describe the place and tell me the reason why you would like to go there.

당신은 설문조사에서 국내여행을 즐긴다고 했습니다. 당신의 나라에서 여행하기를 좋아하는 장소에 대해 말해주세요. 장소를 묘사하고 당신이 그곳에 가기를 좋아하는 이유를 말해주세요.

BRAINSTORMING

❶ 장소 이름 　　제주도

❷ 특징 　　한국에서 가장 인기있는 관광 명소

❸ 좋아하는 이유 1 　　이국적임

❹ 좋아하는 이유 2 　　화산섬 　　➕ 백사장있는 해변, 남한에서 가장 높은 산 　IH+

❺ 좋아하는 이유 3 　　박물관, 테마파크, 야외 활동 있어서 볼거리와 즐길 거리가 많음

MODEL ANSWER IH-AL

❶ Out of all the places I've traveled, one of my favorite places in my country would definitely have to be Jeju Island. ❷ It has been considered one of the most popular tourist attractions in Korea and there are several reasons for it. ❸ First of all, it's very exotic. When you get there, the first thing you'll realize is that there are a number of palm trees growing here and there, and that actually makes people feel like they are traveling in another country. ❹ Second, since it's a volcanic island it's good for both ocean-goers and mountain-goers. If you go to Jeju Island, you'll be able to enjoy relaxing on great beaches with white sands and hiking the highest mountain of South Korea. ❺ Last but not least, there are many things to see and enjoy doing because it's packed with museums, theme parks, and outdoor activities like kayaking or riding horses. Although there are a bunch of other good places for tourists, I would definitely recommend going to Jeju Island because it will never let you down.

제가 여행한 모든 곳 중에서도 우리나라에서 가장 좋아하는 곳 중 하나는 확실히 제주도입니다. 이곳은 한국에서 가장 인기 있는 관광 명소 중 하나로 여겨져 왔고, 그것에는 이유가 있습니다. 무엇보다, 굉장히 이국적이에요. 당신이 그곳에 도착하면 깨닫게 될 첫 번째는 많은 야자수들이 여기저기 자라고 있고, 실제로 사람들을 다른 나라에서 여행하고 있는 것처럼 느끼게 한다는 것이죠. 둘째로, 이곳은 화산섬이기 때문에, 바다를 좋아하는 사람들과 산을 좋아하는 사람들 모두에게 좋습니다. 제주도에 가면 백사장이 있는 멋진 해변에서 휴식을 즐길 수 있으며, 남한에서 가장 높은 산에 등반할 수 있습니다. 마지막이지만 중요한 것은, 이곳은 박물관, 테마파크, 카약이나 말 타기 같은 야외 활동으로 가득 차 있기 때문에 보고 즐길 수 있는 것이 많다는 점이에요. 관광객들을 위한 다른 좋은 장소들이 많이 있지만, 제주도에 가는 것은 결코 당신을 실망시키지 않을 것이기 때문에 저는 확실히 추천하고 싶습니다.

🚀 송쌤의 꿀팁

▸ a number of = a lot of = many 많은, 다수의 뜻입니다.
a number of 뒤에는 복수 명사가 옵니다. the number of 는 ~의 수, 숫자, ~의 번호로 쓰이니 헷갈리지 않도록 주의합니다.
▸ last but not least: 사람, 사물을 열거하면서 마지막에 언급하는 것이 앞에 언급한 것 못지않게 중요함을 말하기 위해 쓰는 표현입니다.

나만의 답변을 만들어 봅시다.

장소 이름	One of my favorite places is There are several reasons for it.
특징	First,
좋아하는 이유 1	Second,
좋아하는 이유 2	Lastly,
좋아하는 이유 3	For these reasons, This is why ____ is my number one place.

Q. Please tell me about your pre-travel routine. What do you take with you? Is there any special thing you do? Please describe in as much detail as possible.
당신의 여행 전 루틴에 대해 말해주세요. 무엇을 챙기나요? 특별하게 하는 일이 있나요? 최대한 자세하게 설명해주세요.

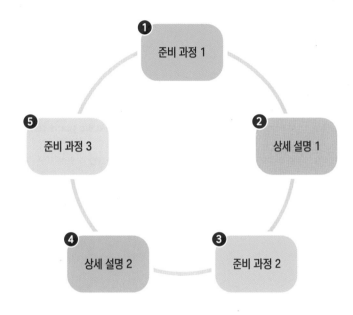

❶ 준비 과정 1
❷ 상세 설명 1
❸ 준비 과정 2
❹ 상세 설명 2
❺ 준비 과정 3

 BRAINSTORMING

🔊 **MP3** 2_49

❶ 준비 과정 1	First, I make a packing checklist. 우선, 챙겨 갈 짐 체크리스트를 만듭니다.	
❷ 상세 설명 1	Many times, I couldn't fully enjoy my trips because I forgot to take necessities. 저는 여행 필수품들을 잊고 챙겨가지 않아 여행을 즐기지 못한 적이 여러 번 있었습니다.	
❸ 준비 과정 2	Second, I read reviews of my destination. 둘째로, 목적지에 대한 리뷰를 읽습니다.	
❹ 상세 설명 2	That way, I can make specific plans. 그렇게 하면 구체적인 계획을 세울 수 있습니다.	
❺ 준비 과정 3	Lastly, I fully charge my camera and my phone. 마지막으로, 카메라와 휴대전화를 완전히 충전합니다.	

선택주제 08 휴가/출장 일반 루틴

forget to '동사' '동사'하는 것을 잊어버리다

Many times, I couldn't fully enjoy my trips because I forgot to take necessities.

생필품을 챙겨가는 것을 잊어버려 여행을 완전히 즐기지 못한 적이 많았습니다.

That way, 그렇게 함으로써,

That way, I can make specific plans so that I can fully enjoy my trip.

그렇게 함으로써 전 여행을 충분히 즐길 수 있도록 구체적인 계획을 세울 수 있습니다.

make the most of A A를 최대한 활용하다

That way, I can make the most of my trips/vacations by making specific plans based on other people's firsthand experience.

그래야 다른 사람의 직접 경험을 바탕으로 구체적인 계획을 세워 여행/휴가를 최대한 활용할 수 있습니다.

It was the first time I'd ever 동사(과거분사). 내가 ~했던 것은 그때가 처음이었다. IH+ 표현

It was the first time I'd ever swum in the ocean.

제가 바다에서 수영하는 것은 그때가 처음이었습니다.

A have lasted so long in my memory. A는 내 기억속에 오래 남아있다. IH+ 표현

The movie has lasted so long in my memory.

그 영화는 내 기억 속에 오래 남아있습니다.

✏️ **LET'S PRACTICE**

I always worry that I will _____ to bring my passport.

저는 항상 여권을 챙겨가는 것을 잊을까봐 걱정합니다.

_____ _____, I can take all my valuables in my carry-on bag.

그렇게 함으로써, 저의 모든 귀중품들을 휴대용 가방에 가지고 갈 수 있습니다.

I can _____ the most of my time on the plane by working.

저는 비행 중에도 일을 하면서 제 시간을 최대한 활용할 수 있습니다.

ANSWER forget / That way / make

Q. Please tell me about your pre-travel routine. What do you take with you? Is there any special thing you do? Please describe in as much detail as possible.
당신의 여행 전 루틴에 대해 말해주세요. 무엇을 챙기나요? 특별하게 하는 일이 있나요? 최대한 자세하게 설명해주세요.

BRAINSTORMING

❶ 준비 과정 1	짐 체크리스트를 만듦
❷ 상세 설명 1	까먹고 챙겨가지 않아 힘들었던 경험
❸ 준비 과정 2	목적지에 대한 리뷰를 읽음
❹ 상세 설명 2	구체적인 계획이 가능함
❺ 준비 과정 3	카메라와 휴대전화 충전

➕ 사진 찍고 SNS 업로드 좋아함   IM3+

MODEL ANSWER · IM3

I do a couple of things before I go on a trip. ❶ First, I make a packing checklist. ❷ Many times, I couldn't fully enjoy my trips because I forgot to take necessities such as first-aid medicine, passport, and so on. ❸ Second, I read reviews of my destination. ❹ That way, I can make specific plans so that I can fully enjoy my trip. ❺ Lastly, I fully charge my camera and my phone because I love taking pictures and uploading them on my SNS. These are the things I do before I go on a trip.

저는 여행을 가기 전에 몇 가지 일을 합니다. 우선, 저는 짐 챙기기 체크리스트를 만듭니다. 구급약, 여권 등 필수품을 챙겨가는 것을 잊어버려 여행을 완전히 즐기지 못한 적도 많았기 때문입니다. 둘째, 목적지에 대한 리뷰를 읽습니다. 그래야 여행을 충분히 즐길 수 있도록 구체적인 계획을 세울 수 있으니까요. 마지막으로, 저는 사진을 찍고 SNS에 업로드하는 것을 좋아하기 때문에 카메라와 휴대전화를 완전히 충전합니다. 이것들이 바로 제가 여행 가기 전에 하는 일들입니다.

Vocabulary & Expressions

necessities 필수품

🚀 송쌤의 꿀팁

▸ many times (여러 번): 문장 시작 혹은 끝에 쓸 수 있습니다.

Q. Please tell me about your pre-travel routine. What do you take with you? Is there any special thing you do? Please describe in as much detail as possible.

당신의 여행 전 루틴에 대해 말해주세요. 무엇을 챙기나요? 특별하게 하는 일이 있나요? 최대한 자세하게 설명해주세요.

BRAINSTORMING

① 준비 과정 1 — 짐 체크리스트를 만듦

② 상세 설명 1 — 까먹고 챙겨가지 않아 힘들었던 경험   ➕ *비상약, 여권, 속옷 등등*   IH+

③ 준비 과정 2 — 목적지에 대한 리뷰를 읽음

④ 상세 설명 2 — 구체적인 계획이 가능함

⑤ 준비 과정 3 — 사진 찍는 것도 여행가는 이유 중 하나, 카메라와 휴대전화 충전

MODEL ANSWER ◂ IH-AL

Before I go on a trip, there are a couple of things I try to do. ❶ The first one is making a packing checklist. ❷ I have had many experiences where I couldn't fully enjoy my trips because I forgot to take things such as first-aid medicine, passport, spare underwear, cash, extra batteries, and so on. So, from those experiences, I always try to write a list of things that I have to take with me. ❸ Second is reading reviews written by people who have already been to my destination. ❹ That way, I can make the most of my trips/vacations by making specific plans based on other people's firsthand experience. ❺ Lastly, I make sure to fully charge my camera and my phone because taking pictures is one of the many reasons why I go on a trip. I love to upload and share the pictures of places that I've been to and food that I've eaten on my social media.

....

여행을 가기 전에 제가 하려고 하는 일이 몇 가지 있습니다. 첫 번째는 짐 챙기기 체크리스트를 만드는 것입니다. 구급약, 여권, 여분의 속옷, 현금, 보조 배터리 등 여러 가지를 챙겨가는 것을 잊어버려 여행을 완전히 즐기지 못한 경험이 많았습니다. 그래서, 그 경험으로 저는 항상 가지고 가야 할 것들의 목록을 쓰려고 노력합니다. 두 번째는 이미 저의 목적지에 가 본 사람들이 쓴 리뷰를 읽는 것입니다. 그래야 다른 사람의 직접적인 경험을 바탕으로 구체적인 계획을 세워 여행(휴가)을 최대한 활용할 수 있으니까요. 마지막으로, 사진을 찍는 것도 여행을 가는 여러가지 이유 중 하나이기 때문에 카메라와 핸드폰 충전을 충분히 합니다. 저는 제가 갔던 곳과 제가 먹은 음식을 소셜 미디어에 올리고 공유하는 것을 좋아합니다.

🚀 송쌤의 꿀팁

○○을 하기 위한 여러가지 이유 중 하나

▸ A is one of the many reasons why 주어 + 동사

오픽 질문 중 특정 상황이나 경험에 대해서 자세히 묘사하는 질문이 나오면 여러가지 상황을 연속적으로 말하게 됩니다. 이때, 답변 마지막 부분에 '○○을 하기 위한 여러가지 이유 중 하나'라는 표현을 쓴다면 깔끔하게 답변을 마무리할 수 있습니다.

나만의 답변을 만들어 봅시다.

| 준비 과정 1 | I do a couple of things before I go on a trip. |

| 상세 설명 1 | First, |
| | That's because |

| 준비 과정 2 | Second, |
| | That way, |

| 상세 설명 2 | Lastly, |

| 준비 과정 3 | These are the things I do before I go on a trip. |

국내 여행/해외 여행 기억에 남는 여행

Q. Please tell me about your most memorable experience while traveling. What made it so memorable?
여행 중에 겪은 가장 인상깊은 경험에 대해 말해주세요. 무엇이 그렇게도 인상깊게 만들었나요?

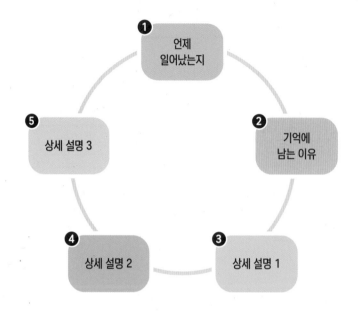

 BRAINSTORMING

❶ 언제 일어났는지	I remember a time when I went on a trip to 해운대 Beach a long ago. 오래 전에 해운대 해변으로 여행을 떠났던 때가 생각납니다.
❷ 기억에 남는 이유	The reason why this trip is so memorable is because we did many unforgettable things there. 그 여행이 기억에 남는 이유는 우리가 그곳에서 잊지 못할 일들을 많이 했기 때문입니다.
❸ 상세설명1	First of all, it was my first time swimming in the ocean. 첫 째로, 그 때 처음으로 바다에서 수영을 했습니다.
❹ 상세설명2	Second, 해운대 Beach is located in the downtown area, so there were lots of things to do and enjoy. 둘째, 해운대 해수욕장은 도심에 위치해 있어 할 일도 많고 즐길 것도 많았습니다.
❺ 상세설명3	Lastly, the food was great. 마지막으로 음식마저 훌륭했어요.

KEY SENTENCES

I remember a time when I first(last) 동사[과거형].
저는 처음으로(마지막으로) '동사'했던 때가 기억납니다.

I remember a time when I first **went on a trip to** 해운대 Beach a long ago.
제가 처음으로 해운대 해변에 여행을 떠났던 때가 생각납니다.

I prefer to 동사1 rather than 동사2ing. IH+ 표현
저는 '동사2'하는 것 보다 '동사1'하는 것을 더 선호합니다.

I prefer to **spend my vacation at beaches** rather than **climbing mountains or going camping.**
저는 산에 오르거나 캠핑을 가는 것보다 해변에서 휴가를 보내는 것을 더 좋아합니다.

It was the first(second/third) time I've ever p.p. IH+ 표현
제가 ~했던 것은 그 때가 처음(두 번째/세 번째)이었습니다.

It was the first time I've ever swum **in the ocean.**
제가 바다에서 수영하는 것은 그 때가 처음이었어요.

선택주제 08 휴가출장

기억에 남는 경험

LET'S PRACTICE

I _____ the time when I first climbed Hallasan on Jeju Island.
저는 처음으로 제주도 한라산을 등반했던 때가 기억납니다.

I _____ to be active on my vacations _____ _____ relaxing at a fancy resort.
저는 화려한 리조트에서 쉬는 것 보다 활동적인 것을 하며 휴가를 보내는 것을 더 좋아합니다.

It was the _____ time I'd ever gone scuba diving.
제가 스쿠버 다이빙하러 가본 건 그 때가 처음이었습니다.

ANSWER remember / prefer, rather than / first

Q. Please tell me about your most memorable experience while traveling. What made it so memorable?
여행 중에 겪은 가장 인상깊은 경험에 대해 말해주세요. 무엇이 그렇게도 인상깊게 만들었나요?

BRAINSTORMING

❶ 언제 일어났는지 | 오래 전
❷ 기억에 남는 이유 | 잊지 못할 일들을 많이 함
❸ 상세 설명 1 | 바다에서 첫 수영
❹ 상세 설명 2 | 즐길 거리가 많음
❺ 상세 설명 3 | 음식이 맛있음

MODEL ANSWER IM3

❶ I remember the time when I went on a trip to 해운대 Beach a long ago. It is still fresh in my memory. ❷ The reason why this trip is so memorable is because we did many unforgettable things there. ❸ First of all, it was my first time swimming in the ocean. I was a little bit scared at first but I soon became excited. ❹ Second, 해운대 Beach is located in the downtown area, so there were lots of things to do and enjoy. For example, there were festivals and beach-related cultural events at night. So, we could enjoy it until late night. ❺ Lastly, the food was great. There were a number of small restaurants and they served very delicious dishes at reasonable prices.

....

오래 전에 해운대 해변으로 여행을 떠났던 때가 생각납니다. 그것은 여전히 내 기억 속에 남아 있어요. 그 여행이 기억에 남는 이유는 우리가 그곳에서 잊지 못할 일들을 많이 했기 때문입니다. 첫째로, 바다에서 수영했던 것은 그 때가 처음이었습니다. 처음에는 조금 무서웠는데 곧 즐거웠어요. 둘째, 해운대해수욕장은 도심에 위치해 있어 할 일도 많고 즐길 것도 많았습니다. 예를 들어, 밤에는 축제와 해변 관련 문화 행사가 있었어요. 그래서, 우리는 밤 늦게까지 즐길 수 있었습니다. 마지막으로 음식마저 훌륭했어요. 그곳에는 많은 작은 음식점들이 있었고, 우리는 적당한 가격에 맛있는 음식을 먹을 수 있었습니다.

송쌤의 꿀팁

▸ 기억에 남는 경험 문제는 시험에 반드시 출제되는 유형이기 때문에 내 기억속에 아직도 생생하다 라는 뜻의 표현인 It is still fresh in my memory. 는 반드시 알아두세요.

▸ 가격에 관한 이야기를 할 때는 합리적인 가격에 ~을(를) 먹을 수 있었다. ~을(를) 구할 수 있었다 와 같이 경험을 말할 때 유용하게 쓸 수 있으니 at reasonable prices(합리적인 가격에)는 암기하도록 합니다.

Q. Please tell me about your most memorable experience while traveling.
What made it so memorable?
여행 중에 겪은 가장 인상깊은 경험에 대해 말해주세요. 무엇이 그렇게도 인상깊게 만들었나요?

BRAINSTORMING

1 언제 일어났는지 | 오래 전

2 기억에 남는 이유 | 잊지 못할 일들을 많이 함

3 상세 설명 1 | 바다에서 첫 수영

4 상세 설명 2 | 즐길 거리가 많음

5 상세 설명 3 | 음식이 맛있음

MODEL ANSWER **IH-AL**

Since I'm a beach goer, I prefer to spend my vacation at beaches rather than climbing mountains or going camping to a wooded valley. ❶ So far, I've been to many other beaches but the most memorable one was in Busan which I visited a long time ago. ❷ The reason why this trip has lasted so long in my memory might be because we did so many unforgettable things there. ❸ First of all, it was the first time I'd ever swum in the ocean. It was on a hot summer day, so I couldn't resist jumping into the ocean. It was a bit scary at first but as time went on, I found myself enjoying having time in the ocean. ❹ Second, 해운대 Beach is conveniently located in the downtown area, so there were lots of things for me to enjoy. For example, it held numerous festivals and beach-related cultural events so that we could have fun at night. ❺ Last but not least, Busan is also famous for its tasty food. There's this food alley that consists of numerous small restaurants and we can try some delicious and interesting dishes at reasonable prices. You know, eating delicious food is one of the many pleasures you can get from a trip, right?

저는 해변을 좋아하는 사람이기 때문에, 산에 오르거나 숲이 우거진 계곡으로 캠핑을 가는 것보다 해변에서 휴가를 보내는 것을 더 좋아합니다. 지금까지 다른 해수욕장에도 많이 가봤지만 가장 기억에 남는 곳은 아주 오래 전에 갔던 부산에 있는 곳입니다. 이 여행이 제 기억 속에 이렇게 오래 지속된 이유는 아마도 우리가 그곳에서 잊을 수 없는 많은 일들을 했기 때문일 것입니다. 우선, 제가 바다에서 수영하는 것은 그 때가 처음이었어요. 무더운 여름 날이라 바다에 뛰어들지 않을 수 없었습니다. 처음에는 조금 무서웠지만 시간이 흐를수록 저는 바다에서 시간을 보내는 것을 즐겼습니다. 둘째, 해운대 해수욕장은 도심에 편리하게 위치해 있어 즐길 거리가 많았습니다. 예를 들어, 우리가 밤에 재미있게 놀 수 있도록 수많은 축제나 해변과 관련된 문화 행사를 열렸어요. 마지막으로 부산은 맛있는 음식으로도 유명합니다. 수많은 작은 식당들로 구성된 이 음식골목이 있는데 우리는 적당한 가격에 맛있고 흥미로운 요리를 맛볼 수 있었습니다. 맛있는 음식을 먹는 것은 여행에서 얻을 수 있는 많은 즐거움 중 하나잖아요, 그렇죠?

나만의 답변을 만들어 봅시다.

언제 일어났는지	I remember the time when
기억에 남는 이유	It is still fresh in my memory. There are a couple of reasons why.
상세 설명 1	First, I was _____ at first but I soon became _____ .
상세 설명 2	Second, For example,
상세 설명 3	Lastly, So, we could

말문이 막힐 때 쓰는 SOS 표현

서론	Wow, I've never thought about this issue before.	와, 저는 이 문제에 관해 전혀 생각해 본적이 없어요.
	Frankly speaking, this question is a bit tough for me to answer.	솔직히 말하면, 이 문제는 대답하기 살짝 어렵네요.
	This is a little tricky to answer.	이건 답변하기 조금 까다롭네요.
	This is the first time I've ever thought about this issue.	이 문제에 관해 생각해보는 것이 처음이에요.
	Honestly, I don't know how to answer your question because I don't know what to say.	솔직히, 뭐라고 말해야 할지 몰라서 당신의 질문에 어떻게 답변해야 할지 모르겠어요.
본론	Well, the thing is that ~	음, 문제는~
	Well, here's the thing.	음, 여기서 중요한 것이 있어요.
	You know, I just '동사'. That's me.	그러니까요, 저는 그냥 '동사'해요. 그게 저예요.
	I wish I was good at English, but I'm not.	저는 제가 영어를 잘하면 좋겠다고 바랬어요, 하지만 그렇지 않아요.
	I wish I was able to answer your question fluently.	제가 당신의 질문에 유창하게 답변할 수 있길 바랬어요.
결론	Well, this would be all about your question.	음, 이것이 당신의 질문에 대한 답변 전부입니다.
	I guess this would have to be everything regarding your question.	이것이 당신의 질문과 관련한 모든 것이라고 생각합니다.
	I guess this is all I can say to answer your question.	이것이 당신의 질문에 대한 답변으로 말할 수 있는 전부 같아요.
	That's everything that I could think of.	이것이 제가 생각할 수 있는 전부예요.
	I hope my answer satisfies you.	제 답변에 당신이 만족했으면 좋겠어요.
	That's all. [Well, that's pretty much it.]	이것이 전부예요. [음, 이게 거의 전부예요.]
	That's everything that I could think of regarding your question.	이것이 당신의 질문에 관련하여 제가 생각할 수 있는 전부예요.

Chapter 05

—

돌발주제

돌발 주제는 선택 주제와 달리 수험자가 선택하지 않은 범위에서 나오는 문제를 말합니다. 많은 수험자들이 준비되어 있지 않은 상황에 당황하여 답변을 하게 되기도 합니다. 따라서, 돌발 주제는 고득점자를 가려내기 위한 문제라고 말 할 수 있습니다. 하지만, 어떤 문제가 나올지 모르는 상황에서 어떻게 하면 답변을 잘 할 수 있을까요? 사전 설문 조사 항목에 나오지 않았지만, 내가 선택한 설문 조사 항목은 아니지만, 돌발 주제 역시 빈출 주제를 파악하여 연습한다면 어렵지 않게 대처할 수 있습니다.

아래 돌발 주제 단계별 학습법을 참고하여 연습한다면 고득점을 달성할 수 있습니다.

돌발 대처 STEP 1	빈출 돌발주제 파악
돌발 대처 STEP 2	각 주제별 빈출 유형 파악 (3단콤보 혹은 2단콤보 파악)
돌발 대처 STEP 3	주제별 빈출 유형에 쓰이는 어휘/표현법 반드시 익히기 (고득점 포인트)
돌발 대처 STEP 4	나의 상황으로 바꾸어 문장 만들어 연습하기

예

주제 재활용
빈출 3단 콤보 우리나라의 재활용 – 내가 하는 재활용 – 기억에 남는 경험

STEP 1 주제 파악 재활용

STEP 2 빈출 3단 콤보 우리나라의 재활용 – 내가 하는 재활용 – 기억에 남는 경험

STEP 3 재활용 주제 관련 필수 표현 학습
(본문 주제별 Key Expressions 참고)

STEP 4 5가지 스토리라인을 활용하여 나만의 스토리라인으로 바꾸어 연습하기
(문제별 Brainstorming, Key Sentences 참고)

돌발 주제

09 집안일

> ▷ 돌발 주제는 내가 선택하지 않은 주제에서도 문제가 출제된다는 점을 많은 수험자들이 어려워 합니다. 하지만 돌발 주제로 자주 나오는 주제를 학습하여 실전에서 당황하지 않도록 미리 대비한다면 고득점 달성이 가능합니다.
>
> ▷ 일상 돌발 주제로 자주 출제되는 집안일 거들기 3단 콤보로는 집안일을 하는 경향 - 과거와 현재 집안일 비교 - 집안일로 인해 겪은 문제입니다.

 출제 포인트

- **묘사, 설명하기**
  내가 하는 집안일 설명
  내가 자주 하는 집안일 설명

- **변화, 활동 이야기하기**
  집안일의 과거와 현재 변화
  집안일의 일반적인 루틴(전후 활동)

- **경험, 계기 이야기하기**
  기억에 남는 집안일 경험
  최근 일어난 집안일 관련 경험

문제 예시

- Can you please list some of the housework you do at home? Are chores shared among family members? **빈출★**
  당신이 보통 하는 집안일을 나열해 줄 수 있나요? 당신은 당신의 가족과 집안일을 나눠서 하나요?

- Describe an interesting or unforgettable experience you had while doing housework. Please tell me in as much detail as possible.
  집안일을 하면서 겪었던 기억에 남거나 재미있는 경험에 대해 묘사해주세요. 최대한 자세히 말해 주세요.

- Please describe a memorable experience you had while doing housework. Please tell me in as much detail as possible.
  집안일을 하는 동안 있었던 흥미롭거나 특별한 일에 대해 이야기주세요. 언제 그 일이 일어났는지 기억하나요? 그 때 당신은 무슨 집안일을 하고 있었나요? 최대한 자세히 말해 주세요.

KEY EXPRESSIONS

집안일 관련 표현
- □ household chores/housework 집안일
- □ clean my room 방을 청소하다
- □ clean up my desk 책상을 정리하다
- □ vacuum the floor 진공청소기로 바닥을 청소하다
- □ do the laundry 빨래하다
- □ fold the laundry 빨래를 개다
- □ set the table 식탁을 차리다
- □ wipe off the table 식탁을 닦다 IH+
- □ take out the garbage 쓰레기를 내놓다
- □ separate the trash 쓰레기를 분리수거하다
- □ make my bed 잠자리를 정리하다
- □ put away things 물건을 제자리에 놓다
- □ be in a mess 어질러진 상태에 IH+
- □ on a regular basis 규칙적으로/정기적으로 IH+

집안일을 하면서 겪은 경험
- □ get reissued 재발급을 받다
- □ be broken 깨지다, 고장이 나다
- □ leak (액체·기체 등이) 새다
- □ slip one's mind 잊어버리다 IH+
- □ have no one to blame but oneself 본인 밖에 비난할 사람이 없다 IH+
- □ belong (to) ~에 속하다

집안일 거들기 내가 하는 집안일

Q. Can you please list some of the housework you do at home? Are chores shared among family members?

당신이 보통 하는 집안일을 나열해 줄 수 있나요? 가족 구성원과 집안일을 나눠서 하나요?

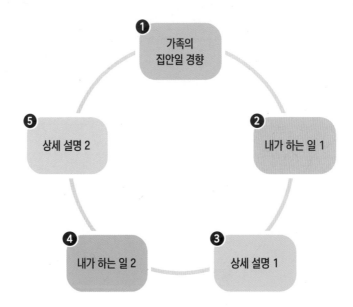

❶ 가족의 집안일 경향

❷ 내가 하는 일 1

❸ 상세 설명 1

❹ 내가 하는 일 2

❺ 상세 설명 2

 BRAINSTORMING

 MP3 3_1

❶ 가족의 집안일 경향	My mother does most of the housework including preparing food and doing the dishes. 어머니가 음식 준비와 설거지를 포함한 대부분의 집안일을 합니다.
❷ 내가 하는 일 1	First of all, my dad and I help my mother on weekends. 첫째로, 아버지와 저는 주말에 어머니를 도와드립니다.
❸ 구체적인 설명	For example, we clean our house, do the dishes, fold our laundry, and take out the garbage, and so on. 예를 들어, 우리는 집을 청소하고, 설거지를 하고, 빨래를 개고, 쓰레기를 내놓습니다.
❹ 내가 하는 일 2	Second, I try to keep my room clean by myself. 둘째로, 저는 제 방을 깨끗이 하려고 노력합니다.
❺ 구체적인 설명 2	For example, I always make my bed after I get up and put away things after I use them. 예를 들어, 저는 항상 일어나서 잠자리를 정리하고 사용한 물건은 제자리에 둡니다.

KEY SENTENCES

be responsible for A A에 책임이 있다 (A를 담당하다)

My family members are also responsible for the housework.
저희 가족들도 집안일에 책임이 있습니다.

as '형용사/부사' as possible 가능한 한 '형용사/부사'하게

We try to help my mother with housework as much as possible on weekends.
주말에 가능한 한 집안일을 도와드리려고 노력합니다.

keep A '형용사' A를 '형용사'한 상태로 유지하다/유지시키다

I try to keep my room clean by myself.
저는 제 방을 깨끗이 하려고 노력합니다.

A has become one of my habits. A는 저의 습관 중 하나가 되었습니다. IH+ 표현

Making my bed has become one of my habits after I get up.
일어난 후 잠자리를 정리하는 것은 저의 습관 중 하나가 되었습니다.

put effort into A A에 노력을 쏟아 붓다 IH+ 표현

We each try to put our effort into doing the housework.
우리는 집안일을 하는 데 각자의 노력을 기울이려고 노력합니다.

LET'S PRACTICE

My mother cooks dinner, and I'm _____ for washing the dishes.
저희 어머니는 저녁을 요리하고, 저는 설거지를 담당하고 있습니다.

We use air fresheners to keep our home smelling ____ nice ____ possible.
우리는 가능한 한 좋은 냄새를 유지하기 위해 방향제를 사용합니다.

I try to _____ the bathroom tidy so that I don't need to clean it often.
저는 자주 청소하지 않기 위해 화장실을 작게 유지하려고 노력합니다.

Taking the trash out when I leave for work has become one of my _____.
출근하면서 쓰레기를 내다 버리는 것은 저의 습관 중 하나가 되었습니다.

We put _____ into doing housework on Saturday so we can rest on Sunday.
우리는 일요일에 쉬기 위해 토요일에 집안일을 하려고 노력합니다.

ANSWER responsible / as, as / keep / habits / effort

돌발주제 09 집안일

내가 하는 집안일

Q. Can you please list some of the housework you do at home? Are chores shared among family members?
당신이 보통 하는 집안일을 나열해 줄 수 있나요? 가족 구성원과 집안일을 나눠서 하나요?

 BRAINSTORMING

❶ 가족의 집안일 경향 | 대부분 어머니가 하심 | ➕ 가족들도 책임이 있음 `IM3+`

❷ 내가 하는 일 1 | 주말에 아버지와 함께 도와 드림

❸ 상세 설명 1 | 집 청소, 설거지, 빨래 개기, 쓰레기 버리기 | ➕ 평일엔 바빠서 주말에 도와주려고 노력 `IM3+`

❹ 내가 하는 일 2 | 내 방을 깨끗이 하려 함

❺ 상세 설명 2 | 침대 정리, 물건 제자리에 두기

MODEL ANSWER IM3

I live with my family and ❶ my mother does most of the housework including preparing food and doing the dishes. However, my family members are also responsible for the housework. ❷ First of all, my dad and I help my mother on weekends. ❸ For example, we clean our house, do the dishes, fold our laundry, and take out the garbage, and so on. Since my dad and I are very busy during weekdays, we try to help my mother with housework as much as possible on weekends. ❹ Second, I try to keep my room clean by myself. ❺ For example, I always make my bed after I get up and put away things after I use them. So, my mother doesn't have to worry about my room. Even though we can't do housework all the time, we try our best!

저는 가족과 함께 살고, 어머니가 요리 및 설거지를 포함한 대부분의 집안일을 하십니다. 하지만 집안일은 가족들도 책임이 있습니다. 우선, 아빠와 저는 주말에 엄마를 도와드립니다. 예를 들어, 우리는 집을 청소하고, 설거지를 하고, 세탁물을 개고, 쓰레기를 내 놓습니다. 아빠와 저는 평일에 매우 바쁘기 때문에, 주말에 가능한 한 집안일을 도와드리려고 노력합니다. 둘째, 저는 제 방을 깨끗이 하려고 노력합니다. 예를 들어, 저는 항상 일어나서 잠자리를 정리하고, 물건을 사용한 후에는 치웁니다. 그래서 어머니는 제 방을 걱정하실 필요가 없습니다. 비록 우리가 매번 집안일을 하진 못하지만, 최선을 다합니다!

Vocabulary & Expressions

do the dishes 설거지하다 **responsible for** ~에 책임이 있는, 원인이 있는 **make one's bed** 잠자리를 정리하다(침대를 정리하다)

Q. Can you please list some of the housework you do at home? Are chores shared among family members?

당신이 보통 하는 집안일을 나열해 줄 수 있나요? 가족 구성원과 집안일을 나눠서 하나요?

BRAINSTORMING

❶ 가족의 집안일 경향   솔직히 말해서, 대부분 어머니가 하심

❷ 내가 하는 일 1   주로 주말에 아버지와 함께 도와 드림

❸ 상세 설명 1   집 청소, 설거지, 빨래 개기, 쓰레기 버리기   ➕ *주중에는 일과 공부로 바빠서 주말에 도움* `IH+`

❹ 내가 하는 일 2   어머니가 걱정할 일 없게 내 방을 깨끗이 하려 함

❺ 상세 설명 2   침대 정리, 물건 제자리에 두기   ➕ *어머니의 집안일을 줄일 수 있음* `IH+`

MODEL ANSWER — IH-AL

Luckily, I live with my family, which means I don't have to do all the household chores. ❶ To be honest with you, my mother does most of them including preparing food and doing the dishes, but my family members do take different responsibilities when it comes to housework. ❷ First of all, my dad and I try to help my mother whenever we are at home, which is mostly during weekends. ❸ For example, we clean our house, do the dishes, fold our laundry, and take out the garbage on weekends. Since my dad and I are very busy spending most of the time outside working or studying during weekdays, we try to help my mother with household chores as much as we're allowed during weekends. ❹ Second, I try to keep my room clean by myself so that my mother doesn't need to worry about my room. ❺ For example, making my bed has become one of my habits after I get up, and I always try to put away things after I use them. This way, I can reduce the amount of housework that my mother takes care of. Even though we can't help my mother with housework every single time, we each try to put our effort into doing the housework, so everyone is happy with it!

운 좋게도, 저는 가족과 함께 살고 있어요. 이것은 제가 모든 집안일을 할 필요가 없다는 것을 의미하죠. 솔직히 말해서, 저희 어머니께서 요리를 포함한 대부분의 집안일을 하시지만, 우리 가족 구성원들은 집안일에 대해서 각자의 책임이 있습니다. 우선, 아빠와 저는 대부분 주말에 집에 있을 때면 엄마를 도우려고 노력합니다. 예를 들어, 저희는 집을 청소하고, 설거지를 하고, 세탁물을 개고, 쓰레기를 내다 놓죠. 아빠와 저는 평일에 대부분의 시간을 밖에서 일하거나 공부를 하느라 매우 바쁘기 때문에, 저희는 주말 동안 가능한/할 수 있는 만큼 엄마의 집안일을 도우려고 노력합니다. 둘째, 어머니가 제 방에 대해 걱정할 필요가 없도록 스스로 방을 깨끗하게 유지하려고 노력합니다. 예를 들어, 잠자리를 정리하는 것은 제가 일어난 후에 하는 저의 습관 중 하나가 되었고, 저는 항상 물건들을 사용한 후에 치우려고 노력합니다. 이렇게 하면 어머니가 챙겨야 할 집안일을 줄일 수 있거든요. 비록 우리가 매번 우리 어머니를 집안일로 도울 수는 없지만, 우리는 집안일을 하는 데 각자의 노력을 기울이려 하기 때문에, 모든 가족 구성원들이 만족한답니다!

 송쌤의 꿀팁

▶ 발음 주의: luckily [럭끌리]

나만의 답변을 만들어 봅시다.

가족의 집안일 경향	I live with _____ /alone, so _____ is responsible for the housework.
내가 하는 일 1	First of all,
상세 설명 1	For example,
내가 하는 일 2	Second, I try to
상세 설명 2	For example, So,

집안일 거들기 기억에 남는 경험

Q. Describe an interesting or unforgettable experience you had while doing housework. Please tell me in as much detail as possible.

집안일을 하면서 겪었던 기억에 남거나 재미있는 경험에 대해 묘사해주세요. 최대한 자세히 말해 주세요.

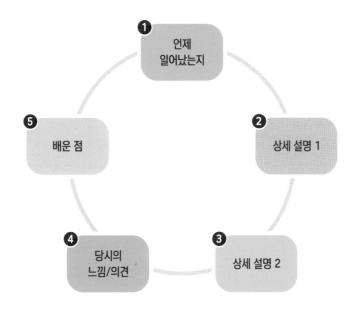

BRAINSTORMING

MP3 3_4

① 언제 일어났는지	It was a couple of years ago. 2~3년 전 일이었습니다.
② 상세 설명 1	One day, I decided to clean my house because my house was really dirty. 어느 날, 저는 집이 너무 더러워서 집 청소를 하기로 결심했습니다.
③ 상세 설명 2	When I was cleaning under the couch, I found my driver's license. 소파 밑을 청소를 하고 있을 때, 운전면허증을 발견했습니다.
④ 당시의 느낌/의견	I felt discouraged because I went through all the hassle to reissue my driver's license. 운전면허증을 재발급 받기 위해 온갖 수고를 다했기 때문에 너무 허탈했습니다.
⑤ 배운 점	I learned my lesson that I need to put things back where they belong. 저는 물건을 사용한 후에는 제자리에 놔둬야 한다는 것을 배웠습니다.

KEY SENTENCES

start off by A A부터 시작하다

I started off by vacuuming the floor first.
저는 먼저 진공 청소기로 바닥을 청소하는 것으로 시작했어요.

go through all the hassle to '동사' '동사'하기 위해 온갖 수고를 다하다

I went through all the hassle to reissue my driver's license.
운전면허증을 재발급하기 위해 온갖 수고를 다했습니다.

It had been a long time since I last '동사[과거형]'. 마지막으로 '동사'한지 오랜 시간이 흘렀습니다. IH+ 표현

It had been a long time since I last cleaned my house, so my house was in a mess.
마지막으로 집을 청소한 지 오래되었어서 집안이 너무 더러웠습니다.

It wouldn't have happened if I had '동사[과거분사]' in the first place. IH+ 표현
제가 애초에 '동사'했더라면, 그 일은 일어나지 않았을 것입니다.

It wouldn't have happened if I'd put it back in the first place.
제가 애초에 그것을 제자리에 놓았더라면 그런 일이 일어나지 않았을 것입니다.

form a habit of A A를 습관으로 만들다 IH+ 표현

It would be better for me to form a habit of putting things back.
물건들을 제자리에 갖다 놓는 것을 습관으로 만드는 것이 나에게 좋다.

LET'S PRACTICE

I _____ off by spraying a cleaning solution all around the bathroom.
저는 화장실에 세정액을 뿌리는 것으로 시작합니다.

Once a month, I go through all the _____ of cleaning out the refrigerator.
한 달에 한 번, 냉장고를 청소하는데 온갖 노력을 다합니다.

It had been a long time _____ I last had cleaned my room.
마지막으로 제 방을 청소한지 오래되었습니다.

It wouldn't have happened ____ I'd kept my room clean in the _____ place.
제가 애초에 제 방을 깨끗이 했다면 그런 일은 일어나지 않았을 것입니다.

I really need to form a _____ of washing the dishes right after finishing a meal.
저는 식사 후 바로 설거지를 하는 것을 습관으로 만들 필요가 있습니다.

ANSWER start / hassle / since / if, first / habit

200 시원스쿨 오픽 IM-AL

집안일 거들기 기억에 남는 경험 　　　🔊 MP3 3_5

Q. Describe an interesting or unforgettable experience you had while doing housework. Please tell me in as much detail as possible.
집안일을 하면서 겪었던 기억에 남거나 재미있는 경험에 대해 묘사해주세요. 최대한 자세히 말해 주세요.

🧠 **BRAINSTORMING**

❶ 언제 일어났는지	2~3년 전		
❷ 상세 설명 1	집이 더러워 청소하기로 결심	➕ 사방에 물건이 흩어져 있었음	IM3+
❸ 상세 설명 2	소파 밑 운전면허증 발견	➕ 오랫동안 찾고 있었음	IM3+
❹ 당시의 느낌/의견	재발급에 온갖 수고를 다해서 허탈함	➕ 내가 제대로 놓지 않아 일어난 일	IM3+
❺ 배운 점	물건 사용 후 제자리에 놓기	➕ 정기적으로 집 청소하기	IM3+

MODEL ANSWER IM3

I don't prefer to clean my house regularly. However, I clean once in a while. And ❶ it was a couple of years ago. ❷ One day, I decided to clean my house because my house was really dirty and things were scattered all over the place. I started off by vacuuming the floor first. And ❸ when I was cleaning under the couch, I found my driver's license that I had been looking for a long time. ❹ I felt discouraged because I went through all the hassle to reissue my driver's license. But I know it was my fault because I didn't put it back in the right place after I used it. So, from that experience, ❺ I learned my lesson that I need to put things back where they belong and clean my house regularly.

저는 집안을 규칙적으로 청소하는 것을 좋아하지 않습니다. 하지만 가끔 청소를 하긴 합니다. 그리고 그것은 2년 전 일이었죠. 어느 날, 저는 집이 정말 지저분하고 사방에 물건들이 흩어져 있어서 오랜만에 집을 청소하기로 결심했습니다. 저는 먼저 진공청소기로 바닥을 청소했어요. 그리고 소파 밑에 청소를 하고 있을 때, 오랫동안 찾고 있었던 운전면허증을 발견했습니다. 운전면허증을 재발급하기 위해 온갖 수고를 다 했기 때문에 전 너무 허탈했죠. 하지만 제가 그것을 사용한 후에 올바른 장소에 다시 놓지 않아서 일어난 일이기 때문에 제 잘못이라는 것을 알고 있습니다. 그래서 그 경험을 통해 저는 물건을 사용한 후에 제자리에 다시 놓고, 정기적으로 집을 청소해야 한다는 교훈을 얻게 되었습니다.

Vocabulary & Expressions

regularly 정기적으로, 규칙적으로　**decide** 결심하다　**feel discouraged** 허탈하다, 실망하다　**be scattered** 흩어져 있다　**hassle** 번거로운 일

Q. Describe an interesting or unforgettable experience you had while doing housework. Please tell me in as much detail as possible.

집안일을 하면서 겪었던 기억에 남거나 재미있는 경험에 대해 묘사해주세요. 최대한 자세히 말해 주세요.

BRAINSTORMING

❶ 언제 일어났는지 | 청소를 하면서 잊을 수 없는 기억은 몇 년 전

❷ 상세 설명 1 | 청소하기로 결심 | ⊕ [IH+] 마지막으로 청소한지 오래 되어 집안 더러움

❸ 상세 설명 2 | 소파 밑 운전면허증 발견

❹ 당시의 느낌/의견 | 재발급에 온갖 수고를 다해서 허탈함 | ⊕ [IH+] 내 자신밖에 비난할 사람이 없었음

❺ 배운 점 | 물건 사용 후 제자리에 놓기 | ⊕ [IH+] 꼼꼼하게 청소하는 습관들이기

MODEL ANSWER · IH-AL

I can honestly tell you that I'm not the type of person who cleans house regularly. However, I do clean once in a while. ❶ The most memorable experience I've had while doing housework happened a couple of years ago. It had been a long time since I had last cleaned my house, so my house was in a mess and things were not in place. So, ❷ I decided to clean it up and started vacuuming the floor first. ❸ When I was cleaning under the sofa, I found my driver's license that I had been looking for for a long time. ❹ I felt discouraged because I had gone through all the hassle in order to get it reissued. But, I have no one to blame but myself because it wouldn't have happened if I'd put it back in the first place. ❺ From that experience, I learned my lesson that it would be better for me to form a habit of putting things back after I use them and cleaning my house carefully on a regular basis.

저는 솔직히 집청소를 규칙적으로 하는 타입의 사람은 아니에요. 그렇지만, 저도 청소를 하긴 합니다. 제가 집안일을 하면서 겪은 가장 기억에 남는 경험은 몇 년 전에 일어났는데요. 마지막으로 집을 청소한 지 오래되어 집안이 너무 지저분하기도 하고, 물건들도 제자리에 있지 않았죠. 그래서 청소하기로 결심을 하고, 먼저 진공청소기로 바닥을 청소하기 시작했습니다. 저는 소파 밑을 청소하던 중에, 오랫동안 찾던 운전면허증을 그곳에서 찾게 되었습니다. 저는 낙담했죠. 왜냐하면 그것을 재발급 받기 위해 온갖 귀찮은 일들을 해야 했기 때문이에요. 그러나 제가 애초에 그것을 제자리에 두었더라면 그런 일이 일어나지 않았을 것이기 때문에 저는 제 탓이라는 것을 잘 알고 있습니다. 그 경험을 통해서 저는 물건을 사용한 뒤 제자리에 다시 갖다 놓고, 규칙적으로 집안을 꼼꼼하게 청소하는 습관을 들이는 것이 좋겠다는 교훈을 얻게 되었답니다.

송쌤의 꿀팁

▸ put something back: 원래 있어야 할 곳에 물건을 놓다 라는 뜻으로 제자리에 물건을 놓다 라는 뜻으로 씁니다.

▸ 발음 주의: I had gone through all the~에서 I had를 I'd [아이르] 로 연습니다.

나만의 답변을 만들어 봅시다.

언제 일어났는지	It was _____ ago.
상세 설명 1	One day, I decided to
상세 설명 2	When I
당시의 느낌/의견	I felt
배운 점	From that experience, I learned my lesson that

> 외식, 음식은 Background Survey에는 없지만 돌발 주제로 자주 나오며, 외식과 음식 주제는 답변에 쓸 수 있는 표현이 비슷하므로 답변을 같이 준비하는 것이 좋습니다.

 출제 포인트

- **묘사, 설명하기**

  내가 자주 가는 식당 묘사

  우리나라의 인기 있는 음식 설명

- **변화, 활동 이야기하기**

  외식/음식/식당의 과거와 현재 변화

  외식/음식 준비/식당 방문의 일반적인 루틴(전후 활동)

- **경험, 계기 이야기하기**

  기억에 남는 외식/음식 준비/식당 관련 경험

  최근 외식/음식 준비/식당 방문 경험

문제 예시

- Please tell me about a restaurant you often visit. What are its specialties? Why do you enjoy going there? Can you describe what the restaurant looks like? 빈출★

  당신이 자주 가는 레스토랑에 대해 얘기해주세요. 그곳의 특별한 메뉴는 무엇인가요? 당신은 왜 그 식당에 가는 것을 즐기나요? 그 식당이 어떻게 생겼는지 묘사해줄 수 있나요?

- Please describe a special experience you had at a restaurant. When and with whom did you go there? What happened? Please tell me what made it so special in as much detail as possible. 빈출★

  그 식당에서 가졌던 특별한 경험을 묘사해주세요. 언제 그리고 누구와 함께 그곳에 갔나요? 무슨 일이 있었나요? 무엇이 그것을 그토록 기억에 남게 했는지 최대한 자세히 설명해주세요.

- What is your favorite dish to order at the restaurant you often go to? What makes the dish your favorite?

  당신이 자주 가는 레스토랑에서 주문하는 가장 좋아하는 요리는 무엇인가요? 무엇이 그 요리를 가장 좋아하게 만들었나요?

식당 종류

- ☐ Korean(Chinese/Japanese/Italian) restaurant 한식(중식/일식/이탈리안) 식당
- ☐ fancy restaurant 고급 식당
- ☐ family restaurant 패밀리 레스토랑
- ☐ buffet restaurant 뷔페 식당

식당 분위기

- ☐ exotic 이국적인
- ☐ cozy 아늑한
- ☐ clean 깨끗한
- ☐ crowded 붐비는
- ☐ noisy 시끄러운
- ☐ modern 현대적인

좋아하는 이유

- ☐ options that people can choose from 사람들이 고를 수 있는 옵션들 IH+
- ☐ meet one's expectations ~의 기대에 미치다 IH+
- ☐ depending on ~에 따라서 IH+
- ☐ reasonable price 합리적인 가격
- ☐ have a good location 위치가 좋다
- ☐ serve great food 음식이 맛있다
- ☐ The staff are kind. 직원들이 친절하다
- ☐ delicious, tasty 맛있는
- ☐ addictive 중독적인

잊지 못할 경험

- ☐ express our gratitude 감사를 표현하다
- ☐ over my budget 예산 초과의
- ☐ be worth the money/the wait 금액만큼/기다린 만큼의 가치가 있다 IH+

Q. Please tell me about a restaurant you often visit. What are its specialties? Why do you enjoy going there? Can you describe what the restaurant looks like?

당신이 자주 가는 레스토랑에 대해 얘기해주세요. 그곳의 특별한 메뉴는 무엇인가요? 당신은 왜 그 식당에 가는 것을 즐기나요? 그 식당이 어떻게 생겼는지 묘사해줄 수 있나요?

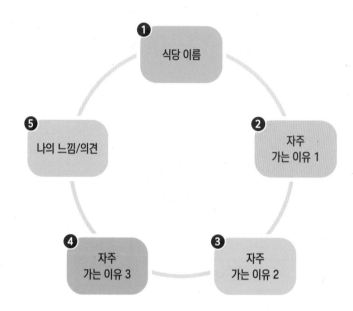

① 식당 이름
② 자주 가는 이유 1
③ 자주 가는 이유 2
④ 자주 가는 이유 3
⑤ 나의 느낌/의견

 BRAINSTORMING

 MP3 3_7

① 식당 이름	I like to go to an Italian restaurant called Route Stay. 저는 루트 스테이라는 이탈리아 레스토랑에 가는 것을 좋아합니다.
② 자주 가는 이유 1	First, the food is very delicious. 첫째로, 음식이 매우 맛있습니다.
③ 자주 가는 이유 2	Second, it only takes 5 minutes from my house on foot. 둘째로, 집에서 걸어서 5분 밖에 걸리지 않습니다.
④ 자주 가는 이유 3	Lastly, the restaurant is very exotic and unique. 마지막으로, 그 식당은 매우 이국적이고 독특합니다.
⑤ 나의 느낌/의견	I am very lucky that I can eat such delicious Italian food close by whenever I want. 저는 원할 때 언제든지 맛있는 이탈리아 음식을 먹을 수 있어서 매우 운이 좋다고 생각합니다.

KEY SENTENCES

I can '동사' whenever I want. 제가 원할 땐 언제든지 '동사'할 수 있습니다.

It takes only 5 minutes from my house on foot, so I can go there whenever I want without any problem.
집에서 걸어서 5분밖에 걸리지 않기 때문에 언제든지 전혀 문제없이 갈 수 있습니다.

It feels like '주어+동사'. '주어'가 '동사'하는 것 같이 느껴집니다.

Whenever I have a meal in the restaurant, it feels like I'm in a different country.
식당에서 식사를 할 때마다 다른 나라에 온 것 같은 느낌이 듭니다.

be in the mood for A A 하고 싶은 생각이 들다　IH+ 표현

I feel lucky to be able to go to such a great Italian restaurant right away whenever I'm in the mood for Italian food.
이탈리아 음식이 먹고 싶을 때마다 이렇게 훌륭한 이탈리아 음식을 바로 먹을 수 있어서 정말 다행이라는 생각이 듭니다.

remind me of A 나로 하여금 A를 떠올리게 하다　IH+ 표현

Whenever I have a meal in the restaurant, it reminds me of a scene from a movie I've seen before.
식당에서 식사를 할 때마다 전에 본 영화의 한 장면이 떠오릅니다.

LET'S PRACTICE

It's open 24/7, so I can stop by for a pizza _____ I want.
그곳은 연중무휴이기 때문에 언제든지 피자를 먹으러 갈 수 있습니다.

The staff are so friendly that I feel _____ I'm a part of their family.
직원이 매우 친절해서 마치 제가 그들 가족의 일원이 된 것 같은 느낌이 듭니다.

I go to the restaurant whenever I'm in the _____ for Mexican food.
저는 멕시코 음식이 먹고 싶을 때마다 그 식당에 갑니다.

The photo _____ me of the dinners I used to have with my family.
그 사진은 저로 하여금 가족과 함께 하던 저녁 식사를 떠올리게 합니다.

ANSWER whenever / like / mood / reminds

Chapter05 돌발주제　207

IM3 **외식, 음식** 자주 가는 식당

Q. Please tell me about a restaurant you often visit. What are its specialties? Why do you enjoy going there? Can you describe what the restaurant looks like?
당신이 자주 가는 레스토랑에 대해 얘기해주세요. 그곳의 특별한 메뉴는 무엇인가요? 당신은 왜 그 식당에 가는 것을 즐기나요? 그 식당이 어떻게 생겼는지 묘사해줄 수 있나요?

BRAINSTORMING

① 식당 이름 — Route Stay

② 자주 가는 이유 1 — 맛있는 음식 ⊕ 다양한 종류의 음식 있음 `IM3+`

③ 자주 가는 이유 2 — 집에서 가까움 (5분 거리) ⊕ 언제든 원하면 갈 수 있음 `IM3+`

④ 자주 가는 이유 3 — 이국적이고 독특함 ⊕ 다른 나라에 있는 것 같은 느낌 `IM3+`

⑤ 나의 느낌/의견 — 운이 좋음 ⊕ 원할 때 맛있는 음식 먹을 수 있어서 `IM3+`

MODEL ANSWER · IM3

There are many restaurants near my house. Out of all of them, **①** I like to go to an Italian restaurant called Route Stay. **There are several reasons why.** **②** First, the food is very delicious. They have different kinds of food like spaghetti, pizza, and so on, and I like the crab spaghetti the most. **③** Second, it only takes 5 minutes from my house on foot, so I can go there whenever I want without any problem. **④** Lastly, the restaurant is very exotic and unique. So, whenever I have a meal in the restaurant, it feels like I'm in a different country. **⑤** I am very lucky that I can eat such delicious Italian food close by whenever I want.

우리 집 근처에는 식당이 많이 있습니다. 그 중, 저는 루트 스테이라는 이탈리아 식당에 가는 것을 가장 좋아해요. 그 이유는 여러 가지가 있습니다. 첫째로, 음식이 매우 맛있습니다. 그들은 스파게티, 피자 등등 다양한 종류의 음식을 가지고 있고, 저는 그 중에 게살 스파게티를 가장 좋아합니다. 둘째로, 집에서 걸어서 5분밖에 걸리지 않기 때문에 언제든지 전혀 문제없이 갈 수 있습니다. 마지막으로, 그 식당은 매우 이국적이고 독특합니다. 그래서 식당에서 식사를 할 때마다 다른 나라에 온 것 같은 느낌이 듭니다. 저는 제가 원할 때면 언제든지 맛있는 이탈리아 음식을 먹을 수 있어서 정말 다행이라고 생각해요.

Vocabulary & Expressions

on foot 걸어서, 도보로

송쌤의 꿀팁

주의해야 할 발음 및 강세
▸ out of all of them을 말할 때, all of 를 한번에 [얼러브]라고 발음하는 연습을 합니다.
▸ 문장에서 only 는 강조하는 의미로 조금 세게 읽어주세요.

Q. Please tell me about a restaurant you often visit. What are its specialties? Why do you enjoy going there? Can you describe what the restaurant looks like?

당신이 자주 가는 레스토랑에 대해 얘기해주세요. 그곳의 특별한 메뉴는 무엇인가요? 당신은 왜 그 식당에 가는 것을 즐기나요? 그 식당이 어떻게 생겼는지 묘사해줄 수 있나요?

BRAINSTORMING

❶ 식당 이름 — Route Stay — 집 주변에 다양한 식당 있지만 그 중에서도 가는 두어 군데 IH+

❷ 자주 가는 이유 1 — 맛있는 음식

❸ 자주 가는 이유 2 — 집에서 가까움 (5분 거리) — 이탈리아 음식 먹고 싶을 때 바로 먹을 수 있어서 운이 좋음 IH+

❹ 자주 가는 이유 3 — 식당 분위기가 이국적임 — 2층 건물, 인테리어 독특함 IH+

❺ 나의 느낌/의견 — 식사 할 때마다 전에 본 영화의 한 장면 떠오름

MODEL ANSWER IH-AL

There are various types of restaurants around my place and there are a couple of restaurants that I often go to. ❶ One of them is called Route Stay, which mainly serves Italian food. There are several reasons why this restaurant is my favorite. ❷ First of all, the food that they provide is very tasty. They have many different kinds of food on the menu such as spaghetti, pizza, and so on, and crab spaghetti is my number one dish among them. They serve the best crab spaghetti I've ever had in my life. ❸ Second, it is only a 5-minute walk from my house, so that I don't have to worry about how to get there. I feel really lucky to be able to go to such a great Italian restaurant right away whenever I'm in the mood for Italian food. ❹ Lastly, the atmosphere of the restaurant is very exotic. It is 2-stories tall and the interior of the restaurant is very unique. ❺ So, whenever I have a meal in the restaurant, it reminds me of a scene from a movie I've seen before and makes me feel like I'm in a different country.

우리 집 주변에는 다양한 종류의 식당이 있는데 그 중에서도 제가 단골로 가는 식당이 두어 군데 있습니다. 그 중 하나는 주로 이탈리아 음식을 제공하는 루트 스테이라고 불리는 식당인데요. 제가 이 식당을 가장 좋아하는 데는 몇 가지 이유가 있습니다. 우선, 그들이 제공하는 음식은 매우 맛있습니다. 그들은 스파게티, 피자 등등 많은 다른 음식들을 가지고 있으며, 그 중에서도 게살 스파게티가 최고의 메뉴입니다. 그들은(그 레스토랑은) 제가 먹어본 것 중 최고의 게살 스파게티를 제공합니다. 둘째로, 집에서 걸어서 5분밖에 안 걸려서 어떻게 가야 할지 걱정하지 않아도 됩니다. 이탈리아 음식이 먹고 싶을 때마다 그렇게 훌륭한 이탈리아 음식을 바로 먹을 수 있어서 정말 운이 좋다고 생각합니다. 마지막으로 식당 분위기가 매우 이국적입니다. 2층 짜리 공간이고 식당 인테리어는 매우 독특합니다. 그래서 식당에서 식사를 할 때마다 전에 본 영화의 한 장면이 떠오르게 하며 다른 나라에 온 듯한 느낌을 줍니다.

Vocabulary & Expressions

my number one ~ 내가 가장 좋아하는 ~ | I feel lucky to be able to '동사' '동사' 할 수 있어서 운이 좋다

나만의 답변을 만들어 봅시다.

식당 이름	There are many restaurants near my house.
	Out of all of them, I like to go to Korean(Chinese/Japanese/Italian) restaurant called 식당 이름.
자주 가는 이유 1	There are several reasons why.
	First,
자주 가는 이유 2	Second,
자주 가는 이유 3	Lastly,
나의 느낌/의견	I'm very lucky that I can eat such delicious _____ food.

외식, 음식 잊지 못할 경험

Q. Please describe a special experience you had at a restaurant. When and with whom did you go there? What happened? Please tell me what made it so special in as much detail as possible.

식당에서 가졌던 특별한 경험을 묘사해주세요. 언제 그리고 누구와 함께 그곳에 갔나요? 무슨 일이 있었나요? 무엇이 그토록 기억에 남게 했는지 최대한 자세히 설명해주세요.

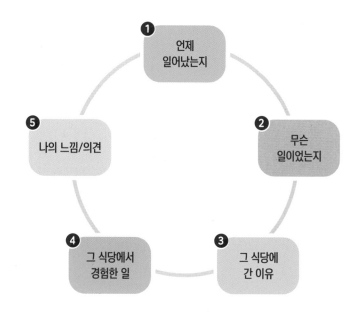

❶ 언제 일어났는지

❷ 무슨 일이었는지

❸ 그 식당에 간 이유

❹ 그 식당에서 경험한 일

❺ 나의 느낌/의견

BRAINSTORMING

 MP3 3_10

❶ 언제 일어났는지	It was on Parents' Day several years ago. 몇 년 전 어버이날이었습니다.
❷ 무슨 일이었는지	I thought it'd be a good idea to take my parents to a seafood restaurant. 저는 부모님을 해산물 식당에 데려가는 것이 좋겠다고 생각했습니다.
❸ 그 식당에 간 이유	The restaurant had various types of food and they offered a great discount just in time. 그 식당은 다양한 종류의 음식을 제공하고 때마침 큰 할인을 해주고 있었습니다.
❹ 그 식당에서 경험한 일	All the staff were very kind, the food was very delicious. 모든 직원들은 매우 친절했고 음식은 정말 맛있었습니다.
❺ 나의 느낌/의견	I was happy with everything about the restaurant. 저는 그 식당의 모든 것에 만족했습니다.

💡 KEY SENTENCES

I thought it would be a good idea to '동사'. 저는 '동사'하는 것이 좋을 거라고 생각했습니다.

I thought it'd be a good idea to take my parents to a seafood restaurant because they are huge fans of seafood.
저의 부모님께서 해산물을 좋아하시기 때문에 저는 부모님을 해산물 식당에 데려가는 것이 좋겠다고 생각했어요

'주어' seemed '형용사'. '주어'가 '형용사'한 것처럼 보였습니다.

Most importantly, my parents seemed very satisfied.
그리고 가장 중요한 것은, 부모님이 매우 만족하셨다는 것이에요.

although 주어+동사 비록 '주어'가 '동사'할지라도

Although it was still very expensive even after receiving a discount, I was still satisfied.
할인을 받고도 여전히 매우 비쌌지만, 저는 충분히 만족했습니다.

be happy with A A에 만족하다

I was happy with everything about the restaurant.
저는 그 식당의 모든 것에 만족했습니다.

I thought about what would be good for A. 저는 A를 위해 뭐가 좋을지 생각해 봤습니다. `IH+ 표현`

I thought about what would be good for my parents.
저는 부모님에게 어떤 것이 좋을지 생각해봤습니다.

by the time 주어+동사 '주어'가 '동사'할 쯤에 `IH+ 표현`

By the time we almost finished our meal, the staff took a picture of us and I've kept it well so far.
식사를 거의 마칠 때쯤, 직원들이 우리를 사진 찍어 주었고, 저는 지금까지 잘 보관해오고 있습니다.

✏️ LET'S PRACTICE

I thought it _____ be a _____ idea to try something new.
저는 새로운 것을 시도하는 것이 좋을 거라고 생각했습니다.

Everyone _____ very excited about trying Korean food.
모든 사람들이 한국 음식을 맛보는 것에 흥미로워 보였습니다.

_____ not everyone liked the sliced raw fish, it was a good experience.
비록 모든 사람들이 생선회를 좋아하진 않았지만 좋은 경험이었습니다.

Overall, we were _____ with the quality of the meat.
전체적으로 우리는 고기의 질에 만족했습니다.

I _____ about what would be good for someone who has never eaten Korean food.
저는 한국 음식을 먹어보지 않은 사람들에게 어떤 음식이 좋을지 생각해 봤습니다.

_____ _____ _____ the food arrived, we had already had four bottles of soju.
음식이 도착할 쯤에, 우리는 이미 소주 4병을 마셨습니다.

ANSWER would, good / seemed / Although / happy / thought / By the time

 **IM3** | **외식, 음식** 잊지 못할 경험 🔊 **MP3** 3_11

Q. Please describe a special experience you had at a restaurant. When and with whom did you go there? What happened? Please tell me what made it so special in as much detail as possible.

식당에서 가졌던 특별한 경험을 묘사해주세요. 언제 그리고 누구와 함께 그곳에 갔나요? 무슨 일이 있었나요? 무엇이 그토록 기억에 남게 했는지 최대한 자세히 설명해주세요.

 BRAINSTORMING

❶ 언제 일어났는지	몇 년 전, 어버이날		
❷ 무슨 일이었는지	부모님을 해산물 식당에 데려감	➕ 부모님은 해산물을 좋아하심	IM3+
❸ 그 식당에 간 이유	다양한 종류, 할인	➕ 비싼 해산물 식당	IM3+
❹ 그 식당에서 경험한 일	친절한 스태프, 맛있는 음식	➕ 부모님 만족해하심	IM3+
❺ 나의 느낌/의견	만족함	➕ 직원이 사진 찍어 줌거 보관	IM3+

MODEL ANSWER IM3

❶ It was on Parents' Day several years ago. In Korea, we have Parents' Day in May and it is a day when we express our gratitude to our parents. ❷ I thought it'd be a good idea to take my parents to a seafood restaurant because they are huge fans of seafood. ❸ The restaurant had various types of food and they offered a great discount just in time. I thought it would be a great chance because the restaurant was originally one of the most expensive seafood buffet restaurants in Korea. We had high expectations because most reviews were great, and it was actually as good as I'd expected. ❹ All the staff were very kind, the food was very delicious, and most importantly, my parents seemed very satisfied. It was the first time I'd ever been treated so well at a restaurant. Although it was still very expensive even after receiving a discount, ❺ I was happy with everything about the restaurant. One of the staff took a picture of my family and I still keep it. It was a great experience.

몇 년 전 어버이날이었어요. 한국에는 5월에 어버이날이 있는데, 그 날은 부모님께 감사하는 마음을 표현하는 날이죠. 저의 부모님은 해산물을 좋아하시기 때문에 저는 부모님을 해산물 식당에 모셔가는 것이 좋겠다고 생각했어요. 그 식당은 다양한 종류의 음식이 있었고, 때마침 큰 할인을 해줬어요. 원래는 한국에서 가장 비싼 해물 뷔페 식당 중 하나였기 때문에 좋은 기회가 될 것이라고 생각했습니다. 대부분의 평이 좋았기 때문에 기대가 컸고, 실제로도 기대만큼 좋았습니다. 모든 직원들은 매우 친절했고, 음식은 아주 맛있었어요. 그리고 가장 중요한 것은, 부모님이 매우 만족하셨다는 것이에요. 식당에서 이렇게 좋은 대접을 받는 것은 처음이었습니다. 할인을 받아도 여전히 매우 비쌌지만, 저는 그 식당의 모든 것에 만족했습니다. 직원 중 한 명이 우리 가족의 사진을 찍어 주었는데, 저는 여전히 그것을 보관하고 있어요. 그것은 굉장한 경험이었습니다.

Vocabulary & Expressions

take a picture of ~ ~의 사진을 찍다

Q. Please describe a special experience you had at a restaurant. When and with whom did you go there? What happened? Please tell me what made it so special in as much detail as possible.

식당에서 가졌던 특별한 경험을 묘사해주세요. 언제 그리고 누구와 함께 그곳에 갔나요? 무슨 일이 있었나요? 무엇이 그토록 기억에 남게 했는지 최대한 자세히 설명해주세요.

BRAINSTORMING

❶ 언제 일어났는지	몇 년 전, 어버이날 레스토랑에 간 것	
❷ 무슨 일이었는지	부모님이 해산물 좋아해서 해산물 식당에 데려감	
❸ 그 식당에 간 이유	다양한 종류, 어버이날 기념 30% 할인 쿠폰 제공	
❹ 그 식당에서 경험한 일	잘 훈련된 직원들, 아주 맛있는 음식	
❺ 나의 느낌/의견	할인 받아도 예산 넘는 금액이지만 가치 있었음	

MODEL ANSWER · IH-AL

❶ The most memorable experience that I've had at a restaurant was on Parents' Day several years ago. In Korea, we have Parents' Day, which is a day when we express our gratitude to our parents, in May. I thought about what would be good for my parents and ❷ I decided to take them to a good seafood restaurant since they are fond of seafood. The restaurant was one of the fanciest seafood buffet restaurants and ❸ it had a wide variety of food options that we could choose from so that we could eat whatever we wanted depending on our taste. More importantly, it offered a great deal for Parent's Day so I could get 30% off from the original price. Before we went there, we had high expectations because most of the reviews were great, and it met my expectation. ❹ All of the servers were very well-trained, the food was very tasty, and most importantly, my parents were fully satisfied with it. I've been to many different kinds of restaurants, but I'd never been treated that well before. ❺ Although it was over my budget even after receiving a discount, I think it was worth the money and I would be willing to go there again. By the time we were almost finished with our meal, the staff took a picture of us, and I've kept it since then.

....

제가 식당에서 경험한, 가장 기억에 남는 일은 몇 년 전 어버이날이었습니다. 한국에는 5월에 어버이날이 있는데, 그 날은 부모님께 감사의 마음을 표현하는 날입니다. 저는 부모님에게 어떤 것이 좋을지 생각해봤는데, 부모님이 해산물을 좋아하셔서 해산물 식당에 모셔 가기로 결정했어요. 그 식당은 일류 해산물 뷔페 식당 중 하나였으며, 취향에 따라 원하는 것을 먹을 수 있도록 선택할 수 있는 다양한 음식 옵션을 갖추고 있었죠. 더 중요한 것은, 어버이날을 맞이하여 아주 좋은 혜택을 제공했기 때문에 저는 원래 가격에서 30%를 할인 받을 수 있었습니다. 그곳에 가기 전에 대부분의 평이 훌륭해서 기대가 컸고, 제 기대에 부응했습니다. 서빙을 하는 모든 사람들은 잘 훈련이 되어 있었고, 음식은 매우 맛있었어요. 그리고 가장 중요한 것은, 부모님께서 아주 만족하셨다는 것이에요. 저는 다양한 종류의 레스토랑에 가봤지만, 그렇게 좋은 대접을 받은 적이 없었어요. 할인을 받고서도 제 예산을 초과했지만 저는 그만한 가치가 있다고 생각했고, 그곳에 기꺼이 다시 갈 의향이 있어요. 식사를 거의 마칠 때쯤, 직원들이 우리를 사진 찍어 주었고, 저는 지금까지 잘 보관해오고 있습니다.

나만의
스크립트
만들기

나만의 답변을 만들어 봅시다.

언제 일어났는지	It was _____ ago.
무슨 일이었는지	I went to _____ restaurant alone/with _____.
그 식당에 간 이유	That's because I thought it would be a great chance because
그 식당에서 경험한 일	Although, _____,
나의 느낌/의견	I was happy/satisfied with the restaurant. It was great experience.

명절, 모임, 기념일

▸ 언뜻 보기에 명절, 모임, 기념일이 전혀 연관성이 없어 보일 수도 있지만, 사람들이 함께 모이는 시간은 명절이나 기념일로 설정하여 이야기를 풀어나가면 한 가지의 답변으로 여러가지 문제를 대비할 수 있습니다.

▸ 우리나라 명절에 관한 문제는 난이도가 있지만, 자주 출제되는 주제이니 반드시 답변을 준비해두셔야 합니다.

 출제 포인트

- **묘사, 설명하기**
  우리나라의 명절 설명
  나의 모임/기념일 설명

- **변화, 활동 이야기하기**
  우리나라의 명절, 나의 모임/기념일의 과거와 현재 변화
  우리나라의 명절, 나의 모임/기념일 관련 일반적인 루틴

- **경험, 계기 이야기하기**
  기억에 남는 명절/모임/기념일 경험
  최근 명절/모임/기념일 관련 경험

문제 예시

- Please tell me about the most important holiday in your country. How is it celebrated? 빈출★
  당신 나라에서 가장 중요한 명절에 대해 말해주세요. 그 날은 어떻게 기념되나요?

- Do people celebrate the holiday with their family? If so, what do they do, and what kind of food do they eat during the holiday?
  사람들은 보통 가족들과 함께 명절을 기념하나요? 만약 그렇다면, 명절 동안 그들은 무엇을 하며, 어떤 음식을 먹나요?

- Please tell me about your most memorable holiday. Where were you? What happened? Why was it so special? 빈출★
  당신에게 가장 기억에 남는 명절에 대해 말해주세요. 어디에 있었나요? 무슨 일이 있었죠? 왜 그렇게 특별했나요?

우리나라의 명절

- ☐ Korean Thanksgiving Day 추석
- ☐ Korean New Year's Day 설날

명절에 하는 일

- ☐ get together 다같이 모입니다
- ☐ prepare and share food 음식을 준비하고, 같이 나눠 먹습니다
- ☐ hold a memorial service for their ancestors 차례를 지냅니다
- ☐ play some korean traditional games 한국 전통 게임을 합니다
- ☐ talk about how they are doing 요즘 근황에 대해 서로 이야기합니다

기억에 남는 경험

- ☐ keep a good relationship with A A와 좋은 관계를 유지하다
- ☐ It lasted long in my memory 그것은 내 기억속에 오랫동안 남아있다 IH+
- ☐ talk and laugh 이야기하고 웃습니다
- ☐ It was the best OO to me 그것은 내게 최고의 OO였습니다
- ☐ I'll never forget that moment 그 순간을 절대 잊지 않을 것입니다

명절/모임/기념일 우리나라의 명절/공휴일

Q. **Please tell me about the most important holiday in your country. How is it celebrated?**
당신 나라에서 가장 중요한 명절에 대해 말해주세요. 그 날은 어떻게 기념되나요?

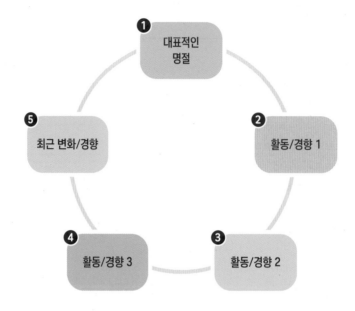

❶ 대표적인 명절
❷ 활동/경향 1
❸ 활동/경향 2
❹ 활동/경향 3
❺ 최근 변화/경향

BRAINSTORMING

MP3 3_13

❶ 대표적인 명절	One is Thanksgiving, called 추석 in Korean, and the other one is Lunar New Year, called 설날 in Korean. 하나는 한국어로 추석이라 불리는 추수 감사절이고, 다른 하나는 한국어로 설날이라고 불리는 음력 설날입니다.
❷ 활동/경향 1	On these days, every family member gets together to celebrate the holiday. 두 명절에는 모든 가족들이 함께 모여 명절을 맞이합니다.
❸ 활동/경향 2	They prepare and share food and play some Korean traditional games. 그들은 음식을 준비하고 나눠 먹기도 하고 한국 전통 놀이를 하기도 합니다.
❹ 활동/경향 3	One special thing is that they hold a memorial service for their ancestors. 한 가지 특별한 것은 그들이 조상들을 위해 제사를 지낸다는 것입니다.
❺ 최근 변화/경향	These days, I see many people travel abroad or nearby to spend their national holidays. 요즘은 명절을 보내기 위해 해외나 근교를 여행하는 사람들이 많이 보입니다.

KEY SENTENCES

talk about what(when/why/how) 주어+동사 '주어'가 무엇을(언제/왜/어떻게) '동사'하는지에 대해 이야기하다

They also talk about how they are doing.
그들은 또한 그들이 어떻게 지내는지에 대해 이야기하기도 합니다.

even if 주어+동사 '주어'가 '동사'할지라도

People visit their family and relatives even if it takes a long time.
교통체증 때문에 시간이 오래 걸린다 할지라도 가족과 친지를 방문합니다.

It's a great chance for A to '동사'. A가 '동사'할 수 있는 좋은 기회입니다.

It's a great chance for them to relax.
그들이 긴장을 풀 수 있는 좋은 기회입니다.

no matter how long it takes (시간이) 얼마나 걸리든지 간에 〔 IH+ 표현 〕

People are willing to visit their family and relatives no matter how long it takes during this period.
사람들은 이 기간 동안 아무리 시간이 걸리더라도 가족과 친척들을 기꺼이 방문하려고 합니다.

be willing to 동사 기꺼이 '동사'하다 〔 IH+ 표현 〕

People are willing to visit their family.
사람들은 기꺼이 그들의 가족을 방문합니다.

LET'S PRACTICE

We always talk about _____ our lives are going.
우리는 항상 어떻게 살아가는지에 대해 이야기합니다.

We need to make the time for our family _____ ____ we're busy.
우리는 바쁘더라도 우리 가족을 위한 시간을 만들 필요가 있습니다.

It's a great _____ _____ me to catch up with relatives I don't often see.
제가 자주 보지 못하는 친척들의 근황을 알기에 좋은 기회입니다.

I visit my parents every holiday, ____ _____ how long it takes.
저는 아무리 시간이 걸리더라도 명절이면 부모님을 뵈러 갑니다.

ANSWER how / even if / chance for / no matter

Q. Please tell me about the most important holiday in your country. How is it celebrated?

당신 나라에서 가장 중요한 명절에 대해 말해주세요. 그 날은 어떻게 기념되나요?

BRAINSTORMING

❶ 대표적인 명절	추석(추수감사절), 설날	➕ 가장 크고 특별한 명절	IM3+
❷ 활동/경향 1	가족들이 모두 모임		
❸ 활동/경향 2	음식 준비, 전통 놀이	➕ 근황에 대해 이야기	IM3+
❹ 활동/경향 3	차례를 지냄	➕ 시간이 오래 걸려도 가족, 친지 방문	IM3+
❺ 최근 변화/경향	요즘은 해외나 근교로 여행	➕ 쉴 수 있는 좋은 기회	IM3+

MODEL ANSWER IM3

There are two big national holidays in Korea. ❶ One is Thanksgiving, called 추석 in Korean, and the other one is Lunar New Year, called 설날 in Korean. Both days are very important to Koreans because they are the largest and most special national holidays in Korea. So, ❷ on these days, every family member gets together to celebrate the holiday. ❸ They prepare and share food and play some Korean traditional games. They also talk about how they are doing. ❹ One special thing is that they hold a memorial service for their ancestors. These two national holidays enable people to stay in touch with their family members and relatives. So, people visit their family and relatives even if it takes a long time. However, ❺ these days, I see many people travel abroad or nearby to spend their national holidays. That's because it's a great chance for them to relax. This is everything about holidays in my country.

한국에는 두 개의 큰 공휴일이 있어요. 하나는 한국어로 추석이라고 불리는 추수 감사절이고 다른 하나는 한국어로 설날라고 불리는 음력 설날입니다. 두 날은 한국에서 가장 크고 특별한 공휴일이기 때문에 한국인들에게 매우 중요하죠. 그래서 이 두 날 모두, 모든 가족들은 함께 모여 명절을 맞이합니다. 그들은 음식을 준비하고 나누어 먹기도 하고, 한국의 전통 놀이를 하기도 해요. 그들은 또한 그들의 근황에 대해 이야기하기도 합니다. 한 가지 특별한 것은 그들이 조상들을 위한 제사를 지낸다는 것입니다. 이 두 명절은 사람들이 그들의 가족이나 친척들과 연락을 유지할 수 있게 해줍니다. 그래서 시간이 오래 걸리더라도 가족과 친지를 방문하죠. 하지만 요즘은 명절을 보내기 위해 해외나 근교를 여행하는 사람들이 많이 보여요. 왜냐하면 그들이 쉴 수 있는 좋은 기회이기 때문이죠. 이것이 한국의 명절에 관한 모든 것입니다.

Vocabulary & Expressions

national holiday 공휴일 **celebrate** 기념하다, 축하하다 **enable** ~을(를) 할 수 있게 하다 **stay in touch** 연락을 유지하다

송쌤의 꿀팁

▸ 두 가지를 나열하면서 설명할 때는 one is ~ and the other one is~ 로 문장을 만듭니다.
▸ 강세 주의: largest and the most special 최상급은 강조해서 읽어줍니다.
　　memorial [메모리얼] 'mo'에 강세를 두어 읽어줍니다.

Q. Please tell me about the most important holiday in your country. How is it celebrated?

당신 나라에서 가장 중요한 명절에 대해 말해주세요. 그 날은 어떻게 기념되나요?

BRAINSTORMING

❶ 대표적인 명절 — 2개 대표적인 명절, 추석(추수감사절), 설날

❷ 활동/경향 1 — 가족들이 모두 모임, 음식 준비, 전통 놀이

❸ 활동/경향 2 — 제사를 지냄

❹ 활동/경향 3 — 가족, 친척들과 좋은 관계를 유지할 수 있는 좋은 기회를 줌

❺ 최근 변화/경향 — 해외 여행을 하거나 근교를 여행하는 사람들 많이 봄

MODEL ANSWER IH-AL

We have several different holidays in Korea such as Korean Independence Day, Hangul Day, and Children's Day. Out of all of them, ❶ there are two representative national holidays and they are Thanksgiving, called 추석 in Korean, and Lunar New Year, called 설날 in Korean. These two holidays mean a lot to Koreans because they are considered the largest and most important national holidays in Korea. On both days, ❷ all the family members gather and spend quality time together by sharing good food or playing some traditional games. They prepare Korean traditional food together and talk about how they have been doing. ❸ Also, people hold a memorial service for their ancestors by offering food, fruits, and wine. ❹ These two national holidays give people a great chance to keep a good relationship with their family members and relatives. So, people are willing to visit their family and relatives no matter how long it takes during this period. However, these days, I've noticed that more and more people are considering these holidays as an opportunity to relax. So, ❺ I've seen many people go on a trip abroad or nearby rather than stay and cook at home for these holidays. This is pretty much everything about holidays in my country.

한국에는 독립기념일, 한글날, 어린이날 등 여러 가지 공휴일이 있습니다. 그러나 대표적인 공휴일이 두 개 있는데, 한국말로 추석이라고 하는 한국의 추수 감사절과 설날이라고 부르는 음력 설날입니다. 이 두 날은 한국에서 가장 크고 중요한 공휴일로 여기기 때문에 한국인들에게 많은 의미가 있습니다. 그 날에는, 모든 가족들이 모여서 좋은 음식을 나누거나 전통 놀이를 하면서 좋은 시간을 보냅니다. 그들은 함께 한국 전통 음식을 요리하고 그들이 어떻게 지내는지에 대해 이야기하죠. 또한, 사람들은 음식, 과일, 술을 올려 조상들의 제사를 지냅니다. 이 두 명절은 사람들에게 그들의 가족, 친척들과 좋은 관계를 유지할 수 있는 좋은 기회를 줍니다. 그래서 사람들은 이 기간 동안 시간이 얼마나 걸리더라도 가족과 친척들을 기꺼이 방문하려고 합니다. 요즘은, 점점 더 많은 사람들이 이 명절을 쉴 수 있는 기회라고 생각하는 것을 알게 되었습니다. 그래서 명절 동안 집에 머물며 요리를 하는 것보다 해외 여행을 하거나 근교를 여행하는 사람들을 많이 보았습니다. 이것이 한국의 휴일에 관한 거의 모든 것입니다.

나만의 스크립트 만들기

나만의 답변을 만들어 봅시다.

대표적인 명절	There are two big national holidays in Korea.
	One is Thanksgiving, called 추석 in Korean, and the other one is Lunar New Year, called 설날 in Korean.
	Both days are very important to Koreans because they are the largest and most special national holidays in Korea.
활동/경향 1	So, on these days,
활동/경향 2	They
활동/경향 3	So,
최근 변화/경향	This is pretty much everything about _____.

Q. Please tell me about your most memorable holiday. Where were you? What happened? Why was it so special?

당신에게 가장 기억에 남는 명절에 대해 말해주세요. 어디에 있었나요? 무슨 일이 있었죠? 왜 그렇게 기억에 남았나요?

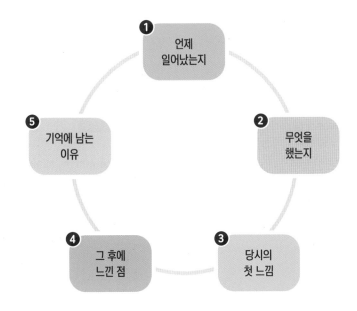

❶ 언제 일어났는지
❷ 무엇을 했는지
❸ 당시의 첫 느낌
❹ 그 후에 느낀 점
❺ 기억에 남는 이유

BRAINSTORMING

🔊 MP3 3_16

❶ 언제 일어났는지	It was when I made 송편 with my family several years ago on Korean Thanksgiving. 몇 년 전 한국 추수감사절에 가족과 함께 송편을 만들었을 때였어요.
❷ 무엇을 했는지	송편 is a traditional Korean food and people eat it on Korean Thanksgiving, so we decided to make our own 송편 because it seemed fun to make them together. 송편은 한국의 전통 음식으로, 사람들은 한국의 추수감사절에 그것을 먹습니다. 하여, 우리는 가족과 함께 만드는 것이 재미있을 것 같아서 우리 만의 송편을 만들기로 결정했습니다.
❸ 당시의 첫 느낌	Honestly, it was a little hard to prepare the ingredients and clean up after. 솔직히 재료 준비와 뒷정리가 좀 힘들었어요.
❹ 그 후에 느낀 점	However, we had a great time while making them because we talked a lot and laughed a lot. 하지만, 우리는 이야기를 많이 하고 많이 웃었기 때문에 그것들을 만들면서 즐거운 시간을 보냈습니다.
❺ 기억에 남는 이유	I realized that it is very important to do things together with my family, and it is still in my memory. 나는 가족과 함께 하는 것이 매우 중요하다는 것을 깨달았고 그것은 여전히 내 기억 속에 있습니다.

It seemed '형용사' to '동사'. '동사'하는 것이 '형용사' 해 보였습니다.

We decided to make our own 송편, because it seemed fun to make them together.
우리는 가족과 함께 만드는 것이 재미있을 것 같아서 우리 만의 송편을 만들기로 했습니다.

I remember the time when '주어+동사'. 저는 '주어'가 '동사'했을 때가 생각 납니다.

I remember the time when I made 송편 with my family.
가족과 함께 송편을 만들었던 때가 생각이 납니다.

Before that, I'd never realized how precious it is to '동사'. ◀ IH+ 표현
이전에는, 저는 '동사'하는 것이 얼마나 소중한지 깨닫지 못했습니다.

Before that, I'd never realized how precious it is to have quality time with my family.
그 경험 전에는, 저는 가족과 함께하는 것이 얼마나 소중한지 깨닫지 못했습니다.

I feel the importance of A. A의 중요성을 느낍니다.

I felt the importance of spending time with my family.
저는 가족과 함께 시간을 보내는 것의 중요성을 느꼈습니다.

✏️ **LET'S PRACTICE**

It _____ like a good idea for all of us to stay at my aunt's house.
우리 모두는 고모 집에 머무는 것이 좋을 것 같았습니다.

I _____ a time when my entire family came to my house for 추석.
저는 추석에 모든 가족들이 저희 집에 왔던 때가 생각 납니다.

_____ _____, I'd never realized how precious it is to spend time with friends.
이전에는 친구들과 시간 보내는 것이 얼마나 소중한지 깨닫지 못했습니다.

I felt the _____ of working out regularly.
저는 규칙적으로 운동하는 것의 중요성을 느꼈습니다.

ANSWER seemed / remember / Before that / importance

Q. Please tell me about your most memorable holiday. Where were you? What happened? Why was it so special?

당신에게 가장 기억에 남는 명절에 대해 말해주세요. 어디에 있었나요? 무슨 일이 있었죠? 왜 그렇게 기억에 남았나요?

BRAINSTORMING

❶ 언제 일어났는지 — 몇 년 전, 추석

❷ 무엇을 했는지 — 송편 만들기 ➕ 가족과 함께 만들면 재밌을 것 같아서 `IM3+`

❸ 당시의 첫 느낌 — 재료 준비와 뒷정리가 힘들었음

❹ 그 후에 느낀 점 — 즐거운 시간을 보냄 ➕ 많이 웃고 떠듦 `IM3+`

❺ 기억에 남는 이유 — 가족과 함께 하는 것의 중요함을 깨달음 ➕ 이런 시간 더 자주 갖도록 노력 `IM3+`

MODEL ANSWER IM3

❶ It was when I made 송편 with my family several years ago on Korean Thanksgiving. 송편 is a traditional Korean food and it is a type of small rice cake. People eat it on Korean Thanksgiving and many Korean families make their own 송편. So, ❷ we decided to make our own 송편, because it seemed fun to make them together. Honestly, ❸ it was a little hard to prepare the ingredients and clean up after. However, ❹ we had a great time while making them because we talked a lot and laughed a lot. Even though our 송편 wasn't professionally made, it was the best 송편 to me. After that experience, ❺ I realized that it is very important to do things together with my family and it is still in my memory. I will never forget that moment and I'll try to have that kind of time more often.

몇 년 전 한국 추석에 가족과 함께 송편을 만들었을 때였어요. 송편은 한국의 전통 음식으로 작은 떡의 일종인데요. 사람들은 한국의 추수감사절에 그것을 먹고 많은 한국 가정들은 그들만의 송편을 만들기도 합니다. 그래서, 우리는 가족과 함께 만드는 것이 재미있을 것 같아서 우리만의 송편을 만들기로 결정했습니다. 솔직히 재료 준비와 뒷정리가 좀 힘들었어요. 하지만, 우리는 이야기를 많이 하고 많이 웃었기 때문에 그것들을 만들면서 즐거운 시간을 보냈습니다. 비록 우리의 송편은 전문적으로 만들어지지 않았지만, 그것은 나에게 최고의 송편이었어요. 그 경험 후에, 나는 가족과 함께하는 것이 매우 중요하다는 것을 깨달았고 그것은 여전히 내 기억 속에 있습니다. 저는 그 순간을 결코 잊지 않을 것이고 그런 시간을 더 자주 갖도록 노력할 것입니다.

Vocabulary & Expressions

ingredient 재료 professionally 전문적으로

 송쌤의 꿀팁

주의해야 할 발음

▸ It is a type of [잇 이즈 어 **타이쁘브**] 'type of'를 연음으로 발음하는 것에 주의합니다.

▸ ingredient [**인그리**-디언트] 're'를 조금 길게 빼서 발음하는 것에 주의합니다.

Q. Please tell me about your most memorable holiday. Where were you? What happened? Why was it so special?

당신에게 가장 기억에 남는 명절에 대해 말해주세요. 어디에 있었나요? 무슨 일이 있었죠? 왜 그렇게 기억에 남았나요?

BRAINSTORMING

① 언제 일어났는지 — 추석에 가족과 함께 송편 만들었을 때 기억남

② 무엇을 했는지 — 송편 만들기 | ⊕ 떡, 전통음식 **IH+**

③ 당시의 첫 느낌 — 재료 준비와 뒷정리가 번거로웠음

④ 그 후에 느낀 점 — 웃고 떠들면서 재미있는 시간 보내서 잊지못할 기억 | ⊕ 잘 만들진 못했지만, 의미있는 시간 **IH+**

⑤ 기억에 남는 이유 — 가족과 함께 하는 것의 중요함을 깨달음, 기억에 오래 남음

MODEL ANSWER · IH-AL

❶ I remember the time when I made 송편, which is a traditional Korean food that is made of rice powder, with my family on Korean Thanksgiving. To talk about 송편, it is a type of 떡, which is a small rice cake that people traditionally eat on Korean Thanksgiving. Since 송편 is one of the most popular homemade Korean dishes for holidays, many families make their own 송편. ❷ My family also planned to make our own 송편 because it would be good for us to do something together for the holiday. Honestly, ❸ it was such a hassle to prepare all the ingredients and clean up after. However, ❹ it was such an unforgettable moment because we had such a great time by talking and laughing while making them. Even though they were not as great as the ones that are sold, spending time together with my family meant a lot to me. Before that, I'd never realized how precious it is to have quality time with my family. However, ❺ after that experience, I felt the importance of being with my family and it lasted so long in my memory. I will never forget that moment and I'll try to have that kind of time more often.

추석에 가족과 함께 쌀가루로 만든 한국 전통 음식인 송편을 만들던 때가 생각납니다. 송편에 대해 말하자면, 작은 떡이고 한국의 추석에 전통적으로 사람들이 먹는 떡의 일종입니다. 명절에 집에서 만든 한국 음식 중 가장 인기 있는 것이 송편이기 때문에, 많은 가정들이 직접 송편을 만듭니다. 우리 가족 역시 명절에 함께 뭔가를 하는 것이 좋을 것 같아 우리만의 송편을 만들기로 했습니다. 솔직히 모든 재료를 준비하고, 또한 만들고 나서 뒷정리를 하는 것이 너무 번거로웠지만, 우리가 그것들을 만들면서 많은 이야기를 나누고 웃었기 때문에, 그것은 정말 잊을 수 없는 순간이었습니다. 파는 송편들 만큼 대단하지는 않았지만, 식구들이 함께 무언가를 만들며 시간을 보낸 시간은 내게 큰 의미가 있었습니다. 그 일이 있기 전에는 가족과 함께 좋은 시간을 보내는 것이 얼마나 소중한지 미처 깨닫지 못했습니다. 하지만, 그 경험 후에, 나는 가족과 함께하는 것의 중요성을 느꼈고 그것은 내 기억 속에 오랜 시간 머물렀어요. 저는 그 순간을 결코 잊지 않을 것이고 그런 시간을 더 자주 갖도록 노력할 것입니다.

송쌤의 꿀팁

▶ 발음 주의: unforgettable [언포게터블] 처음에 'un'에 먼저 강세를 주고, 두 번째 'ge'에 강세를 두어 읽습니다.

나만의 답변을 만들어 봅시다.

언제 일어났는지	It was when
무엇을 했는지	We decided to
당시의 첫 느낌	Honestly,
그 후에 느낀 점	However,
기억에 남는 이유	It still is in my memory. I will never forget that moment.

교통 수단

> 우리나라의 대중교통에 관한 문제는 돌발질문으로 자주 출제가 됩니다. 여러분들이 보통 이용하시는 교통 수단과 과거와 현재의 교통 수단의 변화는 자주 출제가 되므로 답변을 반드시 준비해주세요.

 출제 포인트

- **묘사, 설명하기**
  우리나라의 교통수단 설명
  내가 자주 이용하는 교통수단 설명

- **변화, 활동 이야기하기**
  우리나라의 교통수단의 과거와 현재 변화
  교통수단 이용의 일반적인 루틴(전후 활동)

- **경험, 계기 이야기하기**
  기억에 남는 교통수단 이용 경험
  최근 이용한 교통수단 관련 경험

문제 예시

- Please talk about public transportation in your country. Which form of public transportation do you prefer?
  당신 나라의 대중교통에 대해 말해주세요. 당신은 어떤 교통 수단을 가장 선호하나요?

- Please describe the changes to the public transportation system in your country since you were young. Please explain in as much detail as possible. ┤빈출★├
  당신이 어렸을 때 이후로 당신 나라의 대중교통 체계가 어떻게 변했는지 말해주세요. 최대한 자세히 설명해주세요.

- Please tell me about an unforgettable experience you had while taking public transportation.
  ┤빈출★├
  대중교통을 이용하면서 겪었던 기억에 남는 경험에 대해 말해주세요.

KEY EXPRESSIONS

우리나라의 교통수단 설명

☐ provide a better quality 더 나은 품질을 제공하다

☐ convenient 편리한

☐ affordable ~할 (금전적/시간적) 여유가 있는

☐ readily available 바로 이용 가능한

☐ well-developed 잘 발달된

☐ come very frequently 매우 자주 오다

☐ There's no traffic. 교통체증이 없다

☐ easy to transfer 환승하기 쉬운

☐ the most favored 가장 선호된 IH+

☐ be everywhere 이곳 저곳에 있다 IH+

☐ at short intervals 짧은 간격으로

☐ not that big of a deal 큰일이 아니다

☐ at the expected time 예정된 시간에

☐ in a very short time 아주 짧은 시간에

☐ in cash 현금으로

☐ inefficient 비효율적인

☐ first trip 초행길

☐ headed toward the other direction 반대 방향으로 향하는 IH+

과거의 교통수단

☐ only a few subway lines and bus routes 몇 없는 지하철 노선들과 버스 노선들

☐ pay the fee in cash 현금으로 지불하다

현재의 교통수단

☐ a number of subway lines and bus routes
  많은 지하철 노선들과 버스 노선들

☐ take every public transportation using cards 카드를 이용하여 모든 교통수단을 타다

잊지 못할 경험

☐ drive there 운전에서 그곳에 가다

☐ get off at the next station 다음 정거장에서 내리다

☐ get to my destination in time 제시간에 목적지에 도착하다

☐ run out of A A가 없어지다 IH+

☐ pay attention to A A에 주의를 기울이다

돌발주제 12 교통수단

교통수단 우리나라의 교통수단

Q. Please talk about public transportation in your country. Which form of public transportation do you prefer?

당신 나라의 대중교통에 대해 말해주세요. 당신은 어떤 교통 수단을 가장 선호하나요?

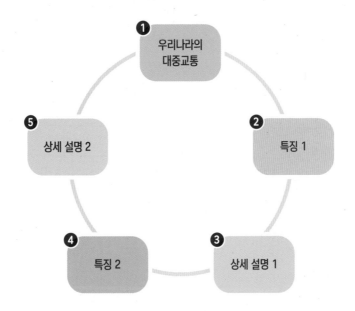

 BRAINSTORMING MP3 3_19

❶ 우리나라의 대중교통	One is a bus and the other one is the subway. 하나는 버스이고 다른 하나는 지하철입니다.
❷ 특징 1	First, it's very convenient and affordable. 첫째, 매우 편리하고 저렴합니다.
❸ 상세 설명 1	You can easily find bus stops and subway stations here and there. 여기저기에서 버스정류장과 지하철역을 쉽게 찾을 수 있습니다.
❹ 특징 2	Second, they are readily available, and they come very frequently. 둘째로, 쉽게 이용할 수 있고 매우 자주 옵니다.
❺ 상세 설명 2	You don't have to worry even if you miss one because you can get the next one almost right away. 하나를 놓치더라도 곧 다음 차를 이용할 수 있기 때문에 걱정하지 않아도 됩니다.

One is A and the other one is B. 하나는 A이고 다른 하나는 B입니다.

There are two main types of public transportation in Korea. One is a bus and the other one is the subway.
한국의 대중교통은 크게 두 가지 종류가 있는데요. 하나는 버스이고 다른 하나는 지하철입니다.

Let me tell you why 주어+동사. 제가 왜 '주어'가 '동사'한지 설명 드리겠습니다. IH+ 표현

Let me tell you why many people prefer to use public transportation.
많은 사람들이 대중 교통을 이용하는 것을 왜 선호하는지 말씀드리겠습니다.

instead of A A 대신에

Let me tell you why many people tend to use public transportation instead of using their own vehicles on a daily basis.
많은 사람들이 자차를 이용하는 대신 대중 교통을 이용하는 것을 선호하는 이유를 말씀드리겠습니다.

주어+동사, which means 주어+동사 주어+동사, ~은 다시 말해 '주어'가 '동사'하다는 것이죠. IH+ 표현

They run very frequently, which means they come at very short time.
그들은 자주 운행합니다. 다시 말해 배차 간격이 짧다는 것이죠.

LET'S PRACTICE

One is cheap and ____ ____ is more expensive.
하나는 저렴하고 다른 하나는 더 비쌉니다.

Let me ____ you ____ I prefer taking the bus over riding the subway.
제가 왜 지하철보다 버스를 타는 것을 선호하는지 말씀드리겠습니다.

After I bought a car, I started driving ____ of using public transportation.
차를 산 이후에, 대중교통을 이용하는 대신에 운전하기 시작했습니다.

ANSWER the other / tell, why / instead

Q. Please talk about public transportation in your country. Which form of public transportation do you prefer?

당신 나라의 대중교통에 대해 말해주세요. 당신은 어떤 교통 수단을 가장 선호하나요?

BRAINSTORMING

❶ 우리나라의 대중교통	버스, 지하철
❷ 특징 1	편리하고 가격이 적당함
❸ 상세 설명 1	버스 정류장, 지하철역 쉽게 찾을 수 있음
❹ 특징 2	쉽게 이용할 수 있음, 자주 옴
❺ 상세 설명 2	하나를 놓쳐도 다음 차 금방 옴

➕ 교통체증 없어서 버스보다 지하철 선호   IM3+

MODEL ANSWER · IM3

I believe Korea has one of the best public transportation systems in the world. There are two main types of public transportation in Korea. ❶ One is a bus and the other one is the subway. Both have been developed to provide better quality, so let me tell you why many people prefer to use public transportation. ❷ First, it's very convenient and affordable. ❸ You can easily find bus stops and subway stations here and there, and tickets are only around 2 dollars. ❹ Second, they are readily available, and they come very frequently. So, ❺ you don't have to worry even if you miss one because you can get the next one almost right away. I personally prefer the subway to a bus because there's no traffic. This is everything about public transportation in my country.

저는 한국이 세계 최고의 대중교통 시스템을 가지고 있다고 생각해요. 한국의 대중교통은 크게 두 가지 종류가 있는데요. 하나는 버스이고 다른 하나는 지하철입니다. 이 두 수단은 모두 더 나은 품질을 제공하기 위해 발전해왔어요. 많은 사람들이 대중교통을 이용하는 것을 선호하는 이유를 이야기할게요. 첫째로, 매우 편리하고 가격이 적당합니다. 이곳저곳 버스 정류장과 지하철역을 쉽게 찾을 수 있고, 표는 2달러 안팎에 불과합니다. 둘째로, 그들은 쉽게 이용할 수 있으며, 매우 자주 옵니다. 그래서 하나를 놓쳐도 걱정하지 않아도 됩니다. 왜냐하면 거의 바로 다음 차를 이용할 수 있기 때문이죠. 저는 개인적으로 교통체증이 없기 때문에 지하철을 선호합니다. 이것이 한국의 대중교통에 관한 모든 것입니다.

Vocabulary & Expressions

public transportation 대중교통 convenient 편리함 affordable 가격이 알맞은

🔊 MP3 3_21

Q. Please talk about public transportation in your country. Which form of public transportation do you prefer?
당신 나라의 대중교통에 대해 말해주세요. 당신은 어떤 교통 수단을 가장 선호하나요?

BRAINSTORMING

❶ 우리나라의 대중교통 | 버스, 지하철 | ➕ 지속적으로 발전, 고성능 지하철 시스템 `IH+`

❷ 특징 1 | 편리하고 가격이 적당함

❸ 상세 설명 1 | 버스 정류장, 지하철역 찾는 게 어렵지 않음 | ➕ 표 값 2달러 `IH+`

❹ 특징 2 | 쉽게 이용할 수 있음, 자주 운행, 배차 간격 짧음

❺ 상세 설명 2 | 하나를 놓쳐도 큰일 아님, 다음 차 금방 옴 | ➕ 개인적으로 지하철 선호 `IH+`

MODEL ANSWER IH-AL

As far as I'm concerned, Korea is one of the most well-developed countries in terms of public transportation. There are two most favored means of public transportation in Korea. ❶ One is a bus and the other one is the subway. Both means of public transportation have continued to develop, and some cities have high-end subway system. Let me tell you why many people tend to use public transportation instead of using their own vehicles on a daily basis. ❷ First, it's very convenient and affordable. ❸ It's not hard to find bus stops and subway stations because they're everywhere, and tickets cost only around 2 dollars. ❹ Second, both means of public transportation are readily available, and they run very frequently, which means they come at short intervals. So, ❺ it wouldn't be that big of a deal even if you miss one because you are able to get the next one in a very short time. I personally prefer the subway to a bus because there's no traffic, which makes it possible for me to get to my destination at the expected time.

제가 알기로는 한국은 대중교통 분야에서 가장 발달된 나라 중 하나예요. 한국에는 가장 선호되는 대중교통수단은 크게 두 가지가 있어요. 하나는 버스이고 다른 하나는 지하철입니다. 두 가지 교통수단 모두 계속해서 발전해왔고 일부 도시는 고성능의 지하철 시스템을 갖추고 있죠. 사람들이 일상에서 자가용보다 대중교통을 이용하는 것을 선호하는 이유를 이야기하게요. 첫째로, 매우 편리하고 저렴하다는 점이에요. 이곳 저곳 버스 정류장과 지하철역을 쉽게 찾을 수 있고 표 값은 2달러 정도에 불과해요. 둘째로, 두 가지 대중교통수단은 모두 쉽게 이용할 수 있으며, 배차 간격이 짧아서 자주 운행합니다. 그래서 만약 당신이 버스나 지하철을 놓치더라도, 짧은 시간내에 다음 차를 탈 수 있기 때문에 걱정하지 않아도 되죠. 저는 개인적으로 버스보다 지하철을 선호해요. 왜냐하면 교통체증이 없기 때문에 제가 예상한 시간에 목적지에 도착할 수 있게 하기 때문입니다.

🚀 송쌤의 꿀팁

주의해야 할 발음

▷ interval [이너벌] 'in'에 강세를 주면서 'inter'를 이너로 발음합니다.

나만의 답변을 만들어 봅시다.

우리나라의 대중교통	I believe Korea has one of the best public transportation systems in the world.
	There are two main types of public transportation in Korea.
	One is a bus and the other one is the subway.
	Let me tell you why
특징 1	First,
상세 설명 1	You can easily
특징 2	Second,
상세 설명 2	So,
	This is everything about the public transportation in my country.

Q. Please describe the changes to the public transportation system in your country since you were young. Please explain in as much detail as possible.
당신이 어렸을 때 이후로 당신 나라의 대중교통 체계가 어떻게 변했는지 말해주세요. 최대한 자세히 설명해주세요.

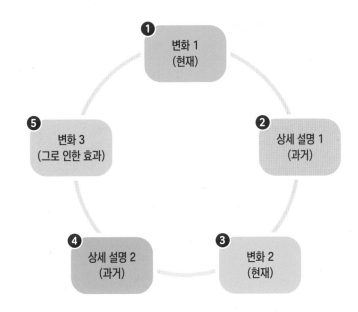

 BRAINSTORMING

 MP3 3_22

❶ 변화 1(현재)	First, we can see a number of subway lines and bus routes now. 첫째로, 현재 우리는 많은 지하철과 버스 노선들을 볼 수 있습니다.
❷ 상세 설명 1 (과거)	In the past, there were only a few subway lines and bus routes. 과거에는 지하철과 버스 노선이 몇 개 밖에 없었습니다.
❸ 변화 2(현재)	Second, people can take every public transportation using cards. 둘째로, 사람들은 카드를 사용해 모든 교통수단을 탈 수 있습니다.
❹ 상세 설명 2 (과거)	In the past, people were only allowed to pay the fee in cash. 과거에는 사람들은 오직 현금으로만 요금을 지불할 수 있었습니다.
❺ 변화 3 (그로 인한 효과)	Some subway systems got much faster, so people can get to their destination in a very short time. 몇몇 지하철 시스템은 훨씬 더 빨라져서 사람들은 아주 짧은 시간 안에 목적지에 도착할 수 있습니다.

There have been many changes to '동사'. '동사'하기 위해 많은 변화가 (계속) 있었습니다.

There have been many changes and developments to improve public transportation systems in Korea.
한국은 더 나은 대중 교통 시스템을 위한 많은 변화와 발전을 했습니다.

a number of 수많은

We can see a number of subway lines and bus routes now.
우리는 지금 많은 지하철 노선들과 버스 노선들을 볼 수 있습니다.

There used to be A. A가 있곤 했습니다. IH+ 표현

In the past, there used to be only a few subway lines and bus routes.
과거에는 지하철 노선이나 버스 노선이 몇 개 없었습니다.

Last but not least 마지막으로 중요한 것은 IH+ 표현

Last but not least, thanks to the advanced technology, some subway systems have made it possible for people to reach their destination much faster than ever before.
마지막이지만 중요한 것은 첨단 기술 덕택으로, 일부 지하철 시스템은 사람들이 이전보다 훨씬 더 빨리 목적지에 도착하는 것을 가능하게 했습니다.

LET'S PRACTICE

There have been many _____ to shorten the amount of time people spend commuting.
사람들의 통근 시간을 줄이기 위해 많은 변화들이 있었습니다.

We can see ____ _____ ____ taxis now in Korea.
우리는 한국에서 수많은 택시들을 볼 수 있습니다.

There _____ ____ be only one or two buses that came through my neighborhood.
저희 동네를 지나는 버스는 한 두대 밖에 없었습니다.

_____ _____ _____ _____, smartphone technologies have made it even easier to pay when you use public transportation.
마지막으로 중요한 것은, 스마트폰 기술이 대중교통 이용 요금을 지불하는 것을 더욱 쉽게 만들었습니다.

ANSWER changes / a number of / used to / Last but not least

Q. Please describe the changes to the public transportation system in your country since you were young. Please explain in as much detail as possible.
당신이 어렸을 때 이후로 당신 나라의 대중교통 체계가 어떻게 변했는지 말해주세요. 최대한 자세히 설명해 주세요.

BRAINSTORMING

❶ 변화 1(현재)   많은 지하철과 버스 노선

❷ 상세 설명 1(과거)   과거에는 몇 개밖에 없음   ➕ IM3+ *어디든 갈 수 있는 것은 아니었음*

❸ 변화 2(현재)   카드로 모든 교통수단 이용 가능

❹ 상세 설명 2(과거)   과거에는 현금만 가능   ➕ IM3+ *불편했음*

❺ 변화 3(그로 인한 효과) 빠른 지하철 시스템 → 도착 시간 단축

MODEL ANSWER IM3

There have been many changes and developments to improve public transportation systems in Korea. ❶ First, we can see a number of subway lines and bus routes now. However, ❷ in the past, there were only a few subway lines and bus routes. So, it was not possible for people to go everywhere by only using public transportation. ❸ Second, people can take every public transportation using cards. However, ❹ in the past, people were only allowed to pay the fee in cash, and it was very inconvenient. Lastly, compared to the past, ❺ some subway systems got much faster, so people can get to their destination in a very short time. These are the main changes.

한국은 더 나은 대중교통 시스템을 위한 많은 변화와 발전을 했습니다. 첫째로, 우리는 지금 많은 지하철 노선과 버스 노선을 볼 수 있죠. 하지만 과거에는 지하철 노선과 버스 노선이 몇 개밖에 없었죠. 그래서 대중교통을 이용한다고 해서 어디든 갈 수 있는 것은 아니었어요. 둘째로, 사람들은 카드를 이용하여 모든 교통수단을 탈 수 있습니다. 그러나 과거에는 사람들이 오직 현금으로만 요금을 지불하도록 허용되었고 그것은 매우 불편했어요. 마지막으로, 과거와 비교해서 일부 지하철 시스템은 훨씬 빨라져서 사람들은 아주 짧은 시간 안에 목적지에 도착할 수 있게 되었습니다. 이것들이 주요 변화들입니다.

Vocabulary & Expressions

bus route 버스 노선 subway line 지하철 노선 allow 허락하다, 용납하다 destination 목적지

교통수단 우리나라 교통수단의 변화 과거 vs. 현재   ◁)) **MP3** 3_24

Q. Please describe the changes to the public transportation system in your country since you were young. Please explain in as much detail as possible.

당신이 어렸을 때 이후로 당신 나라의 대중교통 체계가 어떻게 변했는지 말해주세요. 최대한 자세히 설명해 주세요.

BRAINSTORMING

❶ 변화 1(현재)   지하철과 버스 노선의 개수 → 수많은 노선이 있음   ➕ 사람들이 쉽게 돌아다님   IH+

❷ 상세 설명 1(과거)   과거에는 몇 개밖에 없음   ➕ 갈 수 있는 곳 제한   IH+

❸ 변화 2(현재)   카드로 모든 교통수단 이용 가능

❹ 상세 설명 2(과거)   과거에는 현금만 가능   ➕ 불편하고 비효율적   IH+

❺ 변화 3(그로 인한 효과)   첨단 기술 덕택으로 목적지에 훨씬 더 빨리 도착 가능

MODEL ANSWER ◀ IH-AL

There have been many changes and developments to make Korea become one of the countries with the best public transportation. First, ❶ it's the number of subway lines and bus routes. Now, we have numerous subway lines and bus routes so that people can easily get around the city or travel anywhere they want. However, ❷ in the past, there used to be only a few subway lines and bus routes, so there were many places where people were not able to get to by using only the public transportation. ❸ Second, it's the payment system. Now, people are able to take any part of the transportation system with a card called a transportation card, and people can get it from ticket machines next to the subway entrance. However, ❹ in the past, people were only allowed to pay the fee in cash, which was very inconvenient and inefficient. Last but not least, ❺ thanks to the advanced technology, some subway systems have made it possible for people to reach their destination much faster than ever before. These are the main changes.

한국은 최고의 대중 교통을 가지고 있는 나라가 되기위해 많은 변화와 발전을 했습니다. 첫번째로, 지하철 노선과 버스 노선 수예요. 이제 우리는 수많은 지하철 노선들과 버스 노선이 있어서 사람들이 쉽게 시내를 돌아다닐 수도 있고 원하는 곳으로 여행을 갈 수도 있어요. 하지만, 과거에는 지하철 노선이나 버스 노선이 몇 개 안 돼 대중교통만으로는 갈 수 없는 곳이 많았죠. 둘째로, 결제 시스템입니다. 이제 사람들은 교통카드라는 카드로 모든 교통수단을 이용할 수 있고, 사람들은 지하철 입구 옆에 있는 표 판매기에서 카드를 살 수 있습니다. 그러나 과거에는 현금으로만 요금을 내도록 되어 있어 매우 불편하고 비효율적이었죠. 마지막이지만 중요한 것은 첨단 기술 덕택으로, 일부 지하철 시스템은 사람들이 이전보다 훨씬 더 빨리 목적지에 도착하는 것을 가능하게 했어요. 이것들이 주요 변화들입니다.

Vocabulary & Expressions

numerous 많은   **payment system** 결제 시스템   **transportation card** 교통 카드   **inconvenient** 불편한   **inefficient** 비효율적인

나만의 답변을 만들어 봅시다.

변화 1(현재)	There have been many changes and developments to improve public transportation systems in Korea.
	First,
상세 설명 1 (과거)	In the past,
	So,
변화 2(현재)	Second,
상세 설명 2 (과거)	However, in the past,
변화 3 (그로 인한 효과)	Lastly, compared to the past,
	These are the main changes.

잊지 못할 경험

Q. Please tell me about an unforgettable experience you had while taking public transportation.

대중교통을 이용하면서 겪었던 기억에 남는 경험에 대해 말해주세요.

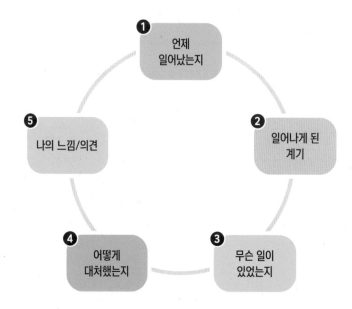

❶ 언제 일어났는지
❷ 일어나게 된 계기
❸ 무슨 일이 있었는지
❹ 어떻게 대처했는지
❺ 나의 느낌/의견

BRAINSTORMING

🔊 **MP3** 3_25

❶ 언제 일어났는지	One of the most memorable experiences happened a couple of months ago. 가장 기억에 남는 경험 중 하나는 몇 달 전에 일어났습니다.
❷ 일어나게 된 계기	I had to go to a new place. 저는 새로운 장소로 가야 했습니다.
❸ 무슨 일이 있었는지	It turned out I took the wrong train. 제가 지하철을 잘못 탔던 것이었습니다.
❹ 어떻게 대처했는지	I got off at the next station and changed to the right train/direction. 다음 역에 내려서 올바른 지하철/방향으로 갈아탔습니다.
❺ 나의 느낌/의견	I learned my lesson that I should be careful when I go somewhere for the first time. 저는 새로운 곳에 처음 갈 땐 항상 조심해야 한다는 것을 배웠습니다.

KEY SENTENCES

I was supposed to '동사'. 저는 '동사'하기로 되어 있었습니다. ᴵᴴ⁺ 표현

I was supposed to go to a place where I'd never been to before for a very important meeting.
중요한 미팅이 있어서 한번도 가보지 못한 곳에 가기로 되어 있었습니다.

notice that 주어+동사 '주어'가 '동사'하는 것을 알아차리다

I noticed that something was wrong.
무언가 잘못됐다는 것을 알아차렸습니다.

manage to '동사' 가까스로 '동사'하다 ᴵᴴ⁺ 표현

Fortunately, I managed to get to my destination in time.
다행히 제시간에 도착할 수 있었습니다.

What would have happened if I had '동사[과거분사]'? 제가 만약 ~했더라면 무슨 일이 일어났을까요? ᴵᴴ⁺ 표현

What would have happened if I had not noticed it at the last minute?
끝까지 알아차리지 못했다면 어땠을까요?

Otherwise (만약) 그렇지 않으면

I should pay attention to where I'm going. Otherwise, I might get lost.
제가 어디로 가고 있는지 주의를 기울여야 합니다. 그렇지 않으면 길을 잃을지도 모르니까요.

LET'S PRACTICE

I was _____ _____ meet my friends in Gangnam at 6 o'clock.
저는 6시에 강남에서 친구들을 만날 예정이었습니다.

I _____ that the bus was going in the opposite direction.
저는 버스가 반대 방향으로 가고 있다는 것을 알아차렸습니다.

I _____ to get off the bus and immediately into a taxi.
저는 가까스로 버스에서 내렸고 바로 택시를 탔습니다.

What would have happened if I _____ been on time?
제가 제 시간에 도착했더라면 무슨 일이 일어났을까요?

I should always check my route on my smartphone. _____, I might get on the wrong bus.
저는 항상 스마트폰으로 가는 길을 확인해야 합니다. 그렇지 않으면 다른 버스를 탈지도 모르니까요.

ANSWER supposed to / noticed / managed / had / Otherwise

Q. Please tell me about an unforgettable experience you had while taking public transportation.

대중교통을 이용하면서 겪었던 기억에 남는 경험에 대해 말해주세요.

BRAINSTORMING

❶ 언제 일어났는지   몇 달 전   ➕ 중요한 회의 있었음   IM3+

❷ 일어나게 된 계기   새로운 곳으로 가게 됨   ➕ 운전하려 했지만 지하철 타기로 결정   IM3+

❸ 무슨 일이 있었는지   지하철을 잘못 탐   ➕ 당황하고 혼란스러웠음   IM3+

❹ 어떻게 대처했는지   다음 역에 내려서 갈아탐   ➕ 다행히 제 시간에 목적지 도착   IM3+

❺ 나의 느낌/의견   초행길엔 조심해야 함

MODEL ANSWER   IM3

❶ One of the most memorable experiences happened a couple of months ago. I had a very important meeting, so ❷ I had to go to a new place. I wanted to drive there at first but I decided to take the subway. That's because it was my first trip and there was a traffic jam on the road. A few minutes after I got on the train, I realized that something was wrong. ❸ It turned out I took the wrong train. I was very embarrassed and I panicked. So, ❹ I got off at the next station and changed to the right train. Thankfully, since I realized my mistake not long after I took the wrong one, I could get to my destination in time. From that experience, ❺ I learned my lesson that I should be careful when I go somewhere for the first time.

가장 기억에 남는 경험 중 하나는 몇 달 전에 있었던 일입니다. 아주 중요한 회의가 있어서 새로운 장소로 가야 했어요. 처음엔 그곳까지 운전해서 가려고 했지만 지하철을 타기로 결정했어요. 초행길이었고, 도로에 교통체증이 있었기 때문이죠. 지하철을 탄 지 몇 분 후에, 저는 뭔가 잘못됐다는 것을 알았어요. 알고 보니 제가 지하철을 잘못 탔던 거죠. 저는 매우 당황하고 혼란스러웠어요. 그래서 바로 다음 역에서 내려서 맞는 지하철로 갈아탔습니다. 다행스럽게도, 지하철을 잘못 탔다는 것을 바로 깨달아서 목적지에 제시간에 도착할 수 있었습니다. 그 경험으로 저는 새로운 곳에 처음 갈 땐 항상 조심해야 한다는 교훈을 얻었습니다.

Vocabulary & Expressions

traffic jam 교통체증   **not long after** ~한 후 얼마 지나지 않아

송쌤의 꿀팁

주의해야 할 발음

▸ embarrassed [임베뤠스드]

Q. Please tell me about an unforgettable experience you had while taking public transportation.
대중교통을 이용하면서 겪었던 기억에 남는 경험에 대해 말해주세요.

BRAINSTORMING

1 언제 일어났는지 | 몇 가지 경험이 있지만 그 중 하나는 두어 달 전

2 일어나게 된 계기 | 중요한 회의가 있어서 새로운 곳으로 가야 했음 ⊕ 지하철 탐, 몇 분 뒤 뭔가 잘못됨 `IH+`

3 무슨 일이 있었는지 | 다른 방향 지하철 탐 ⊕ 당황해서 어떻게 해야할지 모름 `IH+`

4 어떻게 대처했는지 | 다음 역에 내려서 갈아탐 ⊕ 금방 알아차려서 행운 `IH+`

5 나의 느낌/의견 | 어디 갈 때는 주의를 기울여야 함 그렇지 않으면 길 잃을 수 있음

MODEL ANSWER IH-AL

1 I have several memorable experiences from when I used the public transportation and one of them happened a couple of months ago. **2** I was supposed to go to a place where I've never been to before for a very important meeting. I thought about driving there, but since it was my first trip and it seemed like there was heavy traffic on the road, I decided to take the subway. A few minutes after I got on the train, I noticed that something was wrong. **3** It turned out I took the train that headed toward the other direction. When I noticed that I was on the wrong train, I panicked and didn't know what to do because I was running out of time. **4** I got off at the next station, went to the other side, and changed to the right subway bound for my destination. Even though I wasted my time because of my mistake, I was lucky to notice not long after I took the train. So, fortunately, I managed to get to my destination in time. What would have happened if I had not noticed it at the last minute? I don't even want to think about it. From that experience, **5** I learned my lesson that I should pay attention to where I'm going. Otherwise, I might get lost.

대중교통을 이용했을 때 몇 가지 기억에 남는 경험이 있는데, 그 중 한 가지는 두어 달 전 일입니다. 아주 중요한 회의가 있어서 한 번도 가보지 않았던 곳에 가야 했어요. 저는 운전해서 갈까 생각했지만 초행길이기도 하고, 도로에 교통량이 많을 것 같아서 지하철을 타기로 했죠. 지하철을 탄 지 몇 분 후, 뭔가 잘못되고 있다는 것을 알아차렸고, 알고 보니 저는 다른 방향으로 향하는 지하철을 탔던 거죠. 제가 지하철을 잘못 탄 것을 알아차렸을 때, 저는 매우 당황했고, 시간이 없어서 어떻게 해야 할지 몰랐어요. 다음 역에서 내려 반대편으로 가서 목적지로 향하는 맞는 지하철로 갈아탔죠. 제 실수로 시간을 허비했음에도 불구하고, 지하철을 탄지 얼마 지나지 않아 잘못 탔다는 것을 눈치챌 수 있었던 것은 행운이었어요. 그래서 다행히 제시간에 도착할 수 있었습니다. 끝까지 알아차리지 못했다면 어땠을까요? 이야기도 하기 싫습니다. 그 경험으로 저는 제가 어디로 가고 있는지 주의를 기울여야 한다는 것을 배웠습니다. 그렇지 않으면 길을 잃을지도 모르니까요.

🚀 송쌤의 꿀팁

헷갈리는 표현
▸ get off: 내리다
▸ take off: 벗다

돌발주제 12 교통 수단

잊지 못할 경험

나만의 답변을 만들어 봅시다.

언제 일어났는지	One of the most memorable experiences happened _____ ago.
일어나게 된 계기	That's because
무슨 일이 있었는지	It turned out
어떻게 대처했는지	So,
나의 느낌/의견	From that experience, I learned my lesson that

돌발 주제를 레벨 업 시켜주는 2가지 방법

1 빈출 주제 어휘 및 표현 익히기

2 말문이 막힐 때 쓸 수 있는 SOS 표현 익히기 p.189 참조

빈출주제	필수 표현
집안일 거들기	· do household chores · do the dishes/fold our laundry/take out the garbage/put things away · ____ is responsible for ____.
외식/음식/식당	· ____ serve(s) great food. · The price is reasonable. · There is a wide variety of menu options to choose from.
명절	· hold a memorial service for their ancestors · get together / prepare and share some food / play traditional Korean games/talk about how they're doing
교통수단	· It's convenient and affordable. · ____ makes it possible for people to get to their destination on time · It's readily available.
인터넷	· surf the internet/check the weather/check emails/keep up with the latest information · the internet allows ____ to ____ [do various things.] · The internet first became mainstream in the late 90s.
건강/병원	· exercise on a regular basis/eat balanced meals/look on the bright side/take some supplements/try not to '동사'/try to '동사' · go see a doctor/come down with a '병명' · The hospital has high-end equipment, technology, talented medical staff, and it is open 24/7.
은행	· transfer money/open an account/withdraw money/pay utility bills do one's banking online
재활용	· It's efficient and simple. · sort out recyclable items · All I have to do is put them into the corresponding recycling bins. · It's not a big deal once you get used to it.
지형/야외활동	· South korea is a peninsula and that means the country is surrounded by three seas. · What makes our country so special is _____. · Due to this kind of geographical feature, koreans' favorite outdoor activity is ____.
산업 및 기술	· Technology is the most promising industry in korea. · This innovative technology has helped people to '동사'. · ____ has a positive impact on our country because it creates more jobs and brings in more export revenue.

> ‣ 인터넷 서핑은 돌발주제에서 아주 많이 출제되는 빈출 주제 중 하나입니다. 다른 문제에서도 유용하게 활용하기 좋은 주제이므로 반드시 학습합니다.
>
> ‣ 인터넷 관련 어휘는 미리 준비하지 않으면 답변이 힘든 문제입니다. 관련 어휘 및 표현은 반드시 미리 숙지하는 것이 시험에서 당황하지 않고 답변할 수 있습니다.
>
> ‣ 좋아하는 웹사이트-과거와 현재의 인터넷 비교-나의 인터넷 사용 경향의 3단 콤보로 학습한다면 인터넷 관련 돌발 문제는 대부분 해결할 수 있습니다.

출제 포인트

- **묘사, 설명하기**

  인터넷 관련 활동 설명

  자주 가는 웹사이트 설명

- **변화, 활동 이야기하기**

  인터넷의 과거와 현재 변화

  인터넷 이용의 일반적인 루틴

- **경험, 계기 이야기하기**

  기억에 남는 인터넷 이용 관련 경험

  최근 인터넷 이용 경험

문제 예시

- Please tell me how often you use the internet. What is your main purpose of using the internet? 빈출★

  당신이 인터넷을 얼마나 자주 사용하는지 말해주세요. 인터넷을 사용하는 주된 목적은 무엇인가요?

- I'd like to know if you have a favorite website. What do you do on the website? Can you also tell me the reason why you visit this particular website often?

  당신이 가장 좋아하는 웹사이트가 있는지 알고 싶어요. 그 웹사이트에서 무엇을 하나요? 해당 사이트를 주로 방문하는 이유에 대해 말해줄 수 있나요?

- Can you remember your first time using the internet? Please tell me how your internet habits have changed over time.

  당신이 인터넷을 처음 사용한 것은 언제였는지 기억하나요? 시간이 지남에 따라 당신의 인터넷 사용 습관은 어떻게 변했는지 말해주세요.

- Can you tell me the differences between the websites of the past and the ones today? Please compare them in as much detail as possible. 빈출★

  과거와 오늘날의 웹사이트를 비교해서 말해줄 수 있나요? 최대한 자세히 비교해주세요.

인터넷 사용 기기 관련 표현

☐ laptop(computer) 노트북

☐ desktop(computer) 데스크탑 컴퓨터

☐ tablet PC 태블릿 PC

☐ smartphone 스마트폰

☐ search engine portal 검색 엔진 포털

☐ technology advancement 기술 발전

☐ interface (컴퓨터의) 인터페이스

☐ latest 최신의

☐ beneficial 유익한

☐ instantly 즉각, 즉시

☐ -based –에 기반을 둔

☐ user-oriented 사용자 친화적인

인터넷 사용 장소

☐ at home 집에서

☐ at work 일하는 곳에서

☐ anywhere 어디서든

☐ on the move 이동 중에

☐ while I commute 통근 중에

☐ on the way home 집에 오는 길에

☐ on the bus/subway 버스/지하철에서

인터넷 사용 빈도 수

☐ on a daily/weekly/monthly basis
매일/매주/매달 IH+

☐ almost everyday 거의 매일

☐ every single day 매일 매일 IH+

☐ once a day 하루에 한 번

☐ twice a week 일주일에 두 번

☐ three times a month 한 달에 세 번

☐ four times a year 일년에 네 번

인터넷으로 하는 일

☐ surf the internet 인터넷 서핑하다

☐ shop for A A를 쇼핑하다

☐ kill time 시간을 때우다

☐ listen to music 음악을 듣다

☐ read e-books 전자책을 읽다

☐ check emails 이메일을 확인하다

☐ watch video clips 동영상을 보다

☐ check the latest news 최신 뉴스를 확인하다

☐ keep up with the latest information
최신 정보를 얻다 IH+

☐ without any hassle 번거로움 없이

☐ A has links to B A는 B와 연결되어 있다 IH+

☐ from all over the world 전 세계의

☐ pick out 선택하다

☐ stay connected with A A와 관계를 계속 유지하다 IH+

과거와 현재의 인터넷 비교

☐ back then 과거 그 당시에는

☐ It takes forever to 동사. '동사'하는데 오랜 시간이 걸리다

☐ The internet speed was very slow.
인터넷 속도가 굉장히 느렸다

☐ The website was very simple.
웹사이트가 굉장히 단순했다

☐ Main pages of websites load really fast today.
오늘날 웹사이트의 주요 페이지가 매우 빠르게 로딩된다 IH+

돌발주제 13 인터넷

인터넷 주로 하는 일, 좋아하는 웹사이트

Q. I'd like to know if you have a favorite website. What do you do on the website? Can you also tell me the reason why you visit this particular website often?

당신이 좋아하는 웹사이트가 있는지 알고 싶어요. 웹사이트에서 무엇을 하나요? 해당 사이트를 주로 방문하는 이유에 대해 말해줄 수 있나요?

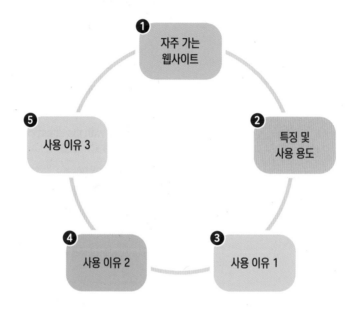

① 자주 가는 웹사이트
② 특징 및 사용 용도
③ 사용 이유 1
④ 사용 이유 2
⑤ 사용 이유 3

BRAINSTORMING

 MP3 3_28

① 자주 가는 웹사이트	I often go to a website called Naver.com. 저는 종종 Naver.com이라는 웹사이트를 방문합니다.	
② 특징 및 사용 용도	It has many different services. 이 웹사이트는 다양한 서비스가 있습니다.	
③ 사용 이유1	First of all, this website has links to many different online shopping malls. 첫째로, 웹사이트는 많은 다양한 온라인 쇼핑몰과 연결되어 있습니다.	
④ 사용 이유2	Second, the website provides weather forecasts. 둘째로, 이 웹사이트는 일기예보를 제공합니다.	
⑤ 사용 이유3	The last reason is that it provides blogging services. 마지막 이유는 블로그 서비스를 제공하기 때문입니다.	

what/when/where/how to '동사' 무엇을/언제/어디서/어떻게 '동사'하는지

I can check the weather and choose what to wear for the day.
저는 날씨를 확인하고 그날 입을 옷을 고를 수 있습니다.

What is good about A is B. A에 대해 좋은 점은 B입니다. 〈IH+ 표현〉

What's good about this website is that it has links to many different online shopping malls.
이 웹사이트에서 좋은 점은 많은 다른 온라인 쇼핑몰과 연결돼 있다는 것입니다.

with just a few clicks 몇 번의 클릭만으로 〈IH+ 표현〉

This enables people to compare designs and prices with just a few clicks.
이것은 사람들로 하여금 몇 번의 클릭만으로 디자인과 가격을 비교할 수 있게 합니다.

people like me who '동사' 나와 같이 '동사'하는 사람들 〈IH+ 표현〉

For people like me who are fashionistas, the website has links to many different online shopping malls.
저와 같은 패셔니스타인 사람들을 위해, 이 웹사이트는 많은 다른 온라인 쇼핑몰과 연결되어 있습니다.

those who '동사' '동사'하는 사람들 〈IH+ 표현〉

I can stay connected with those who are interested in fashion from all over the world.
전세계에 패션에 관심이 있는 사람들과 계속 연락할 수 있습니다.

✏️ **LET'S PRACTICE**

I can easily learn _____ to play new songs on guitar by using this website.
저는 이 웹사이트를 이용해 기타로 새로운 노래를 연주하는 방법을 쉽게 배울 수 있습니다.

What's _____ about the page is that you can comment on the videos.
이 페이지의 좋은 점은 영상에 댓글을 달 수 있다는 것입니다.

I can learn everything about my favorite singers with just a few _____.
저는 클릭 몇 번으로 가장 좋아하는 가수들에 대한 모든 것을 알 수 있습니다.

For people _____ me who love music, the website has everything.
음악을 좋아하는 저 같은 사람들을 위해, 그 웹사이트는 모든 것을 가지고 있습니다.

The website is a good place for _____ who are just getting into art.
그 웹사이트는 예술을 좋아하는 사람들에게 좋은 곳입니다.

ANSWER how / good / clicks / like / those

Q. I'd like to know if you have a favorite website. What do you do on the website? Can you also tell me the reason why you visit this particular website often?

당신이 좋아하는 웹사이트가 있는지 알고 싶어요. 웹사이트에서 무엇을 하나요? 해당 사이트를 주로 방문하는 이유에 대해 말해줄 수 있나요?

BRAINSTORMING

❶ 자주 가는 웹사이트	네이버	➕ 한국의 검색엔진 포털 　　IM3+
❷ 특징 및 사용 용도	다양한 서비스	
❸ 사용 이유 1	온라인 쇼핑몰과 연결	
❹ 사용 이유 2	일기 예보 제공	
❺ 사용 이유 3	블로그 서비스 제공	

MODEL ANSWER　IM3

❶ I often go to a website called Naver.com and it is a Korean search engine portal. The main reason why I often visit this website is because ❷ it has many different services such as online shopping, weather forecasts, and fashion blogs. Most of all, this website is very useful, especially when I shop for clothes. ❸ First of all, this website has links to many different online shopping malls, so I can visit different shopping malls and compare designs and prices without any hassle. ❹ Second, the website provides weather forecasts so I can check the weather and choose what to wear for the day. ❺ The last reason is that it provides blogging services, so that I can post pictures and articles about fashion and keep in touch with my friends from all over the world. For these reasons, Naver.com is my favorite website.

저는 종종 Naver.com이라는 웹사이트를 방문하는데 그것은 한국의 검색엔진 포털입니다. 제가 이 웹사이트를 자주 방문하는 주된 이유는 온라인 쇼핑, 일기예보, 패션 블로그와 같은 다양한 서비스를 제공하기 때문이에요. 무엇보다도, 이 웹사이트는 특히 옷을 살 때 매우 유용합니다. 첫째로, 이 웹사이트는 많은 다양한 온라인 쇼핑몰과 연결되어 있어서, 저는 다른 쇼핑몰을 방문할 수 있고, 디자인과 가격을 번거롭지 않게 비교할 수 있어요. 둘째로, 이 웹사이트는 일기예보를 제공하므로 저는 날씨를 확인하고 저는 그날 입을 옷을 고를 수 있습니다. 마지막 이유는 제가 패션에 관한 사진과 기사를 올리고 전 세계 친구들과 연락할 수 있도록 블로그 서비스를 제공하기 때문입니다. 이러한 이유로, Naver.com은 내가 가장 좋아하는 웹사이트입니다.

Vocabulary & Expressions
without any hassle 번거롭지 않게 　**provide** 제공하다

🚀 송쌤의 꿀팁

▹ ~를 쇼핑하다 라고 할 때에는 전치사 for를 사용합니다. shop for ~
▹ 발음 주의: weather [웨-덜]

Q. I'd like to know if you have a favorite website. What do you do on the website? Can you also tell me the reason why you visit this particular website often?

당신이 좋아하는 웹사이트가 있는지 알고 싶어요. 웹사이트에서 무엇을 하나요? 해당 사이트를 주로 방문하는 이유에 대해 말해줄 수 있나요?

BRAINSTORMING

❶ **자주 가는 웹사이트** — 한국의 검색엔진 포털인 네이버   ➕   거의 매일 방문   IH+

❷ **특징 및 사용 용도** — 다양한 서비스   ➕   온라인 쇼핑, 일기예보, 최신 패션 블로그   IH+

❸ **사용 이유 1** — 옷 살 때 유용, 유익

❹ **사용 이유 2** — 일기 예보 제공 → 그날의 옷을 고를 수 있음

❺ **사용 이유 3** — 사진을 올릴 수 있는 블로그 서비스 제공

MODEL ANSWER   IH-AL

❶ A website that I usually visit is called Naver.com, which is a Korean search engine portal. I visit this website almost daily because ❷ it provides various services such as online shopping, weather forecasts, and the latest fashion blogs. ❸ The main reason why I visit this website frequently is that this website is really useful and beneficial, especially when I shop for clothes. What's good about this website is that, for people like me who are fashionistas, it has links to many different online shopping malls. This enables people to visit different kinds of shopping malls and compare designs and prices with just a few clicks. ❹ Moreover, because the website provides weather forecasts, I can check the weather instantly to pick out my outfit for the day. ❺ The last reason is that it provides blogging services which allow me to post pictures and articles about fashion and stay connected with those who are interested in fashion from all over the world. For these reasons, Naver.com is the website I visit on a daily basis.

제가 주로 방문하는 웹사이트는 한국의 검색엔진 포털인 Naver.com 입니다. 이 웹사이트는 온라인 쇼핑, 일기예보, 최신 패션 블로그 등 다양한 서비스를 제공하기 때문에 제가 거의 매일 방문하죠. 제가 이 웹사이트를 자주 방문하는 주된 이유는 이 웹사이트가 특히 옷을 살 때 유용하고 유익하기 때문입니다. 이 웹사이트에서 좋은 점은, 저와 같이 패션리더인 사람들을 위해, 이 웹사이트는 많은 다른 온라인 쇼핑몰과 연결돼 있다는 것입니다. 이것은 사람들이 단지 몇 번의 클릭으로 다양한 종류의 쇼핑몰을 방문하고 디자인과 가격을 비교할 수 있게 해줍니다. 게다가 이 웹사이트는 일기예보를 제공해주기 때문에, 저는 즉시 날씨를 확인해서 그날의 옷을 고를 수 있습니다. 제가 이 웹사이트를 자주 방문하는 마지막 이유는 그것이 제가 패션에 관한 사진과 글을 올리고 전 세계에 패션에 관심이 있는 사람들과 계속 연락할 수 있도록 해주는 블로그 서비스를 제공하기 때문입니다. 이런 이유로 제가 매일 방문하는 웹사이트는 Naver.com 입니다.

Vocabulary & Expressions

frequently 자주   beneficial 유익한   fashionista 패션 리더   instantly 즉각, 즉시   pick out 선택하다, 고르다   stay connected with ~ ~와 연락하며 지내다, ~와 관계를 유지하다

나만의 답변을 만들어 봅시다.

자주 가는 웹사이트	I often go to a website called _____.
특징 및 사용 용도	The main reason why I often visit this website is because
사용 이유 1	First of all, this website
사용 이유 2	Second, this website
사용 이유 3	The last reason is that For these reasons,

인터넷 과거 vs. 현재 비교, 처음 사용했던 경험

Q. Can you tell me the differences between the websites of the past and the ones today? Please compare them in as much detail as possible.
과거와 오늘날의 웹사이트를 비교해서 말해줄 수 있나요? 최대한 자세히 비교해주세요.

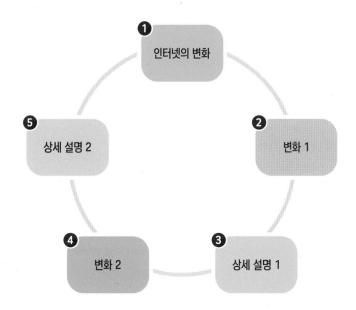

BRAINSTORMING

❶ 인터넷의 변화	As far as I'm concerned, the Internet first became mainstream in the late 90s. 제가 알기로 인터넷은 90년대 후반에 처음으로 주류가 되었습니다.
❷ 변화 1	First, it's the speed. 첫째로, 속도입니다.
❸ 상세 설명 1	It takes much shorter than before to download even larger files. 훨씬 더 큰 파일을 다운로드하는데 이전보다 훨씬 더 짧은 시간이 걸립니다.
❹ 변화 2	Next, it's the content of websites. 다음은 웹사이트의 내용입니다.
❺ 상세 설명 2	Almost all websites are beautifully designed and their interface is very user-oriented today. 오늘날에는 거의 모든 웹사이트들이 아주 잘 디자인되어 있고 매우 사용자 친화적인 인터페이스를 가지고 있습니다.

Many things have changed with A. A에 많은 변화가 있어 왔습니다.

Since then, many things have changed with the Internet.
그 때 이후로, 인터넷에서는 많은 것들이 바뀌었습니다.

It takes much shorter/longer than before to '동사'. 예전에 비해 '동사'하는데 훨씬 더 짧은/긴 시간이 걸립니다.

It takes much shorter than before to download even larger files.
지금은 더 큰 파일을 다운로드하는 데 이전보다 훨씬 더 짧은 시간이 걸립니다.

to tell you a little bit of A A에 대해 조금 말해보자면, `IH+ 표현`

To tell you a little bit of background about the Internet,
인터넷에 대한 약간의 배경을 말하자면,

to tell you in detail about A A에 대해 자세히 말해보자면, `IH+ 표현`

To tell you in detail about the things that have changed since I first started surfing the web,
처음 웹서핑을 시작한 이후로부터 달라진 것들에 대해 자세히 알려드리자면,

whereas '주어'+'동사' '주어'가 '동사'하는 반면에 `IH+ 표현`

Whereas the main pages of websites load really fast today, it took more than a minute to load a full page of a website in the past.
오늘날 웹사이트의 주요 페이지는 매우 빠르게 로딩되는 반면, 과거에는 웹사이트의 전체 페이지를 로딩하는 데 1분 이상이 걸렸답니다.

LET'S PRACTICE

Many things have _____ with how we access the internet.
인터넷에 접속하는 것에 많은 변화가 있었습니다.

It takes _____ _____ than before to upload a video to YouTube.
YouTube에 영상을 올리는 데 이전보다 훨씬 더 짧은 시간이 걸립니다.

I can tell you a _____ bit of the history of my YouTube channel.
제 YouTube 채널의 역사에 대해 조금 알려드리겠습니다.

I can tell you in _____ about all the different social media sites.
모든 다양한 소셜 미디어 사이트에 대해 자세히 알려드리겠습니다.

_____ I used to download music, now I just stream it using an app.
예전에는 음악을 다운로드 받곤 했는데, 지금은 앱을 이용해서 실시간으로 노래를 듣습니다.

ANSWER changed / much shorter / little / detail / Whereas

IM3 | **인터넷** 과거 vs. 현재 비교, 처음 사용했던 경험

Q. Can you tell me the differences between the websites of the past and the ones today? Please compare them in as much detail as possible.
과거와 오늘날의 웹사이트를 비교해서 말해줄 수 있나요? 최대한 자세히 비교해주세요.

BRAINSTORMING

1 인터넷의 변화 | 90년대 후반 주류 | ➕ 그 이후 많은 것이 바뀜 | IM3+

2 변화 1 | 속도

3 상세 설명 1 | 파일 다운로드 시간 단축 | ➕ 과거에는 속도가 느려 오래 걸림 | IM3+

4 변화 2 | 웹사이트 내용

5 상세 설명 2 | 디자인, 인터페이스 | ➕ 과거에는 매우 단순하고 콘텐츠 기반 | IM3+

MODEL ANSWER IM3

1 As far as I'm concerned, the Internet first became mainstream in the late 90s. I remember when my father first brought home a computer and I was purely amazed. Since then, many things have changed with the Internet. **2** First, it's the speed. In the past, the Internet speed was so slow that it took a long time to download some files. But now, **3** it takes much shorter than before to download even larger files. Plus, the main pages of websites load really fast today, but it took longer to load a full page of a website in the past. **4** Next, it's the content of websites. In the past, most websites were very simple and content-based. However, **5** almost all websites are beautifully designed and their interface is very user-oriented today. These are some of the differences between the websites of today and the websites of the past.

제가 알기로 인터넷은 90년대 후반에 처음으로 주류가 되었습니다. 저는 아버지가 처음으로 집에 컴퓨터를 가져오셔서 정말 놀랐던 때를 기억해요. 그 이후로, 인터넷에서는 많은 것들이 바뀌었습니다. 첫째로, 속도입니다. 과거에는 인터넷 속도가 너무 느려서 일부 파일을 다운로드하는 데 오랜 시간이 걸렸습니다. 그러나 지금은 대용량 파일을 다운로드하는 데 이전보다 훨씬 더 짧은 시간이 걸리죠. 게다가, 오늘날 웹사이트의 주요 페이지는 매우 빠르게 로딩되지만, 과거에는 웹사이트의 전체 페이지를 로딩하는 데 더 오랜 시간이 걸렸습니다. 다음은, 웹사이트의 콘텐츠입니다. 과거에는, 대부분의 웹사이트들이 매우 단순하고 내용에 기반을 두었습니다. 그러나, 오늘날 거의 모든 웹사이트들은 아름답게 디자인되었고 그들의 인터페이스는 매우 사용자 친화적이죠. 이것들이 바로 오늘날의 웹사이트와 과거의 웹사이트들 사이의 차이점들 중 몇 가지입니다.

Vocabulary & Expressions
mainstream 주류, 대세 **user-oriented** 사용자 지향적인 **content-based** 내용 기반의

Q. Can you tell me the differences between the websites of the past and the ones today? Please compare them in as much detail as possible.
과거와 오늘날의 웹사이트를 비교해서 말해줄 수 있나요? 최대한 자세히 비교해주세요.

BRAINSTORMING

❶ 인터넷의 변화 — 90년대 후반 주류, 어릴 때 이후로 많은 것 바뀜

❷ 변화 1 — 기술 발전으로 대용량 파일 즉시 다운로드

❸ 상세 설명 1 — 파일 다운로드 시간 단축

❹ 변화 2 — 웹사이트 내용   ➕ *과거에는 디자인에 신경 안씀*   IH+

❺ 상세 설명 2 — 디자인, 사용자 지향적 인터페이스

MODEL ANSWER   IH-AL

❶ The Internet became mainstream in the late 90s. I remember the exact moment when my father first brought home a computer, and the feeling I got was pure amazement. Since then, a lot of things have changed with the Internet. Back then, the Internet speed was so slow that it took forever to download a single MP3 file that was only a few megabytes. But ❷ now, the technology advancement has allowed us to download larger files instantly. ❸ Also, whereas the main pages of websites load really fast today, it took more than a minute to load a full page of a website in the past. ❹ Next, the content of websites has changed dramatically from the past. In the past, most websites were very simple and content-based, which means that website creators did not care too much about the design and the look of their websites. However, ❺ today, almost all websites are beautifully designed and their interface is very user-oriented. These are some of the differences between the websites of today and the websites of the past.

인터넷은 90년대 후반에 대세가 되었습니다. 저는 아버지가 집에 처음으로 컴퓨터를 가지고 오셨던 정확한 순간을 기억하는데, 그 때 제가 받은 느낌은 순전히 놀라웠습니다. 이후 인터넷의 많은 것이 바뀌었죠. 당시 인터넷 속도는 너무 느려서 단 몇 메가바이트에 불과한 MP3 파일 하나를 다운로드하는 데 엄청 오래 걸렸어요. 그러나 이제 기술 발전으로 인해 우리는 대용량 파일을 즉시 다운로드 받을 수 있게 되었습니다. 또한, 오늘날 웹사이트의 주요 페이지는 매우 빠르게 로딩되는 반면, 과거에는 웹사이트의 전체 페이지를 로딩하는 데 1분 이상이 걸렸답니다. 다음으로, 웹사이트의 콘텐츠가 과거와 극적으로 바뀌었죠. 과거에는 대부분의 웹사이트가 매우 단순하고 내용에 기반을 두고 있었는데, 이는 웹사이트 제작자들이 그들의 웹사이트의 디자인과 외관에 대해 많이 신경쓰지 않았다는 것을 의미합니다. 그러나 오늘날 거의 모든 웹사이트는 아름답게 디자인되었고 그들의 인터페이스는 매우 사용자 지향적이 되었죠. 이것들은 오늘날의 웹사이트와 과거의 웹사이트들 사이의 차이점들 중 몇 가지입니다.

Vocabulary & Expressions

technology advancement 기술 발전   **dramatically** 극적으로   **web creators** 웹사이트 제작자들

나만의 답변을 만들어 봅시다.

인터넷의 변화	As far as I'm concerned,
변화 1	I remember when
	Since then, many things have changed with the internet.
상세 설명 1	First,
	In the past,
	But now,
변화 2	Second,
	In the past,
	But now,
상세 설명 2	These are some of the differences.

> ▸ 건강과 병원 관련 주제는 묶어서 하나의 주제로 자주 출제됩니다. 주제와 관련된 어휘 및 표현을 미리 익혀 답변을 만들어보세요.
>
> ▸ 건강을 유지하기 위한 나의 활동-내가 아는 건강한 사람-건강에 관한 잊지 못할 경험의 3단 콤보로 학습한다면, 건강/병원 관련 돌발 문제는 대부분 해결할 수 있습니다.

출제 포인트

• **묘사, 설명하기**
  건강을 유지하는 활동 설명
  자주 가는 병원 묘사

• **변화, 활동 이야기하기**
  병원의 과거와 현재 변화
  건강 유지를 위한/병원 방문의 일반적인 루틴

• **경험, 계기 이야기하기**
  기억에 남는 건강 유지/병원 방문 경험
  최근 건강 유지/병원 방문 경험

문제 예시

• I'd like to know if you do some special activities in order to stay healthy. Explain what you do, and why you do it. 빈출★
  당신이 건강하기 위해 특별히 하는 활동이 있는지 알고 싶어요. 무엇을 하는지, 그것을 왜 하는지 설명해주세요.·

• Have you ever had any health problems before? What was the problem? What did you do in order to deal with it? 빈출★
  이전에 건강 문제를 겪었던 적이 있나요? 무엇이 문제였죠? 그것을 해결하기 위해 무엇을 했나요?

• Who is the healthiest person you know? Can you describe the person for me? What makes him or her to stay so healthy? Please tell me in as much detail as possible.
  당신이 알고 있는 가장 건강한 사람은 누구입니까? 그 사람에 대해 말해 줄 수 있나요? 무엇이 그 혹은 그녀가 건강을 유지할 수 있도록 해줍니까? 최대한 자세히 말해주세요.

• Please compare the hospitals in the past to the ones now.
  과거와 현재의 병원을 비교해주세요.

KEY EXPRESSIONS

건강하기 위한 활동

□ **exercise regularly** 규칙적으로 운동하다

□ **get enough sleep** 충분한 수면을 취하다

□ **look on the bright side** 밝은 면을 보다 IH+

□ **meditate** 명상하다 IH+

□ **think positively** 긍정적으로 생각하다

□ **drink a lot of water** 물을 많이 마시다

□ **have a balanced diet** 균형 잡힌 식단을 하다 IH+

□ **go on a diet** 다이어트를 하다

□ **try not to eat junk food** 영양가 없는 음식(인스턴트, 패스트푸드)를 먹지 않으려 하다

□ **eat a lot of fruits and vegetables** 과일과 야채를 많이 먹다

□ **take some supplements** 건강 보충제를 섭취하다

건강/병원 관련 경험

□ **find out** 알아내다/밝히다

□ **according to A** A에 따라서

□ **own know-hows** 본인만의 노하우

□ **in a proper way** 적절한 방법으로

□ **talented** 재능 있는

□ **relieved** 안심하는

□ **be careful of A** A에 주의를 기울이다

□ **should be the first thing** 가장 중요한 요소이다/가장 중요하게 여겨져야 한다 IH+

□ **be thankful for A** A에 감사하다

□ **all of a sudden** 갑자기 IH+

□ **disturb** 방해하다

□ **severe** 극심한/심각한

□ **frightened** 겁에 질린

□ **24/7** 연중무휴의/1년내내

□ **outstanding** 눈에 띄는

□ **be discharged from** 퇴원하다 IH+

□ **within an accessible distance** 접근 가능한 거리에 IH+

Q. I'd like to know if you do some special activities in order to stay healthy. Explain what you do, and why you do it.

당신이 건강하기 위해 특별히 하는 활동이 있는지 알고 싶어요. 무엇을 하는지, 그것을 왜 하는지 설명해주세요.

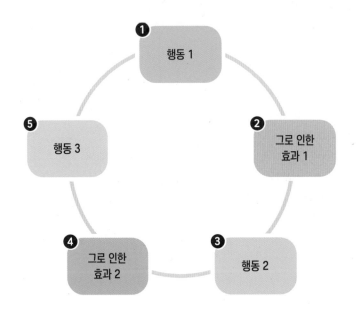

 BRAINSTORMING

🔊 MP3 3_34

❶ 행동 1	First of all, I get a health check-up regularly. 우선, 저는 정기적으로 건강 검진을 받습니다.
❷ 그로 인한 효과 1	So, if something is wrong with my body, I can notice right away. 그래서 몸에 이상이 있으면 바로 알아차릴 수 있습니다.
❸ 행동 2	Second, I try to follow the healthiest person I know. 둘째로, 제가 아는 가장 건강한 사람을 따라하려고 노력합니다.
❹ 그로 인한 효과 2	I try to find out if the person takes some health supplements or what kind of exercise he/she does. 저는 그 사람이 건강 보충제를 먹는지 또는 어떤 운동을 하는지 알고자 노력합니다.
❺ 행동 3	Lastly, I try to eat proper meals and exercise regularly. 마지막으로, 적절한 식사를 하고 규칙적으로 운동 하려고 노력합니다.

I know more than anyone that '주어'+'동사' 저는 '주어'가 '동사'하다는 것을 누구보다 잘 압니다.

I know more than anyone that it's very important to stay healthy.
저는 건강을 유지하는 것이 매우 중요하다는 것을 누구보다 잘 알고 있습니다.

based on A A에 근거하여

I can go see different doctors based on my symptom without having to go far.
멀리 가지 않고도 제 증상에 따라 다른 의사들에게 진찰받을 수 있습니다..

what '주어'+'동사' '주어'가 '동사'하는 것

What we eat is really important.
우리가 먹는 것은 정말 중요합니다.

This demonstrates how '형용사' it is to '동사'. 이것은 '동사'하는 것이 얼마나 '형용사'한지 설명해줍니다. `IH+ 표현`

This demonstrates how important it is to be healthy in order to have a quality life.
이것은 양질의 삶을 살기 위해 건강해지는 것이 얼마나 중요한지를 설명해줍니다.

prevent A from '동사+ing' A를 '동사'하는 것으로부터 막다/예방하다 `IH+ 표현`

Working out regularly can prevent people from getting diseases.
규칙적으로 운동을 하는 것은 사람들이 병에 걸리는 것을 예방할 수 있습니다.

✍ **LET'S PRACTICE**

I know _____ _____ anyone that it's important to have regular health check-ups.
저는 정기적으로 건강검진을 받는 것이 중요하다는 것을 누구보다도 잘 압니다.

I choose vitamin supplements _____ on their online reviews.
저는 온라인 상의 평가에 따라 비타민 보충제를 선택합니다.

_____ kind of protein we eat affects our energy levels.
우리가 섭취하는 단백질의 종류가 에너지 레벨에 영향을 미칩니다.

This _____ how helpful it is to work with a personal trainer.
이것은 개인 트레이너와 함께 운동하는 것이 얼마나 도움이 되는지를 보여줍니다.

Drinking enough water _____ you from becoming dehydrated.
물을 충분히 마시는 것은 탈수를 예방합니다.

ANSWER more than / based / What / demonstrates / prevents

Q. I'd like to know if you do some special activities in order to stay healthy. Explain what you do, and why you do it.
당신이 건강하기 위해 특별히 하는 활동이 있는지 알고 싶어요. 무엇을 하는지, 그것을 왜 하는지 설명해주세요.

BRAINSTORMING

❶ 행동 1 │ 정기적인 건강 검진

❷ 그로 인한 효과 1 │ 몸에 이상이 있다면 알 수 있음 ➕ *다행히 집 주변에 병원 많음* IM3+

❸ 행동 2 │ 가장 건강한 사람 따라하기

❹ 그로 인한 효과 2 │ 그 사람의 건강 보충제, 운동

❺ 행동 3 │ 적절한 식사, 규칙적인 운동 ➕ *먹는 것 중요하기 때문에* IM3+

MODEL ANSWER ◁ IM3

I know more than anyone that it's very important to stay healthy. If we lose our health, we might lose everything. So, I do a couple of things to keep healthy. ❶ First of all, I get a health check-up regularly. ❷ So, if something is wrong with my body, I can notice right away. Luckily, there are many different kinds of hospitals near my house, so I can go see different doctors based on my symptom without having to go far. ❸ Second, I try to follow the healthiest person I know. I mean, ❹ I try to find out if the person takes some health supplements or what kind of exercise he/she does. ❺ Lastly, I try to eat proper meals and exercise regularly because what we eat is really important. These are the things I do to stay healthy.

저는 건강을 유지하는 것이 매우 중요하다는 것을 누구보다 잘 알고 있습니다. 건강을 잃으면 모든 것을 잃을 수도 있으니까요. 그래서 저는 건강을 유지하기 위해 몇 가지 일을 합니다. 우선, 저는 정기적으로 건강 검진을 받습니다. 그래서 몸에 이상이 있으면 바로 알아차릴 수 있죠. 다행히 집 근처에는 여러 종류의 병원들이 있어서 멀리 갈 필요 없이 내 증상에 따라 다른 의사들에게 진찰 받을 수 있습니다. 둘째로, 저는 제가 아는 가장 건강한 사람을 따라하려고 노력합니다. 무슨 말인가 하면, 저는 그 사람이 건강 보충제를 먹는지 혹은 어떤 운동을 하는지 알아내려 노력합니다. 마지막으로, 저는 우리가 먹는 것이 정말 중요하기 때문에 적절한 식사를 하고 규칙적으로 운동을 하려고 노력합니다. 이것들이 바로 제가 건강을 유지하기 위해 하는 것입니다.

Vocabulary & Expressions

stay healthy 건강을 유지하다　without having to '동사' '동사'할 필요 없이　symptom 증상　health supplements 건강 보충제　proper meals 적절한 식사

Q. I'd like to know if you do some special activities in order to stay healthy. Explain what you do, and why you do it.
당신이 건강하기 위해 특별히 하는 활동이 있는지 알고 싶어요. 무엇을 하는지, 그것을 왜 하는지 설명해주세요.

 BRAINSTORMING

❶ 행동 1 ── 정기적인 건강 검진

❷ 그로 인한 효과 1 ── 몸에 이상이 있다면 알 수 있음 ➕ *집 주변 고급 장비 갖춘 병원* IH+

❸ 행동 2 ── 내가 아는 가장 건강한 사람 본받으려고 노력

❹ 그로 인한 효과 2 ── 그 사람의 건강 보충제, 운동

❺ 행동 3 ── 균형 잡힌 식사, 적절한 방법의 규칙적인 운동 ➕ *병 걸리는 것 예방* IH+

MODEL ANSWER ─ IH-AL

I'm well aware how important it is to be healthy in order to have a quality life. So, there are a couple of steps I take to stay healthy. ❶ First of all, I get a health check-up on a regular basis ❷ so that I can find out if something is wrong with my body. Thankfully, there are various types of hospitals with high-end technology and equipment in my town, so it is very nice to be able to go see the right doctors according to my symptom without having to go far. ❸ Second, I try to model myself on the healthiest person I know. I believe the person has his/her own know-hows or secrets to stay healthy. ❹ For example, I'd like to know if he/she takes some supplements like vitamins or protein, or what kind of exercise he/she does. ❺ Lastly, I try to eat balanced meals and exercise regularly in a proper way because we are what we eat, and working out regularly can prevent people from getting diseases. These are the things I do to stay healthy.

저는 양질의 삶을 살기 위해 건강해지는 것이 얼마나 중요한지를 잘 알고 있습니다. 그래서 저는 건강을 유지하기 위해 몇 가지 조치를 취합니다. 우선 몸에 이상이 있는지 알아볼 수 있도록 정기적으로 건강검진을 받습니다. 고맙게도 우리 동네에는 고성능 기술과 장비를 갖춘 병원이 여러 종류 있어서 멀리 가지 않고도 내 증상에 따라 알맞은 의사를 찾아갈 수 있어서 매우 좋습니다. 둘째로, 저는 제가 알고 있는 가장 건강한 사람을 본받으려고 노력합니다. 저는 그 사람이 건강을 유지하기 위한 자신만의 노하우와 비밀을 가지고 있다고 믿어요. 예를 들어, 저는 그/그녀가 비타민이나 단백질과 같은 보충제를 먹는지 또는 어떤 종류의 운동을 하는지 알고 싶습니다. 마지막으로, 저는 균형 잡힌 식사를 하고 적절한 방법으로 규칙적으로 운동을 하려고 노력합니다. 왜냐하면 우리가 먹는 것은 정말 중요하고, 규칙적으로 운동을 하면 사람들이 병에 걸리는 것을 예방할 수 있기 때문이죠. 이것들이 제가 건강을 유지하기 위해 하는 것들입니다.

Vocabulary & Expressions

protein 단백질　exercise regularly 규칙적으로 운동하다　prevent 예방하다　disease 질병

 송쌤의 꿀팁

주의해야 할 발음

▸ symptom [심틈] 'p'발음을 거의 하지 않습니다.

▸ vitamin [Vㅏ이라민] '비타민'으로 말하지 않도록 주의합니다.

나만의 답변을 만들어 봅시다.

행동 1	I do a couple of things to keep healthy.

| 그로 인한 효과 1 | First of all, |
| | So, |

| 행동 2 | Second, |
| | I mean, |

| 그로 인한 효과 2 | Lastly, I try to |

| 행동 3 | These are the things I do to stay healthy. |

건강/병원 기억에 남는 경험

Q. Have you ever had any health problems before? What was the problem? What did you do in order to deal with it?

이전에 건강 문제를 겪었던 적이 있나요? 무엇이 문제였죠? 그것을 해결하기 위해 무엇을 했나요?

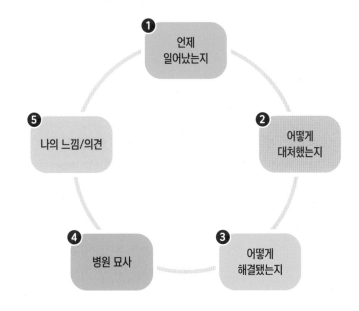

 BRAINSTORMING

 MP3 3_37

❶ 언제 일어났는지	It was a few years ago when I went to an emergency room for the first time. 저는 몇 년 전에 처음으로 응급실에 갔습니다.
❷ 어떻게 대처했는지	I took a painkiller first to endure the pain. 처음에는 고통을 참기 위해 진통제를 먹었습니다.
❸ 어떻게 해결됐는지	Luckily, there was a big hospital that had an emergency room open all night, so I could be treated. 다행히 집 주변에 밤샘 진료를 하는 응급실이 있어서 치료받을 수 있었습니다.
❹ 병원 묘사	Since the hospital had high-end equipment, technology, and talented medical staff, I felt relieved. 그 병원에는 고성능 장비, 기술, 유능한 의료진이 있었기 때문에 마음이 놓였습니다.
❺ 나의 느낌/의견	I realized health should be the first thing that I have to care about. 저는 건강을 가장 먼저 신경 써야 한다는 것을 깨달았습니다.

for the first time 처음으로

It was a few years ago when I went to an emergency room for the first time.
제가 처음으로 응급실에 간 것은 몇 년 전이었어요.

I '동사1' first to '동사2'. 저는 '동사2'하기 위해 먼저 '동사1'을 합니다.

I took a painkiller first to endure the pain.
저는 고통을 견디기 위해 먼저 진통제를 복용했습니다.

have no choice but to '동사' '동사'할 수 밖에 없다/선택의 여지가 없다 IH+ 표현

I had no choice but to wake them up, and my parents took me to the emergency room.
저는 부모님을 깨우는 것 외에는 선택의 여지가 없었고 부모님은 저를 응급실로 데려갔습니다.

be well-known for A A로 유명하다/잘 알려져 있다 IH+ 표현

Since the hospital was well-known for its high-end equipment, technology, and outstanding medical staff, I felt relieved.
그 병원은 최고급 장비와 기술, 뛰어난 의료진으로 잘 알려져 있었기 때문에 마음이 놓였습니다.

should have '동사(과거분사)' '동사'했어야 했다 IH+ 표현

I should've paid more attention to what I ate, but I didn't.
제가 먹는 것에 더 신경을 써야 했는데, 그러지 않았습니다.

✏️ LET'S PRACTICE

I had surgery for the _____ time when I was twenty years old.
저는 스무 살 때 처음으로 수술을 받았습니다.

I looked online first ____ check if it was a serious problem.
그것이 심각한 문제였는지 확인하기 위해 먼저 온라인을 찾아봤습니다.

I had no _____ but to take a taxi to the nearest hospital.
택시를 타고 가장 가까운 병원으로 갈 수밖에 없었습니다.

The doctor was _____ for performing successful surgeries.
(그) 의사는 성공적인 수술을 하기로 유명했습니다.

I _____'ve used my crutches, but I didn't.
목발을 사용했어야 했지만, 저는 그러지 않았습니다.

IM3 | **건강/병원** 기억에 남는 경험

Q. Have you ever had any health problems before? What was the problem? What did you do in order to deal with it?
이전에 건강 문제를 겪었던 적이 있나요? 무엇이 문제였죠? 그것을 해결하기 위해 무엇을 했나요?

BRAINSTORMING

❶ 언제 일어났는지	몇 년 전	➕ 복통	IM3+
❷ 어떻게 대처했는지	진통제 먹음	➕ 부모님 깨우고 싶지 않았음	IM3+
❸ 어떻게 해결됐는지	응급실에서 치료를 받음		
❹ 병원 묘사	고성능 장비와 기술, 유능한 의료진	➕ 식중독 걸림	IM3+
❺ 나의 느낌/의견	건강의 중요함을 깨달음	➕ 집 근처 병원 있는 것 감사	IM3+

MODEL ANSWER IM3

❶ It was a few years ago when I went to an emergency room for the first time. In the middle of the night, I started to have a stomachache suddenly. ❷ I took a painkiller first to endure the pain because I didn't want to wake my parents up. However, the painkiller didn't work, so I had to wake them up. They took me to the emergency room and they looked very worried. ❸ Luckily, there was a big hospital that had an emergency room open all night, so I could be treated. ❹ Since the hospital had high-end equipment, technology, and talented medical staff, I felt relieved. The result was that I got food poisoning. It was my fault because I was not very careful of the food I ate. I left the hospital after a few treatments. After that experience, ❺ I realized health should be the first thing that I have to care about. Also, I should be thankful that there was such a great hospital near my house.

제가 처음으로 응급실에 간 것은 몇 년 전이었어요. 한밤중에 갑자기 배가 아프기 시작했죠. 저는 부모님을 깨우기 싫어서 먼저 진통제를 복용했습니다. 하지만 진통제가 효과가 없어서 부모님을 깨워야만 했어요. 그들은 저를 응급실로 데려갔고 매우 걱정스러워 보였죠. 다행히 밤새 운영하는 응급실이 있는 큰 병원이 있어서 저는 치료받을 수 있었습니다. 그 병원에는 고성능 장비와 기술, 유능한 의료진이 있었기 때문에 마음이 놓였습니다. 결과는 제가 식중독에 걸렸다는 것이었습니다. 제가 음식을 별로 조심하지 않았기 때문에 그것은 제 잘못이었습니다. 몇 차례 치료를 받고 퇴원을 했습니다. 그 경험 후에, 저는 건강을 가장 먼저 신경써야 한다는 것을 깨달았고, 집 근처에 이렇게 훌륭한 병원이 있었다는 것에 감사해야겠다고 생각했습니다.

Vocabulary & Expressions

painkiller 진통제 high-end 최고급의, 고성능의 food poisoning 식중독 treatment 치료

송쌤의 꿀팁

주의해야 할 발음

▸ stomachache [스또-먹-에잌]

Q. Have you ever had any health problems before? What was the problem? What did you do in order to deal with it?

이전에 건강 문제를 겪었던 적이 있나요? 무엇이 문제였죠? 그것을 해결하기 위해 무엇을 했나요?

BRAINSTORMING

❶ 언제 일어났는지	몇 년 전, 한밤중	+	*갑작스러운 복통* IH+
❷ 어떻게 대처했는지	참으려 했지만 통증 너무 심했음		
❸ 어떻게 해결됐는지	응급실에서 치료를 받음, 큰 병원, 24시간	+	*부모님 곁에 질려 걱정* IH+
❹ 병원 묘사	고성능 장비와 기술, 유능한 의료진	+	*여러 검사, 식중독* IH+
❺ 나의 느낌/의견	건강의 중요함을 깨달음, 가기 쉬운 거리 병원 있음에 감사		

MODEL ANSWER IH-AL

I remember the first time when I went to an emergency room. ❶ It happened a few years ago in the middle of the night. Not long after I went to sleep, I started to have a stomachache all of a sudden. ❷ I tried to endure but the pain was so severe that I couldn't stand it anymore. I didn't have a choice but to wake them up and ❸ my parents took me to the emergency room. My parents looked frightened and worried. Luckily, there used to be a large hospital which runs a 24/7 emergency room, so I was able to be taken care of. That was the first time I'd ever been to that hospital and everything seemed well-organized and well-maintained. ❹ Since the hospital was well-known for its high-end equipment, technology, and outstanding medical staff, I felt relieved. After several examinations, it turned out that I got food poisoning. I should've paid more attention to what I ate but I didn't. ❺ After that experience, I realized how important my health is and how thankful I was to be able to go to the hospital within an accessible distance.

저는 응급실에 처음 갔을 때가 기억납니다. 몇 년 전 한밤중에 일어난 일이었어요. 잠이 든 지 얼마 되지 않아 갑자기 배가 아프기 시작했습니다. 먼저 고통을 참으려고 했죠. 하지만 통증이 너무 심해서 더 이상 참을 수가 없었습니다. 나는 부모님을 깨우는 것 외에는 선택의 여지가 없었고 부모님은 저를 응급실로 데려갔습니다. 부모님은 겁에 질려 걱정하시는 표정이었어요. 다행히 24시간 응급실을 운영하는 큰 병원이 있어서 진찰 받을 수 있었습니다. 제가 그 병원에 간 것은 그때가 처음이었고 모든 것이 잘 정돈되어 있고 잘 정비되어 있는 것처럼 보였습니다. 그 병원은 최고급 장비와 기술, 뛰어난 의료진으로 잘 알려져 있었기 때문에 마음이 놓였습니다. 여러 검사를 통해 제가 식중독에 걸렸다는 것이 밝혀졌습니다. 제가 먹는 것에 더 신경을 써야 했는데, 그러지 않았습니다. 그런 경험을 한 후, 저는 제 건강이 얼마나 중요한지, 그리고 가기 쉬운 거리의 병원에 갈 수 있다는 것이 얼마나 고마운 일인지 깨달았답니다.

Vocabulary & Expressions

endure 견디다, 참다 **24/7** 하루 24시간 1주 7일 동안 = 연중 무휴의 outstanding 뛰어난 accessible distance 가기 쉬운 거리

 송쌤의 꿀팁

주의해야 할 발음

▷ 24/7 [twentyfour seven] 24와 7을 이어서 읽습니다.

나만의 답변을 만들어 봅시다.

언제 일어났는지	It was when
어떻게 대처했는지	I
	However,
어떻게 해결됐는지	So,
	I felt
병원 묘사	The hospital has(had)
나의 느낌/의견	After that experience, I realized health should be the first thing that
	I have to care about.

돌발 주제 15 은행

> ▸ 은행 관련 주제는 평소에 많이 생각해 보지 않은 주제로 미리 준비하지 않으면 답변이 힘든 문제입니다. 관련 어휘 및 표현은 반드시 미리 숙지하는 것이 시험에서 당황하지 않고 답변할 수 있습니다.
>
> ▸ 우리나라의 은행-과거와 현재의 은행비교-은행에서 잊지 못할 경험/문제의 3단 콤보로 학습한다면 은행 관련 돌발 문제는 대부분 해결할 수 있습니다.

출제 포인트

- **묘사, 설명하기**
  우리나라의 은행 설명
  자주 가는 은행 묘사

- **변화, 활동 이야기하기**
  우리나라 은행의 과거와 현재 변화
  은행 방문의 일반적인 루틴

- **경험, 계기 이야기하기**
  기억에 남는 은행 방문 경험
  최근 은행 방문 경험

문제 예시

- Please tell me about a bank you often go to. Describe what you can see in the bank in as much detail as possible. 빈출★
  당신이 자주 가는 은행에 대해 말해주세요. 당신이 그 은행에서 볼 수 있는 것을 최대한 자세히 묘사해주세요.

- Please tell me what most people usually do at a bank in your country. Explain in as much detail as possible.
  당신의 나라에서는 사람들이 보통 은행에서 무엇을 하는지 말해주세요. 최대한 자세히 설명해주세요.

- Please tell me about the time when you had a problem at a bank. What kind of problem was it, and how did you resolve the issue? 빈출★
  은행에서 문제를 겪었을 때에 대해 말해주세요. 어떤 종류의 문제였으며, 당신은 그 문제를 어떻게 해결했나요?

- Please describe a bank you remember from your childhood. Has it changed a lot since you were young? Please tell me in as much detail as possible.
  당신이 어렸을 때 기억하는 은행을 묘사해주세요. 당신이 어렸을 때 이후로 은행이 많이 변했나요? 최대한 자세히 말해주세요.

내가 가는 은행 분위기/시설

□ well-organized 잘 정리된

□ quiet 조용한

□ clean 깨끗한

□ ATM(Automatic Teller Machine) 현금 인출기

□ security guard 보안 요원

□ customer representative 고객 상담원 IH+

□ customer service 고객 서비스

□ couch 쇼파

□ water purifier 정수기 IH+

□ TV 텔레비전

□ newspaper 신문

□ magazine 잡지

은행 관련 표현

□ approximately 대략적으로

□ loan interest rates 대출 이자율 IH+

□ one's main bank 주거래은행

□ purpose of A A의 목적

□ assign 배정하다

□ do one's banking 은행 업무를 보다 IH+

□ open an account 계좌를 개설하다

□ deposit money 돈을 입금하다 IH+

□ transfer money 돈을 송금/이체하다 IH+

□ withdraw money 돈은 인출하다

□ make an account 계좌를 개설하다

□ pay utility bills 공과금을 납부하다

잊지 못할 경험

□ time-saving 시간을 절약해 주는

□ out of town 도시를 떠나서

□ greet 환영하다/맞이하다

□ accept credit cards 신용 카드를 취급하다/받다

□ on the spot 그 자리에서

□ carry A with B A를 B에 휴대하다

□ be short on money 돈이 부족하다/모자라다 IH+

□ resolve 해결하다

□ send in 파견하다/내보내다

□ technician 기술자

□ inspect 점검하다 IH+

□ over the phone 유선상으로는

□ on call 대기중인

은행 자주 가는 은행

Q. Please tell me about a bank you often go to. Describe what you can see in the bank in as much detail as possible.

당신이 자주 가는 은행에 대해 말해주세요. 당신이 그 은행에서 볼 수 있는 것을 최대한 자세히 묘사해 주세요.

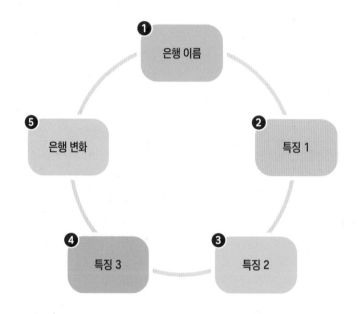

🔊 **MP3** 3_40

① 은행 이름	The bank that I go to most often is Woori Bank. 제가 가장 자주 가는 은행은 우리은행입니다.	
② 특징 1	It is located right next to my house. 우리 집 바로 옆에 위치하고 있습니다.	
③ 특징 2	Each major bank in Korea has numerous branches. 각각의 주요 은행에는 수많은 지점들이 있습니다.	
④ 특징 3	There is always a security guard who greets customers, and asks their purpose of visit. 고객을 맞이하고, 용무를 묻는 보안 요원이 항상 있습니다.	
⑤ 은행 변화	I see fewer and fewer people do their banking at the bank. 은행에서 업무를 보는 사람들이 갈수록 줄어드는 것을 볼 수 있습니다.	

KEY SENTENCES

person who '동사' '동사'하는 사람

There is always a person who greets customers.
항상 고객을 반갑게 맞이하는 보안 요원이 있습니다.

in terms of A A에 관해서/A 면에서

They are very similar in terms of service quality and loan interest rates.
그들은 서비스 품질과 금리 면에서 매우 유사합니다.

A wouldn't make that much of a difference. A는 그렇게 큰 차이는 없습니다. `IH+ 표현`

No matter what bank I choose, it wouldn't make that much of a difference.
어떤 은행을 선택하더라도 그렇게 큰 차이는 없다고 봅니다.

have a hard time (in) '동사+ing' '동사'하는 것에 어려움을 겪다 `IH+ 표현`

Since each major bank has numerous branches here and there in Korea, I wouldn't have a hard time finding my main bank no matter where I am.
각 주요 은행들은 한국 여기저기에 수많은 지점을 가지고 있기 때문에, 저는 어디에 있든지 제 주거래 은행을 찾는데 어려움을 겪지 않습니다.

This is what A look like. 이것이 A의 모습입니다. `IH+ 표현`

This is what almost all banks look like in Korea.
한국에서는 거의 모든 은행들이 이렇습니다.

A help B (to) '동사' A는 B가 '동사'하는데 도움을 줍니다.

This helps customers to get their banking services processed much faster.
이것은 고객들이 그들의 은행 서비스를 훨씬 더 빨리 처리하도록 돕습니다.

✏️ **LET'S PRACTICE**

There are always employees _____ are ready to help you.
항상 당신을 도울 준비가 된 직원들이 있습니다.

The ATMs at different banks are all similar in _____ of how they work.
다른 은행에 있는 ATM들은 작동하는 방식 면에서 모두 유사합니다.

It doesn't make that much of a _____ if I pay by card or with cash.
카드로 지불하든 현금으로 지불하든 그렇게 큰 차이는 없습니다.

This is what almost all bank passbooks look _____ in Korea.
이것이 한국의 거의 모든 은행 통장의 생김새입니다.

Banking apps _____ customers transfer funds much faster.
뱅킹 앱은 고객들이 훨씬 빠르게 송금하도록 도와줍니다.

ANSWER who / terms / difference / like / help

Q. Please tell me about a bank you often go to. Describe what you can see in the bank in as much detail as possible.

당신이 자주 가는 은행에 대해 말해주세요. 당신이 그 은행에서 볼 수 있는 것을 최대한 자세히 묘사해주세요.

BRAINSTORMING

❶ 은행 이름 — 우리 은행

❷ 특징 1 — 우리 집 옆에 위치

❸ 특징 2 — 수많은 지점들이 있음

❹ 특징 3 — 보안 요원의 안내

❺ 은행 변화 — 은행원 수가 줄어듦

MODEL ANSWER IM3

❶ The bank that I go to most often is Woori Bank. That's because ❷ it is located right next to my house. There are approximately 6 major banks in Korea and they all provide similar service quality and loan interest rates. So, I chose the bank that is the nearest to my house as my main bank. ❸ Each major bank in Korea has numerous branches, so I don't have to worry about finding my main bank even when I am out of town. To talk more about the bank, ❹ there is always a security guard who greets customers, and asks their purpose of visit. This enables customers to get their banking services done much faster because the guard assigns the right bank teller for each customer. However, ❺ I see fewer and fewer people do their banking at the bank. One of the main reasons for this is because they are able to do most of their banking, such as transferring money or making an account, on their phone nowadays. That's because it's much more convenient and time-saving.

제가 가장 자주 가는 은행은 우리은행입니다. 그 은행이 우리 집 바로 옆에 있기 때문이죠. 한국에는 약 6개의 주요 은행들이 있는데, 그들은 모두 비슷한 서비스 품질과 금리를 제공합니다. 그래서 저는 집에서 가장 가까운 은행을 저의 주거래 은행으로 선택했어요. 한국의 각 주요 은행에는 수많은 지점이 있어, 시내를 벗어나도 거래은행을 찾는 것을 걱정하지 않아도 됩니다. 은행에 대해 좀 더 이야기하자면, 항상 고객을 반갑게 맞이하고, 그들이 왜 방문하는지 묻는 경비원이 있습니다. 이것은 보안 요원이 각각의 고객들에게 적절한 은행 창구를 할당하기 때문에 고객들이 그들의 은행 서비스를 훨씬 더 빨리 받을 수 있게 해줍니다. 하지만 저는 은행에서 은행 업무를 보는 사람들 점점 더 적어지고 있다는 것을 볼 수 있습니다. 이것의 주요 이유 중 하나는 요즘은 스마트폰으로 돈을 송금하거나 계좌를 만드는 등 대부분의 은행 업무를 할 수 있기 때문이에요. 왜냐하면 훨씬 더 편하고 시간 절약이 되기 때문입니다.

Vocabulary & Expressions

loan interest rate 금리　numerous 수많은　purpose 목적　fewer and fewer people 점점 더 적은 사람들　transfer money 송금하다

Q. Please tell me about a bank you often go to. Describe what you can see in the bank in as much detail as possible.

당신이 자주 가는 은행에 대해 말해주세요. 당신이 그 은행에서 볼 수 있는 것을 최대한 자세히 묘사해주세요.

BRAINSTORMING

❶ 은행 이름	우리 은행
❷ 특징 1	우리 집 옆에 위치, 멀리 안 가도 됨
❸ 특징 2	수많은 지점들이 있어서 어디서든 갈 수 있음
❹ 특징 3	보안 요원 있음
❺ 은행 변화	은행을 찾는 손님 줄어듦

IH+ · 고객에게 인사 및 안내

MODEL ANSWER · IH-AL

❶ The name of the bank that I go to most frequently is Woori Bank. One of the main reasons is that ❷ it's located right next to my house so that I can do my banking without having to go too far. There are approximately 6 major banks in Korea and they are very similar in terms of service quality and loan interest rates. So, no matter what bank I choose, it wouldn't make that much of a difference. ❸ Plus, since each major bank has numerous branches here and there in Korea, I wouldn't have a hard time finding my main bank no matter where I am. To tell you a bit about the bank, ❹ there is always a security guard sitting right next to the entrance. The security guard greets customers visiting the bank, and asks for customers' purpose of visit so he can assign the right personnel for each customer. However, ❺ I have noticed that the number of customers visiting the bank has decreased. One reason is that people are able to do most of their banking, such as transferring money or making an account, on their smartphones by using mobile banking applications, which is a lot more convenient and time-saving.

제가 가장 자주 가는 은행의 이름은 우리은행입니다. 주된 이유 중 하나는 집 바로 옆에 위치해 있기 때문에 멀리 가지 않고도 은행 업무를 볼 수 있기 때문이죠. 한국에는 약 6개의 주요 은행이 있으며 서비스 품질과 금리 면에서 매우 유사합니다. 그래서 어떤 은행을 선택하더라도 그렇게 큰 차이는 없다고 봅니다. 게다가, 각 주요 은행들은 한국 여기저기에 수많은 지점을 가지고 있기 때문에, 저는 어디에 있든지 제 주거래 은행을 찾는데 어려움을 겪지 않습니다. 은행에 대해 조금 말씀드리면, 입구 바로 옆에는 항상 보안 요원이 앉아 있어요. 보안 요원은 은행을 방문하는 고객들에게 인사를 하고, 고객마다 적합한 직원을 배정할 수 있도록 고객의 방문 목적을 묻습니다. 하지만 저는 은행을 찾는 손님이 줄고 있다는 것을 알아챘습니다. 한 가지 이유는 사람들이 모바일 뱅킹 애플리케이션을 사용하여 돈을 송금하거나 계좌를 만드는 등 대부분의 은행 업무를 그들의 스마트폰으로 할 수 있기 때문이죠. 왜냐하면 그것은 훨씬 더 편리하고 시간이 절약되기 때문입니다.

송쌤의 **꿀팁**

비교급 강조 표현
▹ a lot 형용사(비교급): 훨씬 더 '형용사'하다

나만의 답변을 만들어 봅시다.

은행 이름	The bank that I go to most often is
특징 1	That's because
특징 2	So,
특징 3	To talk more about the bank,
은행 변화	I see One of the main reasons for this is because

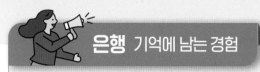

은행 기억에 남는 경험

Q. Please tell me about the time when you had a problem at a bank. What kind of problem was it, and how did you resolve the issue?

은행에서 문제를 겪었을 때에 대해 말해주세요. 어떤 종류의 문제였으며, 당신은 그 문제를 어떻게 해결했나요?

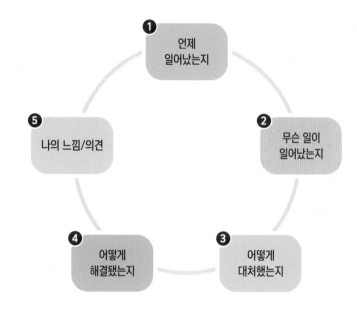

BRAINSTORMING

🔊 **MP3** 3_43

❶ 언제 일어났는지	One of the most memorable experiences is when I visited Jeju Island last year for my summer vacation. 가장 기억에 남는 경험 중 하나는 작년 여름 방학 때 제주도를 방문했을 때였습니다.	
❷ 무슨 일이 일어났는지	I ran to the closest ATM and I tried to withdraw 100,000 won. 가장 가까운 현금인출기로 달려가 10만원을 인출하려고 했습니다.	
❸ 어떻게 대처했는지	So, I called customer service right away and explained everything. 그래서 곧바로 고객 서비스에 전화를 걸어 모든 것을 설명했습니다.	
❹ 어떻게 해결됐는지	But the customer representative told me that they couldn't do anything until the next day because it was Sunday. 그러나 고객 담당자는 일요일이라 다음날까지 아무것도 할 수 없다고 말했습니다.	
❺ 나의 느낌/의견	I learned my lesson that I always need to carry some cash with me. 저는 항상 약간의 현금을 가지고 다녀야 한다는 것을 배웠습니다.	

A is the perfect place to '동사'. A는 '동사'하기에 완벽한 장소입니다.

Jeju Island is the perfect place to surf.
제주도는 서핑하기에 완벽한 곳입니다.

I can't help but '동사(원형)' 저는 '동사'할 수 밖에 없었습니다.

Since there were no other ATMs nearby, I couldn't help but go back to my hotel.
근처에 다른 에이티엠(ATM)이 없었기 때문에 호텔로 돌아가지 않을 수 없었습니다.

take (시간) for A to '동사' A가 '동사'하는데 시간이 걸리다 `IH+ 표현`

I asked the person how long it would take for a technician to arrive.
기술자가 도착하는 데 얼마나 걸릴지 그 사람에게 물어봤습니다.

what's worse, 엎친 데 덮친 격으로, `IH+ 표현`

What's worse, there were no other ATMs around.
엎친 데 덮친 격으로, 주변에는 다른 에이티엠(ATM)이 없었습니다.

There is something(nothing/a lot of things) that I can '동사'. `IH+ 표현`
제가 '동사'할 수 있는 무언가 있습니다(없습니다/많습니다).

I became furious, but I knew there was nothing I could do.
화가 치밀었지만 어쩔 수 없다는 것을 알았습니다.

Seoraksan is the _____ place to hike.
설악산은 등산하기에 완벽한 장소입니다.

Since I didn't have cash, I couldn't _____ but to ask my friend to cover me.
현금이 없었기 때문에, 저는 친구에게 빌려 달라고 할 수밖에 없었습니다.

It _____ less than a day for international transfers to be processed.
국제 송금이 처리되는 데 하루가 채 걸리지 않습니다.

_____ _____, I had left my wallet in the hotel room.
설상가상으로, 저는 호텔 객실에 지갑을 두고 나왔습니다.

There was _____ I could do, so I called my father for help.
제가 할 수 있는 것이 아무것도 없어서, 아버지에게 도움을 요청하러 전화했습니다.

ANSWER perfect / help / takes / What's worse / nothing

IM3 **은행** 기억에 남는 경험

Q. Please tell me about the time when you had a problem at a bank. What kind of problem was it, and how did you resolve the issue?

은행에서 문제를 겪었을 때에 대해 말해주세요. 어떤 종류의 문제였으며, 당신은 그 문제를 어떻게 해결했나요?

BRAINSTORMING

❶	언제 일어났는지	작년 여름 휴가, 제주도
❷	무슨 일이 일어났는지	ATM기에서 현금 10만원 인출 시도, 7만원 밖에 안 나옴
❸	어떻게 대처했는지	고객 상담사에게 전화해 설명
❹	어떻게 해결됐는지	일요일이라 아무 것도 할 수 없었음
❺	나의 느낌/의견	현금을 가지고 다녀야 함

IM3+
➕ 화났지만 호텔로 돌아옴

MODEL ANSWER IM3

❶ One of the most memorable experiences is when I visited Jeju Island last year for my summer vacation. I like surfing and Jeju Island is the perfect place to surf. So, I went to a surfing shop to rent a surfboard as usual. However, I realized that they don't accept credit cards. So, ❷ I ran to the closest ATM and I tried to withdraw 100,000 won. But the money I got was only 70,000 won. ❸ So, I called customer service right away and explained everything. ❹ But the customer representative told me that they couldn't do anything until the next day because it was Sunday. I became very angry, but I couldn't do anything on the spot. Since there were no other ATMs nearby, I couldn't help but go back to my hotel. From that experience, ❺ I learned my lesson that I always need to carry some cash with me. This is my most memorable experience I had at a bank.

가장 기억에 남는 경험 중 하나는 작년 여름 휴가 때 제주도를 방문했을 때였습니다. 저는 서핑을 좋아하고 제주도는 서핑하기에 완벽한 곳입니다. 그래서 평소처럼 서핑 샵에 가서 서핑보드를 빌리려고 했죠. 하지만, 저는 그들이 신용카드를 받지 않는다는 것을 깨달았습니다. 그래서 가장 가까운 현금인출기로 달려가 10만원을 인출하려고 했어요. 그런데 받은 돈은 7만 원 밖에 되지 않았던 거죠. 그래서 곧바로 고객 서비스에 전화를 걸어 모든 것을 설명했습니다. 그러나 고객 담당자는 일요일이라 다음날까지 아무것도 할 수 없다고 말했어요. 저는 몹시 화가 났지만, 그 자리에서 아무것도 할 수 없었습니다. 근처에 다른 ATM기가 없었기 때문에 호텔로 돌아가지 않을 수 없었죠. 그 경험으로 인해, 저는 항상 약간의 현금을 가지고 다녀야 한다는 교훈을 얻었습니다. 이것이 제가 은행에서 겪은 가장 기억에 남는 경험입니다.

🚀 송쌤의 꿀팁

until과 by의 차이

▷ You should submit your homework **by** tomorrow.
너는 내일까지 숙제를 제출 해야 한다. → 일회성의 의미를 가진 동사와 함께 쓰임

▷ I studied **until** 1 a.m. last night.
나는 어제 새벽 1시까지 공부했다. → 연속성의 의미를 가진 동사와 함께 쓰임

Q. Please tell me about the time when you had a problem at a bank. What kind of problem was it, and how did you resolve the issue?

은행에서 문제를 겪었을 때에 대해 말해주세요. 어떤 종류의 문제였으며, 당신은 그 문제를 어떻게 해결했나요?

BRAINSTORMING

❶ 언제 일어났는지	작년 여름 휴가, 제주도
❷ 무슨 일이 일어났는지	ATM기에서 현금 인출 시도
❸ 어떻게 대처했는지	고객 상담사에게 전화해 설명
❹ 어떻게 해결됐는지	기술자 보내야 함, 전화로 할 수 없음, 내일까지 기다려야 함
❺ 나의 느낌/의견	현금을 가지고 다니는 것이 습관됨

MODEL ANSWER IH-AL

❶ The most memorable incident happened when I visited Jeju Island last year for my summer vacation. I went to a surfing shop to rent a surfboard. It was at that moment when I realized that they don't accept credit cards, so I ran to the closest ATM. ❷ I tried to withdraw 100,000 won but I realized that I was short 30,000 won. ❸ I immediately called the customer service but the customer representative told me that in order to resolve this issue, ❹ they needed to send in a technician to inspect the machine and that nothing could be done over the phone. So, I asked the person how long it would take for a technician to arrive. However, the person told me that I had to wait until the next day. I became furious, but I knew there was nothing I could do. What's worse was that there were no other ATMs around, so I had no choice but to go back to my hotel. ❺ Since then, taking even a little amount of cash with me has become a habit. This is my worst and most memorable incident I had at a bank.

가장 기억에 남는 일은 작년 여름 휴가 때 제주도를 방문했을 때 일어났습니다. 저는 서핑샵에 가서 서핑보드를 빌리려 했죠. 그들이 신용카드를 받지 않는다는 것을 깨달은 것은 바로 그 순간이었습니다. 그래서 저는 가장 가까운 ATM으로 달려갔습니다. 10만 원을 인출하려 했지만 3만 원이 모자라는 것을 알게 됐죠. 저는 즉시 고객 서비스에 전화를 걸었지만, 그 고객 상담사는 저에게 이 문제를 해결하기 위해서는 기계를 검사하기 위해 기술자를 보내야 하고 전화로는 아무것도 할 수 없다고 말했어요. 그래서 기술자가 도착하는 데 얼마나 걸릴지 그 사람에게 물어봤더니 그 사람은 내일까지 기다려야 한다고 제게 말했습니다. 화가 치밀었지만 어쩔 수 없다는 것을 알았습니다. 엎친 데 덮친 격으로, 주변에는 다른 ATM기가 없었고, 저는 호텔로 돌아가야 했습니다. 그 후로는 약간의 현금이라도 가지고 가는 것이 습관이 되었습니다. 이것이 바로 제가 은행에서 겪은 가장 나쁘고 가장 기억에 남는 사건입니다.

Vocabulary & Expressions

incident 일, 사건 surfboard 서핑 보드 immediately 즉시 customer representative 고객 서비스 상담원 resolve 해결하다 technician 기술자 inspect 검사하다 habit 습관

나만의 스크립트 만들기

나만의 답변을 만들어 봅시다.

언제 일어났는지	One of the most memorable experience is when I
무슨 일이 일어났는지	So,
어떻게 대처했는지	But,
어떻게 해결됐는지	From that experience, I learned my lesson that
나의 느낌/의견	This is my most memorable experience I had at a bank.

돌발 주제 16 재활용

> ‣ 재활용은 주제만 들으면 어려워 보일 수 있지만 일상생활에서 할 수 있는 행동이나 일어날 수 있는 일처럼 평소 생활에 대한 말하기를 할 수 있는지 평가하는 주제입니다. 어렵게 생각하지 말고, 자연스럽고 쉬운 표현으로 답변을 준비해 봅시다.
>
> ‣ 우리나라의 재활용-내가 하는 재활용(우리집에서 하는 재활용)-기억에 남는 경험의 3단 콤보로 학습한다면 재활용 관련 돌발 문제는 대부분 해결할 수 있습니다.

출제 포인트

• **묘사, 설명하기**
내가 하는/우리나라의 재활용 관련 활동 설명
재활용 장소 설명

• **변화, 활동 이야기하기**
재활용의 과거와 현재 변화
내가 하는 재활용의 일반적인 루틴

• **경험, 계기 이야기하기**
기억에 남는 재활용 관련 경험
최근 재활용 경험

문제 예시

• Please describe recycling in your country(apartment complex). Can you explain the way people(you) in your country(apartment complex) recycle? Can you tell me about the things that are recycled? 빈출★
당신의 나라/집(아파트)에서의 재활용에 대해 말해주세요. 당신의 나라에서는/집(아파트) 사람들이(당신이) 어떻게 재활용을 하나요? 재활용되는 품목들은 무엇인가요?

• I want you to describe every step of recycling you do at home. What are some of the things that are recycled?
당신이 집에서 재활용을 하기 위해 취하는 각 단계에 대해 설명해주길 원합니다. 보통 어떤 품목들이 재활용되나요?

• Can you tell me about a memorable experience you had while recycling? Explain what happened and why it was so memorable to you in as much detail as possible. 빈출★
재활용을 하면서 겪었던 기억에 남는 경험에 대해 말해줄 수 있나요? 무슨 일이 있었고 그 일이 왜 그렇게 기억에 남았는지 최대한 자세히 설명해주세요.

KEY EXPRESSIONS

우리나라의 재활용

- □ paper 종이
- □ plastic 플라스틱
- □ glass 유리
- □ electronics 전자제품
- □ food waste 음식물 쓰레기
- □ batteries 건전지
- □ Styrofoam 스티로폼
- □ recyclable 재활용 가능한
- □ recycling bin 재활용 쓰레기통
- □ dump 버리다
- □ according to A A에 따라서
- □ corresponding ~에 상응하는　IH+
- □ dispose 없애다/처리하다　IH+

잊지 못할 경험

- □ just like any other day 여느 날과 같은 날
- □ like nothing had happened 마치 아무 일도 없었다는 듯
- □ blush 얼굴이 빨개지다

돌발주제 16 재활용

재활용 내가 사는 곳의 재활용

Q. Please describe recycling in your country(apartment complex). Can you explain the way people(you) in your country(apartment complex) recycle? Can you tell me about the things that are recycled?

당신의 나라/집(아파트) 에서의 재활용에 대해 말해주세요. 당신의 나라에서는/집(아파트) 사람들이 (당신이) 어떻게 재활용을 하나요? 재활용되는 품목들은 무엇인가요?

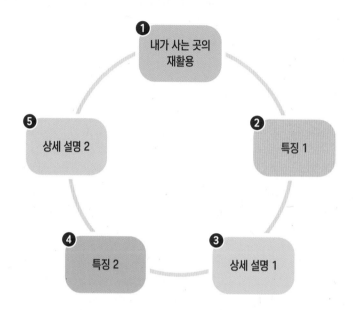

BRAINSTORMING

🔊 **MP3** 3_46

❶ 내가 사는 곳의 재활용	The recycling system that my current apartment complex has is very simple and efficient.	
	현재 제가 사는 아파트 단지는 매우 간단하고 효율적인 재활용 시스템을 가지고 있습니다.	
❷ 특징 1	First of all, each recycling category has its own recycling bin.	
	우선, 재활용 분류에 맞는 쓰레기통이 있습니다.	
❸ 상세 설명 1	So, all I have to do is just put each recyclable item in the right bin.	
	그래서 재활용 가능한 물품을 알맞은 쓰레기통에 넣기만 하면 됩니다.	
❹ 특징 2	Second, there's no restriction on when to recycle.	
	둘째로, 재활용 시기에 대한 제한이 없습니다.	
❺ 상세 설명 2	I am allowed to recycle my waste whenever I want such as during the day, or even at midnight.	
	저는 낮이나 한밤중과 같이 제가 원할 때 언제든 쓰레기를 재활용 할 수 있습니다.	

There's no restriction on A. A에 제약이 없습니다.

There's no restriction on **when to recycle.**
언제 재활용을 해야 하는지에 대한 제한이 없습니다.

get used to A A에 익숙해지다

It's actually very simple when you get used to it.
실제로 익숙해지면 매우 간단합니다.

There are no limits to A. A에 제한이 없습니다.

Since there are no limits to **when I can recycle my waste, I am allowed to recycle anytime.**
쓰레기를 재활용할 수 있는 시간 제한이 없기 때문에, 전 언제든지 재활용할 수 있습니다.

speaking of A A에 대해 말하자면 IH+ 표현

Speaking of **my own recycling system at home, I separate each item by its category.**
집에서 하는 저만의 재활용 시스템에 대해 말하자면, 저는 각 품목을 구분에 맞게 분리합니다.

✏️ LET'S PRACTICE

There are no _____ on using plastic straws, but I try not to.
플라스틱 빨대를 사용하는 데는 아무 제한이 없지만, 저는 사용하지 않으려 노력합니다.

I got _____ ____ carrying a reusable water bottle with me everywhere I go.
저는 재활용할 수 있는 물병을 제가 어디를 가든지 가지고 다니는 데 익숙해졌습니다.

There are no _____ to what can be recycled at the recycling center.
재활용처리장에서 재활용될 수 있는 종류에는 한계가 없습니다.

_____ of recycling, I also try to reduce my electricity usage.
재활용 얘기가 나와서 말입니다만, 저는 전기 사용(량)도 줄이려 노력합니다.

ANSWER restrictions / used to / limits / Speaking

Q. Please describe recycling in your country(apartment complex). Can you explain the way people(you) in your country(apartment complex) recycle? Can you tell me about the things that are recycled?

당신의 나라/집(아파트)에서의 재활용에 대해 말해주세요. 당신의 나라에서는/집(아파트) 사람들이(당신이) 어떻게 재활용을 하나요? 재활용되는 품목들은 무엇인가요?

BRAINSTORMING

❶ 내가 사는 곳의 재활용   간단하고 효율적   ⊕   몇 가지 이유 있음   IM3+

❷ 특징 1   분류에 맞는 쓰레기통 구비됨

❸ 상세 설명 1   알맞은 쓰레기통에 넣기만 하면 됨

❹ 특징 2   재활용 시기에 제한 없음

❺ 상세 설명 2   원할 때 언제든 재활용 가능   ⊕   품목별 구분   IM3+

MODEL ANSWER IM3

I can say that ❶ the recycling system that my current apartment complex has is very simple and efficient. There are a few reasons why I think this way. ❷ First of all, each recycling category has its own recycling bin. ❸ So, all I have to do is just put each recyclable item in the right bin. ❹ Second, there's no restriction on when to recycle. That means, ❺ I am allowed to recycle my waste whenever I want such as during the day, or even at midnight. To talk about my routine of recycling, I first separate each item by its category, such as plastic, paper, and glass bottles. And then when my recycling bin is full, I go to a recycling area on the first floor and dump them into the recycling bin according to their category. That's it! Isn't that simple? I think this system is very efficient and reasonable. Even though there are many different categories of items that need to be recycled, such as plastic, paper, glass, cans, and styrofoam, it's actually very simple when you get used to it.

현재 제가 사는 아파트 단지는 매우 간단하고 효율적인 재활용 시스템을 가지고 있다고 말할 수 있습니다. 제가 이렇게 생각하는 데는 몇 가지 이유가 있어요. 우선, 각 재활용 구분에 맞는 재활용 쓰레기통이 있습니다. 그래서, 재활용할 수 있는 모든 물품을 알맞은 쓰레기통에 넣기만 하면 돼요. 둘째로, 언제 재활용을 해야 하는지에 대한 제한이 없습니다. 낮이나 한밤중과 같이 제가 원할 때 언제든지 쓰레기를 재활용할 수 있다는 뜻입니다. 보통 저의 재활용 루틴에 대해 이야기하자면, 저는 먼저 플라스틱, 종이, 유리병 등 각 품목을 그 범주별로 구분합니다. 그리고 나서 재활용 쓰레기통이 가득 차면 1층 재활용 구역으로 가서 그들의 분류에 따라 재활용 쓰레기통에 버리죠. 이게 다예요! 너무 간단하지 않나요? 저는 이 시스템이 매우 효율적이고 합리적이라고 생각합니다. 플라스틱, 종이, 유리, 캔, 스티로폼 등 재활용이 필요한 품목이 다양하지만, 실제로 익숙해지면 매우 간단하답니다.

 송쌤의 꿀팁

이유를 들어주며 말할 때

▸ 답변 서론 부분을 말한 뒤 본론 부분에서 이유를 들어 설명을 시작하기 전, 서론과 본론을 이어주는 문장으로
There are a few reasons why I think this way. (제가 이렇게 생각하는 데는 몇 가지 이유가 있습니다.)
라고 말해주면 자연스러운 답변을 할 수 있습니다.

IH-AL **재활용** 내가 사는 곳의 재활용

Q. Please describe recycling in your country(apartment complex). Can you explain the way people(you) in your country(apartment complex) recycle? Can you tell me about the things that are recycled?
당신의 나라/집(아파트)에서의 재활용에 대해 말해주세요. 당신의 나라에서는/집(아파트) 사람들이(당신이) 어떻게 재활용을 하나요? 재활용되는 품목들은 무엇인가요?

 BRAINSTORMING

① 내가 사는 곳의 재활용 간단하고 효율적

② 특징 1 분류에 맞는 쓰레기통 구비됨

③ 상세 설명 1 알맞은 쓰레기통에 넣기만 하면 됨

④ 특징 2 재활용 시기에 제한 없음

⑤ 상세 설명 2 밤낮 상관없이 원할 때 언제든 재활용 가능

MODEL ANSWER ◄ IH-AL

① My apartment complex has the simple and efficient recycling system. ② First of all, each recycling category has its own recycling bin, ③ so all I have to do is just put each recyclable item in the corresponding bin. ④ Second, since there are no limits to when I can recycle my waste, ⑤ I am allowed to do it whenever I'm available, such as during the day or even at midnight. As for my routine of recycling at home, I have set up my own recycling system at home and do my recycling whenever the recycling bin at home is full. Speaking of my own recycling system at home, I separate each item by its category, such as plastic, paper, and glass bottles. And, as soon as my recycling bins fill up, I go downstairs, where there is a recycling area, and dump them into the recycling bin according to their category. Even though it might seem like a hassle because there are many different categories of items that need to be recycled, such as plastic, paper, glass, cans, and styrofoam, it's actually very simple when you get used to it.

제가 살고 있는 아파트 단지는 간단하고 효율적인 재활용 시스템을 갖고 있습니다. 우선, 각 재활용 구분에 맞는 재활용 쓰레기통이 있어서 재활용할 수 있는 모든 물품을 알맞은 쓰레기통에 넣기만 하면 돼요. 둘째로, 폐기물을 재활용할 수 있는 시간 제한이 없기 때문에, 전 낮이나 한밤중처럼 여유가 있을 때 언제든지 할 수 있답니다. 집에서 재활용을 하는 순서와 방법에 대해서는, 저는 집에 나만의 재활용 시스템을 준비하여, 집에 있는 재활용 쓰레기통이 가득 찰 때마다 재활용을 합니다. 집에서 하는 저만의 재활용 시스템에 대해 말하자면, 저는 플라스틱, 종이, 유리병과 같은 각 품목을 구분에 맞게 분리합니다. 그리고 재활용 쓰레기통이 가득 차자마자 재활용 구역이 있는 아래층으로 내려가서 그들의 분류에 따라 재활용 쓰레기통에 버리죠. 플라스틱, 종이, 유리, 캔, 스티로폼 등 재활용이 필요한 품목이 다양하기 때문에 번거롭게 보일 수 있지만, 실제로 익숙해지면 아주 간단하답니다.

Vocabulary & Expressions

routine 일상, 일과 **separate** 분리된, 따로 떨어진 **fill up** 가득 차다 **hassle** 귀찮은 상황, 번거로운 일 **Styrofoam** 스티로폼

나만의 답변을 만들어 봅시다.

내가 사는 곳의 재활용	I can say that the recycle system that my current apartment complex has is very simple and efficient.
	There are a few reasons why I think this way.
특징 1	First of all,
	So,
상세 설명 1	Second,
	That means,
특징 2	To talk about my routine of recycling, I first
상세 설명 2	I think this system is

재활용 기억에 남는 경험

Q. Can you tell me about a memorable experience you had while recycling? Explain what happened and why it was so memorable to you in as much detail as possible.

재활용을 하면서 겪었던 기억에 남는 경험에 대해 말해줄 수 있나요? 무슨 일이 있었고 그 일이 왜 그렇게 기억에 남았는지 최대한 자세히 설명해주세요.

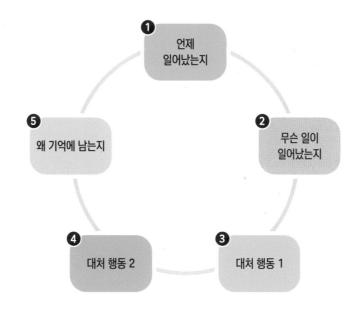

❶ 언제 일어났는지
❷ 무슨 일이 일어났는지
❸ 대처 행동 1
❹ 대처 행동 2
❺ 왜 기억에 남는지

 BRAINSTORMING

 🔊 MP3 3_49

❶ 언제 일어났는지	The most memorable experience I had when recycling happened not long ago. 가장 기억에 남는 재활용 경험은 얼마 전입니다.
❷ 무슨 일이 일어났는지	I saw a foreigner who was dumping his general waste into a food waste bin. 외국인이 일반 쓰레기를 음식물 쓰레기통에 버리는 것을 봤습니다.
❸ 대처 행동 1	I yelled, "Stop!" but he tried to leave the spot without doing anything. 저는 "멈춰!"라고 소리쳤지만 그는 아무 것도 하지 않고 그 자리를 떠나려 했습니다.
❹ 대처 행동 2	I carefully taught him what each Korean letter meant, and that he should put his recyclable items into the appropriate bin. 저는 한글 글자마다 무슨 뜻인지 알려주고, 재활용 가능한 물건들을 알맞은 쓰레기통에 넣어야 한다고 조심스럽게 알려주었습니다.
❺ 왜 기억에 남는지	Since then, we've become friends! 그 이후로, 우리는 친구가 되었습니다!

be '형용사' for A to '동사' '동사'하는 것이 A에게 '형용사'할 수 있다

Recycling can be hard for them to do because they might not be accustomed to it.

재활용은 그들에게 어려울 수 있어요. 왜냐하면 익숙하지 않을 수도 있으니까요.

get accustomed to A A에 익숙해지다 IH+ 표현

Recycling can be hard for them to do because they might not get accustomed to it.

재활용은 그들에게 어려울 수 있어요. 왜냐하면 익숙하지 않을 수도 있으니까요.

without '동사+ing' '동사'하지 않은 채로

He tried to leave the spot without doing anything.

그는 아무 것도 하지 않고 그 자리를 떠나려 했어요.

prevent A from B(동사+ing) A를 B하는 것으로부터 막다/예방하다 IH+ 표현

In order to prevent this from happening, I carefully taught him about the recycling system.

이것이 발생하는 것을 막기 위해, 나는 조심스레 그에게 재활용 시스템에 대해 가르쳐주었다.

LET'S PRACTICE

It can be hard _____ old people to recycle since they aren't used to it.

노인들은 재활용하는 것에 익숙하지 않기 때문에 어려울 수 있습니다.

Children nowadays _____ already accustomed to recycling.

요즘 아이들은 재활용에 이미 익숙해져 있습니다.

My uncle would take out the trash _____ sorting the recyclables.

제 삼촌은 재활용할 수 있는 것을 분류하지 않고 쓰레기를 버리곤 했습니다.

ANSWER for / get / without

Q. Can you tell me about a memorable experience you had while recycling?
Explain what happened and why it was so memorable to you in as much detail
as possible.
재활용을 하면서 겪었던 기억에 남는 경험에 대해 말해줄 수 있나요? 무슨 일이 있었고 그 일이 왜 그렇게
기억에 남았는지 최대한 자세히 설명해주세요.

BRAINSTORMING

❶ 언제 일어났는지　　얼마 전　　　　　　　　　　➕ 외국인 많이 사는 아파트　　IM3+

❷ 무슨 일이 일어났는지　외국인이 쓰레기를 잘못 버리는 걸 봄

❸ 대처 행동 1　　멈추라고 소리침　　　　　　　➕ 당황스러워 보임　　IM3+

❹ 대처 행동 2　　재활용을 알려줌

❺ 왜 기억에 남는지　그 이후로 친구가 됨

MODEL ANSWER IM3

❶ The most memorable experience I had when recycling happened not long ago. There are many foreigners
living in my apartment complex, and recycling can be hard for them to do because they might not be
accustomed to it. One day, I was heading downstairs to recycle my garbage and ❷ I saw a foreigner who
was dumping his general waste into a food waste bin. ❸ I yelled, "Stop!" but he tried to leave the spot
without doing anything. So, I stopped him and explained the recycling system in my apartment complex. He
seemed to be embarrassed and told me no one had ever taught him about the recycling system in Korea.
I was shocked because recycling is an important thing to do in Korea. ❹ I carefully taught him what each
Korean letter meant, and that he should put his recyclable items into the appropriate bin. ❺ Since then, we've
become friends!

재활용을 할 때 가장 기억에 남는 경험은 얼마 전 일이에요. 우리 아파트 단지에는 많은 외국인들이 살고 있고, 재활용은 그들에게 어려울 수 있어요.
왜냐하면 익숙하지 않을 수도 있으니까요. 어느 날, 저는 쓰레기를 재활용하기 위해 아래층으로 내려가고 있었는데, 한 외국인이 그의 일반 쓰레기를
음식물 쓰레기통에 버리는 것을 보았어요. 저는 "멈춰!"라고 소리쳤지만 그는 아무 것도 하지 않고 그 자리를 떠나려 했어요. 그래서, 저는 그를 멈추게
하고 우리 아파트 단지의 재활용 시스템에 대해 설명했습니다. 그는 당황하는 것 같았고, 한국에서 재활용 시스템에 대해 아무도 알려준 적이 없다고
말했어요. 재활용은 한국에서 해야 할 중요한 일이기 때문에 저는 충격을 받았습니다. 저는 한글 글자마다 무슨 뜻을 가리키는지, 재활용할 수 있는 물
건들은 알맞은 쓰레기통에 넣어야 한다는 것을 조심스럽게 알려줬어요. 그 이후로, 우리는 친구가 되었어요!

송쌤의 꿀팁

충격을 받다
▸ 충격을 받았다고 말할 때는 I was shocked 라고 말합니다. 과거에 내가 느낀 감정이므로 수동태형의 shocked를 써줍니다.

돌발주제 16 재활용

기억에 남는 경험

Q. Can you tell me about a memorable experience you had while recycling? Explain what happened and why it was so memorable to you in as much detail as possible.
재활용을 하면서 겪었던 기억에 남는 경험에 대해 말해줄 수 있나요? 무슨 일이 있었고 그 일이 왜 그렇게 기억에 남았는지 최대한 자세히 설명해주세요.

BRAINSTORMING

❶ 언제 일어났는지	얼마 전
❷ 무슨 일이 일어났는지	외국인이 음식물 쓰레기를 일반 쓰레기에 버림
❸ 대처 행동 1	종이, 플라스틱 나오는 것 보고 멈추라고 소리침
❹ 대처 행동 2	재활용을 알려줌
❺ 왜 기억에 남는지	그 이후로 친구가 됨

MODEL ANSWER IH-AL

❶ I want to talk about a moment that happened not long ago. It was just like any other day and I was heading downstairs to recycle my garbage. When I arrived at the recycling area, it was at that exact moment when ❷ I saw a foreigner who was dumping his general waste into a food waste bin. ❸ At first, I thought he was disposing his food waste, but as soon as I saw paper and plastic coming out of his tiny bucket, I yelled, "Stop!". He and I looked at each other for a brief moment, and he tried to walk away like nothing had happened. So, I stopped him and explained that the bin is only for food waste. After hearing this, his face blushed and told me that no one has ever taught him about the recycling system in Korea. I was shocked because recycling is such an important thing that every single person who lives in Korea is supposed to do. ❹ In order to prevent this from happening again, I carefully taught him that he should put his recyclable items into their corresponding bin. ❺ Since then, we've become friends and talked about how important it is to explain this system to foreigners.

얼마 전에 있었던 일에 대해 이야기하고 싶습니다. 여느 날과 같이 저는 쓰레기를 재활용하기 위해 아래층으로 가고 있었습니다. 재활용 구역에 도착했을 때, 일반 쓰레기를 음식물 쓰레기통에 버리던 한 외국인을 보았죠. 처음엔 음식물 쓰레기를 처리하는 줄 알았는데, 그의 작은 통에서 종이와 플라스틱이 나오는 것을 보자마자 저는 "멈춰!" 라고 소리쳤어요. 그와 저는 잠시 서로를 바라보았고, 그는 아무 일도 없었다는 듯이 걸어가려고 했습니다. 그래서, 저는 그를 멈추게 하고, 그 쓰레기통은 음식물 쓰레기만을 위한 것이라고 설명했죠. 이 말을 들은 그의 얼굴이 붉어지며 한국에서 재활용 시스템에 대해 알려 준 사람은 아무도 없다고 말해 주었습니다. 재활용은 한국에 사는 모든 사람들이 해야 할 중요한 것이기 때문에 저는 충격을 받았습니다. 이런 일이 다시는 일어나지 않도록 저는 재활용할 수 있는 물건들을 해당하는 통에 넣어야 한다고 조심스럽게 알려 주었습니다. 그 이후로, 우리는 친구가 되었고 외국인들에 이 제도를 설명하는 것이 얼마나 중요한지에 대해 이야기했습니다.

Vocabulary & Expressions

dispose 처리하다, 처분하다　**dump** 버리다　**brief** 짧은, 잠시 동안의　**blush** 얼굴을 붉히다　**correspond** 일치하다, 부합하다

나만의 답변을 만들어 봅시다.

언제 일어났는지	The most memorable experience I had when recycling happened _____ ago.
무슨 일이 일어났는지	One day,
대처 행동 1	I
대처 행동 2	So,
왜 기억에 남는지	Since then,

지형/야외 활동

> ▸ 우리나라의 지형에 대해 한국말로 떠올리려 해도 쉽지 않은 주제인 만큼 관련 표현 및 문장을 반드시 익힌 후 답변하는 연습을 합니다.
>
> ▸ 지형/야외활동을 같이 묶어 답변을 준비한다면 두 가지 질문 모두 답변할 수 있습니다.
>
> ▸ 우리나라의 지형-기억에 남는 야외 활동 경험의 2단 콤보로 학습한다면 고득점을 받을 수 있습니다.

출제 포인트

* **묘사, 설명하기**
  주로 하는 야외활동 설명
  우리나라의 지형 설명

* **변화, 활동 이야기하기**
  지형/야외활동의 과거와 현재 변화
  지형/야외활동의 일반적인 루틴

* **경험, 계기 이야기하기**
  기억에 남는 야외활동 관련 경험
  최근 야외활동 경험

문제 예시

* What are some of the geographic features of your country? Explain how these features are different from those other countries. 　빈출★
  당신 나라의 지리적 특징은 무엇인가요? 다른 나라와 비교할 때 어떤 점이 다른지 설명해주세요.

* Please describe the geography of your country. Does your country have any mountains, lakes, or beaches? Please tell me in as much detail as possible. 　빈출★
  당신 나라의 지형을 묘사해주세요. 당신 나라에 산, 호수, 해변이 있나요? 최대한 자세히 말해주세요.

* Please describe some of the activities that people in your country usually do. Please tell me in as much detail as possible.
  당신 나라 사람들이 주로 하는 활동을 설명해주세요. 최대한 자세히 말해주세요.

* Please tell me about your most memorable outdoors experience. Describe it in as much detail as possible.
  당신이 겪었던 가장 기억에 남는 야외 활동 경험에 대해 말해주세요. 최대한 자세히 설명해주세요.

지리, 지형적 특징/묘사

☐ peninsula 반도

☐ be located on the eastern part of the Asian continent 아시아 대륙의 동쪽에 위치해 있다 IH+

☐ be surrounded by A A로 둘러싸여 있다

☐ covered with A A로 덮여 있는

☐ more often than before 이전보다 더 자주

☐ go for a hike 하이킹 가다

☐ fine dust 미세먼지

☐ in one's sight ~의 시야에

☐ geographical feature 지리적 특성 IH+

☐ all throughout the year 일년 내내 IH+

☐ skyrocketing 치솟는 IH+

☐ gorgeous 멋진

야외활동

☐ lodge house 통나무집

☐ outdoor activity 야외활동

☐ creek 개울

☐ hiking 등산

☐ camping 캠핑

☐ fish 낚시하다

☐ taste good 맛있다

☐ family reunion 가족 모임

☐ during our stay 우리가 머무는 동안

☐ nearby 근처에

☐ fishing rods 낚싯대

☐ beyond description 형용할 수 없는 IH+

☐ enjoy the beautiful scenery 멋진 경치를 즐기다

☐ lose track of time 시간 가는 줄 모르다 IH+

Q.

Please describe the geography of your country. Does your country have any mountains, lakes, or beaches? Please tell me in as much detail as possible.

당신 나라의 지형을 묘사해주세요. 당신 나라에 산, 호수, 해변이 있나요? 최대한 자세히 말해주세요.

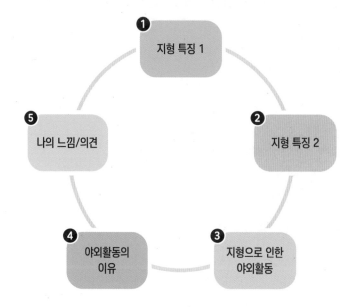

 BRAINSTORMING

MP3 3_52

❶ 지형 특징 1

South Korea is a peninsula and that means the country is surrounded by three seas.
한국은 반도로, 세 개의 바다로 둘러싸여 있음을 의미합니다.

❷ 지형 특징 2

Most of the land is covered with mountains.
대부분의 땅이 산으로 덮여 있습니다.

❸ 지형으로 인한 야외활동

Due to this kind of geographical feature, Koreans' favorite outdoor activity is hiking.
지형적인 특징 때문에, 한국인들이 가장 좋아하는 야외활동은 하이킹입니다.

❹ 야외활동의 이유

They can enjoy beautiful scenery and nature at the same time.
아름다운 풍경과 자연을 동시에 즐길 수 있습니다.

❺ 나의 느낌/의견

I think I'm so blessed to be able to live in a country with these great mountains.
이런 멋진 산들과 함께 살 수 있어서 정말 행복한 것 같습니다.

What makes A so special is B. A를 특별하게 만드는 것은 B입니다.

What makes our country so special is that most of the land is covered with mountains.
우리나라를 이렇게 특별하게 만드는 것은 국토의 대부분이 산으로 덮여 있다는 것이에요.

due to A A로 인해서/A 때문에

Due to this kind of geographical feature, Koreans' favorite outdoor activity is hiking.
이런 지형 특징 때문에 한국인이 좋아하는 야외 활동은 하이킹이에요.

tend to '동사' '동사'하는 경향이 있다 IH+ 표현

Many Koreans tend to go for a hike in the mountains more often than before to breathe fresh air.
많은 한국인들이 신선한 공기를 마시기 위해 예전보다 산에 많이 오르는 경향이 있어요.

be blessed to be able to '동사' '동사'할 수 있어서 축복이다

I'm so blessed to be able to live with these great mountains.
이런 멋진 산들과 함께 살 수 있다니 정말 복 받은 것 같아요.

no matter what(where/when/who) '주어'+'동사' '주어'가 무엇을(어디를/언제/누구를) '동사'할지라도 IH+ 표현

No matter which direction you look, there will be a mountain somewhere in your sight.
어느 방향을 보더라도, 당신의 시야 어딘가에는 산이 있을 거예요.

What makes Jeju Island so _____ is its gorgeous landscape.
제주도를 매우 특별하게 만드는 것은 그곳의 아주 멋진 풍경입니다.

_____ to its tropical beauty, it's a popular vacation destination.
열대지방의 아름다움 때문에, 그곳은 유명한 휴양지입니다.

Many visitors _____ to rent a car so they can easily get around the island.
많은 방문객들은 차를 빌려서 섬을 수월하게 돌아다닙니다.

I'm _____ to be able to visit such a beautiful place with my friends.
친구들과 이렇게 아름다운 곳을 방문할 수 있어서 저는 정말 행복합니다.

No _____ who you go there with, you'll have a fun time.
그곳에 누구와 함께 가든지, 당신은 즐거운 시간을 보낼 것입니다.

ANSWER special / Due / tend / blessed / matter

Q. Please describe the geography of your country. Does your country have any mountains, lakes, or beaches? Please tell me in as much detail as possible.
당신 나라의 지형을 묘사해주세요. 당신 나라에 산, 호수, 해변이 있나요? 최대한 자세히 말해주세요.

BRAINSTORMING

1 지형 특징 1 | 반도, 세 개의 바다로 둘러싸임

2 지형 특징 2 | 대부분의 땅이 산으로 덮여 있음 ⊕ *어딜가든 볼 수 있음* **IM3+**

3 지형으로 인한 야외활동 | 하이킹

4 야외활동의 이유 | 경치와 자연 동시에 즐길 수 있음 ⊕ *신선한 공기 위해 산에 더 감* **IM3+**

5 나의 느낌/의견 | 복 받은 것 같음

MODEL ANSWER IM3

I live in South Korea. **1** South Korea is a peninsula and that means the country is surrounded by three seas. Plus, what makes our country so special is that **2** most of the land is covered with mountains. There are so many mountains in Korea that you can easily find them wherever you go in the country. I have been to many different countries before, but I think our country has the most mountains. **3** Due to this kind of geographical feature, Koreans' favorite outdoor activity is hiking. I'll tell you why Koreans like to hike. First, it's good for their health. Second, **4** they can enjoy beautiful scenery and nature at the same time. Especially these days, air pollution in South Korea has become a serious problem due to fine dust, so many Koreans try to go for a hike in the mountains more often than before to breathe fresh air. Honestly, **5** I think I'm so blessed to be able to live in a country with these great mountains.

저는 한국에 살아요. 한국은 반도로, 한국이 세 개의 바다로 둘러싸여 있다는 것을 의미합니다. 게다가, 우리나라를 이렇게 특별하게 만드는 것은 국토의 대부분이 산으로 덮여 있다는 것이에요. 한국에는 산이 너무 많아서 어디를 가든 쉽게 산을 찾을 수 있어요. 저는 전에 많은 다른 나라들을 가봤지만, 우리 나라가 가장 많은 산을 가지고 있다고 생각합니다. 이런 지형 특징 때문에 한국인이 가장 좋아하는 야외 활동은 하이킹이에요. 한국인들이 왜 하이킹을 좋아하는지 말해줄게요. 첫째로, 그들의 건강에 좋습니다. 둘째로, 그들은 아름다운 경치와 자연을 동시에 즐길 수 있다는 것이죠. 특히 요즘, 한국의 대기 오염은 미세먼지로 인해 심각한 문제가 되고 있어서, 많은 한국인들이 신선한 공기를 마시기 위해 예전보다 산에 많이 오르는 경향이 있어요. 솔직히 이런 멋진 산들과 함께 살 수 있다니, 정말 복 받은 것 같아요.

Vocabulary & Expressions

peninsula 반도 geographical 지리상의, 지리적인 feature 특징 air pollution 대기 오염

송쌤의 꿀팁

주의해야 할 발음
▸ breathe [브리-th으-] 숨쉬다
▸ breath [브레th으] 숨

IH-AL 지형/야외활동 우리나라의 지형

Q. Please describe the geography of your country. Does your country have any mountains, lakes, or beaches? Please tell me in as much detail as possible.

당신 나라의 지형을 묘사해주세요. 당신 나라에 산, 호수, 해변이 있나요? 최대한 자세히 말해주세요.

BRAINSTORMING

❶ 지형 특징 1 — 반도, 국경의 세 면이 물로 둘러싸임

❷ 지형 특징 2 — 대부분의 땅이 산으로 덮여 있음 ➕ 어딜 봐도 산이 보임 `IH+`

❸ 지형으로 인한 야외활동 — 하이킹, 일 년 내내, 가장 좋아함

❹ 야외활동의 이유 — 경치와 자연 감상 ➕ 미세 먼지 급증, 신선한 공기 위해 산으로 감 `IH+`

❺ 나의 느낌/의견 — 복 받은 것 같음

MODEL ANSWER ‹ IH-AL

I live in South Korea, which is located on the eastern part of the Asian continent. ❶ South Korea is a peninsula, which means the country is surrounded by water on three sides of its border. What's more interesting is that ❷ most of the land is covered with mountains. So, no matter which direction you look, there will be a mountain somewhere in your sight. With this kind of geographical feature, ❸ hiking is Koreans' favorite outdoor activity all throughout the year. The reason why I think Koreans like to hike is that while it's good for their health, ❹ they can enjoy beautiful scenery and nature at the same time. Especially these days, because air pollution in South Korea has been skyrocketing due to fine dust, Koreans are more likely to head for a hike in the mountains than before to breathe fresh air. Honestly, ❺ I think being able to live in a country with a lot of gorgeous mountains is such a blessing!

저는 아시아 대륙의 동쪽에 위치한 한국에 살고 있습니다. 한국은 반도로, 이것은 한국 국경의 세 면이 물로 둘러싸여 있다는 것을 의미하죠. 더 흥미로운 것은 국토의 대부분이 산으로 덮여 있어, 어느 방향을 보더라도, 당신의 시야 어딘가에는 산이 있다고 말할 수 있을 정도예요. 이러한 지리적 특성으로, 하이킹은 일년 내내 한국인들이 가장 좋아하는 야외 활동이에요. 한국인들이 하이킹을 좋아한다고 생각하는 이유는 하이킹이 건강에 좋기도 하지만 아름다운 경치와 자연을 동시에 즐길 수 있기 때문이죠. 특히 요즘에는, 한국의 대기 오염이 미세먼지로 인해 급증하고 있기 때문에 많은 한국인들이 신선한 공기를 마시기 위해 예전보다 산에 많이 오르는 경향이 있어요. 솔직히, 저는 멋진 산들과 함께 살 수 있다니, 정말 복 받은 것 같아요!

Vocabulary & Expressions

border 국경, 경계 **scenery** 경치, 풍경 **skyrocketing** 치솟는 **due to** ~때문에 **find dust** 미세 먼지 **gorgeous** 멋진

송쌤의 꿀팁

부연 설명

▸ 부연 설명으로 특징을 추가로 이야기할 때에는 what's more interesting is that~ (더 흥미로운 것은~) 이라고 말합니다.

나만의 답변을 만들어 봅시다.

지형 특징 1	I live in South Korea. South Korea is a peninsula and that means the country is surrounded by three seas.
	Plus, what makes our country so special is that

지형 특징 2	There are

지형으로 인한 야외활동	Due to this kind of geographical feature, Korean's favorite outdoor activity is

야외활동의 이유	Second, they can

나의 느낌/의견	Honestly, I think I'm so blessed to be able to live in a country with these great mountains.

Q. Please tell me about your most memorable outdoors experience. Describe it in as much detail as possible.

당신이 겪었던 가장 기억에 남는 야외 활동 경험에 대해 말해주세요. 최대한 자세히 설명해주세요.

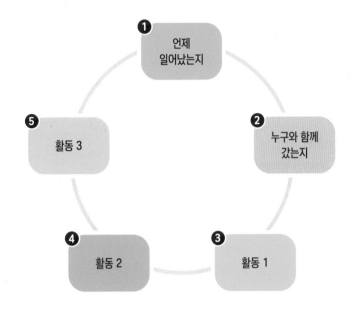

BRAINSTORMING

🔊 MP3 3_55

① 언제 일어났는지	The most memorable one was when I went camping with my family when I was young. 가장 기억에 남는 캠핑은 어릴 적 가족과 함께 캠핑을 갔을 때입니다.
② 누구와 함께 했는지	All of my family members, including my grandparents and other relatives, went with us. 조부모님과 다른 친척들을 포함한 가족 모두가 함께 갔습니다.
③ 활동 1	There was also a creek nearby so that everyone could enjoy swimming. 근처에 개울도 있어서 모두가 수영을 즐길 수 있었습니다.
④ 활동 2	My father and uncles fished for dinner. 아버지와 삼촌들은 저녁 식사를 위해 낚시를 했습니다.
⑤ 활동 3	My mother and aunts cooked delicious meals. 어머니와 이모들은 맛있는 식사를 만들었습니다.

enjoy '동사'+ing '동사'하는 것을 즐기다

There was also a creek nearby so that everyone could enjoy swimming.
근처에 개울도 있어서 모두가 수영을 즐길 수 있었어요.

keep A '형용사' A를 '형용사'한 상태로 유지시키다

I put the fruits that we prepared underwater because we wanted to keep them fresh.
우리가 준비한 과일을 신선하게 보관하고 싶어서 물속에 담가 놓았습니다.

beyond my expectation 나의 기대 이상으로

The taste of the fish that my father caught was beyond my expectation.
아버지가 잡은 생선은 기대 이상으로 맛있었어요.

by far the '최상급' A I've ever '동사(과거분사)' 내가 '동사'했던 가장/최고로 '형용사'한 A ◀ IH+ 표현

This is by far the most memorable outdoor activity that I have had.
이것은 지금까지 제가 했던 것 중 가장 기억에 남는 야외 활동입니다.

✏️ **LET'S PRACTICE**

We went to a large department store so that everyone could _____ shopping.
우리는 모두가 쇼핑을 즐길 수 있도록 대형 백화점에 갔습니다.

It was raining, so we left our phones in the car to _____ them dry.
비가 와서 우리는 휴대폰이 마르도록 (휴대폰을) 차에 두었습니다.

The gorgeous scenery around the campsite was _____ my expectation.
캠핑장 주변의 아주 아름다운 풍경은 제 기대 이상이었습니다.

It was by far the most challenging hike I had _____ done.
지금까지 제가 했던 것 중 가장 힘든 등산이었습니다.

Q. Please tell me about your most memorable outdoors experience. Describe it in as much detail as possible.
당신이 겪었던 가장 기억에 남는 야외 활동 경험에 대해 말해주세요. 최대한 자세히 설명해주세요.

BRAINSTORMING

❶ 언제 일어났는지 | 어렸을 때, 캠핑

❷ 누구와 함께 했는지 | 조부모님, 친척 가족 모두 참여

❸ 활동 1 | 개울에서 수영 | ➕ 과일 물 속에 담가 둠 `IM3+`

❹ 활동 2 | 아빠, 삼촌 - 낚시 | ➕ 생선 안 좋아하는데 맛있었음 `IM3+`

❺ 활동 3 | 엄마, 이모 - 식사 준비 | ➕ 최고의 맛 `IM3+`

MODEL ANSWER · IM3

I remember doing a lot of activities. However, ❶ the most memorable one was when I went camping with my family when I was young. What made this experience so memorable is that ❷ all of my family members, including my grandparents and other relatives, went with us. We rented a huge lodge house in the mountains and stayed there for a week. ❸ There was also a creek nearby so that everyone could enjoy swimming. Also, because the water was so cool, we put the fruits that we brought underwater because we wanted to keep them fresh. While the children were swimming in the creek, ❹ my father and uncles fished for dinner. I personally don't like eating fish, but the taste of the fish that my father caught was beyond my expectation. ❺ My mother and aunts cooked delicious meals, and they tasted the best. At night, we could see a lot of stars in the sky. On the last day of our camping, my cousins and I didn't want to go back home. This is by far the most memorable outdoor activity that I have had.

저는 많은 활동을 했던 것을 기억합니다. 하지만 가장 기억에 남는 것은 어릴 적 가족과 함께 캠핑을 갔을 때였어요. 이 경험이 그렇게 기억에 남는 이유는 조부모님이나 다른 친척들을 포함한 가족 모두가 함께 갔기 때문이죠. 우리는 산에 있는 큰 별장을 빌려서 거기서 일주일 동안 머물렀습니다. 근처에 개울도 있어서 모두가 수영을 즐길 수 있었어요. 또 물이 너무 시원해서 우리가 준비한 과일을 신선하게 보관하고 싶어서 물속에 담가 놓았습니다. 아이들이 개울에서 수영하는 동안, 아버지와 삼촌들은 저녁 식사를 위해 낚시를 했습니다. 저는 개인적으로 생선을 먹는 것을 좋아하지 않습니다. 하지만 아버지가 잡은 생선은 기대 이상으로 맛있었어요. 어머니와 이모들은 맛있는 식사를 만드셨고, 정말 최고의 맛이었습니다. 밤에는 하늘에 많은 별들을 볼 수 있었어요. 캠핑 마지막 날, 사촌들과 나는 집으로 돌아가고 싶지 않았어요. 이것이 제가 지금까지 했던 것 중 가장 기억에 남는 야외 활동입니다.

Vocabulary & Expressions

relative 친척 lodge 오두막, 별장 creek 개울, 시내 expectation 기대

Q. Please tell me about your most memorable outdoors experience. Describe it in as much detail as possible.
당신이 겪었던 가장 기억에 남는 야외 활동 경험에 대해 말해주세요. 최대한 자세히 설명해주세요.

BRAINSTORMING

❶ 언제 일어났는지 — 어렸을 때 가족과 함께 캠핑

❷ 누구와 함께 했는지 — 조부모님, 친척 가족 모두 참여　　➕ 3층 짜리 큰 별장에서 1주　IH+

❸ 활동 1 — 개울에서 수영

❹ 활동 2 — 애들 수영하는 동안 아빠, 삼촌-낚시, 저녁으로 먹음

❺ 활동 3 — 밤에 수백만개의 별 봄　　➕ 너무 재밌어서 시간 가는 줄 모름　IH+

MODEL ANSWER ◀ IH-AL

❶ The most memorable experience is when I went camping with my family when I was young. I think that was the biggest and the most exciting family reunion we've ever had because ❷ all of my family members, including my grandparents and other relatives, went with us. We rented a huge 3-story lodge house in the mountains and stayed there for a week. During our stay there, ❸ we found a creek nearby where everyone could enjoy swimming. ❹ While the children were swimming in the creek, my father and uncles took out their fishing rods and fished for dinner. Honestly, I'm not a huge fan of eating fish, but the barbequed fish caught by my dad tasted so good that it was beyond description. ❺ At night, we could see millions of stars in the sky. The camping was so fun that I lost track of time. On the last day of our camping, my cousins and I were begging our parents to stay for a few more nights. This is by far the most memorable outdoor activity that I have had.

가장 기억에 남는 경험은 어릴 적 가족과 함께 캠핑을 갔을 때입니다. 조부모님을 비롯한 모든 친척들이 우리와 함께 가셨는데요, 저는 그것이 우리가 지금까지 가졌던 가장 크고 흥미로운 가족 모임이었다고 생각합니다. 우리는 산에 3층짜리 큰 별장을 빌려서 거기서 일주일 동안 머물렀어요. 그곳에 머무는 동안, 우리는 모든 사람들이 수영을 즐길 수 있는 개울이 근처에 있다는 것을 발견했죠. 아이들이 개울에서 수영하는 동안, 아버지와 삼촌들은 낚싯대를 꺼내 저녁으로 물고기를 낚았어요. 솔직히 저는 생선을 먹는 것을 별로 좋아하지 않지만, 아버지가 잡은 생선으로 요리한 숯불구이는 이루 말할 수 없을 정도로 맛이 좋았습니다. 밤에는, 하늘에서 수백만 개의 별들을 볼 수 있었습니다. 캠핑은 너무 재미있어서 시간 가는 줄도 몰랐습니다. 캠핑 마지막 날, 사촌들과 나는 부모님께 며칠 더 머물자고 애원했죠. 이것이 제가 지금까지 했던 것 중 가장 기억에 남는 야외 활동입니다.

Vocabulary & Expressions

reunion (오랫동안 못 본 사람들의 친목) 모임　fishing rod 낚싯대　beyond description 이루 말할 수 없는

나만의 답변을 만들어 봅시다.

언제 일어났는지	I remember doing a lot of activities. However, the most memorable one was when
누구와 함께 했는지	What made this experience so memorable is
활동 1	We
활동 2	Also
활동 3	This is by far the most memorable outdoor activity that I have had.

돌발 주제

18 산업/기술

> ▸ 산업/기술 관련 주제를 같이 묶어 답변을 준비한다면 두 가지 질문 모두 답변할 수 있습니다.
>
> ▸ 우리나라의 산업/기술-과거, 현재의 산업/기술 비교-기술 관련 잊지 못할 경험의 3콤보로 학습한다면 고득점을 받을 수 있습니다.
>
> ▸ 산업/기술은 빈출 주제로 관련 어휘는 반드시 학습합니다.

출제 포인트

- **묘사, 설명하기**
  우리나라의 산업/기술 설명
  자주 사용하는 기술 설명

- **변화, 활동 이야기하기**
  산업/기술의 과거와 현재 변화
  산업/기술 사용의 일반적인 루틴

- **경험, 계기 이야기하기**
  기억에 남는 기술(산업) 이용 관련 경험
  최근 기술(산업) 이용 경험

문제 예시

- I'd like to know about the most promising industries in your country. Please explain the reason why that industry is successful. **빈출★**
  당신의 나라에서 가장 유망한 산업에 대해 알고 싶어요. 그 산업이 성공적인 이유를 설명해주세요.

- Do you use a lot of technology in your life? If so, please tell me about the technology that you use on a daily basis.
  당신은 기술을 많이 사용하나요? 만약 그렇다면, 당신이 매일 사용하는 기술에 대해 자세히 말해주세요.

- Let's talk about some technology that you've recently learned to use. Please explain when and how you learned to use it. Tell me in as much detail as possible.
  당신이 최근에 사용법을 배운 최신 기술에 대해 이야기해보죠. 어떻게 당신이 언제 그리고 어떻게 사용법을 배웠는지 설명해주세요. 최대한 자세히 말해주세요.

- I'd like to know how the technology that you use has changed over the past few years. **빈출★**
  지난 몇 년 동안 당신이 사용하는 기술이 어떻게 변해왔는지 알고 싶어요.

- Have you ever had a problem while using a new technology? Do you know what caused the issue? Please tell me in as much detail as possible. **빈출★**
  최신 기술을 사용하면서 문제를 겪은 적이 있나요? 문제의 원인이 무엇이었는지 아시나요? 최대한 자세히 말해주세요.

KEY EXPRESSIONS

사용하는 기술

- □ smartphone 스마트폰
- □ laptop (computer) 노트북
- □ desktop (computer) 데스크탑 컴퓨터
- □ TV 텔레비전

기술로 하는 활동

- □ surf the internet 인터넷 서핑하다
- □ look up information 정보를 찾다
- □ for many purposes 많은 목적(용도)로
- □ read e-books 전자책을 읽다
- □ do many things 많은 것들을 하다
- □ seek A A를 찾다/모색하다

산업 관련 어휘

- □ promising 유망한
- □ status 지위, 위상
- □ outstanding 뛰어난, 두드러진
- □ semiconductor 반도체 IH+
- □ healthcare industry 의료 산업
- □ export revenue 수출 수익 IH+
- □ bring in (이익 등을) 가져오다
- □ annually 매년의, 연례의
- □ acknowledged 인정된, 저명한 IH+
- □ since the 90s 90년대 이래로
- □ spend a fortune 거금을 쓰다 IH+
- □ retain 유지하다 IH+
- □ retain their top spot 선두를 유지하다 IH+
- □ functional 기능적인
- □ for the past(last) few years 지난 몇 년 동안
- □ widespread 광범위한/널리 퍼진
- □ evolve 발달하다 IH+
- □ in real time 실시간으로 IH+
- □ back then (과거) 그 당시에는

돌발주제 18 산업/기술

산업/기술 우리나라의 유망 산업

Q. I'd like to know about the most promising industries in your country. Please explain the reason why that industry is successful.
당신의 나라에서 가장 유망한 산업에 대해 알고 싶어요. 그 산업이 성공적인 이유를 설명해주세요.

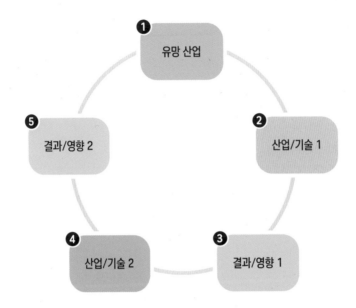

1 유망 산업

2 산업/기술 1

3 결과/영향 1

4 산업/기술 2

5 결과/영향 2

BRAINSTORMING

 MP3 3_58

1 유망 산업	Technology is still the most promising industry in Korea. 기술은 여전히 한국에서 가장 유망한 산업입니다.	
2 산업/기술 1	First, it's the internet speed. 첫째로, 인터넷 속도입니다.	
3 결과/영향1	This innovative technology has helped people to receive information much faster. 이러한 혁신적인 기술은 사람들이 훨씬 더 빠르게 정보를 얻는 데 도움을 줬습니다.	
4 산업/기술2	Second, the major companies are outstanding in the technology industry, especially with semiconductor production. 둘째로, 주요 기업들은 특히 반도체 산업에서 뛰어납니다.	
5 결과/영향2	This type of innovation has a positive impact on our country because it creates more jobs and brings in more export revenue. 이런 유형의 혁신은 더 많은 일자리를 창출하고 더 많은 수출 이익을 가져오기 때문에 우리나라에 긍정적인 영향을 미칩니다.	

KEY SENTENCES

put a lot of effort into A A에 많은 노력을 들이다

They've been putting a lot of effort into innovating and seeking for better products.
그들은 혁신하고 더 나은 제품을 찾는 데 많은 노력을 기울여 왔습니다.

have an impact on A A에 영향을 미치다

This type of innovation has a positive impact on our country because it creates more jobs and brings in more export revenue.
이런 유형의 혁신은 더 많은 일자리를 창출하고 더 많은 수출 수익을 가져오기 때문에 우리나라에 긍정적인 영향을 미칩니다.

as I mentioned earlier 제가 앞서 언급했듯이

The major companies as I mentioned earlier are outstanding in the technology industry, especially with semiconductor production.
앞서 언급한 주요 기업들이 반도체 산업에서 두드러집니다.

without any hesitation 한치의 망설임 없이

Without any hesitation, I can say that technology is still the most promising industry in Korea.
한치의 주저함도 없이, 기술은 여전히 한국에서 가장 유망한 산업이라고 말할 수 있습니다.

LET'S PRACTICE

They've put a lot of _____ into their advertising and product design.
그들은 광고와 제품의 디자인에 아주 많은 노력을 들였습니다.

The company has had a major _____ on my country's economy.
그 회사는 우리나라의 경제에 중대한 영향을 미쳤습니다.

As I _____ earlier, it's one of the largest technology companies in the world.
앞서 언급했던 것처럼, 그것은 전 세계 대형 기술 분야 기업들 중 하나입니다.

Without any _____, I can say that no other company has better electronics.
어떤 망설임도 없이, 저는 다른 어떤 기업보다 더 나은 전자 제품이 있다고 말할 수 있습니다.

ANSWER effort / impact / mentioned / hesitation

Q. I'd like to know about the most promising industries in your country. Please explain the reason why that industry is successful.

당신의 나라에서 가장 유망한 산업에 대해 알고 싶어요. 그 산업이 성공적인 이유를 설명해주세요.

BRAINSTORMING

❶ 유망 산업	기술 산업	➕	*정부에서 많은 돈을 씀* IM3+
❷ 산업/기술 1	세계에서 가장 빠른 인터넷 속도		
❸ 결과/영향 1	빠른 정보 습득을 도움	➕	*정부, 의료산업에도 사용* IM3+
❹ 산업/기술 2	반도체 산업	➕	*더 나은 제품을 위해 노력* IM3+
❺ 결과/영향 2	일자리 창출, 수출 이익		

MODEL ANSWER IM3

One of the reasons how Korea has become a developed country is mainly because of its technology industry. And major companies in Korea like Samsung and SK have helped Korea to become a technology leader. ❶ Technology is still the most promising industry in Korea, and the government spends a lot of money annually to maintain its status. I'll give you a few examples of why Korea is a technology leader. ❷ First, it's the internet speed. As far as I know, Korea has the fastest internet speed in the world, and this has helped Korea to launch the world's first 5G network. ❸ This innovative technology has helped people to receive information much faster, and it can also be used in various industries like the government and healthcare industry. ❹ Second, the major companies, as I mentioned earlier, are outstanding in the technology industry, especially with semiconductor production. They've been putting a lot of effort into innovating and seeking better products. ❺ This type of innovation has a positive impact on our country because it creates more jobs and brings in more export revenue.

한국이 선진국이 된 이유 중 하나는 주로 기술산업 때문입니다. 그리고 삼성이나 SK와 같은 한국의 주요 기업들은 한국이 기술 리더가 되도록 돕고 있죠. 기술은 여전히 한국에서 가장 유망한 산업이며, 정부는 그 위상을 유지하기 위해 매년 많은 돈을 씁니다. 한국이 왜 기술 선도국인지 몇 가지 예를 들어보겠습니다. 먼저, 인터넷 속도입니다. 제가 아는 한, 한국은 세계에서 가장 빠른 인터넷 속도를 가지고 있고, 이것이 한국이 세계 최초의 5G 네트워크를 시작하는 데 도움을 주었습니다. 이 혁신적인 기술은 사람들이 훨씬 더 빨리 정보를 받을 수 있도록 도왔고, 정부나 의료 산업과 같은 다양한 산업에서도 사용될 수 있습니다. 둘째로, 앞서 언급한 주요 기업들이 특히 반도체 산업에서 두각을 나타냅니다. 그들은 혁신하고 더 나은 제품을 찾는 데 많은 노력을 기울여 왔습니다. 이런 유형의 혁신은 더 많은 일자리를 창출하고 더 많은 수출 수익을 가져오기 때문에 우리나라에 긍정적인 영향을 미칩니다.

 송쌤의 **꿀팁**

주의해야 할 발음
▸ technology [텍날-라쥐]

Q. I'd like to know about the most promising industries in your country. Please explain the reason why that industry is successful.
당신의 나라에서 가장 유망한 산업에 대해 알고 싶어요. 그 산업이 성공적인 이유를 설명해주세요.

BRAINSTORMING

❶ 유망 산업 ─ 기술 산업

❷ 산업/기술 1 ─ 세계에서 가장 빠른 인터넷 속도

❸ 결과/영향 1 ─ 빠른 정보 습득을 도움, 정부 및 의료 산업에도 사용

❹ 산업/기술 2 ─ 주요 대기업이 더 나은 제품을 찾는데 노력하여 1위 유지

❺ 결과/영향 2 ─ 일자리 창출, 수출 이익

MODEL ANSWER ·IH-AL·

Korea has been acknowledged as a developed country since the 90s, and this was mainly achieved through its technology industry. ❶ Without any hesitation, I can say that technology is still the most promising industry in Korea, and the government spends a fortune annually to maintain its status as a technology giant. Now, let me give you a few examples of why Korea is a technology leader. ❷ First, Korea has the fastest internet speed in the world, and this has helped Korea to launch the world's first 5G network. ❸ This innovative technology has helped people to receive information much faster, and it can also be used in various industries like the government and healthcare industry. ❹ Also, companies like Samsung and SK are retaining their top spot in the semiconductor industry by continuously innovating and seeking better products. This type of innovation has a positive impact on our country because ❺ it provides more opportunities for our people by creating more jobs, and it brings in more export revenue.

한국은 90년대부터 선진국으로 인정받아 왔으며, 이는 주로 기술산업을 통해 달성되었습니다. 한치의 망설임 없이, 기술은 여전히 한국에서 가장 유망한 산업이라고 말할 수 있으며, 정부는 기술 대국으로 지위를 유지하기 위해 매년 많은 돈을 쓰죠. 이제, 왜 한국이 기술 리더인지 몇 가지 예를 들어 보겠습니다. 첫째, 한국은 세계에서 가장 빠른 인터넷 속도를 가지고 있으며, 이것은 한국이 세계 최초의 5G 네트워크를 시작하는데 도움을 주었습니다. 이 혁신적인 기술은 사람들이 훨씬 더 빨리 정보를 받을 수 있도록 돕고, 정부나 의료 산업과 같은 다양한 산업에서도 사용될 수 있습니다. 또한 삼성이나 SK와 같은 기업들은 지속적으로 혁신하고 더 나은 제품을 추구함으로써 반도체 산업에서 1위를 유지하고 있습니다. 이런 유형의 혁신은 일자리를 더 많이 창출함으로써 우리 국민에게 더 많은 기회를 제공하고, 수출 수익을 더 많이 창출하기 때문에 우리나라에 긍정적인 영향을 미칩니다.

Vocabulary & Expressions

hesitation 주저, 망설임　promising 유망한, 촉망 되는　annually 매년, 해마다　innovative 획기적인, 혁신적인　healthcare 의료　positive impact 긍정적 영향
semiconductor 반도체

나만의 답변을 만들어 봅시다.

유망 산업	Without any hesitation, I can say that technology is still the most promising industry in Korea.
산업/기술 1	First,
결과/영향 1	This innovative technology has helped people to
산업/기술 2	Second, the major companies are outstanding in the technology industry.
결과/영향 2	This type of innovation was a positive impact on our country because

산업/기술 과거와 현재 변화

Q. **I'd like to know how the technology that you use has changed over the past few years.**
지난 몇 년 동안 당신이 사용하는 기술이 어떻게 변해왔는지 알고 싶어요.

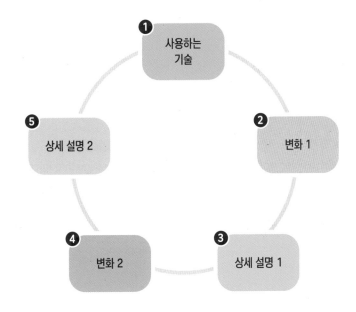

❶ 사용하는 기술
❷ 변화 1
❸ 상세 설명 1
❹ 변화 2
❺ 상세 설명 2

BRAINSTORMING

❶ 사용하는 기술	I use my smartphone every day. 저는 매일 스마트폰을 사용합니다.
❷ 변화 1	First, it's the speed. 첫째로, 속도입니다.
❸ 상세 설명 1	The internet speed has been improved over the past few years, so we can do many things much faster. 인터넷 속도는 지난 몇 년 동안 발전되어 왔기 때문에 우리는 훨씬 더 빨리 많은 것들을 할 수 있습니다.
❹ 변화 2	Second, it's the many uses of a smartphone. 둘째로, 스마트폰의 용도입니다.
❺ 상세 설명 2	For example, people use SNS or even do their banking. 예를 들면, 사람들은 SNS를 사용하거나 은행 업무를 보기도 합니다.

There have been a lot of changes in A. A에 많은 변화가 있어 왔습니다.

There have been a lot of changes in smartphones over the years.
수 년간 스마트폰에 많은 변화가 있었습니다.

be (never) possible for A to '동사' A가 '동사'하는 것이 (불)가능하다

It was never possible for people to video chat with their friends or family on their phone.
친구나 가족과 전화 통화로 화상 채팅을 하는 것이 불가능했습니다.

It takes forever to '동사'. '동사'하는데 엄청나게 오랜 시간이 걸립니다. `IH+ 표현`

It took forever to watch a video on YouTube, or to even send a message through a mobile application.
유튜브에서 동영상을 보거나 모바일 애플리케이션을 통해 메시지를 보내는 데까지 오랜 시간이 걸렸습니다.

I can't even imagine '동사+ing' without A. 저는 A없이 '동사'하는 것은 상상조차 할 수 없습니다. `IH+ 표현`

I can't even imagine spending a single day without my smartphone.
저는 스마트폰 없이 하루를 보내는 것을 상상도 할 수 없어요.

✏️ **LET'S PRACTICE**

There have been a lot of _____ in how we communicate.
우리가 (서로) 의사소통하는 방식에 많은 변화가 있습니다.

It was never _____ to access the internet without using a computer.
컴퓨터를 사용하지 않고는 인터넷에 접근할 수 없었습니다.

It took _____ to convince my parents to get me a smartphone.
부모님이 저에게 스마트폰을 사주시도록 납득시키는 데 굉장히 오랜 시간이 걸렸습니다.

I can't even _____ having to commute every day without my smartphone.
매일 스마트폰 없이 통근하는 것은 상상조차 할 수 없습니다.

ANSWER changes / possible / forever / imagine

Q. I'd like to know how the technology that you use has changed over the past few years.
지난 몇 년 동안 당신이 사용하는 기술이 어떻게 변해왔는지 알고 싶어요.

BRAINSTORMING

❶ 사용하는 기술 스마트폰 ➕ 어디든 가지고 다님 IM3+

❷ 변화 1 속도 ➕ 예전엔 뭘가 하는데 오래 걸림 IM3+

❸ 상세 설명 1 훨씬 더 빨리 많은 것을 함

❹ 변화 2 다양한 용도 ➕ 예전엔 정보 찾기와 음악 듣기 정도 가능 IM3+

❺ 상세 설명 2 SNS, 은행 업무 ➕ 스마트폰없이 하루 보내는 것 상상할 수 없음 IM3+

MODEL ANSWER IM3

❶ I use my smartphone every day. I carry it with me everywhere I go because it's very functional. I can do many things on my smartphone. Even though it has not been a long time since smartphones became common, there have been a lot of changes in them over the years. ❷ First, it's the speed. It took me a long time to do things on my smartphone when it first came out. However, ❸ the internet speed has been improved over the past few years, so we can do many things much faster. ❹ Second, it's the many uses of a smartphone. In the past, people used their smartphone only for simple tasks such as looking up information on the internet or listening to music. However, people nowadays use their smartphones for various things. ❺ For example, people use SNS or even do their banking. In the past, it was never possible for people to video chat with their friends or family on their phone, but now it has become possible. These changes have helped people to live more conveniently and comfortably. So, I can't even imagine spending a single day without my smartphone.

저는 스마트폰을 매일 사용합니다. 저는 그것이 매우 기능적이기 때문에 가는 곳마다 그것을 가지고 다니죠. 저는 스마트폰으로 많은 것을 할 수 있습니다. 스마트폰이 보편화된 지 얼마 되지 않았음에도 불구하고, 수년간 스마트폰에 많은 변화가 있었습니다. 첫째는, 속도입니다. 스마트폰이 처음 나왔을 때, 저는 스마트폰으로 뭔가를 하는 데 오랜 시간이 걸렸어요. 하지만 인터넷 속도는 지난 몇 년 동안 발전되어 왔기 때문에 우리는 훨씬 더 빨리 많은 것들을 할 수 있습니다. 둘째로, 스마트폰의 용도입니다. 과거에는 사람들이 인터넷에서 정보를 찾거나 음악을 듣는 것과 같이 간단한 용도로만 스마트폰을 사용했습니다. 하지만 요즘 사람들은 스마트폰을 다양한 용도로 사용하죠. 예를 들어, 사람들은 SNS를 하거나 은행 업무까지 봅니다. 과거에는 친구나 가족과 휴대폰으로 화상 채팅을 하는 것이 불가능했지만 지금은 가능해요. 이런 변화들은 사람들이 더 편리하고 편안하게 살 수 있도록 도왔습니다. 그래서 저는 스마트폰 없이 하루를 보내는 것을 상상도 할 수 없어요.

Vocabulary & Expressions

functional 기능 위주의, 실용적인 various 여러 가지의 video chat 비디오 채팅 conveniently 편리하게, 알맞게 comfortably 편안하게

> Q. I'd like to know how the technology that you use has changed over the past few years.
>
> 지난 몇 년 동안 당신이 사용하는 기술이 어떻게 변해왔는지 알고 싶어요.

🧠 BRAINSTORMING

❶ 사용하는 기술	스마트폰	➕ 지난 몇 년 동안 많이 변화한 것 목격 **IH+**
❷ 변화 1	속도	➕ 예전엔 동영상 보는 데 오래 걸림 **IH+**
❸ 상세 설명 1	인터넷 속도가 빨라져서 동영상 실시간 다운로드 가능	
❹ 변화 2	사용 변화	
❺ 상세 설명 2	요즘엔 다양한 것을 함 (소셜 미디어, 은행 업무)	

MODEL ANSWER IH-AL

❶ The technology that I use every day is my smartphone. It has only been a decade since the smartphones became widespread, and I've witnessed a lot of changes over the years. ❷ First, let me tell you about the speed of smartphones. When smartphones first came out, it took forever to watch a video on YouTube or to even send a message through a mobile application because the internet speed was very slow. However, ❸ the Internet speed has evolved over many years, and we can download and watch high quality videos in real time. ❹ Next, I want to talk about the changes of the uses of smartphones. People back then just used their smartphone to do simple activities such as looking up information on the Internet or listening to music. However, ❺ people nowadays use their smartphones to do various things such as using social media or doing their banking. In the past, no one had ever imagined that it would be possible for people to video chat with their phone, but it became real and the function is used daily nowadays. Therefore, smartphones have made it possible for people to live more conveniently and comfortably.

....

제가 매일 사용하는 기술은 스마트폰입니다. 스마트폰이 널리 보급된지 불과 10년 밖에 되지 않았지만, 지난 몇 년 동안 많은 변화를 목격했다는 것이죠. 먼저 스마트폰 속도부터 이야기해 볼게요. 스마트폰이 처음 나왔을 때는 인터넷 속도가 매우 느려서 유튜브에서 동영상을 보거나 심지어 모바일 애플리케이션을 통해 메시지를 보내는 데까지 시간이 오래 걸렸습니다. 하지만 인터넷 속도는 수년간 발달해왔고, 우리는 고품질 비디오를 실시간으로 다운로드하고 볼 수 있게 되었죠. 다음으로는 스마트폰 사용의 변화에 대해 이야기하고자 합니다. 그 당시 사람들은 스마트폰으로 인터넷에서 정보를 검색하거나 음악을 듣는 것과 같은 간단한 활동을 했습니다. 하지만 요즘 사람들은 스마트폰을 사용하여 소셜 미디어나 은행 업무를 보는 등 다양한 일을 하죠. 과거에는 사람들이 휴대폰으로 화상 채팅을 하는 것이 가능할 것이라고 상상한 사람은 아무도 없었지만, 그것은 현실이 되었고 요즘은 그 기능이 매일 사용됩니다. 이처럼 스마트폰은 사람들이 더 편리하고 편안하게 살 수 있도록 만들었습니다.

Vocabulary & Expressions

decade 10년　**widespread** 광범위한, 널리 퍼진　**witness** 목격하다　**mobile application** 모바일 어플리케이션(휴대폰 앱)　**evolve** 발달하다

나만의 답변을 만들어 봅시다.

사용하는 기술	I use
	because
변화 1	There have been a lot of changes in
상세 설명 1	First,
변화 2	Second,
상세 설명 2	These changes have helped people to live more conveniently and comfortably. So, I don't even want to imagine my life without _____.

Chapter 06

롤플레이

기본 정보	주로 11번, 12번, 13번으로 출제
빈출 3단 콤보	단순 질문하기 - 문제 해결하기 - 나의 경험
채점 포인트	1. 질문을 할 수 있는지 2. 특정 상황이 주어졌을 때 대처할 수 있는지 3. 주어진 상황에서 언어를 자연스럽게 활용할 수 있는지
학습 포인트	1. 주어진 상황에 맞는 질문 익히기 2. 상황에 맞는 연기력

롤플레이 3단 콤보

콤보 1

단순 질문하기 ┬ 면접관에게 질문하기
              └ 상황별 질문하기

콤보 2

문제 해결하기 ┬ 대안 제시하기
              ├ 부탁하기, 요청하기
              └ 예매, 약속하기

콤보 3

나의 경험 ── 관련 경험 이야기하기

면접관에게 질문하기

> ▸ 에바에게 직접 질문을 하는 롤플레이의 한 유형으로, 에바가 특정 주제에 대한 질문을 하면, 그에 관한 질문 3~4개를 하면 됩니다.
>
> ▸ 실제 에바와 대화를 하는 것처럼 자연스럽게 연기해주세요.

문제 예시

- I live in a house in a suburban area. Ask me three or four questions about the place I live in. **빈출★**
  저는 교외 주택에서 살아요. 제가 사는 곳에 대해 서너 가지 질문을 해주세요.

- I will go on a trip next month. Ask me three or four questions about my trip. **빈출★**
  저는 다음달에 여행을 가려고 해요. 제 여행에 관해 서너 가지 질문해주세요.

- I love to travel as well. Do you have some questions about traveling for me? **빈출★**
  저도 여행을 좋아합니다. 여행에 관해 몇 가지 질문을 해 주시겠어요?

- I love watching movies. Ask me three or four questions about my favorite movie. **빈출★**
  저는 영화 보는 것을 좋아합니다. 제가 좋아하는 영화에 관해 서너 가지 질문해주세요.

- I also love to take a walk. Please ask me three or four questions about this activity.
  저는 산책하는 것을 즐깁니다. 이 활동에 대해 서너 가지 질문해 주세요.

- I enjoy shopping. Ask me three or four questions about shopping.
  저는 쇼핑하는 것을 즐깁니다. 쇼핑에 관해 서너 가지 질문해 주세요.

면접관에게 질문하기 답변 전략

① 질문 준비	I have a few questions about 대상. □□□ 에 대해 몇 가지 질문이 있습니다.
② 질문 1	First, is ▢ A ▢ ▢ B ▢ ? I want to know if '주어'+'동사' 첫째로, A가 B인가요? '주어' 가 '동사' 인지 알고 싶어요.
③ 질문 2	Second, is(are) there □□□□□□ ? I've heard that □□□□□ . 둘째로, □□□□ 가 있나요? 전 □□□□ 라고 들었는데요,
④ 질문 3	Lastly, what(where) □□□□□ ? I think that □□□□□ . 마지막으로, 무엇을/어디서 □□□ ? 제 생각에는 □□□ 입니다.
⑤ 질문 마무리	Thank you for sharing your precious time with me. I hope I didn't take up too much of your time! 소중한 시간을 내주셔서 감사해요. 제가 당신의 시간을 너무 많이 빼앗지 않았기 바라요!

KEY PATTERNS

• 위치 질문하기

Where is your □□□□□□ located?
당신의 □□□□ 은(는) 어디에 위치해 있나요?

• 존재 여부 질문하기

Is(Are) there □□□□□□ near(around) A?
A 주변에 □□□□ 이(가) 있나요?

• 빈도수 질문하기

How often do you □□□□□□ ?
당신은 얼마나 자주 □□□□ 을(를) 하나요?

Q. I live in a house in a suburban area. Ask me three or four questions about the place I live in.
저는 교외 주택에서 살아요. 제가 사는 곳에 대해 서너 가지 질문을 해주세요.

BRAINSTORMING

❶ 질문 준비	주택에 관한 질문 있음	
❷ 질문 1	지하철역 근처 위치?	➕ 시내 아파트는 지하철역 근처에 있어서 편리함 IM3+
❸ 질문 2	근처에 공원 있나?	➕ 교외는 공원 많다고 들음 IM3+
❹ 질문 3	교외에서 살면 좋은 점?	➕ 공해에 스트레스 덜 받는다 생각 IM3+
❺ 질문 마무리	시간 내 줘서 고마워	

MODEL ANSWER IM3

Wow, you live in a house located in a suburban area! I live an apartment in downtown, so ❶ I have a few questions about living in a suburban area! ❷ First, is your house located near a subway station? Most apartments downtown are located near subway stations, and it is very convenient. ❸ Second, are there any parks near your house? I've heard that there are many parks in suburban areas, and this is one of the reasons why I want to move to a suburb. Is this true? ❹ Lastly, can you please tell me one good thing about living in a suburban area? I think people in suburban areas are less stressed about air and noise pollution than people living in cities. What do you think? ❺ Thank you for sharing your precious time with me.

와우, 당신은 교외에 위치한 집에 사시는 군요! 저는 시내에 위치한 아파트에 살고 있습니다. 교외 지역에 사는 것에 대해 몇 가지 질문이 있습니다! 첫째, 당신의 집은 지하철역 근처에 있나요? 시내 대부분의 아파트는 지하철역 근처에 있어서 정말 편리하거든요. 둘째, 당신의 집 근처에는 공원이 있나요? 교외 지역에 공원이 많다고 들었는데, 이것이 제가 교외로 이사하고 싶은 이유 중 하나입니다. 이것이 사실인가요? 마지막으로 교외지역에서 사는 것에 좋은 점에 대해 말해줄 수 있나요? 저는 교외 지역에 사는 사람들이 도시에 사는 사람들보다 공기와 소음 공해에 대해 덜 스트레스를 받는다고 생각해요. 당신은 어떻게 생각하나요? 소중한 시간을 내주셔서 감사해요.

Vocabulary & Expressions

suburb 교외 suburban 교외에 precious 귀중한 noise pollution 소음공해

송쌤의 **꿀팁**

어떻게 생각해?

▸ How do you think? 어떤 방법으로 생각하나요? (의견에 관한 질문)
  예 How about this movie? 이 영화 보는 건 어때?
▸ What do you think? ~에 대해서 어떤 생각을 가지고 있나요? (구체적인 대답 기대)
  예 What about this movie? 이 영화에 대해서 어떻게 생각해?

How는 어떻게, ~어때 라고 주로 해석합니다. 하지만 영어에서 how는 그 의미가 조금 다르게 쓰입니다. 어떤 방식으로 라는 의미에 가까우며 How do you think?는 문법적으로는 맞지만 의미적으로는 맞지 않은 문장입니다.

IH-AL 면접관에게 질문하기 사는 곳

Q. I live in a house in a suburban area. Ask me three or four questions about the place I live in.
저는 교외 주택에서 살아요. 제가 사는 곳에 대해 서너 가지 질문을 해주세요.

BRAINSTORMING

❶ 질문 준비 — 살고 있는 곳 관해 질문

❷ 질문 1 — 지하철 역 근처에 있는지 ➕ 시내 아파트, 역 근처 위치 [IH+]

❸ 질문 2 — 공원이 근처에 있는지 ➕ 교외는 공원 많다고 들음 [IH+]

❹ 질문 3 — 교외에서 사는 가장 좋은 점

❺ 질문 마무리 — 시간 내 줘서 고마워

MODEL ANSWER IH-AL

Since I live in an apartment located downtown, ❶ I want to ask you a few questions about the place you live in. ❷ First, I want to know if your house is located near a subway station. Since it is common for most apartments downtown to be located near subway stations, I want to know if it is the same for houses located in a suburb. Having a subway station nearby is very convenient because traffic can be disastrous in inner cities. ❸ Second, I would like to ask if there are any parks near your house. I've heard that there are many parks in suburban areas, and this is one of the reasons why I want to move to a suburb because it is difficult to find a park in the city. ❹ Lastly, what do you think is the best thing about living in a suburban area? I'm sure that people in suburban areas are less stressed about air and noise pollution than people living in cities. ❺ Thank you for sharing your precious time with me. I hope I didn't take up too much of your time!

저는 시내에 위치한 아파트에 살고 있기 때문에 당신이 살고 있는 장소에 대해 몇 가지 질문을 하고 싶습니다. 우선, 저는 당신의 집이 지하철역 근처에 있는지 알고 싶습니다. 시내 대부분의 아파트가 지하철역 근처에 위치하는 것이 일반적이기 때문에 교외에 위치한 주택도 마찬가지인지 알고 싶습니다. 근처에 지하철역을 두는 것은 매우 편리하죠. 왜냐하면 도심에서는 교통체증이 심할 수 있으니까요. 둘째, 당신의 집 근처에 공원이 있는지 물어보고 싶어요. 교외 지역에는 공원이 많다고 들었는데, 이것이 제가 교외로 이사하고 싶은 이유 중 하나예요. 왜냐하면 도시에서는 공원을 찾기가 어렵거든요. 마지막으로, 당신은 도시와 교외지역에서 사는 것의 가장 좋은 점은 무엇이라고 생각하나요? 저는 교외 지역에 사는 사람들이 도시에 사는 사람들보다 공기와 소음 공해에 대해 덜 스트레스를 받는다고 확신합니다. 소중한 시간을 내주셔서 감사합니다. 제가 당신의 시간을 너무 많이 빼앗지 않았길 바라요!

Vocabulary & Expressions

disastrous 처참한, 참담한   inner cities 도심지역   construction sites 건설 현장

 송쌤의 꿀팁

질문하기 마무리 표현

▸ I hope I didn't take up too much of your time. 당신의 시간을 많이 빼앗지 않았길 바라요.
take up은 시간, 공간을 차지하다(쓰다)라는 표현입니다. 질문하기 유형의 문제의 마무리 문장으로 유용하게 사용할 수 있으니 자연스럽게 쓸 수 있도록 연습합니다.

나만의 답변을 만들어 봅시다.

질문 준비	Wow, you live in

질문 1	I live in
	so I have a few questions about living in
	First, is your house

질문 2	Second, is/are there

질문 3	Can you please tell me one good thing about

질문 마무리	Thank you for sharing your precious time with me.

Q. I love to travel as well. Do you have some questions about travelling for me?
저도 여행을 좋아합니다. 여행에 관해 몇 가지 질문을 해 주시겠어요?

BRAINSTORMING

❶ 질문 준비 — 여행에 관한 질문 몇 개

❷ 질문 1 — 목적지 선택에 가장 중요한 것?

❸ 질문 2 — 무엇을 가지고 가나요?

❹ 질문 3 — 외국 방문 전 단어 공부하나요?

❺ 질문 마무리 — 시간을 나눠줘서 고마워

MODEL ANSWER IM3

I am glad to hear that you enjoy traveling like me. So, ❶ I have a few questions about traveling. ❷ First, what is the most important thing for you when choosing your destination? For example, do you care about the weather a lot? For me, the weather is important because I don't like cold places. So, I usually go to warm countries. ❸ Second, what do you always take when traveling? I always take my umbrella because I don't want to get wet. ❹ Lastly, do you study some words and expressions before visiting a foreign country? I study the basic expressions before traveling to foreign countries because this helps me communicate with local people. Anyway, ❺ thank you for sharing your time with me.

당신이 저처럼 여행을 즐긴다니 기쁘네요. 그래서, 저는 여행에 대해 몇 가지 질문이 있어요. 먼저, 목적지를 선택할 때 당신에게 가장 중요한 것은 무엇 인가요? 예를 들어, 당신은 날씨에 대해 많이 신경 쓰십니까? 저는 추운 곳을 좋아하지 않기 때문에 날씨가 중요해요. 그래서 저는 주로 따뜻한 나라로 갑니다. 두 번째로, 당신은 여행할 때 항상 무엇을 가지고 가십니까? 저는 물에 젖는 것이 싫어서 항상 우산을 가져갑니다. 마지막으로 당신은 외국을 방문하기 전에 단어와 표현을 공부하십니까? 저는 외국을 여행하기 전에 기초적인 표현들을 공부해요. 왜냐하면 이것은 제가 현지 사람들과 의사소통 을 하는데 도움을 주기 때문이죠. 어쨌든, 저와 시간을 나눠줘서 고마워요.

Vocabulary & Expressions

local people 지역 주민

송쌤의 꿀팁

주의해야 할 발음

▸ local(지역) [로우-꺼]

Q. I love to travel as well. Do you have some questions about travelling for me?
저도 여행을 좋아합니다. 여행에 관해 몇 가지 질문을 해 주시겠어요?

BRAINSTORMING

❶ 질문 준비	여행에 관한 질문 몇 개
❷ 질문 1	목적지 선택에 가장 중요한 것?
❸ 질문 2	무엇을 가지고 가나요?
❹ 질문 3	외국 방문 전 단어 공부하나요?
❺ 질문 마무리	시간을 나눠줘서 고마워

MODEL ANSWER IH-AL

I am glad to hear that you are a traveler like me. ❶ I hope you don't mind me asking you some questions about traveling. ❷ First, what do you consider the most important when choosing your destination? For example, do you care about the weather a lot? For me, the weather is a key factor because I don't like traveling to cold places. So, I usually go to countries that are warm. ❸ Second, what are some things that you always take when traveling? I personally take my umbrella all the time because you never know when it's going to rain and I don't want to get soaked. ❹ Lastly, do you study the language of the country that you will be visiting before your trip? I study the basic expressions before traveling to foreign countries because this helps me get around a lot easier and communicate with local residents. Anyway, ❺ thank you in advance for answering my questions. I hope we can travel together sometime later.

당신 역시 저처럼 여행가라는 말을 들으니 기쁘네요. 제가 당신에게 여행 경험에 대해 몇 가지 질문을 해도 괜찮기를 바랍니다. 먼저 당신은 목적지를 선택할 때 무엇을 가장 중요하게 고려하시나요? 예를 들어, 당신은 날씨에 대해 많이 신경 쓰십니까? 저는 추운 곳을 여행하는 것을 좋아하지 않기 때문에 저에게는 날씨가 중요한 요인입니다. 그래서 저는 주로 따뜻한 나라로 가죠. 둘째, 여행할 때 당신이 항상 가지고 다니는 것은 무엇인가요? 저는 개인적으로 우산을 항상 가지고 다녀요. 왜냐하면 언제 비가 올지 모르고 저는 비에 젖고 싶지 않기 때문이죠. 마지막으로, 당신은 여행 전에 방문할 나라의 언어를 공부하십니까? 저는 외국으로 여행하기 전에 기본적인 표현들을 공부해요. 왜냐하면 이것은 제가 여기저기 돌아다니는 데 도움을 주고 지역 주민들과 의사소통하는데도 도움을 주기 때문입니다. 어쨌든, 미리 제 질문들에 대답해주셔서 감사합니다. 저는 우리가 나중에 함께 여행할 수 있기를 바라요.

Vocabulary & Expressions

traveler 여행가 key factor 주요한 요인 a cold place 추운 지역 soak 흠뻑 적시다 expression 표현(어구) get around 여기 저기 돌아다니다 in advance 미리

 송쌤의 꿀팁

mind + '동사+ing'
▸ 동사 mind 뒤에는 '동사+ing' 형태 혹은 mind + 목적어 + '동사+ing'의 순으로 씁니다.
▸ thank you in advance for '동사+ing'는 '동사+ing'해 줘서 미리 감사드립니다 라는 표현으로 롤플레잉 질문의 마무리 문장으로 유용하게 사용할 수 있습니다.

나만의 스크립트 만들기

나만의 답변을 만들어 봅시다.

질문 준비	I am glad that you like to travel, too.
	I want to ask you some questions about traveling.

질문 1	First, what is the most important thing for you when
	For example, do you
	For me

질문 2	Second, what do you ~ when traveling?
	I always

질문 3	Lastly, do you~?
	For me,

질문 마무리	Anyway, thank you for answering my questions.

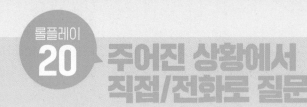

> ▸ 여러분께 주어지는 상황에서 상대방과 직접 대면하여 질문을 하는 유형과 전화로 질문하는 유형으로 크게 나뉘어 집니다.
>
> ▸ 주어진 주제와 관련되거나 가실 수 있는 의문점들에 대해 질문하면 됩니다.
>
> ▸ 주제별 반드시 알아야 할 필수표현을 익히면, 어렵지 않게 나만의 질문을 만들 수 있습니다.

🔍 문제 예시

- Please act out a situation that will be given to you. Imagine that you are shopping for a new smartphone. Call the store and ask three to four questions to the store clerk about smartphones.
  │빈출★│
  당신에게 주어진 상황에 관해 역할극을 해주세요. 당신이 스마트폰을 사야 한다고 가정해 보죠. 상점에 전화를 걸어, 판매원에게 그 스마트폰에 대해 서너 가지 질문을 해주세요.

- Please act out a situation that will be given to you. Let's suppose that you are looking to buy new furniture. Ask three to four questions to the salesperson about the furniture you want to purchase.
  │빈출★│
  당신에게 주어진 상황에 관해 역할극을 해주세요. 당신이 새로운 가구를 사기 위해 상점에 갔다고 상상해 보세요. 당신이 찾고 있는 가구에 대해 판매원에게 서너 가지 질문을 해주세요.

- Please act out a situation that will be given to you. Pretend that you are visiting a library that opened recently in your neighborhood. Find the librarian and ask three to four questions about how to use the library. **│빈출★│**
  당신에게 주어진 상황에 관해 역할극을 해주세요. 당신의 동네에 새로 생긴 도서관에 갔다고 가정해 봅시다. 도서관 사서를 찾아 도서관 사용에 대해 서너 가지 질문을 해주세요.

❶ 질문 준비	[직접 질문] Hi, I would like to ▭ but I don't know how(what, where) to ▭ . 안녕하세요, 저는 ▭ 을 하고 싶은데 ▭ 을 어떻게(어디서)하는지 모르겠어요. [전화로 질문] Hi, I'm calling to ask some questions about ▭ . 안녕하세요, ▭ 에 관해 몇가지 질문이 있습니다.
❷ 질문 1	First, do I need to '동사'? 첫째로, 제가 '동사'할 필요가 있나요?
❸ 질문 2	Second, is A B ? 둘째로, A가 B인가요?
❹ 질문 3	Lastly, 추가 질문 사항(요구 사항) . 마지막으로, ▭ .
❺ 마무리	I really appreciate your assistance in advance. 도움을 주셔서 미리 정말 감사드립니다.

💡 **KEY PATTERNS**

• 요청하기

Could you please ▭ ?

▭ 을(를) 해주시겠어요?

• 공손하게 요청하기

It would be great if you could ▭ .

당신이 ▭ 을(를) 해주시면 감사하겠습니다.

• 방법 질문하기

Can you tell me what I have to do to ▭ ?

제가 ▭ 을(를) 하기 위해 뭘 해야 하는지 말해줄 수 있나요?

Q. Please act out a situation that will be given to you. Pretend that you are visiting a library that opened recently in your neighborhood. Find the librarian and ask three to four questions about how to use the library.

당신에게 주어진 상황에 관해 역할극을 해주세요. 당신의 동네에 최근에 새로 생긴 도서관에 갔다고 가정해 봅시다. 도서관 사서를 찾아 도서관 사용에 대해 서너 가지 질문을 해주세요.

BRAINSTORMING

① 질문 준비 　　도서관 이용 질문, 첫 방문

② 질문 1 　　컴퓨터 사용 시 도서관 회원이어야 하나요?　　➕ *그렇다면 어떤 서류가 필요하죠?* `IM3+`

③ 질문 2 　　조회 시스템이 있나요?

④ 질문 3 　　책 몇 권을 얼마나 빌릴 수 있나요?　　➕ *논문 때문에 많은 대여 필요* `IM3+`

⑤ 마무리 　　도움 주셔서 감사합니다.

MODEL ANSWER IM3

① Hi, can I ask you a few questions about how to use the library? This is my first time coming here and I need your help. **Do you have some time to answer my questions? ②** First, do I need a library membership to use the computers? **If so, can you tell me how much it is and what documents I need? ③** Second, are there electronic catalogues? **I am looking for a book and I can find it much faster if I use the electronic catalogue. ④** Lastly, how many books can I check out and how long can I borrow them for? **I need to borrow many books for my research paper. ⑤** I really appreciate your assistance in advance. **Thanks!**

....

안녕하세요, 도서관 이용 방법에 대해 몇 가지 질문을 해도 될까요? 이것이 제 첫 방문이기 때문에 (당신의) 도움이 필요합니다. 제 질문에 대답해주실 시간이 있나요? 첫째로, 컴퓨터를 사용하려면 도서관 회원권이 있어야 하나요? 만약 그렇다면, 돈은 얼마가 드는지, 어떤 서류가 필요한지 말해줄 수 있나요? 둘째, 전자 조회 시스템이 있나요? 저는 지금 책을 찾고 있는데 전자 조회 시스템을 사용하면 훨씬 더 빨리 찾을 수 있으니까요. 마지막으로 몇 권의 책을 대출할 수 있고 또 얼마나 오래 빌릴 수 있나요? 저는 제 논문을 위해 많은 책을 빌려야 하거든요. 도움을 주셔서 미리 감사합니다. 감사합니다!

Vocabulary & Expressions

document 서류　**electronic catalogues** 전자 조회 시스템　**borrow** 빌리다　**research paper** 논문　**seem** ~처럼 보이다　**appreciate** 고마워하다　**assistance** 도움, 지원

송쌤의 꿀팁

주의해야 할 발음

▸ appreciate [어프뤼-쉬에잇]

Q. Please act out a situation that will be given to you. Pretend that you are visiting a library that opened recently in your neighborhood. Find the librarian and ask three to four questions about how to use the library.

당신에게 주어진 상황에 관해 역할극을 해주세요. 당신의 동네에 최근에 새로 생긴 도서관에 갔다고 가정해 봅시다. 도서관 사서를 찾아 도서관 사용에 대해 서너 가지 질문을 해주세요.

BRAINSTORMING

❶ 질문 준비	도서관 이용 관련 질문 몇 개	➕ 답변할 시간 있나요?	IH+
❷ 질문 1	컴퓨터 사용하려면 도서관 회원 이어야 하나요?	➕ 얼마인지, 어떤 서류 필요한지	IH+
❸ 질문 2	조회 시스템이 있나요?		
❹ 질문 3	책 몇 권을 얼마나 빌릴 수 있나요?	➕ 연구 논문 쓰는 중이라 많은 책 대여 필요	IH+
❺ 마무리	도움 주셔서 감사합니다		

MODEL ANSWER IH-AL

❶ Hi, I have a few questions to ask about how to use the library because this is my first time visiting here. Do you have a moment to answer my questions? ❷ First, do I need to have a library membership to use the computers? If so, can you tell me the cost and what documents I need in order to become a member? ❸ Second, is the library equipped with electronic catalogues? I am looking for a book and using the electronic catalogue would allow me to find the book much faster. ❹ Lastly, could you tell me the maximum number of books I can check out and the loan period? I am currently writing a research paper and I may need to borrow many books for a while. Anyway, you seem a bit busy at the moment, but ❺ I'd really appreciate it if you could help me with this matter. Thanks!

안녕하세요, 이곳에 방문한 것이 이번이 처음이라 어떻게 도서관을 이용하는지에 대해 몇 가지 물어볼 것이 있습니다. 제 질문에 대답해주실 시간 있으신가요? 첫째, 컴퓨터를 사용하려면 도서관 회원권이 있어야 하나요? 만약 그렇다면, 회원이 되기 위해 필요한 비용과 서류를 알려주시겠습니까? 둘째, 도서관은 전자 조회 시스템을 갖추고 있나요? 저는 지금 책을 찾고 있는데 전자 조회 시스템을 사용하면 책을 훨씬 더 빨리 찾을 수 있을 것 같습니다. 마지막으로 대출 가능한 최대 도서 수와 대여 기간을 알려주시겠습니까? 저는 현재 연구 논문을 쓰고 있고 당분간 많은 책을 빌려야 할 것 같거든요. 지금 좀 바쁘신 것 같은데, 이 문제에 관해 절 도와주시면 정말 감사하겠습니다. 감사합니다!

Vocabulary & Expressions

electronic catalogues 컴퓨터 조회시스템 **loan period** 대여 기간 **seem** ~처럼(같이) 보이다

송쌤의 꿀팁

▶ 발음 주의 be equipped with ~(~를 갖추고 있다) equipped [이-쿠잎-트]
▶ It is one's first time '동사+ing'('동사+ing'하는 것이 OO에게 처음이다): '동사+ing'사용 주의

나만의 답변을 만들어 봅시다.

질문 준비	Hi, can I ask you a few questions about how to~?
	This is my first time~
	Do you have some time to answer my questions?
질문 1	First, do I
	If so,
질문 2	Second,
질문 3	Lastly,
마무리	I really appreciate your assistance in advance.

IM3 **직접 질문하기** 사고 싶은 가구

Q. Please act out a situation that will be given to you. Let's suppose that you are looking to buy some new furniture. Ask three to four questions to the salesperson about the furniture you want to purchase.

당신에게 주어진 상황에 관해 역할극을 해주세요. 당신이 새로운 가구를 사기 위해 상점에 갔다고 상상해 보세요. 당신이 찾고 있는 가구에 대해 판매원에게 서너 가지 질문을 해주세요.

BRAINSTORMING

- **1** 질문 준비 — 알맞은 소파 찾게 도와주시겠어요?
- **2** 질문 1 — 큰 소파 보여주시겠어요?
- **3** 질문 2 — 편안하고 부드러운 소파 보여주시겠어요?
- **4** 질문 3 — 합리적인 가격이면 좋겠음
- **5** 질문 마무리 — 도와줘서 감사합니다

MODEL ANSWER IM3

Hello, I am going to move to this neighborhood next month, so I have to buy a new sofa. **1** Could you please find the right sofa for my house? **2** First of all, can you please show me some big sofas? There are 4 people in my family. So, I need a big sofa for my family. **3** Second, could you show me sofas that are comfortable and soft? That's because my wife and my children love to watch TV on a sofa. **4** Lastly, are there any sofas that are on sale? I'm on a tight budget, so I don't have a lot of money. So, please show me sofas that are under $1,000. **5** Thank you very much for your help.

....

안녕하세요, 저는 다음 달에 이 동네로 이사 올 예정입니다. 그래서 저는 새 소파를 사야 합니다. 저희 집에 맞는 소파를 찾는 것 좀 도와주시겠어요? 우선 큰 소파를 좀 보여주시겠습니까? 저희 가족은 4명입니다. 그래서 큰 소파가 필요해요. 둘째, 부드럽고 편안한 것을 보여주시겠습니까? 아내와 아이들이 소파에서 TV 보는 것을 좋아하기 때문이죠. 마지막으로, 세일 중인 소파가 있나요? 빡빡한 예산 때문에 돈이 많지 않아요. 그래서 1000달러 미만의 소파를 보여주시면 좋을 것 같습니다. 도움을 주셔서 미리 감사합니다.

Vocabulary & Expressions
under ~미만의 (가격)

 송쌤의 **꿀팁**

▶ I'm on a tight budget.   예산이 빠듯하다, 예산이 빡빡하다

Q. Please act out a situation that will be given to you. Let's suppose that you are looking to buy some new furniture. Ask three to four questions to the salesperson about the furniture you want to purchase.

당신에게 주어진 상황에 관해 역할극을 해주세요. 당신이 새로운 가구를 사기 위해 상점에 갔다고 상상해 보세요. 당신이 찾고 있는 가구에 대해 판매원에게 서너 가지 질문을 해주세요.

BRAINSTORMING

❶ 질문 준비	알맞은 소파 찾게 도와주시겠어요?
❷ 질문 1	큰 소파 보여주시겠어요?
❸ 질문 2	편안하고 부드러운 소파 보고싶어요
❹ 질문 3	합리적인 가격이면 좋겠어요
❺ 질문 마무리	도와주셔서 미리 감사합니다

MODEL ANSWER IH-AL

Hello, I came here to buy new furniture for my new house. I will be moving into this neighborhood next month, and I have to buy a new sofa that will meet my needs. ❶ Could you help me with finding the right sofa for my house? ❷ First of all, could you show me sofas that are big enough for my whole family to sit on? For your information, there are 4 people in my family, including 2 children. Also, because my husband and my children love to watch TV while lying down on a sofa, ❸ could you show me the ones that are comfortable and soft? They usually fall asleep while watching TV, and I don't want them to get cramps. Lastly, I am a bit tight on my budget. ❹ Are there any sofas that are sold at a reasonable price? It would be great if you could show me sofas that are under $1,000. ❺ Thank you very much in advance for helping me out.

안녕하세요, 저는 새로운 집을 위해 새 가구를 사러 왔습니다. 저는 다음 달에 이 동네로 이사 올 예정이며, 제 필요에 맞는 새 소파를 사야 합니다. 저희 집에 맞는 소파를 찾는 것 좀 도와주시겠어요? 우선 온 가족이 앉을 수 있을 만큼 큰 소파를 보여주실 수 있나요? 참고로, 저희 가족은 아이 2명을 포함해서 4명입니다. 또한, 남편과 아이들은 소파에 누워서 TV보는 것을 좋아하는데, 편하고 부드러운 소파를 보여주시겠어요? 그들은 TV를 보다가 잠이 들곤 하는데, 저는 그들이 쥐가 나지 않았으면 좋겠어요. 마지막으로, 예산이 좀 빠듯합니다. 합리적인 가격에 판매되고 있는 소파가 있나요? 1000달러 미만의 소파를 보여주시면 좋을 것 같습니다. 도움을 주셔서 미리 감사합니다.

Vocabulary & Expressions

needs 필요, 요구   lie down 눕다   fall asleep 잠들다   get cramps 쥐가 나다   meet one's needs ~의 요구를 충족시키다   reasonable 합리적인

송쌤의 꿀팁

for your information(참고로)

▸ 상대방에게 추가 정보를 알려줄 때 유용하게 쓰이는 회화 표현입니다. 반드시 부드럽게 나올 수 있도록 연습해주세요.

나만의 답변을 만들어 봅시다.

질문 준비	Hello,
	Could you please help me with

질문 1	First of all, can you please

질문 2	Second, could you please
	That's because

질문 3	Lastly, is(are) there
	So,

질문 마무리	Thank you very much in advance for helping me out.

Q. Please act out a situation that will be given to you. Imagine that you are shopping for a new smartphone. Call the store and ask three to four questions to the store clerk about smartphones.

당신에게 주어진 상황에 대해 역할극을 해주세요. 당신이 스마트폰을 사야 한다고 가정해 보죠. 상점에 전화를 걸어, 판매원에게 그 스마트폰에 대해 서너 가지 질문을 해주세요.

BRAINSTORMING

❶ 질문 준비 | 스마트폰에 대해 몇 가지 질문
❷ 질문 1 | 안드로이드폰 추천해 주시겠어요?
❸ 질문 2 | 스타일러스 펜과 좋은 카메라가 달린 전화 있나요?
❹ 질문 3 | 저렴한 전화기 추천해 주시겠어요?
❺ 마무리 | 시간 내줘서 감사합니다

MODEL ANSWER IM3

❶ Hi, I'm calling to ask some questions about a new smartphone. Could you please answer some of my questions? I don't know which phone to buy. ❷ First, I've only used Android phones, so could you please recommend me some Android phones? I'm already used to the Android system, so it would be hard for me to get used to an iPhone. ❸ Second, do you have phones with a stylus pen and a great camera? It would be great if I could take notes on my smartphone using a stylus pen, and having a great camera would allow me to take nice selfies. ❹ Lastly, could you recommend some low-cost phones? I'm on a tight budget, so the price should be reasonable. ❺ Thank you very much for sharing your time.

안녕하세요, 새 스마트폰에 대해 몇 가지 물어보려고 전화했습니다. 제 질문에 대답해 주시겠습니까? 전 어느 전화기를 사야 할지 모르겠어요. 먼저, 전 안드로이드폰만 사용해와서, 안드로이드폰들로 추천해 주시겠습니까? 저는 이미 안드로이드 시스템에 익숙해져 있기 때문에 아이폰에 적응하기 어려울 것 같습니다. 둘째, 스타일러스 펜과 좋은 카메라가 달린 전화기가 있나요? 스타일러스 펜으로 스마트폰에 메모를 할 수 있다면 좋을 것 같고, 좋은 카메라를 가지고 있으면 멋진 셀카를 찍을 수 있으니까요. 마지막으로, 저렴한 전화기를 추천해 주시겠습니까? 예산이 빠듯하니 가격이 합리적이어야 합니다. 시간을 내주셔서 정말 감사합니다.

Vocabulary & Expressions

stylus pen 스타일러스 펜(스마트폰 액정에 사용할 수 있는 펜) **take notes** 필기하다 **selfie** 셀카 **low-cost** 저가의, 비싸지 않은 **reasonable** (가격 등이) 합리적인

송쌤의 꿀팁

used to
▸ be used to '명사', '동사ing': ~에 익숙하다
▸ used to '동사': 과거에는 했지만

Q. Please act out a situation that will be given to you. Imagine that you are shopping for a new smartphone. Call the store and ask three to four questions to the store clerk about smartphones.

당신에게 주어진 상황에 대해 역할극을 해주세요. 당신이 스마트폰을 사야 한다고 가정해 보죠. 상점에 전화를 걸어, 판매원에게 그 스마트폰에 대해 서너 가지 질문을 해주세요.

 BRAINSTORMING

❶ 질문 준비 　　　　스마트폰에 대해 몇 가지 질문

❷ 질문 1 　　　　　　안드로이드폰 추천해 주시겠어요?

❸ 질문 2 　　　　　　스타일러스 펜이 있는 전화 있나요?

❹ 질문 3 　　　　　　저렴한 전화기 추천해 주시겠어요?

❺ 마무리 　　　　　　시간 내줘서 감사합니다　　　　　　　➕ 구매 위해 가게에 들를게요　　IH+

MODEL ANSWER IH-AL

❶ Hi, I'm calling to ask a few questions about the new cellphones that were released this month. Could you spare some time for me? I'm having a hard time trying to decide which one I should get. ❷ First, I've always been an Android user since I first started using smartphones, so could you recommend some Android phones? My friends tell me that I should change to an iPhone, but I'm just not a tech person and it'll take forever for me to learn how to use an iPhone. ❸ Also, do you have phones that come with a stylus pen? I enjoy taking notes on my phone and it would be great if the phone has a stylus that I can write with. I would also like to buy a phone with a great camera because I love taking selfies and landscape photos. ❹ Lastly, could you recommend some low-cost phones? I lose my phone quite often and losing an expensive one can be a burden. ❺ Thank you very much for sharing your time, and I will stop by your store to make my purchase.

안녕하세요, 이번 달에 출시된 새 휴대폰에 대해 몇 가지 질문을 하려고 전화 드립니다. 시간 좀 내주시겠습니까? 어떤 걸 사야 할지 결정하기가 힘드네요. 첫째, 스마트폰을 처음 사용하기 시작하면서부터 항상 안드로이드 사용자였는데, 안드로이드폰을 추천해 주시겠습니까? 제 친구들은 저에게 아이폰으로 바꿔야 한다고 말하지만, 저는 기술과 친한 사람이 아니기 때문에 아이폰 사용법을 배우는 데 오랜 시간이 걸릴 것입니다. 또한, 스타일러스 펜이 같이 있는 전화기도 있나요? 저는 휴대폰으로 메모를 하는 것을 즐기니 폰에 제가 쓸 수 있는 스타일러스가 있다면 좋을 것 같아요. 저는 또한 셀카나 풍경사진을 찍는 것을 좋아하기 때문에 좋은 카메라가 장착되어 있는 전화기를 사고 싶습니다. 미지막으로, 지렴한 전화기를 추천해 주시겠습니까? 저는 꽤 자주 핸드폰을 잃어버리고 비싼 핸드폰을 잃어버리는 것은 부담이 될 수 있기 때문이죠. 시간을 내주셔서 정말 감사하고, 구매를 하기 위해 당신의 가게에 꼭 들르겠습니다.

 송쌤의 **꿀팁**

come with OO (OO와 같이 딸려 오다, OO가 딸려 있다)

▸ 물건, 음식 등을 구매하거나 상품구성에 대해 말할 때 많이 쓰는 표현입니다.

나만의 답변을 만들어 봅시다.

| 질문 준비 | Hi, I'm calling to ask some questions about |
| | Could you please answer some of my questions? |

| 질문 1 | First, |
| | So, could you please |

| 질문 2 | Second, do you |
| | It would be great if I could |

| 질문 3 | Lastly, could you please |

| 마무리 | Thank you very much for sharing your time. |

롤플레이를 레벨 업 시켜주는 2가지 방법

1 잘 물어보기 직접 의문문 보다는 간접 의문문 사용, 의문문은 육하원칙에 따라 만들기

직접 의문문	간접 의문문
Are you _____ ? (Is/are A _____ ?)	I want to know when/where/what/how/why '주어' + '동사'. I'd like to know when/where/what/how/why '주어' + '동사'.
Do you '동사'? (Do/Does A '동사'?)	Can(could) you please tell me when/where/what/how/why '주어' + '동사'?
When/where/what/how/why are you OO?	
When/where/what/how/why do you 동사?	I'm wondering if you '동사'.
What is the most important thing when you 동사?	I'd like to know if you '동사'.
Would it be okay if 주어+동사?	Let me know when/where/what/how/why '주어' + '동사'.

2 연기하기 감정을 전달하는 표현 사용하기

면접관에게 단순 질문하기	Wow, I'm glad to hear that '주어' + '동사'.
주어진 상황에서 질문하기	I'm really wondering if '주어' + '동사'.
	Can you please '동사'?
대안제시하기	I'm terribly sorry for telling you some bad news.
부탁하기	It would be great if you could '동사' for me.
예매/약속하기	Thank you very much for your help in advance.
	I'd really appreciate your assistance.

롤플레이 21 대안 제시하기

▷ 여러분께 주어진 문제 상황에서 상대방에게 그 상황에 대해 설명하고, 여러분이 줄 수 있는 대안을 제시하는 롤플레이 유형입니다.

▷ 여러분이 생각해낼 수 있는 대안을 연기하듯 자연스럽게 제안해보세요.

▷ 각 주제에 사용할 수 있는 필수 표현을 반드시 익혀주세요.

문제 예시

- I want you to present a solution for a problem. You've recently borrowed an MP3 player from a friend and broke it accidentally. Call your friend and suggest two to three solutions on how to solve the problem after explaining the whole situation. 빈출★

  당신이 해결해 주어야 할 문제가 있습니다. 당신은 친구한테 MP3 플레이어를 빌렸는데 실수로 그것을 망가뜨린 겁니다. 친구에게 전화를 걸어 무슨 일이 일어났는지 설명하고 그 문제에 대한 두세 가지 대안을 제시해 주세요.

- Please provide solutions for the given problem. You've recently purchased concert tickets for yourself and a friend. However, something urgent came up and you are not able to go there. Make a call to your friend and provide two to three alternatives to the problem after explaining the situation. 빈출★

  주어진 문제에 해결책을 제공해주세요. 당신은 당신과 친구를 위해 콘서트 티켓을 샀는데, 급한 문제가 생겨 콘서트에 갈 수 없게 되었습니다. 친구에게 전화를 걸어 상황을 설명하고 그 문제에 대한 두세 가지 대안을 제시해 주세요.

전화로 대안 제시하기 답변 전략

❶

전화 목적

Hi, this is Jiwon. How are you today? I'm calling to [전화 목적] .
The reason why I'm calling you is that I need to [전화 목적] .
안녕, 나 지원이야. 어떻게 지내니? [　　　　] 때문에 전화했어.
내가 전화한 이유는 [　　　　] 해야 하기 때문이야.

❷

문제 상황 + 대안책 있음

You know, [상황] right? But the thing is that [상황] .
We're supposed to [상황] . However, the problem is that [상황] .
So, let me give you a couple of solutions for this problem./Here are my
suggestions./So, I have some questions for you.
너도 알다시피, [　　　　], 그렇지? 그런데, [　　　　] 문제가 생겼어.
우리가 [　　　] 하기로 했었잖아. 하지만, [　　　] 문제가 생겼어.
그래서, 내가 이 문제에 대한 몇 가지 해결책을 제안할게./여기 그 문제에 대한 나의 제안이 있어./그래서, 몇 가지 물
어볼 것이 있어.

❸

대안책 1

First, can I [대안책 1] ?
First, would it be okay if I [대안책 1] ?
첫째로, 내가 [　　　] 을 해도 될까?
첫째로, 내가 [　　　]을 해도 괜찮을까?

❹

대안책 2

Second, if you [대안책 2] , I will [대안책 2] .
Second, if you [대안책 2] , I'll be more than happy to [대안책 2] .
둘째로, 만약 네가 [　　　] 하면, 내가 [　　　] 할게.
둘째로, 만약 네가 [　　　] 하면, 나는 기꺼이 [　　　] 할게.

❺

마무리

Please let me know what you want. Bye.
Please tell me your opinion. Bye.
네가 어떤 것을 원하는지 알려 주면 좋겠어. 안녕.
너의 의견을 말해주면 좋겠어. 안녕.

💡 **KEY PATTERNS**

- 보증 기간 질문하기
Is your [물건] still under warranty?　　　　　당신의 [　　　] 은(는) 아직 보증기간 중인가요?

- 제안하기
Why don't you [제안책]?　　　　　　　　　[　　　] 은(는) 것은 어떤가요?

- 확인 질문하기
Can you please check if [질문사항]?　　　　　[　　　] 인지 확인해 줄 수 있나요?

Q. I want you to present a solution for a problem. You've recently borrowed an MP3 player from a friend, and you broke it accidentally. Call your friend and suggest two to three solutions on how to solve the problem after explaining the whole situation.

당신이 해결해 주어야 할 문제가 있습니다. 당신은 친구한테 MP3 플레이어를 빌렸는데 실수로 그것을 망가뜨린 겁니다. 친구에게 전화를 걸어 무슨 일이 일어났는지 설명하고 그 문제에 대한 두세 가지 대안을 제시해 주세요.

BRAINSTORMING

1 전화 목적 — 안부 인사, 안 좋은 소식

2 문제 상황 + 대안책 있음 — 1주 전 빌려준 MP3, 운동하다 망가짐, 이상한 소리 남

3 대안책 1 — 수리점에 가져 가도 될까?

4 대안책 2 — 새 것 원하면 사줄게

5 마무리 — 무엇을 원하는지 알려줘

MODEL ANSWER IM3

1 Hi, this is Jiwon. How are you today? I'm calling to tell you some bad news. **2** You lent me the MP3 player a week ago, right? The thing is that… I accidentally dropped it when I was exercising. The problem is I hear weird noise from time to time. So, let me give you a couple of solutions for this problem. **3** First, can I take it to a repair shop? I just called a repair shop and they said it can be fixed for free if it is under warranty. If it's not, it will cost some money and I will pay for it. **4** Second, if you want a new one, I will buy you one because this was my fault. **5** Please let me know what you want, and again, I'm really sorry. Bye.

안녕, 나 지원이야. 오늘 어떠니? 나쁜 소식을 알려주려고 전화했어. 일주일 전에 나한테 MP3 플레이어를 빌려줬잖아, 그렇지? 그런데 중요한 건... 내가 그것을 운동할 때 실수로 떨어뜨렸어. 문제는 MP3 플레이어에서 가끔 이상한 소리가 난다는 거야. 그래서, 내가 이 문제에 대한 몇 가지 해결책을 제안할게. 첫째로, 먼저 수리점에 가져가봐도 될까? 방금 수리점에 전화했더니 보증기간이면 무료로 수리할 수 있다고 하더라. 만약 그렇지 않다면, 약간의 돈이 들텐데, 물론 내가 그것을 지불할거야. 둘째로, 만약 네가 새로운 것을 원한다면, 내 잘못이니까 새것으로 사줄게. 네가 어떤 것을 원하는지 알려주면 좋겠다. 다시 한 번 정말 미안해. 안녕.

Vocabulary & Expressions

accidentally 사고로, 실수로 **from time to time** 가끔, 이따금 **for free** 무료로 **under warranty** 보증기간 중인 **cost** (비용 등이) 들다 **fault** 잘못

송쌤의 꿀팁

▸ get off vs. take off 헷갈리지 않게 주의! I get off the bus. 나는 버스에서 내린다. I take off my shoes. 나는 신발을 벗는다.

▸ get something 'p.p(과거분사)' 무엇인가 ~된 상태로 얻다

▸ get it fixed 그것이 고쳐지다

Q. I want you to present a solution for a problem. You've recently borrowed an MP3 player from a friend, and you broke it accidentally. Call your friend and suggest two to three solutions on how to solve the problem after explaining the whole situation.

당신이 해결해 주어야 할 문제가 있습니다. 당신은 친구한테 MP3 플레이어를 빌렸는데 실수로 그것을 망가뜨린 겁니다. 친구에게 전화를 걸어 무슨 일이 일어났는지 설명하고 그 문제에 대한 두세 가지 대안을 제시해 주세요.

BRAINSTORMING

❶ 전화 목적	안부 인사, 안 좋은 소식
❷ 문제 상황 + 대안책 있음	1주 전 빌려준 MP3, 운동하다 망가짐, 이상한 소리 남
❸ 대안책 1	수리점에 가져 가도 될까?
❹ 대안책 2	새 것 원하면 사줄게
❺ 마무리	무엇을 원하는지 알려줘

MODEL ANSWER IH-AL

❶ Hi, this is Jiwon. How are you today? I really hate to tell you this but I'm calling to tell you some bad news. ❷ You know, you remember the MP3 player that you lent me a week ago, right? The thing is that… I accidentally dropped it when I was working out. The problem is that I hear weird noise coming out from time to time. So, I would like to give you a couple of solutions on how to solve this problem. ❸ First, would it be okay if I take it to a repair shop? I called a repair shop and the person there told me that I can get it fixed for free if it is under warranty. If not, the cost to fix it may vary depending on what kind of damage it has. Of course, I will pay for the cost to get it fixed. So, don't worry about the money. ❹ Second, if you don't want yours to get fixed and want a new one, I'll be more than happy to buy you a new one because this was my fault in the first place. ❺ Please tell me your opinion, and again, I'm terribly sorry for the inconvenience I've caused you. Bye.

안녕, 나 지원이야. 오늘 어떠니? 이런 말 하긴 정말 싫지만 나쁜 소식을 알려 주기 위해 전화했어. 일주일 전에 나한테 MP3 플레이어 빌려준 거 기억하지? 중요한 건… 내가 운동하다가 실수로 떨어뜨렸어. 문제는 MP3 플레이어에서 가끔 이상한 소리가 난다는 거야. 그래서, 너에게 이 문제를 어떻게 해결할지에 대한 몇 가지 해결책을 제안하려고 해. 먼저 수리점에 가져가도 괜찮을까? 수리점에 전화했더니 그 사람이 보증기간에 해당되면 무료로 고칠 수 있다고 하더라고. 그렇지 않으면 어떤 종류의 고장인지에 따라서 수리 비용이 달라질 수 있다고 하는데, 물론 수리하는 데 드는 비용은 내가 낼게. 그러니 돈 걱정은 하지 않아도 돼. 둘째로, 만약 네가 고치지 않고 새로운 것을 원한다면, 나는 기꺼이 새것을 구매할 거야. 왜냐하면 이것은 애초에 나의 잘못이니까. 너의 의견을 말해줘, 그리고 다시 한 번, 너에게 불편함을 끼쳐 정말 미안해. 안녕.

Vocabulary & Expressions

accidentally 우연히, 뜻하지 않게 **weird** 이상한, 기이한 **covered by the warranty** 보증이 적용중인 **a big deal** 대단한 일, 중대사건 **inconvenience** 불편함

나만의 답변을 만들어 봅시다.

전화 목적	Hi, this is Jiwon. How are you today?
	I'm calling to
	, right? The thing is that

문제 상황 + 대안책 있음	The problem is that

대안책 1	So, let me give you a couple of solutions for this problem.

대안책 2	First, can I
	Second, if you I will

| 마무리 | Please let me know what you want, and again, I'm really sorry. |
| | |

Q. Please provide solutions for the given problem. You've recently purchased concert tickets for yourself and a friend. However, something urgent came up and you are not able to go there. Make a call to your friend and provide two to three alternatives to the problem after explaining the situation.

주어진 문제에 해결책을 제공해 주세요. 당신은 당신과 친구를 위해 콘서트 티켓을 샀는데, 급한 문제가 생겨 콘서트에 갈 수 없게 되었습니다. 친구에게 전화를 걸어 상황을 설명하고 그 문제에 대한 두세 가지 대안을 제시해 주세요.

BRAINSTORMING

① 전화 목적 | 안부 인사, 안 좋은 소식
② 문제 상황 + 대안책 있음 | 콘서트 같이 가기로 했지만 문제 생겨서 못감
③ 대안책 1 | 표 취소하고 나중에 가자
④ 대안책 2 | 혼자 가거나 다른 사람과 같이 갈거면 내 표 줄게
⑤ 마무리 | 이해해 주길 바래, 내 제안 중 하나 좋아했으면 좋겠다

MODEL ANSWER IM3

❶ Hi, this is Jiwon. How are you today? The reason why I'm calling you is that I need to tell you some bad news. ❷ You know, we planned to go to the concert, right? However, I can't come with you because I have a problem. My parents just called and they will visit me that weekend. You know, it's been a long time since I saw them, and I couldn't tell them to visit later. Please understand my situation and here are my suggestions to the problem. ❸ First, can we cancel the tickets and go later? Since this is my fault, I will pay for the cancellation fee. ❹ Second, if you want to go alone or with someone else, I will give my ticket to that person. Again, I am so sorry for not going with you. I really wanted to go there with you, but I can't do anything about it. ❺ I hope you understand and like one of my suggestions. Thank you, bye.

....

안녕, 나 지원이야. 오늘 어떠니? 내가 너한테 전화한 이유는 나쁜 소식을 알려야 하기 때문이야. 너도 알다시피, 우리 콘서트에 가기로 했잖아, 그렇지? 하지만, 나는 문제가 생겨서 너와 함께 갈 수 없어. 부모님이 방금 전화하셨는데 그 주말에 나를 방문하실 거래. 너도 알다시피, 내가 부모님들을 본지 오래되었기 때문에, 나중에 방문하시라고 말할 수 없었어. 제발 내 상황을 이해해줘. 여기 그 문제에 대한 나의 제안이야. 먼저, 표를 취소하고 나중에 갈 수 있을까? 이건 내 잘못이니까 취소로 인한 수수료는 내가 낼 거야. 둘째, 만약 너가 혼자 가거나 다른 사람과 함께 가고 싶다면, 나는 그 사람에게 내 티켓을 줄 거야. 다시 말하지만, 너와 함께 가지 못해서 정말 미안해. 정말 너랑 같이 가고 싶었는데 어떻게 할 수가 없어. 나는 네가 날 이해하고, 내 제안들 중 하나를 좋아하기를 바라. 고마워, 안녕.

Vocabulary & Expressions

come with ~와 동행하다

Q. Please provide solutions for the given problem. You've recently purchased concert tickets for yourself and a friend. However, something urgent came up and you are not able to go there. Make a call to your friend and provide two to three alternatives to the problem after explaining the situation.

주어진 문제에 해결책을 제공해 주세요. 당신은 당신과 친구를 위해 콘서트 티켓을 샀는데, 급한 문제가 생겨 콘서트에 갈 수 없게 되었습니다. 친구에게 전화를 걸어 상황을 설명하고 그 문제에 대한 두세 가지 대안을 제시해 주세요.

BRAINSTORMING

❶ 전화 목적	안부 인사, 안 좋은 소식
❷ 문제 상황 + 대안책 있음	콘서트 같이 가기로 했지만 문제 생겨서 못감
❸ 대안책 1	표 취소하고 나중에 가자
❹ 대안책 2	혼자 가거나 다른 사람과 같이 갈거면 내 표 줄게
❺ 마무리	이해해 주길 바래, 내 제안 중 하나 좋아했으면 좋겠다

MODEL ANSWER · IH-AL

❶ Hi, this is Jiwon. How are you today? The reason why I'm calling you is to tell you some bad news. ❷ You know, we're supposed to go to the concert, right? However, I guess I might not be able to come with you because something urgent came up for me. I just got a call from my parents and they are planning on visiting me that weekend. You know, it's been a while since I saw them, and I couldn't tell them to visit me some other time. Please understand my situation and here are my suggestions to the problem. ❸ First, why don't we cancel the tickets and go sometime later? Since this is my fault, I will handle the cancellation fee. ❹ Second, if you want to go by yourself or with someone else, I will be glad to hand over my ticket to that person. Again, I am so sorry for not being able to go with you at this time. You know how much I wanted to go there with you, but this is out of my hands. ❺ I hope you will understand and like one of my suggestions. Please call me back and let me know what to do! Thank you, bye.

안녕, 나 지원이야. 오늘 어떠니? 내가 너한테 전화한 이유는 나쁜 소식을 전하기 위해서야. 있잖아, 우리 콘서트에 가기로 했잖아, 그렇지? 하지만 급한 일이 생겨서 같이 못 갈 것 같아. 방금 부모님한테서 전화가 왔는데 그 주말에 나를 방문할 계획이래. 너도 알다시피, 내가 부모님을 본지 꽤 됐기 때문에, 그들에게 다른 날 방문하라고 말할 수 없었어. 제발 내 상황을 이해해줘 그리고 여기 그 문제에 대한 나의 제안이 있어. 일단, 먼저 표를 취소하고 나중에 가는 건 어때? 이건 내 잘못이니 취소로 인한 수수료는 내가 처리할게. 그런데 만약 너가 혼자 가거나 다른 사람과 함께 가고 싶다면, 나는 기꺼이 내 티켓을 그 사람에게 건네줄거야. 다시 말하지만, 이번에 같이 가지 못해서 정말 미안해. 너도 내가 얼마나 너와 함께 그곳에 가고 싶었는지 알잖아. 하지만 이건 내가 어쩔 수 없어. 나는 네가 날 이해해주고, 내 제안들 중 하나를 좋아하기를 바라. 다시 전화해서 어떻게 할 건지 알려줘! 고마워, 안녕.

Vocabulary & Expressions

urgent 급한   **hand over** 넘겨주다

나만의 답변을 만들어 봅시다.

전화 목적	Hi, this is Jiwon. How are you today? The reason why I'm calling you is that I need to tell you
문제 상황 + 대안책 있음	You know we planned to _____ , right? However, I can't _____ because I have a problem.
대안책 1	So, here are my suggestions to the problem. First, can we
대안책 2	Second, if you, _____ I will
마무리	I'm terribly sorry. I hope you understand and like one of my suggestions.

롤플레이 22 부탁하기

- ▹ 여러분에게 주어지는 특정 상황에 대한 상황 설명을 하고, 그에 따른 부탁을 하는 롤플레이 유형입니다.

- ▹ 진심으로 부탁하는 듯한 감정으로 연기해주세요.

- ▹ 공손하게 부탁하는 표현을 익혀주세요.

출제 포인트

- 상황을 설명하고 괜찮은 식당을 추천해 달라고 부탁하기
- 물건을 두고 온 상황 설명하고 부탁하기

문제 예시

- You've just visited the library and forgot to make a reservation to use a computer. Find a librarian and explain two to three reasons why you have to use a computer. 빈출★

  당신은 방금 도서관에 방문했는데, 컴퓨터를 사용하기 위해 예약하는 것을 잊었습니다. 도서관 사서를 찾아서 당신이 왜 컴퓨터를 사용해야 하는지 두세 가지 이유를 설명해 주세요.

- Pretend that you're looking for a place to hold an important meeting. Call a friend and ask him or her to recommend a decent restaurant to hold the meeting. 빈출★

  당신이 중요한 회의를 열 장소를 찾고 있다고 가정해 보세요. 친구에게 전화를 걸어 회의를 열기에 괜찮은 식당을 추천해 달라고 부탁해 보세요.

- When you arrived home from the cafe, you found out that you left your phone behind. Make a call to the cafe and ask the manager to look for the phone after explaining your situation. 빈출★

  당신이 카페에서 집에 돌아왔는데 핸드폰을 두고 왔다는 것을 알게 되었습니다. 카페에 전화해서 매니저에게 당신의 상황을 설명한 뒤, 핸드폰을 찾아 달라고 부탁해 보세요.

송쌤의 꿀팁

부탁하기 문제 유형에서는 주로 전화를 해서 부탁하라는 문제가 빈출 주제로 등장하지만 주어진 상황에서 직접 부탁하라는 문제가 나오기도 합니다. 이런 경우, 옆 페이지 답변 전략의 1번 서론 부분의 문장만 바꿔서 직접 이야기하는 것으로 바꾸면 됩니다.

방문의 목적을 말할 때에는 I'm calling to를 I'm here to로 변경하여 말하고, 나머지 상황 설명은 동일하게 합니다. 마무리 부분에서는 상대방과 직접 대화를 하는 상황 이어도 도와줘서 감사하다는 표현은 전화 마무리와 같은 표현인 I would appreciate your help.(당신의 도움에 감사드립니다.)를 사용합니다.

❶ 인사 및 상황 설명	Hi, my name is 내 이름, and I'm calling to tell you that 상황 . Hi, this is 내 이름. As you know, 상황 . 안녕하세요, 저는 _____ 입니다. _____ 했다고 말하기 위해 전화 드립니다. 안녕하세요, 저는 _____ 입니다. 당신도 알다시피, _____ 입니다.
❷ 부탁 요약	And /So I need your help with 부탁 요약 . 그리고/그래서 저는 _____ 에 관해 당신의 도움이 필요합니다.
❸ 부탁 1	I prefer 부탁 사항 1 . Could(Can) you please 부탁 사항 1 . 저는 _____ 를 선호합니다. _____ 를 해주시겠어요?
❹ 부탁 2	Also, 부탁 사항 2 . It would be great if 부탁 사항 2 . 또한, _____ 하고 싶습니다. _____ 할 수 있으면 좋겠습니다.
❺ 부탁3/마무리	Lastly, A should be 부탁 사항 3 . I'd really appreciate your help, and I hope you can 부탁 요약 . Thank you so much in advance. 마지막으로 _____ 가 _____ 이면 좋겠습니다. 도와주셔서 정말 감사드리며, _____ 할 수 있길 바랍니다. 미리 너무 감사드립니다.

KEY PATTERNS

• 내 물건 찾고 난 후 부탁하기

If you find 물건, could you please give me a call?　　　　만약 _____ 을(를) 찾으면, 전화해 주시겠어요?

• 선호사항 말하기

I would prefer 대상.　　　　전 _____ 을 선호합니다.

• 내 물건에 대해 묘사하기

To talk about how my 물건 looks,　　　　_____ 이 어떻게 생겼는가 하면,

Q. Pretend that you're looking for a place to hold an important meeting. Call a friend and ask him or her to recommend a decent restaurant to hold the meeting.
당신이 중요한 회의를 열 장소를 찾고 있다고 가정해 보세요. 친구에게 전화를 걸어 회의를 열기에 괜찮은 식당을 추천해 달라고 부탁해 보세요.

BRAINSTORMING

❶ 인사 및 상황 설명 — 다음 주에 고객과 중요한 회의가 있어

❷ 부탁 요약 — 괜찮은 레스토랑을 찾는 데 네 도움이 필요해

❸ 부탁 1 — 전용 방이 있으면 좋겠어 ➕ 중요한 대화할 수 있게 `IM3+`

❹ 부탁 2 — 한국 전통 레스토랑을 원해 ➕ 한국 음식 시도해 볼 수 있게 `IM3+`

❺ 부탁3/마무리 — 고객 호텔에서 가까운 곳 원해, 도와줘서 고마워

MODEL ANSWER IM3

❶ Hi, this is Andy. As you know, I will have a very important meeting with my clients next week, ❷ so I need your help with finding a good restaurant for the meeting. ❸ I prefer a restaurant that has private rooms, so my clients and I can have an important conversation. ❹ Also, since this is my clients' first time visiting Korea, I want to take them to a Korean traditional restaurant so that they can try Korean food. ❺ Lastly, the restaurant should be located close to my clients' hotel so that my clients don't have to spend too much time on the road. I'd really appreciate your help, and I hope you can find the perfect place for me soon.

안녕, 나 엔디야. 너도 알다시피, 나는 다음 주에 내 고객들과 매우 중요한 회의를 할 예정이야. 그래서 나는 그 회의를 진행할 좋은 장소를 찾는데 너의 도움이 필요해. 나는 고객들과 중요한 대화를 나누기 위해 개인 방이 있는 식당을 선호해. 또한, 고객들의 한국 방문은 이번이 처음이기 때문에 한국 전통 음식점에 데려가고 싶어. 그들이 한국 음식을 시도해 볼 수 있게 말이야. 마지막으로, 고객들이 길에서 너무 많은 시간을 보내지 않도록, 그 식당이 내 고객들의 호텔 근처에 위치했으면 좋겠어. 도와줘서 정말 고맙고, 곧 나에게 완벽한 장소를 찾을 수 있기를 바라.

Vocabulary & Expressions

client 고객 conversation 대화 traditional 전통의 appreciate 고마워하다

IH-AL 부탁하기 식당 추천

Q. Pretend that you're looking for a place to hold an important meeting. Call a friend and ask him or her to recommend a decent restaurant to hold the meeting.

당신이 중요한 회의를 열 장소를 찾고 있다고 가정해 보세요. 친구에게 전화를 걸어 회의를 열기에 괜찮은 식당을 추천해 달라고 부탁해 보세요.

BRAINSTORMING

❶ 인사 및 상황 설명	다음 주에 고객과 중요한 회의가 있어	
❷ 부탁 요약	괜찮은 식당을 찾는 데 네 도움이 필요해	
❸ 부탁 1	전용 방이 있으면 좋겠어	➕ 기밀 정보 공유할 수 있도록 `IH+`
❹ 부탁 2	한국 전통 식당을 원해	➕ 식당 직원이 영어를 할 수 있었으면 좋겠음 `IH+`
❺ 마무리	고객 호텔에서 가까운 곳 원해, 도와줘서 고마워	

MODEL ANSWER ◀ IH-AL

❶ Hi, this is Amy. As you know, I will be having a very important meeting with my clients next week, ❷ and I need your help with finding a decent restaurant to hold the meeting. ❸ I would prefer a restaurant where private rooms are available so my clients and I can share confidential information. ❹ Also, since it's my clients' first time visiting Korea, I would like to take them to a restaurant where traditional Korean food is served. Plus, I would prefer a restaurant where employees understand and speak English. That way, employees at the restaurant can explain what kind of food is being served. ❺ Lastly, it would be great if the restaurant is located close to my clients' hotel because I don't want them to spend too much time on the road. I'd really appreciate your help in advance, and I hope you can find the perfect place for me soon.

안녕, 나 에이미야. 너도 알다시피, 나는 다음 주에 고객들과 아주 중요한 회의를 할 예정이야. 그래서 회의를 할 괜찮은 식당을 찾는 데 네 도움이 필요해. 나는 개인 방이 있는 식당을 선호하는데, 그래야 고객들과 기밀 정보를 공유할 수 있거든. 또한 고객들이 한국을 처음 방문하기 때문에, 나는 그들을 한국 전통 음식이 나오는 레스토랑에 데려가고 싶어. 게다가, 나는 식당 직원들이 영어를 이해하고 말할 수 있었으면 좋겠어. 그래야 식당 직원들이 어떤 음식을 서빙하고 있는지 설명할 수 있기 때문이지. 마지막으로, 식당이 고객의 호텔에서 가까웠으면 좋겠어. 왜냐하면 고객이 길에서 너무 많은 시간을 보내는 것은 원치 않거든. 도움을 줘서 미리 정말 고맙고, 내게 딱 맞는 장소를 곧 찾을 수 있길 바랄게.

Vocabulary & Expressions

confidential 기밀의 traditional 전통적인 employee 직원

 송쌤의 꿀팁

That way, (그렇게 함으로써)
▸ 어떤 일에 대한 효과나 결과를 말할 때 유용하게 쓸 수 있습니다.

나만의 답변을 만들어 봅시다.

인사 및 상황 설명	Hi, this is Jiwon.
	As you know,

부탁 요약	So, I need your help with

부탁 1	I prefer

부탁 2	Also,

마무리	Lastly, it would be great if
	I'd really appreciate your help, and I hope you can

IM3 　**부탁하기** 물건을 두고 온 상황　🔊 **MP3** 4_17

Q. When you arrived home from the cafe, you found out that you left your phone behind. Make a call to the cafe and ask the manager to look for the phone after explaining your situation.

당신이 카페에서 집에 돌아왔는데 핸드폰을 두고 왔다는 것을 알게 되었습니다. 카페에 전화에서 매니저에게 당신의 상황을 설명한 뒤, 핸드폰을 찾아 달라고 부탁해 보세요.

BRAINSTORMING

❶ 인사 및 상황 설명　카페에 핸드폰 놓고 와서 전화함

❷ 부탁 요약　핸드폰 찾아 주시길 바랍니다　➕ 오후 1~3시에 2층 화장실 옆에 앉아 있었음 `IM3+`

❸ 부탁 1　아직 그곳에 있나 확인해 주시겠어요?

❹ 부탁 2　찾으면, 연락 주시겠어요?　➕ 바로 갈게요 `IM3+`

❺ 마무리　미리 감사합니다

MODEL ANSWER `IM3`

❶ Hi, my name is Amy, and I'm calling to tell you that I left my phone at your café. I didn't stop by anywhere after leaving your café, so I'm sure I left it there. ❷ So, I need your help with finding my phone. To give you more information, I was there today from 1 to 3 in the afternoon, and I was sitting on the second floor next to the bathroom. ❸ Can you please go there and check for me? To tell you how my phone looks, it's an iPhone and it is covered in a black wallet phone case with 3 cards. ❹ If you find it, could you please call me? I will go there right away. ❺ Thank you so much in advance.

안녕하세요, 제 이름은 에이미입니다. 당신의 카페에 핸드폰을 두고 왔다고 말하기 위해 전화 드립니다. 카페를 나온 뒤 다른 곳을 들르지 않았으니 거기에 두고 왔다는 것을 확신합니다. 그래서 제 핸드폰 찾는 데 당신의 도움이 필요합니다. 더 자세한 정보를 드리자면, 오늘 오후 1시부터 3시까지 거기에 있었고, 저는 2층 화장실 옆에 앉아 있었습니다. 거기로 가서 확인해 주시겠어요? 핸드폰 생김새에 말씀드리면, 아이폰이고 카드 3개가 있는 검정색 지갑 케이스로 씌워져 있습니다. 찾으시면 전화 주시겠어요? 제가 바로 갈게요. 미리 너무 감사드립니다.

Vocabulary & Expressions

stop by ⋯에 들르다

부탁하기 물건을 두고 온 상황 〈))) **MP3** 4_18

Q. When you arrived home from the cafe, you found out that you left your phone behind. Make a call to the cafe and ask the manager to look for the phone after explaining your situation.
당신이 카페에서 집에 돌아왔는데 핸드폰을 두고 왔다는 것을 알게 되었습니다. 카페에 전화에서 매니저에게 당신의 상황을 설명한 뒤, 핸드폰을 찾아 달라고 부탁해 보세요.

BRAINSTORMING

❶ 인사 및 상황 설명 | 카페에 핸드폰 놓고 와서 전화함 | ➕ 곧장 집으로 와서 거기에 있는 것 확신 | IH+

❷ 부탁 요약 | 핸드폰 찾아 주시길 바랍니다 | ➕ 오후 1-3시에 2층 화장실 옆에 앉아 있었음 | IH+

❸ 부탁 1 | 아직 그곳에 있나 확인해 주시겠어요? | ➕ 카드 3개 들어있는 검정색 지갑 케이스 | IH+

❹ 부탁 2 | 찾으면, 연락 주시겠어요?

❺ 마무리 | 미리 감사합니다, 내일 뵐게요

MODEL ANSWER ◀ IH-AL

❶ Hi, my name is Andy, and I'm afraid I left my phone at your café. I came straight to my house after leaving your café, so I'm sure I left it there. ❷ So, I need your help with finding my phone. To give you more information, I was there today from 1 to 3 in the afternoon, and I was sitting on the second floor next to the bathroom. Unless someone has already returned my phone, I'm sure it's somewhere on the ground. ❸ Could you do me a favor and check to see if it's still there? Just to make sure, let me tell you what my phone looks like. It's an iPhone covered in a black wallet phone case with 3 credit cards in it. If you happen to find it, ❹ could you please give me a call? I will head over there right away. ❺ Thank you so much in advance and I'll see you tomorrow.

안녕하세요, 제 이름은 엔디입니다. 당신의 카페에 핸드폰을 두고 온 것 같아요. 카페에서 나와 곧장 집으로 왔기 때문에 거기에 두고 온 것이 확실합니다. 그래서 제 핸드폰 찾는 데 당신의 도움이 필요합니다. 더 자세한 정보를 드리자면, 오늘 오후 1시부터 3시까지 거기에 있었고, 저는 2층 화장실 옆에 앉아 있었습니다. 이미 누군가가 제 핸드폰을 돌려주지 않았다면 틀림없이 바닥 어딘가에 있을 거예요. 핸드폰이 아직 거기 있는지 가서 확인해 주시겠어요? 확실히 하기 위해 핸드폰 생김새에 대해 말씀드릴게요. 카드 3개가 들어 있는 검정색 지갑 케이스가 씌워진 아이폰입니다. 혹시 찾으시면 전화 주시겠어요? 제가 바로 갈게요. 미리 너무 감사드리고 내일 뵐게요.

송쌤의 꿀팁

If you happen to '동사' ('동사' 하게 되면)

▸ If you happen to find my phone, 내 핸드폰을 찾게 되면,
If you happen to read the book, 그 책을 읽게 되면,
If you happen to come to my place, 우리 집에 오게 되면,
위 예문들과 같이 ~을 하게 되면, 이라는 표현으로 롤플레이-부탁하기 문제에서 뿐만 아니라, 일상 회화에서도 유용하게 쓸 수 있습니다.

나만의 답변을 만들어 봅시다.

인사 및 상황 설명	Hi, my name is _____, and I'm calling to tell you that
부탁 요약	So, I need your help with
부탁 1	Can you please
부탁 2	If you ~, could you please
마무리	Thank you so much in advance.

롤플레이 23 예매/약속하기

> ▸ 여러분에게 주어진 상황에서 예매 또는 약속을 해야 하는 롤플레이 유형입니다. 주어진 상황에 맞게 예매/약속할 때 필요한 질문을 3~4가지 해주세요.

> ▸ 관련 표현을 익혀서 나만의 답변을 준비해 두시면 더 좋은 감정으로 연기하며 대답할 수 있답니다.

🖋 문제 예시

- Please act out a situation that will be given to you. You are planning on holding a company dinner at a restaurant. Make a call to the restaurant and make a reservation. **빈출★**
  당신에게 주어진 상황에 대해 역할극을 해주세요. 당신은 식당에서 회식을 열려고 계획 중에 있습니다. 식당에 전화해서 예약해 주세요.

- Please act out a situation that will be given to you. You are planning on meeting your friend. Make a call to your friend and talk about the details of your plan. **빈출★**
  당신에게 주어진 상황에 대해 역할극을 해주세요. 당신은 당신의 친구를 만나려고 계획 중입니다. 친구에게 전화해서 당신의 계획에 대해 자세하게 이야기해 보세요.

- Please act out a situation that will be given to you. You and your friend are planning on going to a concert/movie next week. Make a call to the place and book tickets. **빈출★**
  당신에게 주어진 상황에 대해 역할극을 해주세요. 당신과 당신의 친구는 다음 주에 콘서트/영화를 보러 갈 계획 중입니다. 그 장소에 전화해서 표를 예약해 주세요.

👆 예매/약속하기 답변 전략

❶ 인사 및 상황 설명	Hi, how have you been (how are you)? I'm planning on ⬛상황⬛ so I was wondering if you could ⬛상황⬛ . Hello, I'd like to (I want to) ⬛상황⬛ . 안녕, 어떻게 지냈니? ⬛⬛⬛⬛ 할 생각인데, ⬛⬛⬛⬛ 할 수 있을까 해서. 안녕하세요, 저는 ⬛⬛⬛⬛ 하고 싶습니다.
❷ 예약/약속 질문 있음	Before ⬛상황⬛ , I have some questions. Before ⬛상황⬛ , can I ask you some questions? Before ⬛상황⬛ , I'd like to check a couple of things. ⬛⬛⬛⬛ 하기 전에, 몇 가지 질문이 있습니다. ⬛⬛⬛⬛ 하기 전에, 질문 몇 가지 할 수 있을까요? ⬛⬛⬛⬛ 하기 전에, 몇 가지 확인하고 싶은 것이 있습니다.

❸ 확인 사항 1	First, where/when/what do you ⬚확인 사항 1⬚ ? First, is there anything particular ⬚확인 사항 1⬚ ? First, is it possible to ⬚확인 사항 1⬚ ? 첫째로, 어디서/언제/무엇을 ⬚⬚ 하나요? 첫째로, 특별히 ⬚⬚ 있나요? 첫째로, ⬚⬚ 가 가능한가요?
❹ 확인 사항 2	Second(Next), is there anything that ⬚확인 사항 2⬚ ? Second(Next), do you ⬚확인 사항 2⬚ ? Second(Next), I would like to ask if ⬚확인 사항 2⬚ . 둘째로(다음으로), ⬚⬚ 있나요? 둘째로(다음으로), ⬚⬚ 하나요? 둘째로(다음으로), 만약 ⬚⬚ 한지 여쭤보고 싶어요.
❺ 확인 사항 3 /마무리	Finally, are we allowed to ⬚확인 사항 3⬚ ? Lastly, ⬚확인 사항 3⬚ is best for you? Thank you very much for your help(assistance), and I'd like to ⬚약속/예약 확인⬚ . I can't wait to see you! 마지막으로, ⬚⬚ 가 허용되나요? 마지막으로, ⬚⬚ 가 가장 좋은가요? 당신의 도움에 정말 감사드리며, ⬚⬚ 하고 싶습니다. 빨리 보고 싶어!

💡 KEY PATTERNS

- 예약하기

  I'd like to make a reservation at ⬚시간⬚ for ⬚몇 명⬚ .　　　⬚⬚ 에 ⬚⬚ 예약하길 원합니다.

- 가능한 사항 질문하기

  Are we allowed to ⬚⬚ ?　　　우리가 ⬚⬚ 할 수 있나요?

- 상대방의 의견 묻기

  Where/when/what do you want to ⬚⬚ ?　　　당신은 어디서/언제/무엇을 ⬚⬚ 하길 원하나요?

IM3 **예매/약속하기** 식당 예약하기 ◁)) **MP3** 4_19

Q. Please act out a situation that will be given to you. You are planning on holding a company dinner at a restaurant. Make a call to the restaurant and make a reservation.
당신에게 주어진 상황에 대해 역할극을 해주세요. 당신은 식당에서 회식을 열려고 계획 중에 있습니다. 식당에 전화해서 예약해 주세요.

BRAINSTORMING

❶ 인사 및 상황 설명 | 레스토랑에 예약 원함
❷ 예약/약속 질문 있음 | 예약 전, 몇 가지 확인 사항 있음
❸ 확인 사항 1 | 다음 주 금요일 7시에 100명 예약 가능한가요?
❹ 확인 사항 2 | 채식주의자를 위한 메뉴가 있나요?
❺ 확인 사항 3/마무리 | 와인을 가져가도 되나요? 다음주 금요일 7시에 예약 원합니다. ➕ 된다면, 콜키지 요금은 얼마인지 IM3+

MODEL ANSWER IM3

❶ Hello, I'm calling to make a reservation at your restaurant. ❷ Before I make the reservation, I would like to check a couple of things. **Could you please answer some of my questions?** ❸ First, is it possible to make a reservation for next Friday at 7 for 100? **I was wondering if your restaurant can provide seating.** ❹ Second, do you have menu options for vegetarians? **A number of employees at my company are vegetarians, so it is very important.** ❺ Finally, are we allowed to bring our own wine? **If this is allowed, please let me know about the corkage fee.** Thank you very much for your help, and I would like to make a reservation for next Friday at 7 P.M.

안녕하세요, 당신의 식당에 예약하려고 전화했습니다. 예약하기 전에 몇 가지 확인하고 싶은 것이 있습니다. 제 질문들에 답변해 주시겠어요? 첫째로, 다음 주 금요일 7시에 100명 예약이 가능할까요? 당신의 식당이 자리를 제공할 수 있는지 궁금합니다. 둘째로, 채식주의자를 위한 메뉴가 있나요? 우리 회사의 꽤 많은 직원들이 채식주의자이기 때문에 아주 중요합니다. 마지막으로, 와인 가져가는 것이 허락되나요? 만약 된다면, 콜키지 요금이 얼마인지 알려주세요. 당신의 도움에 정말 감사드리며 다음 주 금요일 저녁 7시에 예약하고 싶습니다.

Vocabulary & Expressions

make a reservation 예약하다　**seating** 좌석, 자리　**vegetarian** 채식주의자　**corkage** 콜키지 * 콜키지: 호텔이나 음식점에서 개인이 가지고 온 주류를 개봉하거나 잔 따위를 제공하는 대가로 받는 요금

주의해야 할 발음

▸ corkage [컬-키쥐] '컬'에 강세를 두어 읽어 주세요.

Q. Please act out a situation that will be given to you. You are planning on holding a company dinner at a restaurant. Make a call to the restaurant and make a reservation.

당신에게 주어진 상황에 대해 역할극을 해주세요. 당신은 식당에서 회식을 열려고 계획 중에 있습니다. 식당에 전화해서 예약해 주세요.

BRAINSTORMING

❶ 인사 및 상황 설명 | 레스토랑에 예약 원함

❷ 예약/약속 질문 있음 | 예약 전, 몇 가지 확인 사항 있음

❸ 확인 사항 1 | 다음 주 금요일 7시에 100명 예약 가능할까요?

❹ 확인 사항 2 | 채식주의자를 위한 메뉴가 있는지 궁금합니다. ➕ IH+ 회사의 꽤 많은 직원들이 채식주의자 여서 중요함

❺ 확인 사항 3/마무리 | 와인을 가져가는 것이 허용되나요? 다음주 금요일 7시에 예약 ➕ IH+ 와인 마실 수 있다면 행사 하는 동안 의미 있을 것 같음

MODEL ANSWER IH-AL

❶ Hello, I would like to make a reservation for my company's dinner party next week. ❷ Before I make the reservation, I would like to check a few things with you. ❸ First, would it be possible to make a reservation for next Friday at 7 for 100? So, I was wondering if your restaurant can provide seating. ❹ Next, I would like to ask if your restaurant has menu options for vegetarians. I am aware that your restaurant's main dish is steak, but a number of employees at my company are vegetarians and I don't want them to feel left out. ❺ Finally, do you allow your customers to bring their own wine? One of our business partners sent us special wines and it would be meaningful if we could drink them during the event. If this is allowed, please let me know about the corkage fee. Thank you very much for your assistance and I would like to make a reservation for next Friday at 7 P.M.

안녕하세요, 다음 주에 있을 회식을 예약하고 싶습니다. 예약하기 전에 몇 가지 사항을 확인하고 싶습니다. 우선, 다음 주 금요일 7시에 100명 예약 가능할까요? 당신의 식당이 좌석을 제공해 줄 수 있는지 궁금합니다. 다음으로, 저는 당신의 레스토랑에 채식주의자들을 위한 메뉴가 있는지 묻고 싶습니다. 당신의 식당의 메인 요리가 스테이크라는 것은 알고 있지만, 우리 회사의 꽤 많은 직원들이 채식주의자여서 그들이 소외감을 느끼지 않기를 바랍니다. 마지막으로, 고객들이 직접 와인을 가지고 오는 것을 허락하시나요? 저희 사업 파트너 중 한 명이 저희에게 특별한 와인을 보냈는데, 저희가 이 와인을 행사하는 동안 마실 수 있다면 의미가 있을 것 같습니다. 만약 된다면, 콜키지 요금이 얼마인지 알려주세요. 당신의 도움에 정말 감사드리며, 다음 주 금요일 저녁 7시로 예약하고 싶어요.

Vocabulary & Expressions

seating 자리 aware (의식/자각) 알고 있는 feel left out 소외감을 느끼다 meaningful 의미 있는

나만의 답변을 만들어 봅시다.

인사 및 상황 설명	Hello, I'm calling to
	Before ~, I would like to check a couple of things.
예약/약속 질문 있음	Could you please answer some of my questions?
확인 사항 1	First, is it possible to
확인 사항 2	Second, do you
마무리	Finally,
	Thank you very much for your assistance, and I would like to

Q. Please act out a situation that will be given to you. You are planning on meeting your friend. Make a call to your friend and talk about the details of your plan.
당신에게 주어진 상황에 대해 역할극을 해주세요. 당신은 당신의 친구를 만나려고 계획 중입니다. 친구에게 전화해서 당신의 계획에 대해 자세하게 이야기해보세요.

BRAINSTORMING

❶ 인사 및 상황 설명 　다음 주에 동네 방문 계획, 만날 수 있는지 궁금

❷ 예약/약속 질문 있음 　만나기 전에, 몇 가지 질문이 있어

❸ 확인 사항 1 　어디 가고 싶어? 　　➕ 우리가 자주 가던 카페 가자 IM3+

❹ 확인 사항 2 　하고 싶은 것이 있어? 　　➕ 영화 보러 갈래? IM3+

❺ 확인 사항 3/마무리 　언제가 좋아? 널 만나는 것이 너무 기대돼!

MODEL ANSWER IM3

❶ Hi, Jiwon. How have you been? I'm planning on visiting your town next week, so I was wondering if you could hang out with me. ❷ Before we meet up, I have some questions. ❸ First, where do you want to go? I think we should go to the café where we used to go. What do you think? I miss that café's shaved ice so much! ❹ Next, is there anything that you want to do? I haven't watched any movies these days, so how about going to the movies? ❺ Lastly, which day is best for you? Since you are free on weekends, how about meeting on Saturday at noon? I can't wait to see you!

안녕, 지원아. 어떻게 지냈니? 다음 주에 너희 동네에 놀러갈 생각인데, 같이 놀 수 있을까 해서. 우리가 만나기 전에, 몇 가지 질문이 있어. 첫째로, 어디 가고 싶어? 난 우리가 예전에 갔던 카페로 가야 한다고 생각해. 어떻게 생각해? 난 그 카페 빙수가 너무 그리워! 다음으로, 뭐 하고 싶은 거 있어? 난 요즘 영화를 못 봤는데, 영화 보러 가는 건 어때? 마지막으로, 어느 날이 너에게 가장 좋은 날이니? 넌 주말에 한가하니까 토요일 정오에 만나는 게 어때? 빨리 보고 싶어!

Vocabulary & Expressions

hang out 어울려 시간을 보내다　meet up (약속을 정하여) 만나다　shaved ice 팥빙수

🚀 송쌤의 꿀팁

can't wait to '동사'

▶ '동사'하고 싶어서 기다릴 수 없다 라고 직역되지만, '동사' 하는 것이 너무 기대 된다 라는 표현입니다.

IH-AL **예매/약속하기** 친구와 약속하기

Q. Please act out a situation that will be given to you. You are planning on meeting your friend. Make a call to your friend and talk about the details of your plan.
당신에게 주어진 상황에 대해 역할극을 해주세요. 당신은 당신의 친구를 만나려고 계획 중입니다. 친구에게 전화해서 당신의 계획에 대해 자세하게 이야기해보세요.

BRAINSTORMING

1 인사 및 상황 설명 | 다음 주에 동네 방문 계획, 만날 수 있는지 궁금

2 예약/약속 질문 있음 | 만나기 전에, 몇 가지 질문이 있어

3 확인 사항 1 | 특별히 가고 싶은 곳 있어?

> **IH+** 우리가 자주 가던 카페 가자, 그 집 빙수가 너무 먹고 싶었어

4 확인 사항 2 | 뭘 하고 싶어?

> **IH+** 지난 몇 주 동안 영화 보러 갈 기회 없었음, 영화 보러 갈래?

5 확인 사항 3/마무리 | 언제가 좋아? 빨리 만나고 싶어!

MODEL ANSWER IH-AL

1 Hi, Jiwon. How have you been? I will be visiting your town next week and I was wondering if you could hang out with me. **2** Before we meet up, I'd like to ask you some questions. **3** First, is there any particular place that you want to go? If you remember that café that we used to go to often, I think we should definitely meet up there and catch up for a couple of hours before we go to other places. You have no idea how much I miss that café's shaved ice. **4** Second, what do you want to do? Since I've been caught up with the work for the past few weeks, I haven't had the chance to watch any movies. How about we go watch a movie afterwards? There is a movie that I'd really like to watch. After watching a movie, we should go to a bar and drink a couple of beers before we head back home. **5** Lastly, which day do you think is best for you? Since you are free on weekends, how does Saturday at noon sound to you? I can't wait to see you because there are so many things I want to tell you about. See you!

....

안녕, 지원. 그동안 어떻게 지냈어? 나는 다음 주에 너희 동네를 방문할 예정인데, 네가 나와 함께 놀 수 있는지 궁금했어. 우리가 만나기 전에, 몇 가지 너에게 묻고 싶은 게 있어. 첫째로, 특별히 가고 싶은 곳 있어? 만약 우리가 자주 가던 카페 기억난다면, 다른 곳으로 가기 전에 꼭 거기서 만나서 두어 시간 정도 근황에 대해 얘기하자. 내가 얼마나 그 카페의 빙수를 그리워하는지 넌 모를 거야. 둘째로, 뭘 하고 싶니? 나는 지난 몇 주 동안 일이 밀려서 영화를 볼 기회가 없었어. 우리 영화 보러 가는 게 어때? 정말 보고 싶은 영화가 있어. 영화를 본 후에, 집에 돌아가기 전에 술집에 가서 맥주를 두어 잔 마시자. 마지막으로, 언제가 좋아? 네가 주말에 한가하니 토요일 정오에 만나는 건 어떨까? 하고 싶은 말이 너무 많아서 빨리 만나고 싶어. 곧 보자!

Vocabulary & Expressions

meet up (~와 약속을 정하여) 만나다 **particular** 특정한 **afterwards** 나중에, 그 후에

 송쌤의 **꿀팁**

의견을 물을 때

▸ How does(do) ⬚ sound to you? ⬚ 는 어때? 라는 표현으로 상대방에게 의견을 물어볼 때 유용하게 쓸 수 있는 표현입니다.

나만의 답변을 만들어 봅시다.

인사 및 상황 설명	Hi, Jiwon. How have you been?
	I'm planning on ~ , so I was wondering if you could
예약/약속 질문 있음	Before _____, I have some questions.
확인 사항 1	First, where/when/what do you
확인 사항 2	Second, is there anything that
마무리	Lastly, _____ is best for you?
	I can't wait to see you. See you!

> ▷ 오픽에서 높은 단계를 받기 위해 반드시 해낼 수 있어야 하는 유형인 관련 경험 이야기하는 유형입니다.
>
> ▷ 여러분에게 주어진 특정 상황을 경험해 본 적이 있는지, 어떻게 대처했는지 등등에 관한 이야기를 해주시면 됩니다.

문제 예시

- That's the end of the situation. Was there a time when you had to cancel a plan with your friend? If so, explain what happened. Why did you have to cancel the plan? Were you able to rearrange the plan with your friend? 빈출★

  상황극이 종료되었습니다. 친구와 잡은 계획을 취소해본 적이 있나요? 그렇다면 그 경험에 대해 말해주세요. 무엇때문에 계획을 취소했나요? 친구와의 계획을 다시 잡았나요?

- That's the end of the situation. Was there a time when you borrowed something from your friend and broke it? When and how did it happen? What was it? Was it something valuable? Explain how you resolved the issue. 빈출★

  상황극이 종료되었습니다. 친구에게 빌린 물건을 망가뜨린 경험이 있나요? 언제 어떻게 발생한 일인가요? 무엇을 빌렸었나요? 비싼 물건이었나요? 이 문제를 어떻게 해결했나요?

1 언제 일어났는지	There was a time when ▨ 경험 ▨. It was ▨ 경험 ▨. When I was ▨ 경험 ▨. ▨ 을 해야 했던 때가 있었습니다. 그것은 ▨ 였습니다. 제가 ▨ 했을 때였습니다.
2 어떤 일이 일어났는지 1	So, ▨ 일어난 일 1 ▨. Luckily, ▨ 일어난 일 1 ▨. Because ▨ 일어난 일 1 ▨. 그래서, ▨. 다행히도, ▨. 왜냐하면 ▨ 때문입니다.
3 어떤 일이 일어났는지 2	After that, ▨ 일어난 일 2 ▨. Because ▨ 일어난 일 2 ▨. 그 이후에, ▨. 왜냐하면 ▨ 때문입니다.
4 어떻게 해결했는지	Without any hesitation, ▨ 해결 방법 ▨. I immediately ▨ 해결 방법 ▨. 조금도 주저하지 않고, ▨ 했습니다. 저는 즉시 ▨ 했습니다.
5 현재 상황	Thankfully, ▨ 현재 상황 ▨ and I ▨ 현재 상황 ▨. I still feel ▨ 내 느낌 ▨ and ▨ 현재 상황 ▨. 다행스럽게도, ▨ 그리고 저는 ▨ 합니다. 저는 여전히 ▨ 느끼며 ▨ 합니다.

KEY PATTERNS

- 경험 말하기

  There was a time when 행동.

  ▨ 을(를) 했을 때가 있었습니다.

- 상황 말하기

  I had no choice but to 행동.

  I had to 행동.

  나는 ▨ 할 수 밖에 없었다.

  나는 ▨ 해야만 했습니다.

Q. That's the end of the situation. Was there a time when you had to cancel a plan with your friend? If so, explain what happened. Why did you have to cancel the plan? Were you able to rearrange the plan with your friend?
상황극이 종료되었습니다. 친구와 잡은 계획을 취소해본 적이 있나요? 그렇다면 그 경험에 대해 말해주세요. 무엇때문에 계획을 취소했나요? 친구와의 계획을 다시 잡았나요?

 BRAINSTORMING

❶ 언제 일어났는지 — 지난 겨울

❷ 어떤 일이 일어났는지 1 — 비행기표 예약, 출발 전날 옷과 장비 챙김

❸ 어떤 일이 일어났는지 2 — 짐 챙긴 뒤, 취업 면접 있는 것 기억남

❹ 어떻게 해결했는지 — 주저하지 않고 취소해야 한다고 말함 ➕ *친구들은 잠시 격노했지만 행운을 빌어 줌* IM3+

❺ 현재 상황 — 다행스럽게도 면접 잘 봐서 그 회사 다님

MODEL ANSWER IM3

❶ There was a time when I had to cancel a plan with my friend **but I usually don't cancel plans at the last minute.** It was last winter. **My friends and I decided to go to a ski resort.** ❷ So, we booked our airplane tickets, and I packed my clothes and equipment the night before departure. ❸ After packing up my stuff, I went through my checklist and I remembered that I had a job interview the day after. ❹ Without any hesitation, I called all my friends and told them that I had to cancel my ticket. **My friends were furious for a while, but they wished me luck after they calmed down.** ❺ Thankfully, I did well at the interview and now I work for the company.

....

저는 주로 막판에 계획을 취소하지 않지만 어쩔 수 없이 취소해야 했던 때가 있었습니다. 지난 겨울, 친구들과 저는 스키장에 가기로 결정했습니다. 우리는 비행기 표를 예약했고, 출발 전날 밤에 저는 옷과 장비를 챙겼습니다. 짐을 꾸린 뒤 체크리스트를 살펴보니 다음 날 취업 면접이 있는 것이 기억이 났습니다. 저는 조금도 주저하지 않고 모든 친구들에게 전화를 걸어 표를 취소해야 한다고 말했습니다. 친구들은 잠시 격노했지만, 마음이 가라앉은 후 저에게 행운을 빌어 주었습니다. 다행스럽게도 면접은 잘 보았고 지금은 그 회사에서 일하고 있습니다.

Vocabulary & Expressions

at the last minute 막판에, 마지막 순간에   **hesitation** 망설임, 주저   **furious** 격노한, 격분한

 송쌤의 꿀팁

wish someone luck(행운을 빌다)
▸ 누군가의 일이 잘 되길 행운을 빌어 주거나, 내가 면접 혹은 시험과 같이 어떤 중요한 일이 있을 때 행운을 빈다 라는 말을 할 때 유용하게 쓸 수 있는 표현입니다.

IH-AL **관련 경험 이야기하기** 친구와의 약속 취소

Q. That's the end of the situation. Was there a time when you had to cancel a plan with your friend? If so, explain what happened. Why did you have to cancel the plan? Were you able to rearrange the plan with your friend?

상황극이 종료되었습니다. 친구와 잡은 계획을 취소해본 적이 있나요? 그렇다면 그 경험에 대해 말해주세요. 무엇때문에 계획을 취소했나요? 친구와의 계획을 다시 잡았나요?

BRAINSTORMING

❶ 언제 일어났는지   지난 겨울   ✚   IH+   마지막에 계획 취소하는 사람 아님

❷ 어떤 일이 일어났는지 1   비행기표 예약, 출발 전날 옷과 장비 챙김

❸ 어떤 일이 일어났는지 2   짐 챙긴 뒤, 취업 면접 있는 것 기억남

❹ 어떻게 해결했는지   주저하지 않고 취소해야 한다고 말함   ✚   IH+   친구들은 잠시 격노했지만 행운을 빌어 줌

❺ 현재 상황   다행스럽게도 면접 잘 봐서 그 회사 다님

MODEL ANSWER - IH-AL

❶ There was a time when I had no choice but to cancel a plan I made with friends **but I am not the person who cancels plans at the last minute.** It was last winter. My friends and I had made plans to go to a ski resort. ❷ So, we booked our airplane tickets and without any doubt, I packed my clothes and equipment the night before departure. ❸ As I lay on my bed, I went through my checklist for the last time, and it was at that exact moment when I remembered that I had a job interview the day after. ❹ Without any hesitation, I called all my friends and told them that I had to cancel my ticket. **My friends were furious for a while, but they wished me luck after they calmed down.** ❺ Thankfully, I did well at the interview and now I work for the company.

....

저는 막판에 계획을 취소하는 사람은 아니지만, 친구들과 했던 계획을 취소할 수밖에 없었던 때가 있었습니다. 지난 겨울, 저는 친구들과 스키장에 갈 계획을 세웠습니다. 우리는 비행기 표를 예매했고 의심할 여지없이 저는 출발 전날 밤에 옷과 장비를 챙겼습니다. 침대에 누워서 마지막으로 체크리스트를 살펴보는 순간, 그 다음 날 취업 면접이 있다는 것이 기억났습니다. 저는 조금도 주저하지 않고 모든 친구들에게 전화를 걸어 표를 취소해야 한다고 말했습니다. 친구들은 잠시 격노했지만, 마음이 가라앉은 후 저에게 행운을 빌어 주었습니다. 다행스럽게도 면접은 잘 보았으며 현재 그 회사에서 일하고 있습니다.

Vocabulary & Expressions

doubt 의심

송쌤의 꿀팁

주의해야 할 발음

▸ doubt [다웉-] b를 묵음으로 발음합니다.

나만의 답변을 만들어 봅시다.

언제 일어났는지	There was a time when
	It was

어떤 일이 일어났는지 1	So,

어떤 일이 일어났는지 2	After

어떻게 해결했는지	Without any hesitation, I

현재 상황	Thankfully, I

IM3 관련 경험 이야기하기 물건 고장 낸 경험

Q. That's the end of the situation. Was there a time when you borrowed something from your friend and broke it? When and how did it happen? What was it? Was it something valuable? Explain how you resolved the issue.

상황극이 종료되었습니다. 친구에게 빌린 물건을 망가뜨린 경험이 있나요? 언제 어떻게 발생한 일인가요? 무엇을 빌렸었나요? 비싼 물건이었나요? 이 문제를 어떻게 해결했나요?

BRAINSTORMING

1 언제 일어났는지 — 대학생 때, 노트북 느려져서 새로운 것 사길 원함

2 어떤 일이 일어났는지 1 — 친구 컴퓨터 며칠 사용해 볼 수 있냐고 물어봄

3 어떤 일이 일어났는지 2 — 노트북에 커피 쏟음

4 어떻게 해결했는지 — 친구에게 새것으로 바꿔 주겠다고 함

5 현재 상황 — 여전히 좋은 친구 사이

MODEL ANSWER IM3

1 When I was a college student, my laptop became slow, so I decided to buy a new laptop. I wanted to buy a MacBook Pro, **2** so, I asked my friend who had a MacBook Pro if I could try using it for a couple of days. I was really amazed because it was so fast and pretty. **3** However, I spilled coffee all over the laptop because my fingers slipped. I screamed and tried to clean it, but the laptop stopped working and I couldn't turn it back on. **4** I immediately called my friend and told her that I would replace her laptop with a new one. But, she said that she wouldn't accept my money. Because I felt sorry for what I did, I forced her to take my money. **5** I still feel thankful for how she reacted, and we are still good friends.

제가 대학생이었을 때, 노트북이 느려져서 새 노트북을 사기로 결심했어요. 저는 맥북 프로를 사고 싶어서, 맥북 프로를 소유한 친구에게 그녀의 노트북을 며칠 동안 사용할 수 있는지 물어봤어요. (노트북이) 굉장히 빠르고 (디자인도) 예뻐서 정말 놀랐습니다. 하지만 손가락이 미끄러지는 바람에 노트북에 커피를 쏟았습니다. 소리를 지르며 청소해 보았지만, 노트북은 작동을 멈추고 다시 켤 수가 없었습니다. 저는 즉시 친구에게 전화를 걸어 그녀의 노트북을 새것으로 바꿔주겠다고 말했지만 그녀는 제 돈을 받지 않겠다고 말했어요. 제가 한 행동이 미안해서 그녀에게 제 돈을 받으라고 강요했습니다. 저는 여전히 그녀의 대응에 감사하고, 우리는 여전히 좋은 친구로 지내고 있습니다.

Vocabulary & Expressions

own 소유하다 **amazed** 대단히 놀란 **spill** 쏟다, 흘리다 **scream** 괴성을 지르다 **turn something on** ~를 켜다 **replace** 대신하다, 대체하다 **react** 반응하다

 송쌤의 꿀팁

주의해야 할 발음

▶ immediately [이-미↗디얼-리] 'me'에 강세를 두어 읽습니다.

Q. That's the end of the situation. Was there a time when you borrowed something from your friend and broke it? When and how did it happen? What was it? Was it something valuable? Explain how you resolved the issue.

상황극이 종료되었습니다. 친구에게 빌린 물건을 망가뜨린 경험이 있나요? 언제 어떻게 발생한 일인가요? 무엇을 빌렸었나요? 비싼 물건이었나요? 이 문제를 어떻게 해결했나요?

BRAINSTORMING

❶ 언제 일어났는지	대학생 때, 노트북 느려져서 새로운 것 사길 원함		
❷ 어떤 일이 일어났는지 1	친구 컴퓨터 며칠 사용해 볼 수 있냐고 물어봄, 친구가 빌려줌		
❸ 어떤 일이 일어났는지 2	노트북에 커피 쏟음	➕ 다시 켤 수 없었음	**IH+**
❹ 어떻게 해결했는지	친구에게 새것으로 바꿔 주겠다고 함	➕ 미안해서 돈 받으라고 고집함	**IH+**
❺ 현재 상황	여전히 좋은 친구 사이		

MODEL ANSWER IM3

❶ When I was a college student, my laptop was getting slower and slower every day, so I wanted to buy a MacBook Pro which was well-known for never slowing down. ❷ Luckily, one of my friends owned a MacBook Pro and she let me use her computer for a couple of days. **I was really amazed at how fast and pretty it was.** ❸ However, as I was taking the last sip of my coffee, my fingers slipped and spilled the coffee all over the laptop. **I screamed and tried to wipe it off, but the monitor already went black and I wasn't able to turn it back on.** ❹ I immediately called my friend and told her that I would replace her laptop with a new one, **but she kept on telling me that she wouldn't accept my money. Because I felt sorry for what I had done, I insisted on giving her the money and forced her to take my money.** ❺ I still feel grateful for how she reacted, and we are still good friends.

....

제가 대학생이었을 때, 제 노트북이 매일 점점 느려져서 절대 느려지지 않는다는 맥북 프로를 사고 싶었어요. 다행히도, 제 친구 중 한 명이 맥북 프로를 가지고 있었고, 그녀는 제가 며칠 동안 노트북을 사용할 수 있게 해주었습니다. (속도도) 빠르고 디자인도 예뻐서 저는 정말 놀랐습니다. 하지만, 커피 마지막 한 모금을 마시던 중 손가락이 미끄러지면서 노트북에 커피를 쏟았어요. 소리를 지르며 닦아내려고 했지만 화면이 이미 꺼져버려서 다시 켤 수가 없었습니다. 저는 즉시 친구에게 전화를 걸어 그녀의 노트북을 새것으로 바꿔주겠다고 했지만, 그녀는 계속해서 제 돈을 받지 않겠다고 말했습니다. 제가 한 일이 미안해서 그녀에게 돈을 주려고 고집했고, 그녀에게 제 돈을 받으라고 고집했습니다. 저는 여전히 그녀의 대응에 감사함을 느끼며, 저희는 여전히 좋은 친구로 지내고 있습니다.

insist on '동사ing' 고집하다

▸ '동사ing'하는 것을 고집하다, 강력하게 주장하다 라는 표현으로 전치사 on을 쓴다는 것에 유의합니다.

나만의 답변을 만들어 봅시다.

언제 일어났는지	When I was
어떤 일이 일어났는지 1	So, I
어떤 일이 일어났는지 2	However,
어떻게 해결했는지	I immediately
현재 상황	I still feel ~ and

오픽 기본기부터 실전까지
단 한 권으로 끝!

한 권으로 끝내는
시원스쿨 오픽 IM - IH

시원스쿨LAB 레전드 오픽

송지원 선생님

Unit 7. [선택] 여가활동

목표 레벨별
정확한 가이드 라인 제시

본인의 문제점을 정확하게
진단/교정하고 발전시켜
단기간 목표 점수에 도달 가능!

무조건 외우는 것이
답이 아니다!

암기식 오픽이 아닌
내 입에서 말이 나오게 하는
오픽 공부 방법 전수

듣기 실력부터
발음 교정까지!

문장을 통째로 연습/연기함
으로써 문제 듣기 실력 및
발음 교정 효과까지!

오픽 필수 스피킹 패턴
제대로 익히기

어떤 상황에서도 적용할 수 있는
필수 스피킹 패턴만 제대로
익혀도 오픽 실력 고속 향상

지금 시원스쿨LAB 사이트(lab.siwonschool.com)에서 오픽 강의를 유료로 수강하실 수 있습니다.

SIWONSCHOOL LAB

시원스쿨 오픽
점수 달성 수강후기

부러워만 하지 말고 지금 도전하세요!

오픽 AL

" 1주일 수강하고 AL 달성! "

혼자 공부했으면 몰랐을 깨알 꿀팁들을
강의를 통해서 알게 됐어요.
강의 일주일 정도 듣고 목표 AL 달성했습니다.
마지막 문제 난이도가 높게 나왔는데
수업에서 배운 대로 대답했습니다.

수강생 조*정 / AL 달성

오픽 AL

" 한 달 안에 AL 달성했습니다. "

선생님의 강의는 발음과 억양을 비롯해
시험을 어떻게 치러야 하는지에 대한 자세한 내용까지 알 수 있어 저에게 꼭 맞는
강의였습니다. 고득점을 받을 수 있는
자기소개 강의와 모의고사 해설강의는
정말 많은 도움이 되었습니다.

수강생 김*진 / AL 달성

오픽 AL

" 오픽 첫 시험 AL 취득 "

주어진 시간이 약 한 달, 걱정이 많았지만
열심히 실전 준비를 해서 목표했던 성적을 받을
수 있었습니다. 유형별 공략에서 다룬
신문제들이 실제 시험에서 상당히 유사하게 출제된 게 가장 놀라웠어요.

수강생 임*기 / AL 달성

오픽 AL

" 2주 공부하고 AL 달성했습니다. "

정말 실전에서 유용하게 쓰일 표현들이
발음법을 콕콕 집어준다는 점에서 좋았어요.
질문과 대답의 형식을 반복해본 것으로
충분히 익숙해졌기 때문에 좋은 점수를 받았다고
생각합니다.

수강생 김*희 / AL 달성

오픽 IH

" 군대에서 인강만으로 오픽 IH 받았어요. "

강의에서 선생님이 말씀하신 대로
고르고 준비해두었던 시나리오대로 착착 문제가
풀렸어요. 제 목표였던 IM3보다 높은 점수인
IH를 받게 되었습니다.

수강생 이*석 / IH 달성

오픽 IH

" 3일 공부하고 IH 달성했습니다. "

시간이 없어서 강의도 필수적으로
들어야 하는 부분만 듣고 가르쳐 주신 대로
공부해서 갔습니다.
특히 선생님이 짧은 시간에 점수를 받을 수 있게
팁을 많이 가르쳐 주셔서 도움이 되었습니다.

수강생 조*신 / IH 달성

첫 시험에 오픽 AL 달성한
시원스쿨LAB 수강생의 후기!

여러분도 할 수 있습니다!

첫 시험에 오픽 AL 달성!

온라인스터디를 통해서 매일 새로운
주제가 올라왔고, 매일 다른 주제로 연습함으로써
실전에 대비할 수 있었습니다.

오픽 수강생 박승*

시원스쿨LAB(lab.siwonschool.com)에서 환급반을 신청하실 수 있습니다.
제공하는 혜택 및 환급 조건은 기간에 따라 다를 수 있습니다.

시원스쿨LAB
오픽/토스 도서 라인업

시험영어 전문 연구 조직

시원스쿨어학연구소

 시험영어 전문

 기출 빅데이터

 264,000시간

TOEIC/TOEIC Speaking OPIc/SPA/TEPS IELTS/TOEFL/G-TELP 공인 영어시험 콘텐츠 개발 경력 20여 년 이상의 국내외 연구원이 포진한 전문적인 연구 조직입니다.	본 연구소 연구원들은 매월 각 전문 분야의 시험에 응시해 시험에 나온 모든 문제를 철저하게 해부하고, 시험별 기출문제 빅데이터 분석을 통해 단기 고득점을 위한 학습 솔루션을 개발 중입니다.	각 분야 연구원들의 연구시간 모두 합쳐 264,000시간 이 모든 시간이 쌓여 시원스쿨어학연구소가 탄생했습니다.

 ## 선택 주제 필수 표현

설명/묘사	다른 ~와 비슷하다	look just like any other ~
	~에 들어서자마자	as soon as you enter ~
	가운데에/오른쪽에/왼쪽에/뒤에 ~가 있다	There is ~ in the middle/on the right/on the left/in the back.
	~와 가까운 곳에 위치하다	be located near/close to ~
	~을 가장 좋아하다	like ~ the most
	가장 좋아하는 배우/작가/음악가는 ~이다	My favorite actor/author/musician is ~.
	내가 하는 것은 ~이다	What I do is ~.
	정기적으로	on a regular basis
변화/활동	과거와 현재 사이에 그다지 많은 변화(차이)가 없다	There are not many changes/differences between the one before and the one now.
	과거에는 ~가 있었습니다.	In the past, there was ~.
	과거와 비교하자면	compared to the past
	그때가 바로 ~이다	It was when ~
경험/계기	내가 겪은 가장 기억에 남는 경험은 ~이다	The most memorable experience I've had was when ~
	인상 깊은/잊지 못할/흥미로운 경험	impressive/unforgettable/interesting experience
	나는 여전히 생생하게 기억한다	I still remember it vividly. = It is still fresh in my memory.
	내가 기대했던 것보다 훨씬 더 좋았다/나빴다	It was much better/worse than I expected.
	내가 기대했던 것만큼 좋았다	It was as good as I expected.
	나는 어렸을 때 ~을 처음 시작했다	I first started ~ when I was young.
	그것이 바로 ~에 관심을 갖게 된 이유/방법이다	That's why/how I became interested in ~
	나는 ~을 배웠다	I learned my lesson that ~
	니는 ~하는 것이 매우 중요함을 깨달았다	I realized that it's really important to

돌발 주제 필수 통문장

명절

- ☐ One is Lunar New Year's day and the other one is Thanksgiving day. **설날/추석**
- ☐ On both days, families get together, share delicious food together, and play traditional games. **함께 모이기/음식 나누기/전통게임 즐기기**
- ☐ It means a lot to Koreans. **큰 의미**
- ☐ It's a great way to form a family bond. **가족 유대감 형성**
- ☐ These days, more and more people travel instead of visiting their relatives. **가족/친지 방문 보다는 여행**

인터넷

- ☐ I use the internet for various purposes. **다목적으로 사용**
- ☐ I mainly check my email and watch YouTube. **이메일 확인 / 유튜브 시청**
- ☐ I first got to use the internet when I was young. **어렸을 때 처음 사용**
- ☐ The internet has gotten faster. **속도 빨라짐**
- ☐ The content of websites have become diverse. **웹사이트 내용 다양해짐**
- ☐ In the past, it took forever to load the main page of the website. **과거에는 페이지 로드 시간 느림**

재활용

- ☐ Recycling system in my country is very effective and convenient. **효율적/편안함**
- ☐ Each recycling category has its own recycling bin **재활용 쓰레기통**
- ☐ All I have to do is just sort items by their category. **재활용 분류하기**
- ☐ I just put each recyclable item in the right bin. **알맞은 쓰레기통에 넣기**
- ☐ I first separate each item by its category, such as plastic, paper, and glass bottles. **재활용 카테고리**

지형/야외활동

- ☐ I live in South Korea, which is located on the eastern part of the Asian continent. **아시아 동쪽**
- ☐ South Korea is a peninsula and that means the country is surrounded by three seas. **반도 / 3개의 바다**
- ☐ What makes our country so special is that most of the land is covered with mountains. **산으로 둘러싸임**
- ☐ Due to this kind of geographical feature, Koreans' favorite outdoor activity is _____ they can enjoy beautiful scenery and nature at the same time **경치와 자연을 즐김**

산업 및 기술

- ☐ Technology is the most promising industry in Korea. **기술이 가장 유망한 산업**
- ☐ This innovative technology has helped people to receive information much faster. **정보 빠르게 받음**
- ☐ Korea has the fastest internet speed in the world, and this has helped Korea to launch the world's first 5G network. **세계 최초 5G 도입**
- ☐ I use _____ every day. **매일 사용**
- ☐ There have been a lot of changes in _____ over the years. **많은 변화**
- ☐ These changes have helped people to live more conveniently and comfortably. **편안하고 편리한 삶**

질문하기

- ☐ I have a few questions for you.
- ☐ Can you please answer some of my questions?
- ☐ I have some questions about _____.
- ☐ Do you _____?
- ☐ What/when/where/how/how often do you _____?
- ☐ What's the most important thing when you _____?

상황 설명하고 대안 제시하기, 부탁하기

- ☐ I'm calling to tell you some bad news.
- ☐ I'd like to _____ but I don't know what/when/where/how to _____.
- ☐ Before _____, can I ask you some questions?

전화한 이유

- ☐ I'm sorry for what happened, and I will give you a few solutions to the problem.
- ☐ Let me give you a couple of solutions for this problem.
- ☐ Here are my suggestions.

대안제시

- ☐ Can you please help me with _____?
- ☐ Could you please _____?
- ☐ I'm wondering if you could _____.

부탁하기

- ☐ I'd like to _____.
- ☐ Is it possible to _____?
- ☐ Would it be okay if I _____?

요청하기

- ☐ I really appreciate your assistance in advance.
- ☐ Let me know what you want.
- ☐ I hope you like one of my suggestions.

끝인사

경험 말하기

- ☐ There was this time when _____.
- ☐ It was when _____.
- ☐ I had no choice but to _____.
- ☐ I had to / needed to _____.
- ☐ Without any hesitation, _____.
- ☐ After that, _____.
- ☐ Thankfully, _____.

시험 5분 전 상황별 대처 문장

한번도 생각해본 적이 없는 질문을 받았을 때

- □ Well, it's a really tough question for me.
- □ I've never thought about this matter before.
- □ Well, it's pretty hard for me to answer this question.
- □ Honestly, this is the first time I've thought about this question.
- □ I don't know what to say.
- □ I don't have that many things to talk about for this topic.

생각할 시간을 벌고 싶을 때

- □ I need some time to think about your question.
- □ Could you please give me some time to think?
- □ If it's okay with you, can I please take some time to think?
- □ I guess I need some time to come up with the answer to your question.
- □ Can you please give me a minute to think?

앞서 이미 대답한 질문이 주어졌을 때

- □ As I've mentioned earlier,
- □ I think I've already talked about this in the previous question.
- □ As I explained before,

EVA에게 이해/양해를 구할 때

- □ Please understand me even if I stumble from time to time.   * stumble: 더듬거리다, 실수하다
- □ I don't honestly remember what happened exactly but I'll try to remember.

보충 설명을 하고 싶을 때

- □ One of the reasons why I think this way is that _____
- □ I don't know why but I prefer _____
- □ To give you more information about _____
- □ When it comes to _____, I believe _____   * when it comes to _____ : ____에 관해서는
- □ To talk about _____,
- □ To tell you about _____,
- □ To describe how it looks, _____